中国新经济发展报告

2022—2023

中国科学院大学动善时新经济研究中心　主编

電子工業出版社
Publishing House of Electronics Industry
北京 · BEIJING

图书在版编目（CIP）数据

中国新经济发展报告. 2022—2023 / 中国科学院大学动善时新经济研究中心主编. —北京：电子工业出版社，2022.5

ISBN 978-7-121-43319-1

Ⅰ. ①中… Ⅱ. ①中… Ⅲ. ①中国经济－经济发展－研究报告－2022-2023 Ⅳ. ①F124

中国版本图书馆 CIP 数据核字（2022）第 069786 号

责任编辑：刘小琳
印　　刷：天津画中画印刷有限公司
装　　订：天津画中画印刷有限公司
出版发行：电子工业出版社
　　　　　北京市海淀区万寿路 173 信箱　　邮编：100036
开　　本：787×1 092　1/16　印张：29.75　字数：533 千字
版　　次：2022 年 5 月第 1 版
印　　次：2022 年 5 月第 1 次印刷
定　　价：189.00 元

凡所购买电子工业出版社图书有缺损问题，请向购买书店调换。若书店售缺，请与本社发行部联系，联系及邮购电话：（010）88254888，88258888。

质量投诉请发邮件至 zlts@phei.com.cn，盗版侵权举报请发邮件至 dbqq@phei.com.cn。

本书咨询联系方式：（010）88254134。

《中国新经济发展报告 2022—2023》

编 委 会

卷首语

近年来，我国新经济产业发展如江河之水奔腾不息，呈现出快速、多元、链结、融合和集群的新趋势。数字化转型向纵深演进，以新一代信息技术、集成电路、高端装备制造、新能源、新零售、生物医药等为代表的新经济产业日渐成熟，一大批新技术、新模式、新业态逐步成长。

我们曾在《中国新经济发展报告 2020》的“卷首语”中指出：“过往四十多年我国经济社会巨变的历史经验告诉我们：唯有坚定不移地走改革开放和创新发展之路，才能实现国家富强、社会进步、人民幸福，这是历史的规律和必然。加快发展新经济，既是改革开放和创新发展的着力点，也是实现经济高质量发展的动力源，没有科学技术的强大就没有新经济的强大，没有新经济的强大就没有国家的强大，这已经成为全社会的共识。”对此我们坚信不疑。

我国发展新经济产业既有优势，也有短板。优势在于我国拥有全球覆盖领域最广、最完整的产业链，有最广泛的试验场景和巨大的消费市场，有众多的科研机构和企业的创新人才，还有从中央政府到地方政府的政策支持。短板在于我国新经济产业的部分关键核心技术受制于人，一些领域面临“卡脖子”困境，规模化的高精尖技术研发还显不足。特别是今后一个时期发展新经济产业的国际环境较之以往更加趋紧和恶劣。对此，我们必须面对现实挑战，用比以往更加远见卓实、更加坚忍不拔、更加开放包容的精神，勠力同心发展新经济产业。

新经济产业发展不可能一蹴而就，需要有持续的政策支持、有效的金融服务、良好的营商环境和全面的园区保障，特别是要着力解决好以下问题。一是落实好政策。从党中央、国务院到国家有关部委以及省市地方政府都出台了一系列支持新经济产业发展的政策，如何使政策落实落地，如何运用好政策，如何与时俱进地完善和丰富政策，仍然是需要回答好的重要课题。二是强化金融助力。在资本市场的加持助力下，新一代信息技术、人工智能、新材料、新能源和生物医药等新经济产业插上了腾飞的翅膀，如何把握好资本市场实行注册制改革的契机，充分发挥主板、科创板、创业板、新三板、北交所及各地股转中心等多层次资本市场的作用，鼓励引导风险投资基金、私募股权投资基金、产业投资基金等金融资源为处于不同发展阶段和细分产业领域的新经济企业提供投融资服务，也是亟待强化和完善的现实问题。三是保持包容态度。新经济产业代表着先进生产力，具有强大的生命力和扩张力，但仍然是新生事物，需要创造良好的发展环境和持续稳定的政策，对新经济产业发展允许试错，对新经济企业家予以保护，对国之重器、“卡脖子”产业及幼稚的创新企业倾力扶持，避免由于个别政策调整影响新经济产业全局发展。

呈现在读者面前的《中国新经济发展报告 2022—2023》，是继前两年报告之后的第三部关于中国新经济产业发展的“蓝皮书”。全书在原有宏观综合篇、产业发展篇、金融服务篇、区域发展篇、政策法规篇等篇目的基础上，与时俱进增加了数字经济篇。全书汇集了国家部委有关部门负责同志、著名专家学者、优秀企业家和重要机构负责人等 60 多位撰稿人关于发展新经济的深入思考和真知灼见。我们衷心期望能够与广大读者，特别是与关心新经济发展的朋友分享这些理论和实践成果，衷心希望本书能够为我国新经济产业腾飞贡献智慧和力量。

《中国新经济发展报告 2022—2023》编委会

2022 年 3 月 15 日

目　录

一、宏观综合篇

二、数字经济篇

三、产业发展篇

新一代信息技术

集成电路

新能源与碳中和

供应链、现代物流、新零售

高端装备制造

生物医药

四、金融服务篇

五、区域发展篇

六、政策法规篇

一、宏观综合篇

在稳字当头、稳中求进的工作总基调下，进一步提升宏观经济、科技创新、产业发展、财税调节等政策的效能，加大基础设施投资和建设力度，发展数字经济，加强知识产权保护。本篇介绍了多位领导和专家的研究成果，期望给读者带来新的启发和思考。

发挥好重大科技基础设施作用
为我国新经济高质量发展提供支撑

白春礼

重大科技基础设施作为基础研究和应用研究的大型科研装置，是探索未知世界、发现自然规律、实现技术变革的国之重器，也是支撑经济社会发展、保障国家安全、增进人民健康福祉的重要物质技术基础。在新一轮科技革命和产业变革到来之际，应发挥好重大科技基础设施的支撑作用，建设引领学科发展的世界级科学研究机构，集聚和培养科技创新人才，突破新经济发展中的核心技术瓶颈，使新经济在国民经济中发挥更大的引领作用。

一、重大科技基础设施是推动科技创新的“国之重器”

自现代科学诞生以来，已经发生了五次科技革命，其中两次是科学革命、三次是技术革命。科学革命是技术革命和产业革命的先导和源泉，而每次科学革命都以基础科学的重大突破为起点，不但催生出大量新理论、新技术、新产业，也重构着全球的发展格局和经济版图。时至 21 世纪第三个十年开启之际，人类再一次来到了新科技革命的前夜。这为中国科技发展提供了千载难逢的大机遇，也带来了前所未有的大挑战。如果说未来科技是一个充满无限可能的魔盒，那么重大科技基础设施无疑就是一把用来开启它的钥匙，能够帮助我们不断向科技的广度和深度进军。

重大科技基础设施又被称为大科学装置，是为人们探索未知世界、发现自然规律、实现技术变革提供极限研究手段的大型复杂科学研究系统，是突破科学前沿、解决经济社会发展和国家安全重大科技问题的物质技术基础。通俗来讲，这些设施就像是人类眼、耳、手等感知觉能力的延伸，是对诸如距离更远、信号更弱、时间更短、能量更高、温度更低、压力更强、规模更大等观测能力极限的突破，是现代前沿科学研究必不可少的条件，所以被形象地称为“国之重器”，这也是体现一个国家科技创新能力和综合国力的重要标志。

（一）重大科技基础设施为重大科学突破提供研究平台

20 世纪中叶以来，科学技术发展中出现了一个重要的新趋势，就是许多领域研究前沿的突破，都依赖于在极端条件下工作的重大科技基础设施，这些设施成为做出重大原创成果、实现关键核心技术突破、抢占科技竞争制高点的利器，也成为全面体现一个国家综合实力和科技创新能力的重要标志。据统计，20 世纪以来，诺贝尔物理学奖中有 20 余项是依托重大科技基础设施取得的。回看 100 多年来诺贝尔物理学奖的成果，大概在 1950 年以前，只有 1 项来自重大科技基础设施；到 1970 年以后，就有超过 40%来自重大科技基础设施，如天文望远镜、科学卫星、加速器等；到了 1990 年以后，这个比例高达 48%。

爱因斯坦曾说过：“未来科学的发展无非是继续向宏观世界和微观世界进军。”当前，基础研究前沿呈现不断向宏观拓展、向微观深入的趋势和特征。宏观世界研究的前沿是“两暗一黑三起源”，其中“两暗”是指暗物质、暗能量；“一黑”是指黑洞；“三起源”是指宇宙起源、天体起源和宇宙生命起源。所谓暗物质，就是本身不发光，也不与光和电磁波发生作用的物质。暗物质、暗能量占宇宙物质的 95%以上，光学望远镜、射电望远镜都不能直接地观察到暗物质，但是它有一定的质量，科学家可以通过其他间接实验方法证明有暗物质存在，但是暗物质到底是什么，学界至今并未得出结论。暗物质、暗能量是当代宇宙学、物理学最前沿的研究方向，也是认识宇宙起源和演化非常关键的一步。我国也在积极开展暗物质、暗能量的研究，2015 年，由中国科学院牵头，发射了悟空号暗物质粒子探测卫星。这颗卫星搭载了目前国际上分辨率最高的空间高能粒子望远镜，在太空中已经运行了 6 年多，采集到了大量数据，并有一些重要的发现。这些研究领域一旦取得重大突破，将使人类对宇宙的认识得到重大飞跃，可能引发新的物理学革命。

人类在探索无尽宇宙的同时，也从未放弃对周边物质世界微观层面的探究。向微观深入是指探究物质世界和生命的终极奥秘。自从人类于 16 世纪末期制造出第一台显微镜，就不再为肉眼的局限所困。此后的数百年，被无限放大的微观世界，为人类打开了另一扇认识自己和宇宙万物的窗户。随着观测工具的不断进步，关于什么是构成物质的最小单位，人类一次次刷新着认知极限，也由此刷新着对物质和生命本质的理解。对无穷小的微观世界的探究，也许只是人类好奇的天性使然，却在 20 世纪引发了一系列的科技革命。如果没有 DNA 的发现，就没有今天人们已经习以为常的基因技术，更不会有 20 世纪下半叶兴起的生物技术革命。从宏观层面的宇宙探索到微观层面的基本粒子研究，重大科技基础设施帮助人类突破了认知极限，使人类不断加深对自身赖以生存的发展环境的认识和理解。

（二）重大科技基础设施是凝聚和培养尖端人才的土壤

创新是推动发展的第一动力，而人才是支撑发展的第一资源，人才驱动是创新驱动的实质。科学装置在培养和凝聚人才、促进国际科技合作方面也能发挥独特作用。科学家们能不能在世界科技前沿取得重大的原创科研成果，在很大程度上取决于他们是否拥有最先进的科学仪器设备和装置。重大科技基础设施能够为科技工作者提供最好的科研平台，也能成为凝聚人才、吸引人才的高地。与此同时，在重大科技基础设施的设计、建造和运行中，也培养了一大批卓越的工程技术人才。例如，“中国天眼”在建成以后，向全世界的科学家开放征集观测申请，吸引了全世界一流的天文学家前来合作。

重大科技基础设施也是开展国际合作的重要平台。在我国很多重大科技基础设施的建设运行当中，也引入了国际合作者，很多设施都面向国外开放，依托这些设施开展的联合研究、人员交流、人才培养，对提升我国的国际科技合作水平，发挥了积极的作用。重大科技基础设施的建设可以加强科技创新合作，创新成果共享，打破制约知识、技术、人才等创新要素流动的壁垒，构建起全球开放创新生态，让科技创新成果为更多国家和人民所及、所享、所用，最终推动全人类共同进步。

近年来，我国科技实力正在从“量”的积累迈向“质”的飞跃。经过多年的努力，我国科技事业的基础条件和科技创新的能力水平大幅度跃升。从“量”上看，我国研发人员的总量稳居世界首位；研发经费规模和强度仅次于美国，成为世界第二大研发经费投入国家；高水平论文数量大幅提升，科学论文被引用次数排名世界第二位；发明专利申请量已连续多年居世界首位，专利产出效益得到明显提高。从“质”上看，我国在量子科学、铁基超导、暗物质粒子探测卫星、化学诱导的多潜能（CiPS）干细胞、航空航天、卫星通信、载人深潜等基础研究领域和高技术领域取得多项重大突破。中国散裂中子源、500米口径球面射电望远镜（FAST）、JF12激波风洞等一批重大科技基础设施的建设，使得科研设施条件大为改善。最为重要的是，在科学技术的多个领域，我国已经涌现了一批能够攀登高峰、攻坚克难的国际级顶尖人才，并形成了自己的优势科技领域。

二、重大科技基础设施对新经济发展具有重要的支撑作用

（一）重大科技基础设施为攻克新经济技术瓶颈开辟新空间

重大科技基础设施是支撑新经济发展必不可少的物质技术基础。重大科技基础设施和一般的通用科研仪器设备不同，其建设往往需要很多特殊的材料和工艺。而这些材料和工艺，往往都是被西方国家封锁、禁运的，只能靠我们自己研发。这些关键核心技术的突破，有助于提升我国工业和制造业的能力水平，而且这些新技术成果可以被广泛应用到其他重大工程和产业发展中，反哺国民经济发展。

现代社会的运作高度依赖基础数据和基础信息，国家对自然资源、人力资源和已建立的各种硬件资源的利用效率，在很大程度上依赖各种基础数据和基础信息。重大科技基础设施在数据和信息的收集与利用方面，能发挥非常独特的重要作用，有助于突破新经济发展中的核心技术瓶颈。网页的发明就是重大科技基础设施的一个衍生成果，1988年瑞士欧洲核子研究中心（CERN）为实现与横跨20个时区的粒子物理实验大型国际合作组的学术讨论和交流，发明了万维网（WWW）。考虑到万维网极为广泛的应用前景，CERN决定不为WWW申请专利，将其无偿地贡献给全人类，由此打开了人类互联网时代的大门。1993年，中国接入世界互联网的第一根网线，以支持北京正负电子对撞机（BEPC）与国外的数据交流。通过BEPC的网线，科学家发出了我国第一封电子邮件。

量子通信和量子计算是当前国际竞争的热点领域，我国目前在该领域处于世界前沿地位。在量子通信方面，2016年，中国科学院研制并成功发射了世界首颗量子信息科学实验卫星“墨子号”，在国际上首次实现千公里级星地双向量子密钥传送和量子隐形传态，并成功实现洲际量子密钥保密通信，为构建覆盖全球的量子密钥保密通信网络奠定了重要的基础。中国科学院牵头建设的

“京沪干线”量子密钥通信保密干网，已于 2017 年正式开通，这是世界上第一条量子密钥通信保密干线，标志着我国已构建出全球首个天地一体化广域量子密钥通信网络雏形。在量子计算方面，2020 年，中国科学技术大学与中国科学院上海微系统与信息技术研究所、国家并行计算机工程技术研究中心等合作，构建了 76 个光子的量子计算原型机“九章”，实现了具有实用前景的“高斯玻色取样”任务的快速求解，比目前最快的超级计算机快一百万亿倍。2021 年 5 月，中国科学技术大学成功研制了目前国际上超导量子比特数量最多的量子计算原型机“祖冲之号”，并在此基础上实现了可编程的二维量子行走。量子行走是量子计算领域的一类重要计算模型，是许多量子算法的理论内核。

建造中国自己的重大科技基础设施，需要多学科支撑，众多高新技术集成。在很多重大科技基础设施建设当中，有很多特殊材料和工艺被封锁禁运，我们要努力突破关键核心技术，并将技术成果广泛地应用到新经济的各类技术工程中，来反哺国民经济的发展。例如，在生命科学领域，随着学科交叉、技术集成和知识融合的深入，分子、细胞、组织、大脑等领域的基础研究向纵深推进，重大科技基础设施为理解生命（细胞功能、器官功能等）、模拟生命（人造器官及其相互作用等）、干预和设计生命（定向设计与合成多细胞生命、创造新物种等）的前沿研究提供有效支撑，而这些科学前沿的重大突破，将为解决健康、农业、生态等领域的重大科技问题提供新理论和新方法。可再生能源、核能、大规模储能、动力电池、智慧电网等取得重大突破，使得能源领域正在向绿色、低碳、安全、高效的方向转型。“奋斗者号”万米潜水器的载人舱、浮力材料、锂电池、推进器、海水泵、机械手、液压系统、声学通信、水下定位、控制软件十大关键部件都实现了国产化，且性能可靠。这些前沿突破都需要依托重大科技基础设施来开展研究，其研究成果将为解决资源、环境、海洋和气候变化等问题开辟广阔的道路。

（二）重大科技基础设施为培育新兴产业提供新动力

重大科技基础设施在建造和运行过程中将催生和衍生出大量新技术、新工艺和新装备，将为培育战略性新兴产业和促进产业技术进步提供新动力。例如，上海光源科学中心（以下简称“上海光源”）自 2009 年 5 月开放运行以来，十多年来服务了遍布全国的近 600 家单位、3000 多个研究组、30000 多名研究人员，不仅在物理、材料、能源、生命健康等领域产生了一大批具有世界影响力的重大理论成果，而且对相关战略新兴产业的自主创新发挥了重要作用。依托上海光源的研究设施，上海光源解决了我国高品质铜合金的制备瓶颈问题，发明了凝固过程电磁调控系列专利技术，实现了非真空下铜铬锆合金圆坯的高质高效制备，其制成品成功用于京沪高铁；在新材料产业突破了石墨烯产业化的核心问题，通过市场化机制建立了全球首条纺丝级单层氧化石墨烯生产线，使我国原创产业技术走向国际。兰州重离子加速器国家实验室在长期的运行过程中发展出一整套完备的重离子治癌技术，目前已经在多个医院开始临床治疗试验，为其今后在全国的推广应用奠定了坚实基础。我国参与“国际热核聚变实验堆（ITER）计划”的过程，带动了超导线材和超导磁体的规模化制备技术，推动了我国稀土产业在国际产业分工价值链中的攀升。利用中国科学技术大学国家同步辐射实验室研发的合肥光源，实现了通过煤基合成气一步法高效生产烯烃的原理研究，为煤化工发展提供了全新解决方案。北京正负电子对撞机改造工程推动了我国精密加工能力的进步，对于我国飞机关键部件加工水平的提高具有显著作用。

量子调控是当前物质科学与信息技术的重要前沿，重大科技基础设施支撑理论和实验手段的进步，使微观物质结构研究开始从“观测时代”走向“调控时代”，为能源、材料、信息等产业发展提供新的理论基础和技术手段，加快了大数据、云计算、人工智能等新一代信息技术与智能制造技术及现代物流等领域相互融合的步伐，推动了传统产业向数字化和智能化转型的深度，极大地提高了生产效率。颠覆性技术层出不穷，将从根本上改变技术路径、产品形态、产业模式，创造出新产品、新需求、新业态，催生新经济增长点。

（三）重大科技基础设施是增进社会福祉的助推器

除了经济影响，重大科技基础设施还在解决重大社会问题、增进社会福祉上起到了积极作用，主要体现在三个方面：一是重大科技基础设施不仅服务于纯粹的科学目标，而且作为研究重大社会问题的工具，承担了社会可持续发展的任务。一项对荷兰重大科技基础设施的使命调研发现，大概 46%的重大科技基础设施仅有纯粹的科学目标，而 54%的装置既承担了科学使命，也承载了社会目标，我国重大科技基础设施建设的社会目标属性更为显著。重大科技基础设施为解决重大疾病防治、自然灾害应对、环境污染治理等重大社会问题背后的科技难题，提供了重要条件支撑。例如，在埃博拉病毒、H7N9 禽流感病毒流行时期，科学家利用上海光源迅速解析病毒结构，为科学疫情防控做出了重要贡献。在此次抗击新冠肺炎疫情中，我国科研人员依托 P4、P3 生物安全实验室等重大科技基础设施，快速分离鉴定出病毒毒株，并与世界卫生组织共享了病毒全基因组序列，为全球科学家开展药物、疫苗、诊断研究提供了重要支撑，为打赢疫情科技攻坚战做出了重要贡献。

二是重大科技基础设施产生的新理论、新技术、新产品、新服务会在公共领域产生重要影响，形成有益于社会的创新。在 20 世纪 30 年代，伯克利的劳伦斯辐射实验室建立了世界上第一台回旋加速器，很快成为全世界的核研究中心，物理学家、化学家、工程师和生物学家在这里开展了各类试验研究，这些合作最终促成了将辐射应用于诊断和治疗癌症，这也成为回旋加速器的最重要应用之一。又如荷兰佩登的高通量反应炉（High Flux Reactor）满足了欧洲大部分用以诊疗癌症、心血管及脑部疾病等医用放射性同位素的需求。

三是重大科技基础设施会引发公众对科学的兴趣，例如，中国第一台大科学装置——正负电子对撞机的建设获得人们的关注，欧洲大型强子对撞机（LHC）对“上帝粒子”的寻找则吸引了全世界的注意力，欧洲核子组织（CERN）的开放日通常提前数个月就已经被各国公众约满，对公众理解科学、传播科学，营造良好的科学创新氛围大有裨益。

三、多措并举推动我国新经济取得更大突破

当前我国新经济发展如火如荼，科技事业取得了历史性成就，但还存在一些短板和不足，主要是引领的、原创的、关键核心的重大科技产出还不多，很多关键领域的“卡脖子”问题仍然存在，如何以高质量科技创新来支撑经济高质量发展，成为新发展格局下的重要战略问题。

（一）强化国家战略科技力量，加强关键技术攻关

为了支撑国家 2050 年实现科技强国的总体目标，应以重大科技基础设施为依托，强化国家战略科技力量，建设引领学科发展的世界级科学研究机构，组织实施一批国家重大科技项目，并完成一批关键核心技术攻关任务，重点聚焦

在航空发动机、量子信息、量子计算、智能制造和机器人、深空深海探测、重点新材料等战略必争领域，加强关键技术攻关，争取取得更多“从0到1”的突破性成果，努力实现从“跟跑”“并跑”向“领跑”转变，开辟更多新兴产业重点领域，培育新经济增长点。

（二）加强顶层设计和规划统领，积极推进科技成果转化

立足国家新征程发展需要，全面、客观认识全球新科技革命的走势、影响及形成的发展机遇，结合我国经济社会发展状况，从时间、学科、地域三个维度，前瞻性、战略性、系统性地对新技术和新经济进行顶层设计，充分发挥重大科技基础设施的集群化科研力量优势，打破制约知识、技术、人才等创新要素流动的壁垒，打通创新链、产业链，破除阻碍技术产业化的“篱笆墙”，促进科技创新合作、科技创新成果转移转化，打造科技创新高地、新兴产业重要策源地和新经济增长极。

（三）加大基础研究投入，培养尖端人才队伍

基础研究是事关我国发展全局的战略性问题，也是科技自立自强的必然要求。我们要紧密围绕国家重大需求，持之以恒地加强基础研究，努力产出一批具有世界影响力的重大原创成果，同时要适应学科交叉融合发展的趋势，高度重视数据积累对基础研究的推动作用，超前布局相关科研数据采集工程，有效发挥企业在基础研究中的作用，优化组织模式，推进创新主体的协同合作，培养造就一大批有发展潜力、有创新思维、有全球视野，能够引领未来科技发展的青年科技人才。

作者简介：

白春礼先生，中共中央委员，全国人大民族委员会主任，中国科学院大学和中国科学技术大学名誉校长，中国科学院院士，发展中国家科学院、美国国家科学院、英国皇家学会、欧洲科学院、俄罗斯科学院等院士。曾任中国科学院院长、中国科学技术协会副主席、发展中国家科学院院长等职务。

加快推动新经济成长　助力实现宏观稳定

任爱光

在新冠肺炎疫情的冲击下，"百年变局"加速演进，外部环境更趋复杂严峻和不确定，我国经济发展面临需求收缩、供给冲击和预期转弱三重压力，保持宏观稳定成为当前和未来更长一段时期的重点工作。新经济创新强、增速快、辐射带动作用大，既是实现宏观稳定的重要抓手，更能引领经济高质量发展。未来一段时期内，必须加快推动新经济成长，助力实现宏观稳定。

一、宏观稳定成为不确定条件下的稀缺资源

在不同的发展时期，宏观稳定的政策内涵和表现形式各不相同，需要与时俱进地看待。

从历史进程看，宏观稳定在历次中央经济工作会议中均有提及，近年来更是高频次出现。稳中求进工作总基调既是治国理政的重要原则，也是做好经济工作的方法论。无论是应对亚洲金融危机和全球次贷危机带来的外部风险冲高，还是应对国内重点领域和关键环节的结构性改革，抑或是通货膨胀和原材料价格高企带来的短期波动，宏观稳定作为我国一贯坚持的工作方针，确保了宏观经济平稳健康可持续发展，是我国重要的制度优势。

从现实情况看，新冠肺炎疫情冲击造成经济复苏不平衡，全球经济存在不确定性和不稳定性，保持经济运行在合理区间面临的"硬约束制约"凸显，平衡高质量发展和风险防范的任务变得更加迫切。宏观稳定强调经济运行平稳、产业结构比例稳定、政策措施稳健、社会运行安稳，是确保经济社会发展的连续进程不中断、确保高质量发展目标不动摇的关键。2021 年的中央经济工作会

议强调了“稳字当头”。在中央经济工作会议的公报中，“稳”字更是出现了25次。保持宏观稳定不仅是经济问题，更是政治问题。

从“十四五”时期和更长时期看，宏观稳定不是一成不变的概念，而是一个不断更新、不断演进、不断拓展的概念，体现了短期工作与长期目标相结合的谋划思路。宏观稳定不但是一个目标，而且是一种手段，更是实现“2035年远景目标”和“第二个百年奋斗目标”的发展环境保障。国务院副总理刘鹤在《人民日报》的撰文《必须实现高质量发展》中指出，“高质量发展是宏观经济稳定性增强的发展”“宏观稳定成为稀缺的资源”。

二、新经济发展稳定宏观经济的机制和路径

一般而言，新经济是一种新的技术经济范式，是由革命性新技术创新驱动形成的新经济形态，具有高成长、高创新、高辐射作用等特征。新经济包括智能经济、信息经济、知识经济、数字经济、网络经济等多种形态。国家统计局以新产业、新业态、新商业模式“三新”为核心内容的经济活动，基本涵盖了新经济的主体部分。在所有新经济类型中，数字经济是新经济中最亮眼的明星。党的十八大以来，习近平总书记多次强调要发展数字经济，2022年年初，在《求是》杂志上发表重要文章强调“数字经济发展速度之快、辐射范围之广、影响程度之深前所未有，正在成为重组全球要素资源、重塑全球经济结构、改变全球竞争格局的关键力量。”。

新经济在需求端、供给端、预期端同时发力，有效破解我国经济发展面临的需求收缩、供给冲击、预期转弱三重压力，为稳定宏观经济提供新动能。

新经济有利于稳需求。新经济推动构建新消费体系，我国2020年实物商品网上零售额占社会消费品零售总额的比重接近1/4，推动传统消费业态转型升级。新经济积极引导投资向节能环保、新一代信息技术、新能源汽车等战略新兴产业倾斜。预计在2021—2025年，我国政府与民间对新型基础设施的投资额合计达到10.6万亿元人民币。新经济能够创造新的要素禀赋结构和比较优势，加快培育外贸新动能，2020年我国跨境电商进出口额为1.69万亿元人民币，增长31.1%。

新经济有利于稳供给。新经济对产业链供应链畅通和重塑的作用日益突出，通过加快制造业数字化智能化改造、增强产业链供应链韧性，推动整个供应链

的效率提升 20%～30%，确保关键时候不“卡脖子”、不“掉链子”。新经济是绿色可持续发展的关键动力，不仅有助于提高绿色制造水平、优化产业结构，也能通过数字技术提升能源利用效率以达到节能减排，助力碳中和，实现能源结构调整。预计到 2030 年，依托移动无线技术和各类数字技术可以减少 15%的全球净碳排放量。

新经济有利于稳预期。新经济的快速增长和自身超强的稳定性给市场注入了强大的信心。即使面对新冠肺炎疫情冲击造成的影响，新经济仍然能够借助人工智能、云计算、大数据等信息技术实现逆势成长。我国 2020 年名义 GDP 增速为 2.74%，其中，0.47 个百分点来自“三新”经济的拉动。新经济中的信息传递也更加精准有效，基于大数据平台的应用，新经济能推动政府转变管理理念，提升宏观治理能力，引导个人和企业等微观主体在消费和投资等领域做出更加合理的经济行为判断，形成更加理性的政策预期，降低政策的不确定性。

三、新经济发展的未来趋势和面临的挑战

（一）我国新经济的发展成效与趋势

1. 新经济规模范围不断拓展

与传统经济以土地、劳动力、资本等竞争型要素为主的经济形态不同，新经济是以知识、信息、数据等非竞争型要素为主的经济形态。近年来，新经济的内涵不断延展，从后工业经济到信息经济再到数字经济持续演进。国家统计局数据显示，2020 年我国“三新”经济增加值为 16.92 万亿元人民币，占 GDP 的比重为 17.1%，同比增长 4.5%。国家信息中心测算数据显示，2020 年我国共享经济市场交易额为 3.37 万亿元人民币，同比增长 2.9%。数字经济增速更快，中国信息通信研究院测算数据显示，2020 年我国数字经济总规模达到 39.2 万亿元人民币，占 GDP 的比重为 38.6%，同比增长 9.7%。

2. 新经济创新动力更加强劲

新经济作为技术密集型的经济形态，创新驱动和创新竞争是最根本的特点。国家统计局发布的经济发展新动能指数测算结果显示，我国新经济研发投入持续加大，创新能力不断提升，2020 年“创新驱动指数”比 2019 年增长 18.1%，

“知识能力指数”比2019年增长10.0%，两者对经济发展新动能指数的贡献率接近9%。技术作为创新的根本保证，成为推动经济社会阶跃式发展的核心动力。最新的四种通用目的技术（GPT）均属于新经济时代的关键技术，包括计算机、互联网、业务虚拟化（无纸办公、远程办公和软件代理等）和人工智能，成为新经济时代技术变革的决定性力量。国家统计局数据显示，2020年我国移动互联网用户数达13.49亿户，移动互联网接入流量达1.656×10^{11}GB，是2014年的80.3倍；固定互联网宽带接入用户达到4.8亿户，比2019年增长7.6%。

3. 新经济产业升级加速推进

以5G、大数据、人工智能、区块链、云计算为代表的信息技术不断演进升级，与传统行业的技术融合不断加深，赋能作用持续加强，创造的应用场景日益丰富。国家统计局数据显示，2020年，“三新”经济中第一产业和第二产业增加值分别为7423亿元人民币和73487亿元人民币，占比分别约为4.39%和43.42%。作为“三新”经济的主战场，第三产业增加值为88345亿元人民币，比2019年增长4.2%，占比为52.2%。新经济深刻改变了生产要素和资源的配置方式，改变了人们的生产生活方式，提高了经济运行效率和社会整体福利，在应对新冠肺炎疫情冲击中展现出巨大的发展潜力，助推实体经济高质量发展。国家统计局数据显示，2020年，我国规模以上高技术制造业增加值比2019年增长7.1%，增速快于全部规模以上工业的4.3个百分点。

4. 新经济国际竞争力稳步提升

近年来，尽管“逆全球化”思潮不断发酵，但经济全球化大潮势不可挡，新经济理念发展深入人心，新经济模式、载体以及治理体系不断创新，我国在新经济领域的国际竞争力不断增强。在模式上，中国信息通信研究院监测数据显示，2020年，我国大型数字平台总价值为3.1万亿美元，占全球的24.8%，我国共有36家市值超百亿美元的大型数字平台，在数量上首次超过美国。在对外开放上，商务部数据显示，我国数字贸易额由2015年的2000亿美元增长到2020年的2947.6亿美元，增长47.4%，同期数字贸易占服务贸易的比重增至44.5%。在规则上，我国发起《全球数据安全倡议》，为制定数字安全全球规则提供蓝本，与东盟十国、日本、韩国、澳大利亚、新西兰共同签署《区域全面经济伙伴关系协定》（RCEP），推动数字领域的区域经济一体化升级和全球规则制定。

（二）新经济进一步成长壮大面临的关键挑战

1. 新经济核心技术亟待突破

新经济主要依托云计算、大数据、人工智能、5G、工业互联网等新型基础设施建设。以数字经济为例，核心技术涉及算力、算法和算据，其背后的底层支撑离不开计算芯片、操作系统、传感芯片等，及其相关的产业生态，这正是我国严重缺失、受制于人的关键领域。同时，与新经济相关的核心技术尚未固化，还在持续演变中，以人工智能技术为例，目前的应用还处于“弱人工智能”时代，亟待实现底层算法、计算架构的突破，才能跨越到“强人工智能”时代。

2. 新经济产业融合亟待提升

我国新经济核心产业全球价值链地位仍有待提升，总体仍处于全球价值链中端。与其他发达国家相比，我国在互联网、信息产业、数字化建设的发展上起步较晚，行业条块化管理，“信息孤岛”现象明显，相关产业规模较小，尚未形成规模效应，工业互联网平台支撑不足，缺少实力雄厚的龙头企业，数字化处理能力与国际先进水平相比还有很大差距。有数据显示，我国工业数字化总体水平仍不到德国等工业强国的一半。

3. 新经济监管体系亟待调整

新经济为传统工业经济时代形成的治理和监管体系带来了挑战，治理手段落后和方法单一、数据隐私和算法歧视等问题的发现和监管困难等新问题层出不穷。传统宏观调控采取的因果思维和监管理念亟须转变。新经济时代发展起来的新产业盲目扩大、市场垄断、资本无序投入，对实体经济造成巨大的挤压，一旦监管不力，将损害公众和从业人员利益，妨碍公平竞争。新经济监管能力不足同样表现在对新生产要素的监管和治理上。当前，仍然缺乏数据要素市场准入机制方面的法律法规和行业标准与规范，数据市场缺乏良好的市场环境，不利于数据要素的充分流动。

四、全面推动新经济成长壮大的应对政策

全面推动新经济成长壮大，既是应对外部冲击、维持宏观稳定的必要手段，

更是应对发展时代变革之需、推动中国经济高质量发展的必由之路。

（一）坚持系统观念，做好新经济发展布局

加大实施新经济战略，做好全局性谋划和整体性推进。一是要做好我国新经济领域发展的顶层设计和体制机制建设，结合地方资源禀赋等特色优势，持续做好新经济的区域分布、地方试点、产业调整的规划布局。二是适应经济发展重心向实体经济转移的规律，促进数字技术与实体经济深度融合，特别是工业制造业数字化转型，推动形成新经济与实体经济协同互补发展的新模式。三是适应新发展阶段的新要求，支持和促进中小企业发展，着力解决平台企业市场垄断、技术性失业、数字鸿沟等问题，在创新发展与健康规范发展中取得平衡。

（二）强化科技创新，打好新经济发展基础

打好科技硬实力提升的攻坚战。一是强化核心技术攻关。稳步提升基础研究投入和能力，以应用需求倒逼基础研究，采取揭榜挂帅、赛马等方式，着力突破重点领域“卡脖子”的关键核心技术，加快新兴技术前瞻性布局。二是构建技术供应链和产业生态，组建以企业为主体的创新联合体。完善提升国家制造业创新中心、产业创新中心能力，加强关键共性技术供给。发挥链主企业作用，强化关键环节、关键领域、关键产品的保障能力，确保产业链供应链稳定和安全。三是强化人才支撑，面向新经济发展需要，加快新工科建设速度，加大高水平复合型数字人才的引进和培养，全面提升国民信息水平和数字技能。

（三）加大制度建设，完善新经济监管治理

持续践行审慎包容的监管理念。一是针对体制机制制约，加强统筹规划。完善新兴产业相关的法律法规，健全监督管理体系，为新业态、新产业发展创造有利的监管环境。二是提升发展的公平性。加强对企业主体的培育，提高政府监管力度，全面深化平台反垄断，解决因垄断带来的产业活力下降、高质量创新创业者难以成长壮大等难题。三是加大发展的开放性。解决因封闭带来的发展僵化和创业空间不足等难题，建立健全数据要素市场规则，探索推动数据

互操作，深入推动数字化应用互联互通，分步、有序地建设从技术、平台到应用的全谱系开放型新经济体系。

（四）拓展合作渠道，深化新经济国际交流

持续加大规则、规制、标准和管理等制度型领域的开放与交流。一方面，加强与成熟标准和规则的统一及对接，提升新标准和新规则的影响力。鼓励领军企业参与全球标准制定，提升国际规则制定实力。另一方面，积极加入新兴的国际联盟，抓住共建“一带一路”等机遇，努力拓展合作空间。

作者简介：

任爱光先生，工业和信息化部科技司副司长，高级工程师，曾任工业和信息化部电子信息司副司长。长期从事科技发展规划、新经济产业培育和电子信息行业管理等工作。

实行股票发行注册制　提升新经济发展动能

安青松

2021 年中央经济工作会议提出全面实行股票发行注册制，将全力打造资本市场服务实体经济的能力和体系，更好地发挥资本市场的枢纽作用，促进资本、科技与实体经济高水平循环。新经济是以科技创新主导的全新经济形态，创新、创造、创意构成新经济的重要特征，新技术、新产业、新业态、新模式成为新经济的普遍形态。国际经验表明，资本市场是支持新经济发展最有效率的金融体系。中国特色"注册制"的全面推行，将进一步促进资本市场与新经济的良性循环，形成加快新经济发展的强大动能。

一、资本市场与新经济的内在联系

资本市场对新兴产业成长性和风险的定价机制、对技术创新和企业家精神的激励机制、对公司治理和投融资活动形成的市场约束，以及分散决策形成的风险共担与利益共享机制，在为分散不确定性创造金融产品，推动跨期限、跨产业、跨群体分散风险，增加有效投资；在为新兴产业发展提供金融支持，合理进行资产定价和权益保护；在适应绿色投资回报期长的特点，为中长期资金供给提供制度安排；在推动传统产业与新技术、新产业、新业态、新模式有机融合等方面，具有不可替代的竞争优势，有利于畅通资本与新经济的良性循环，促进新经济更快、更好、更强地发展。

（一）为新经济畅通风险投资循环，促进创新资本形成

创新是引领新经济发展的第一动力。从时间维度看，技术创新有累积效应

和路径依赖，传统的成本收益分析不利于创新，创新活动的成本比较容易量化，但未来的收益有很大的不确定性。作为在不确定环境中进行跨期资源配置的工具，资本市场与创新具有天然的内在联系。在企业初创期或者技术研发阶段，资金需求具有高投入、高风险、回报周期长的特点，外部融资需要有较强的容错能力和风险承受能力。风险投资投入长期资金、承担较高风险换取企业股权，并在企业上市后退出的商业模式中与之更为契合，成为孵化新经济企业的重要资金来源。美国股票市场的深度与广度领先其他国家，特别是纳斯达克市场被认为对美国科技创新起到了重要的促进作用，风险投资方在数字和生物科技两个领域既促进了创新也取得了丰厚的回报。中国的互联网和生物科技进步受益于美国的风险投资文化和模式，很多独角兽企业的投资者是美国模式的投资机构。此外，理论研究认为，风险投资具有筛选效应和监督效应，除了可以分辨出具有潜力的新经济企业，还可以利用自身优势帮助企业获得更大概率的商业成功，如为新经济企业链接所需的商业人才、市场资源和管理经验等，帮助企业更顺利地通过市场检验、分担风险、优化公司治理，增加信息透明度，从而为新经济企业上市奠定基础。截至 2021 年第三季度末，国内私募基金已投本金达 7.8 万亿元人民币，其中 26%投向了高新技术企业。截至 2021 年年底，在科创板和创业板上市的公司中，有私募股权资金和创投基金支持的公司比例分别超过 80%和 60%。

（二）为新兴产业合理定价，引导资本向新经济集聚

科技进步是引领新经济发展的关键因素。从空间维度看，创新具有集聚效应和扩散效应。资本市场通过交易形成公司股票价格、发现公司增长价值，同时通过价格信号引导投资者将更多资金投向具有更高成长性的新兴产业，激励更多该产业中的潜在进入者投入生产和研发活动，从而发挥优化资源配置的作用，激发市场主体活力，促进各类要素资源向更高价值的产业领域集聚。由于新经济企业往往代表较为先进的生产力且成长潜力大，因此投资者通常对新经济企业给予较高估值，对新经济发展产生正向激励作用。21 世纪初，美国信息技术产业蓬勃发展，成为推动美国经济强劲增长的重要动力，纳斯达克市场主动助推信息科技企业发展，进一步推动美国经济结构从传统重化工业向信息服务业转变。截至 2021 年年底，纳斯达克市场市净率最高的信息技术行业（市净

率为 13.68），其市净率是各行业平均值的 2.8 倍。仅苹果、微软、谷歌、亚马逊、特斯拉和脸书 6 家大型科技企业的市值已达 11.05 万亿美元，占纳斯达克市场总市值的 28.37%。从中、美两国科创企业上市的实践看，一个共同的特征是高估值，市场参与者的“羊群效应”和“动物精神”容易导致非理性繁荣。资本促进创新的机制是价格发现、风险管理、公司治理、股权激励，而不是单纯的金融投机。历史经验显示，改变世界的技术，如铁路、电气化、计算机和互联网都曾经历过资产泡沫的洗礼和磨砺，市场在激烈波动之后，逐步回归理性，实现自我校正、自我修复。

（三）为新经济企业科技创新，形成经营管理激励机制

新兴产业的兴起与资本市场紧密相关。从北美大陆掀起铁路建设热潮，到工业化、电气化时代，再到 21 世纪全球化、信息技术时代，资本市场已经成为推动经济社会生产力变革的重要力量。科技创新是一个从技术研发到科技成果转化的长期过程，往往伴随新经济企业生命周期的各个阶段。因此，一个有效的创新体系需要在时间与空间两个维度形成正向激励和扶持机制。创新的不确定性与高风险特征使得股权融资优于债权融资。尤其是传统产业与新经济融合发展，或者创新创业企业走向成熟期后，需要灵活运用 IPO、再融资、公司债、衍生品等资本市场工具保持市场优势或进行风险管理，并加强公司治理。一方面，人才是新经济发展的核心，将股票、期权等作为薪酬体系的组成部分成为科技公司吸引并留住人才的重要方法。2021 年，以首次实施公告日计，中国的科创板中 133 家公司实施了 148 个股权激励计划，实施股权激励计划的公司数量占比达 35.28%。另一方面，在技术迅速迭代、市场环境不断变化的环境中，通过并购重组注入创新动力、维持技术优势，或者拓展产业链、构建产业生态，成为科技企业有效降低研发成本、保持核心竞争力的重要途径。

二、实行注册制对新经济具有更高的适应性

注册制是由发行审核机制、价格形成机制、市场约束机制三位一体构成的生态系统。从核准制向注册制转变，需要把原来由行政主导的发行人质量、发行定价与节奏的集中决策管理，通过压实发行人、中介机构责任，加强投资者

适当性管理，逐步交给市场机制去实现分散决策，形成市场化的发现、选择、甄别机制，对创新创业风险、预期收益风险具有更强的包容性，能够更加合理地为新经济企业定价，进一步优化资源配置，助推科技创新转化为生产力，形成市场导向的创新机制。

（一）多元包容的发行上市条件，增强对新经济企业上市融资服务的普惠性

注册制与核准制的区别在于，上市标准具有更好的包容性，为新经济的形成、发展、壮大提供强力支持。通常，新经济企业面临较高的不确定性，提高资本市场对“三创四新”[1]的包容度，有利于新经济企业及时获得资金支持，提高创新创业成功的概率，维持新经济企业和创新资本形成的规模与活力。在核准制下，监管部门为把好资本市场入口关，对企业财务数据和生产经营状况进行实质性审核，重点关注企业过往状况，对新经济企业的高成长性和生产经营的灵活性缺乏包容性，部分“三创四新”企业被排除在外，风险投资、创业投资支持创新的原始动力受到抑制，进而影响到资本市场支持创新的效率和能力。科创板、创业板试点注册制，拓展营业收入、现金流、净利润和预计市值等新维度，多元化、多样化设置上市标准，包容对待尚未盈利的成长型企业的融资需求，为不同发展阶段的科技企业上市融资畅通渠道，为“红筹企业”[2]和表决权差异安排的企业境内上市打开通道，支持不同类型的新经济企业获得上市融资的机会，对风险投资、创业投资支持创新的引领作用形成激励，更好地满足了存在各类特殊情况的新经济企业的资金需求，“三创四新”企业在境内资本市场初步形成聚集效应。

（二）分散性决策提高资本市场准入效率和质量，增强新经济企业的核心竞争力

与注册制相比，核准制更加注重市场在资源配置中的决定作用，通过“建制度、不干预、零容忍”，形成分散决策、风险自担的市场生态，提高资本市场准入效率，更好满足新经济企业的融资需求和风险管理需要。在核准制下，

1 三创：创新、创造、创业；四新：新技术、新产业、新业态、新模式。
2 红筹企业是指，注册地在境外，主要经营活动在境内的企业。

对发行人质量的甄别、选择、把关，若在行政审核部门一个“点”上集中决策，则往往事倍功半，甚至不堪重荷。实施注册制后，把行政主导的一个“点”上的集中决策，转变为相关市场主体的一条“线”上的分散决策，形成上游是风险投资和创业投资甄别、选择、培育，中介机构鉴证、尽职调查、保荐；中游是交易所审核把关、证监会注册许可；下游则通过投资者市场化博弈定价、一二级市场价格波动修正定价形成约束机制，推动市场准入由行政主导的集中决策方式，转变为相关市场主体共同参与、共担风险的分散决策方式。证监会的职责从直接负责审核准入，改为制订规则、维持秩序、监管行为，不直接为发行人质量背书；发行人质量由风投机构、创投机构来甄别质量、发现价值，投资银行通过辅导改制、尽职调查来检验质量、发现价格，在发行销售阶段，投资者基于投资银行的路演推介自主决策定价、投资来完成投融资活动，实现市场准入从“过关”式质量控制转变为全过程质量控制，通过分散决策有效提升资本市场的准入效率和质量，增强资本市场对新经济创新性、多样性、颠覆性、成长性特点的适应性。

（三）市场化定价提升价值发现效率，促进要素资源向新经济领域加快集聚

注册制与核准制最重要的差异是发行价格、发行节奏的市场化导向。注册制改革的方向是形成市场化定价机制，更好地发挥“价格信号”在资源配置中的“指挥棒”作用，降低新经济企业上市融资的交易成本，提高新经济企业资源利用效率。从国内实际和国际实践看，近年来新经济企业的估值定价面临三方面挑战，需要通过进一步优化市场博弈机制才能揭示其真实价值，形成合理定价。

一是核准制下新股定价存在扭曲，在原有的新股发行体制下，市盈率限价、上市首日涨跌幅等限制措施抑制了市场参与各方充分博弈的意愿，价格形成的市场化程度较低。二是数字化、绿色低碳等新发展特点对传统估值方法提出挑战，对于高投入、轻资产的新经济企业，初期可能仍处于亏损状态且行业可比性低，无论是未来现金流预测还是利用可比公司估值都有较大困难。特别是在数字经济条件下，对数据价值、数字资产、元宇宙等新业务形态如何估值值得进一步研究。三是二级市场投资者的“羊群效应”易形成估值泡沫，例

如 2000 年前后，纳斯达克市场互联网企业上市的非理性繁荣最终演变成一场“互联网泡沫”。

因此，注册制改革不仅是审核重点、方式、分工的优化，关键是要建立发行人质量、发行价格和发行节奏的市场化约束机制。随着定价机制、交易机制、投资端改革以及信息披露制度的不断完善，新经济企业的信息将得到有效揭示，各参与方归位尽责，形成均衡博弈的机制，充分的市场交易将为新经济企业提供高效的价格发现，并在价格信号引导下促进要素资源向新经济领域加快聚集。

（四）高水平信息披露促进信息对称和风险出清，增强对新经济企业发展规律的适应性

信息披露是投资者了解上市公司的重要途径，是资本市场信用体系的基石。注册制改革以信息披露为核心，要求发行人充分披露投资者做出价值判断和投资决策所必需的信息，配套更加完善的退市制度，将公司质量交由市场筛选，鼓励投资者监督上市公司规范经营，促进上市公司为股东创造更多价值，主动淘汰存在严重问题的企业，对畅通资本、科技和实体经济的良性循环，提高要素资源的利用效率具有积极意义。有效的公司治理是信息披露质量的重要保障。良好的公司治理是企业高质量可持续发展的基础。在以信息披露为核心的注册制下，应该更加强调公司治理的规范性、有效性，更加强调实控人、关键人、责任人的行为规范，强化内部控制要求，以此作为发行人质量的“底线”；应当加强投资者适当性管理和保障“用脚投票”的市场约束机制，不断完善代表人诉讼制度，增强对发行人、中介机构民事赔偿责任的追索机制，有效抑制实控人、关键人、责任人的侵权动机和行为，最大限度地保护中小投资者的合法权益。

2019 年以来，设立科创板并试点注册制以及创业板改革并试点注册制顺利实施，进一步释放了资本市场服务新经济的潜力，并取得了积极成效。

一是市场准入效率显著提升，新经济企业股权融资活跃。科创板企业和创业板企业从申请受理到完成审核注册平均用时 300 天左右，较审核制节省近一半时间，上市融资效率明显提升。自科创板首批新股上市以来，上市公司数量连年增加，截至 2021 年 12 月 31 日，共计 377 家公司登陆科创板，募资总额 5079.53 亿元人民币。其中属于新经济企业密集的信息技术行业的公司有 125 家，

占比 33.16%。创业板自实施注册制改革至 2021 年年底，共上市企业 262 家，融资总额 2135.44 亿元人民币。2021 年全年，在注册制下上市的公司达 402 家，占全部 IPO 公司数的 76.71%。

二是市场给予新经济企业较高认可，市场化估值定价水平逐步提高。以科创板为例，剔除上市时未盈利的企业，截至 2021 年年底，已上市公司的发行市盈率平均值为 64.55%，中位数为 41.62%。在创业板中，在首次实施注册制到 2021 年年底上市的公司的发行市盈率平均值和中位数分别为 31.01%和 27.53。2021 年，科创板和创业板上市首日即“破发”的股票分别有 10 只和 6 只，主板则未出现首日破发的情况。

三是市场服务质效和市场约束力有所增强。目前，科创板已有 9 家公司完成定向增发 10 次，募集资金总额共 205.91 亿元人民币。其中首单适用简易程序的定增项目从受理到审批通过仅用时 16 天。1 家公司在上市 2 年后因连续两年净利润亏损和营业收入下降已被实施退市风险警示。

三、实行注册制增强服务新经济的能力

在“双循环”新发展格局中，新经济担负着国家发展与安全的重要使命，资本市场服务新经济的能力，成为大国博弈竞争优势的重要体现。实行注册制是打造一个规范、透明、开放、有活力、有韧性资本市场的关键步骤。注册制改革是资本市场基础性制度改革，不同于我国资本市场历史上的发行管理体制改革，它是一场涉及监管理念、监管体制、监管生态的深刻变革。在注册制下，监管理念更加市场化、法治化，监管体制更加突出分工负责、分权制衡的特点，监管生态更加强调发行人、投资者、中介机构、审核部门、行业自律、监管部门归位尽责、各负其责。

注册制具有两个基本特征，一是以信息披露为核心，二是市场决定资源配置。以信息披露为核心的注册制，需要建立在 3 个基础之上：①卖者有责、买者自负的市场生态；②精准审核、全程问责的市场监管；③市场约束有力、司法追责到位的市场环境。从核准制向注册制转变，最大差别是市场在资源配置中的作用强弱不同。在注册制下，市场在资源配置中的决定作用更加显著，而决定作用能否有效发挥取决于上述 3 个基础的形成和健全。因此，实行注册制

不是一个时点事件，而是一个时期事件，是渐进式、系统性的改革，需要全过程、全节点地完善流程、健全标准，推动市场各方逐步适应、逐步到位，实现发行人质量从集中一点把关向分散层层把关转变，发行价格确定从集中决策向分散决策转变。中国特色的注册制，必将坚持金融服务实体经济的宗旨和天职，在充分发挥市场决定资源配置作用的同时，更加注重发挥政府作用，形成共同促进提高上市公司质量的合力；必将遵循注册制基本内涵，借鉴国际最佳实践，尊重中国特色资本市场发展阶段的原则，在我国资本市场投资者结构不成熟、市场约束机制不健全、司法救济机制不完善的情况下，更加注重发挥政府在资本市场治理体系中的主导作用，加强预防性监管和强化事中及事后监管，压实中介机构“看门人”责任，全面树立市场观念，客观把握市场规律，从以下方面塑造适应注册制的监管生态，进一步增强服务新经济的能力。

1. 重塑市场理念

注册制对创新创业风险、预期收益风险具有很强的包容性，在注册制下，轻资产、高估值、非营利的新经济企业上市将成为常态，新经济企业风险高、业绩波动大的特点，将改变以往成本分析、盈亏评价、重资产估值的发行人质量标准，以往以“一年盈利二年持平三年亏损”作为上市公司质量差的标志，在注册制下将发生颠覆性改变。截至 2021 年年初，特斯拉创立 17 年，上市 10 年持续亏损，到 2020 年才首次实现年度盈利，市值从 IPO 时的 200 亿美元，升值到 1 万多亿美元，成为资本市场孵化新经济的典型案例。因此，应当有针对性地研究构建适应新经济发行人特点的治理要求和披露指引，在指数样本设置、媒体舆论引导、社会评价体系等方面，主动塑造多元化、市场化的评价理念；适应以信息披露为核心的注册制，推动以全方位、全过程维护投资者合法权益为重点的监管转型。

2. 重建责任体系

注册制改革是一项系统性工程，涉及一级市场发行承销、二级市场交易机制等一系列制度的精密化安排。需要重新界定发行人、中介机构、监管部门、投资者的权责关系，重新设计发行人、投资者和中介机构的责任关联关系，把发行节奏的“阀门”交给中介机构同时，把平衡发行人质量把关和市场承受程度的责任真正落实给中介机构，重新审视、调整、完善中介机构执业标准，推动投行业务的工作重心从服务“可批性”向服务“可卖性”转变，促进形成激励“竞争质量”、约束“竞争数量”的市场生态。

3. 重构定价基础

构建卖方、买方均衡博弈的定价机制，发挥机构投资人在定价过程中的理性力量，形成有效的买方市场约束，是构建注册制下定价机制的基础。同时通过引入分析师路演、管理层路演，增加机构投资者配售比例，推广“绿鞋”机制，不断强化和完善市场参与方的定价能力，全面推行市场化定价机制。

4. 重置信息披露导向

注册制以信息披露为中心，促进投资者围绕价值判断合理形成价格，有效发挥价格信号引导资源配置的作用。在注册制下，需要将可以由投资者判断的事项转化为更加严格的信息披露要求，在导向上突出以投资者价值判断的信息披露，减少免责式、机械化的尽职调查和审核问询，有效落实“卖者有责，买者自负”理念，明确界定审核部门与市场主体责任边界的信息披露制度。

作者简介：

安青松先生，中国证券业协会党委书记、会长。曾任中国证监会股权分置改革领导小组办公室专职副主任，北京证监局局长助理，上市公司监管部副主任，中国上市公司协会副会长兼秘书长，青岛证监局党委书记、局长，天津证监局党委书记、局长兼天津稽查局局长。

高质量建设北交所　更好助力新经济发展

徐　明

当前，科技革命和产业变革加速演进，世界正经历百年未有之大变局，新经济日益成为推动经济发展的关键力量。在我国经济迈入高质量发展新阶段、新发展格局加速构建的大背景下，中小企业作为新经济的主力军，对落实“六稳”“六保”要求和国家创新驱动发展战略具有重要作用，充满活力的中小企业是经济韧性的重要基础。2021 年 9 月 2 日，习近平总书记在 2021 年中国国际服务贸易交易会全球服务贸易峰会上的致辞中宣布:“继续支持中小企业创新发展，深化新三板改革，设立北京证券交易所，打造服务创新型中小企业主阵地。”2021 年 11 月 15 日，北京证券交易所（以下简称“北交所”）开市，从此市场站上了探索具有中国特色资本市场普惠金融之路的新起点。北交所和新三板将立足于打造服务创新型中小企业主阵地的总方向，稳中求进深化改革，引导更多要素资源流向新经济和中小企业，促进实体经济高质量发展。

一、坚守初心持续深化改革，为服务新经济发展奠定坚实基础

“十四五”时期，我国进入新发展阶段，经济增长从速度数量型转向创新驱动型，科技革命和产业变革加速演进，新产品、新业态、新市场不断涌现，日益成为科技创新和产业转型升级的重要力量。世界正经历百年未有之大变局，经济全球化遭遇逆流，新冠肺炎疫情影响深远，产业链、供应链循环受阻，新经济在推动经济发展质量变革、效率变革和动力变革中的重要性进一步凸显。

中小企业量大面广、创新动力强劲、韧性活力突出，是新经济的主力军。我国中小企业已超过 4350 万家，在推动经济增长、促进创新创业、支撑产业链

延链补链、保就业保民生等方面具有不可替代的作用。据统计，中小企业贡献了我国70%以上的技术创新成果；我国高新技术企业中，中小企业占比达96.7%。从创新型中小企业的发展规律来看，中小企业的发展技术路线尚未定型，盈利模式尚未稳定，尤其需要资本的支持，而科技创新也离不开用市场的力量来引导资源优化配置和完善激励约束机制。特别地，近年来我国中小企业创新发展的外部环境的不确定性和不稳定性增强，创新型中小企业愈发看重通过资本市场的资源配置、风险共担和利益共享机制，解决其在资金、人才、创新成果产业化等方面的痛点问题。

新三板设立以来，始终坚守服务中小企业的初心，积极探索资本市场服务中小企业的有效路径，通过引导资本资源流向创新型中小企业，促进科技、资本和产业紧密结合，持续为新经济注入新动能。截至2021年年底，新三板累计服务挂牌公司13000多家，累计有7002家挂牌公司在新三板完成发行11961次，合计融资5552.65亿元人民币。市场服务的企业兼具“大而优”与“小而美”，覆盖了国民经济除综合外全部18个门类行业、87个大类行业，其中先进制造业、现代服务业、高技术产业、战略性新兴产业占比74%，汇聚了700余家专精特新“小巨人”企业，奠定了北交所发展的企业基础。通过持续不断的改革创新，新三板市场引入公开发行制度，优化定向发行机制，推出挂牌发行和面向内部人的自办发行；精选层实施连续竞价交易，提高创新层和基础层集合竞价频次，保留做市交易，实施差异化的投资者适当性管理，市场流动性进一步提升，奠定了北交所发展的市场基础和制度基础。

二、升级提档设立北交所，支持新经济发展的特色路径进一步深化

设立北交所是全面深化新三板改革的巩固和延续，也是新三板在八年多改革探索的基础上一次质的飞跃。按照改革总体设计，北交所在新三板精选层基础上变更设立，同步试点注册制。与上海和深圳股票交易市场（以下简称沪深市场）相比，北交所有着与沪深市场相同的法律性质、市场功能和企业地位，同时在市场建设过程中坚持错位发展、突出特色，更加适应新形势下中小企业创新发展的新要求，将更好地支持新经济发展。

（一）以错位发展为本，补齐资本市场短板

北交所与新三板坚持服务创新型中小企业，市场定位突出“更早、更小、更新、更包容”，与主板主要服务大型成熟企业、科创板服务“硬科技”企业、创业板服务“三创四新”形成错位发展格局，增强了多层次资本市场的服务合力。截至 2021 年年底，北交所上市公司 82 家，属于战略新兴产业、先进制造业、现代服务业等的公司占比 87%，这些公司经营业绩突出、创新能力较强；新三板创新层挂牌公司 1225 家、基础层挂牌公司 5707 家，符合北交所上市财务条件的挂牌公司超过千家。市场服务创新型中小企业的聚集效应初步形成，服务创新驱动发展、经济转型升级等国家战略的功能更加凸显。

（二）以精准包容为要，全面适配企业需求

北交所业务规则遵循证券交易所制度建设的一般规律，保持各交易所监管标准的总体一致性，同时尊重中小企业成长阶段和发展规律做出差异化安排，充分体现错位、包容、灵活、普惠的市场特点。北交所的制度规则以注册制为统领，涵盖发行上市、融资并购、公司监管、证券交易、会员管理及投资者适当性管理六大条线。其中，融资产品多元丰富，在应用普通股、优先股、可转债等权益工具的基础上，引入授权发行、储架发行和自办发行，降低融资成本；交易机制便捷高效，不改变投资者交易习惯，在连续竞价基础上，新股上市首日不设涨跌幅限制，自次日起涨跌幅限制设置为 30%，以更好地促进企业价值发现；公司监管宽严适度，在接轨上市公司要求的基础上，对董事会专门委员会、强制分红、股权激励等设置弹性要求，为创新型中小企业营造好用、管用、适用的制度环境。

（三）以递进联通为基，激发企业向上动能

一是坚持北交所与新三板层次递进、协调联动。北交所上市公司来源于新三板创新层，共同构成服务创新型中小企业的主阵地载体。其中，北交所定位于引领，通过“龙头”撬动和“反哺”作用，激发带动新三板创新层、基础层整体活力；新三板定位于支撑、规范，促进中小企业尽早进入资本市场规范发展。二是坚持与沪深交易所、区域性股权市场互联互通。向上，北交所通过“转板机制”与沪深市场相连；向下，新三板与区域性股权市场联通，充分发挥在多

层次资本市场的中枢作用，最终形成全链条服务创新型中小企业的市场体系。上下贯通、内外联通的市场结构优势激活了企业向上发展的意愿。创新层对优质企业的吸引力提升，96%符合条件的基础层公司申请进入创新层，2021年“调层”后，创新层公司数量为分层制度实施以来的最高水平。企业挂牌上市意愿积极，改革宣布以来挂牌申报量同比增长46.34%；宣布接受上市辅导的挂牌公司中，近90%申报或计划申报北交所。

在北交所“龙头”撬动作用下，市场运行稳中向好，市场功能进一步发挥，市场韧性进一步增强，市场信心进一步提振，股票交易市场生态发生根本性变化，改革成效正在不断显现。北交所自开市以来，日均成交额较北交所设立消息宣布前增长了3.04倍，整体年化换手率为434.26%，符合中小市值股票流动性特征；投资者数量超475万人，是消息宣布前的2.8倍；北交所股票市值2021年全年平均涨幅 98.9%，市场财富效应初步显现。创新层和基础层获得有效带动，2021 全年成交额同比增长 19.76%，10 只指数全部上涨。调查问卷显示，96%的公司对新三板的未来发展充满信心。各级政府部门、中介机构、银行等主体积极与北交所对接，促进形成了合力服务创新型中小企业的新局面。

三、稳中求进打造主阵地，不断提高服务新经济发展的能力

当前，我国经济正在构建以国内大循环为主体、国内国际双循环相互促进的新发展格局，新经济企业将大有作为。打造服务创新型中小企业主阵地是北交所与新三板一体发展的总方向，也是持续支持新经济企业发展的内在要求。下一步，北交所将与新三板紧紧围绕“创新型中小企业”这个主体，牢牢把握“支持创新发展”这个关键，始终聚焦“打造主阵地”这个方向，不断提升服务实体经济的能力，更好助力新经济高质量发展。

（一）坚持错位发展，牢牢坚守主阵地的市场定位

北交所与新三板要立足我国多层次资本市场改革发展大局，牢牢坚守服务创新型中小企业的市场定位，聚焦“更早、更小、更新、更包容”的目标，与资本市场其他板块错位分工、有机联系，合力服务经济高质量发展。一是拓展数量规模。充分体现市场包容性和精准性，引导更多符合北交所与新三板定位的企业挂牌上市，与新三板创新层、基础层形成正金字塔的数量结构，初步形成创新型中小企业集聚。二是丰富企业结构。充分体现主阵地的覆盖性和包容性，兼顾不

同行业、类型、发展阶段的创新型中小企业，围绕中小企业特色产业链、供应链和价值链形成多元结构板块。在体现包容性的同时严守财务真实性和信息披露充分性底线，压实中介机构责任，强化监管执法力度。三是做好互联互通。切实发挥承上启下功能，持续落实好与沪深市场、区域性股权市场的联通机制。

（二）坚持一体发展，充分发挥市场内部结构优势

充分发挥北交所与新三板一体发展的市场结构优势，让处于不同发展阶段、拥有不同发展需求的创新型中小企业在各层次中找准位置，顺畅、高效地递进发展。一是差异化设计功能定位。北交所在融资、并购、交易等各方面功能上要做强；新三板在创新层、基础层要做细、做活，兼顾北交所上市“预备队”、企业规范发展“训练营”、市场生态“稳定器”等多元化角色定位，持续平衡创新型中小企业挂牌成本。二是一体化完善准入制度。以注册制改革为切入点，不断完善挂牌、分层、上市等制度，促进形成北交所与新三板创新层、基础层一以贯之、预期性强的准入体系。用好逐层递降方式缓释“退市、降层、终止挂牌”风险。三是链条化开展持续监管。以便利企业分阶段持续融资、投资者跨层次交易投资，以及全链条保障投资者合法权益为目标，充分发挥“层次递进”的制度优势，强化挂牌审查、发行上市审核与持续监管的有效衔接，构建覆盖挂牌上市全链条的监管安排。同时，通过差异化、针对性的公司治理、信息披露制度，持续提高“关键主体”规范意识，压实中介机构责任，不断提高挂牌上市公司质量。

（三）坚持创新发展，持续完善特色制度产品服务

服务创新型中小企业在全球资本市场没有非常成熟的模式。要在遵循证券市场一般规律的基础上，立足自身发展特点和需求，加大制度、产品和工具创新力度，提升制度包容性和精准性。一是完善融资并购制度。构建股债并重、定向与非定向相结合的融资制度，持续优化发行注册审核机制，畅通并购重组渠道，支持挂牌上市公司通过融资并购做大做强。二是创新证券交易制度。立足不同层级市场的差异化需求和股权分散度，形成各有侧重、机制多元的交易制度安排，发挥好市商流动性管理方面的补充作用，提高市场流动性水平，进一步发挥估值定价功能。三是完备市场产品体系。逐步形成包括股票、债券、基金、衍生品的产品体系。适配市场规模，加快构建以北交所指数为旗舰的多元指数体系，逐步打造创新型中小企业的“晴雨表”，适时开展跨境交易产品设计。四是创新市场

服务体系。立足服务立司、服务兴市，全面加强信息、培训、投教等服务，强化科技赋能服务，形成各方共建、覆盖全国、面向不同市场参与者的服务体系。五是统筹创新与风险防控体系。构建覆盖不同产品、交易方式、市场层级、交易主体、异常行为的风险监控体系，做到事前充分预研预判、事中加强监测监管、事后稳妥处置化解，对违法违规行为“零容忍”，牢牢守住不发生系统性风险的底线。

（四）坚持协同发展，不断凝聚市场各方支持合力

由于企业规模较小、发展阶段较为初级等原因，创新型中小企业获取金融服务的能力天然较弱，要持续推动各方加大支持力度。一是系统谋划市场发展与国家重大战略协同，协调国家政策制定部门统筹考虑北交所与新三板的金融支撑和引领作用，拓宽市场发展的产业、财税、金融、国资、外资等政策空间。二是充分调动市场各方参与的积极性。在企业端，持续推动营造良好的创新型中小企业挂牌上市政策、政务、舆论环境。在投资端，不断完善投资者适当性的评判标准和管理体系，加大力度引入各类专业机构，探索推动公募、社保、保险等各类资金通过不同方式投资新三板挂牌公司。在中介端，持续完善主办券商制度，引导中介机构更多开展全链条、全生命周期业务，培育一批专注于创新型中小企业的精品中介，打造投行业务新模式。三是支持商业银行为创新型中小企业开展各类投贷业务，为市场汇聚更多信贷普惠金融政策。四是持续夯实市场发展法治基础，在重要立法和司法解释制定过程中充分考虑创新型中小企业诉求，加强投资者权益保护，强化司法保障。

作者简介：

徐明先生，全国中小企业股份转让系统有限责任公司党委书记、董事长，北京证券交易所有限责任公司董事长，中国法学会证券法学研究会副会长。曾任上海证券交易所副总经理、中证中小投资者服务中心有限责任公司总经理。长期从事资本市场法制建设和交易场所一线监管，著有《证券及期货市场诸问题研究》等专著。

持续优化发展环境　稳步建设高质量科创板

卢文道

近年来，上海证券交易所认真贯彻落实党中央、国务院部署和证监会工作要求，主动融入国家发展战略全局，着重把支持实体经济高质量发展放在更加突出的位置，市场建设取得新的进展。目前，上海证券交易所已成为拥有股票、债券、基金、衍生品四大类证券品种，市场结构完整，规模不断壮大的综合型交易所。截至 2021 年年底，上海股票市场总市值为 52 万亿元人民币，位居全球第 3；债券市场托管量为 15.2 万亿元人民币，是全球最大的交易所债券市场；基金市场总市值为 1.2 万亿元人民币，其中 ETF[1]成交额、总市值分别位居亚洲第 1、第 2；上证 50ETF 期权、沪深 300ETF 期权的交易量均位居全球同类产品前列。

在上海证券交易所近年来的市场发展中，科创板始终占据重要地位。经过 3 年的建设，截至 2021 年年底，科创板上市公司已达 377 家，IPO 融资额突破 5079 亿元人民币，总市值 5.6 万亿元人民币，取得良好成效。“十四五”时期，将是新生的科创板不断做优做强的关键时期。这一时期，科创板需要抓住创新驱动发展带来的历史机遇，巩固发展成果，夯实发展基础，更好地服务国家科技创新战略。牢记科创板初心使命，坚持稳中求进，坚持注册制改革，坚持板块定位，持续推动制度创新，优化发展环境，将是今后一段时期科创板高质量发展和建设面临的重要任务。

1 ETF（Exohange Traded Fund，交易型开放式指数基金）。

一、科创板服务国家科技创新发展战略的初步成效

2018 年 11 月 5 日，习近平总书记在首届中国国际进口博览会开幕式上发表主旨演讲时提出，在上海证券交易所设立科创板并试点注册制，并在改革推进中做出了一系列重要指示批示。3 年多来，在党中央、国务院的关心指导下，在中国证监会的直接领导下，在上海市等有关方面的大力支持下，科创板建设坚守“硬科技”定位，坚持注册制改革“三原则”，处理好以信息披露为核心与严把上市入口关等“六方面关系”。这个新增板块成为资本市场深化改革的突破口和试验田，积累了可复制、可推广的经验。

设立科创板的另一个重要使命是，落实国家创新驱动发展战略，服务科技创新发展，促进科技与资本融合，畅通“硬科技”企业利用资本市场配置资源的渠道。从 3 年来的进展看，科创板服务国家科技创新发展战略已经初见成效，具体而言，产生了如下四方面效应。

一是鼓励“硬科技”企业上市的引领效应。科创板首先要鼓励和支持“硬科技”企业发行上市。3 年来，科创板“硬科技”特色日益鲜明，以中芯国际为代表解决“卡脖子”问题的“硬科技”企业相继登陆科创板，已上市企业普遍具有很强的科创属性。从公司创业者看，科创板上市公司科研人员创业比例高，据统计，科创板公司实际控制人中近 30%有在高校、科研院所工作的背景和博士学位，近 60%为行业专家、兼任公司核心技术人员。从研发费用投入上看，2021 年前三季度，科创板上市公司研发投入占比为 8.2%，位居各板块之首。从研发成果看，科创板的上市公司平均发明专利 106 项，其中约 13%的公司曾获得国家科学技术进步奖等三大奖项，合计获奖次数达到 84 次。从股权激励看，科创板上市企业普遍重视激发技术创新人员的创业热情，截至 2021 年年底，共有 182 家科创板公司推出 218 单股权激励计划，覆盖率达到 48%。从上市后的发展看，科创板上市公司注重为技术开发和创新项目持续加大投入，截至 2021 年年底，共有 50 家科创板公司推出再融资方案，合计拟募集约 790 亿元人民币，另有部分上市企业积极开展市场化并购重组，标的资产符合科创板定位，与公司主业形成协同效应。

二是支持战略新兴产业发展的集聚效应。科创板重点服务的六大行业，主要集中于战略新兴产业，科创板的集聚效应日益增强。从行业分布看，科创板公司主要分布于新一代信息技术、生物医药、高端装备等领域，这三个行业公

司数在全行业中的占比分别为 31.8%、20.9%和 18.3%。集成电路领域集聚效应尤其明显，以中芯国际为代表的 40 余家上市公司涵盖该领域上中下游全产业链，占 A 股集成电路上市公司的半壁江山。百济神州等 80 余家生物医药公司重点介入癌症、艾滋病、乙肝、丙肝等疾病的治疗领域，科创板由此成为全球创新药企业的重要上市地之一。制造业领域的“专精特新”企业也有在科创板集聚的趋势。截至 2021 年年底，已上市的科创板公司中，共有 110 家被认定为“专精特新”企业，它们处于高端装备、生物医药和新一代信息技术等行业，专注于特定细分领域、重视研发投入、追求技术优势，培育和维持核心竞争力；其中，有 15 家企业获评“制造业单项冠军”奖项，13 家企业获评“制造业单项冠军产品”奖项。

三是推动社会资本对接科技创新的乘数效应。科创板设立后，一批优质的科创企业顺利上市，打通了科技创新行业“募投管退”全环节。由此激发了创投资本的投资热情，创投机构加大了对科创企业的投资力度，“投早、投小、投科技”成为趋势。据统计，科创板开市后 2 年，创投机构投资金额为 1.45 万亿元人民币，是开市前的 2.6 倍。目前，科创板上市企业中有 97%在上市前得到了私募股权投资和风险投资，其中，351 家企业获得 2700 多亿元人民币投资，每家企业上市前的平均融资额为 7.5 亿元人民币。科创板企业上市后，私募股权投资和风险投资可以按照正常途径退出，这些资金能够再反投到科技创新领域，社会资本和科创企业高效对接、要素资源向科技创新领域集中的趋势明显增强，促进了社会资本与科技创新良性互动生态的形成。

四是保障二级市场平稳运行的联动效应。科创板市场建设和注册制改革试点顺利推进，与二级市场运行平稳，进而与一级市场良性联动直接相关。防止严重投机炒作和大起大落，为一级市场 IPO 保持常态化创造条件，也一直是科创板建设的重中之重。总的来看，3 年来，科创板交易活跃性比较适度，投资者行为较为理性，交易秩序良好。在投资者结构方面，机构投资者占比呈明显上升趋势。截至 2021 年年底，公募基金、私募基金、信托公司等专业机构投资者交易占比接近 90%，持股占比为 64%。在二级市场估值方面，市场定价机制总体正常，呈现优质优价、龙头溢价的特征，其中，具备科技实力的大市值公司更容易获市场认可。截至 2021 年年底，超过 200 亿元人民币市值的科创板公司平均涨幅近 911%，剔除非盈利企业后的平均市盈率为不剔除的 56 倍；相比之下，市值小于30亿元人民币的小公司平均涨幅为376%，剔除非盈利企业后的平均市盈率为不剔除的37倍，另有43家公司处于破发状态。科创板国际化水平持续提升，截至2021年年底，外资持有科创板流通市值达到1043亿元人民币，同比增加2.4倍，持有流通市值占比达到4.6%，同比提升1.5个百分点。

二、“十四五”时期科创板建设面临的重大机遇

“十四五”时期，平稳落地的科创板将迎来建立之后的第一个“市场周期”。这一阶段，科创板需要更好地服务国家科技创新战略，支持更多的“硬科技”企业发行上市，需要在促进资本与科技深度融合、促进实体经济高质量发展中，将科创板自身的发展推上新的台阶。“十四五”时期，科创板建设面临的重大机遇，可以从以下四个方面来说明。

一是落实创新驱动发展战略需要建设好科创板。党的十九届五中全会通过《中共中央关于制定国民经济和社会发展第十四个五年规划和二〇三五年远景目标的建议》（以下简称《建议》），为以习近平同志为核心的党中央把握世界发展大势、立足当前、着眼长远作出战略布局。以科技创新驱动高质量发展，是贯彻新发展理念、破解当前经济发展中突出矛盾和问题的关键，也是加快转变发展方式、优化经济结构、转换增长动力的重要抓手。正因如此，《建议》提出，要“坚持创新在我国现代化建设全局中的核心地位，把科技自立自强作为国家发展的战略支撑，面向世界科技前沿、面向经济主战场、面向国家重大需求、面向人民生命健康，深入实施科教兴国战略、人才强国战略、创新驱动发展战略，完善国家创新体系，加快建设科技强国。”这些目标和要求，也是科创板当初设立的基本出发点，是科创板需要长期坚持的历史方位，始终坚定的前行方向。

二是实现科技高水平自立自强需要建设好科创板。实现“十四五”规划和2035年远景目标，科技自立自强是必由之路，需要更加强调自主创新，全面加强对科技创新的部署，加快科技强国的建设步伐。目前，我国关键核心技术受制于人的局面没有根本改变。习近平总书记强调，要“在关键领域、卡脖子的地方下大功夫，集合精锐力量，作出战略性安排，尽早取得突破，力争实现我国整体科技水平从跟跑向并行、领跑的战略性转变，在重要科技领域成为领跑

者，在新兴前沿交叉领域成为开拓者，创造更多竞争优势”。实现科技自立自强，首先需要发挥举国体制优势，集中力量打好关键核心技术攻坚战。这一新型举国体制，固然要充分发挥国家作为重大科技创新组织者的作用，同时也要充分发挥市场对技术研发方向、路线选择、要素价格、各类创新要素配置的导向作用，让市场在创新资源配置中起决定性作用。科创板以支持和鼓励能够突破关键核心技术的“硬科技”企业发行上市为首要任务，其从设立起，事实上就已经成为国家重要战略落实机制的有机组成部分。“十四五”时期，在强化科创企业创新主体地位，集中力量打好关键核心技术的攻坚战中，在促进新技术产业化规模化的应用中，在发挥资本市场对于推动科技、资本和实体经济高水平循环的枢纽作用中，科创板责无旁贷。

三是加快发展现代产业体系需要建设好科创板。实现“十四五”规划和2035年远景目标，要加快发展现代产业体系，巩固壮大实体经济根基，为此要发展壮大战略性新兴产业，着眼于抢占未来产业发展先机，培育先导性和支柱性产业，推动战略性新兴产业融合化、集群化、生态化发展。《中华人民共和国国民经济和社会发展第十四个五年规划和2035年远景目标纲要》也强调要打造数字经济新优势，要求“充分发挥海量数据和丰富应用场景优势，促进数字经济与实体经济深度融合”“培育壮大人工智能、大数据、区块链、云计算、网络安全等新兴数字产业，提升通信设备、核心电子元器件、关键软件等产业水平。”科创板一方面以战略性新兴产业为主要服务对象，覆盖新一代信息技术、生物技术、新能源、新材料、高端装备等产业，另一方面也承担着推动互联网、大数据、人工智能与先进制造业等产业深度融合的使命，应当在加快建设现代产业体系、打造数字经济新优势中发挥促进作用。科创板需要继续发挥着重服务战略新兴产业，鼓励和支持“硬科技”企业的示范引领功能，进一步成为加快发展现代产业体系、促进社会资本和市场资源向战略新兴产业集中的加速器，成为加强关键数字技术创新应用、加快推进数字产业化、推动产业数字化转型的助推器。

四是提升企业技术创新能力需要建设好科创板。实现“十四五”规划和2035年远景目标，要提升企业技术创新能力，完善技术创新市场导向机制，强化企业创新主体地位，促进各类创新要素向企业聚集。同时，要发挥企业家在技术创新中的重要作用，鼓励企业加大研发投入，对企业投入基础研究实行税收优惠；要激发人才创新活力，健全创新激励和保障机制，加强创新型、应用型、技能型人才培养。提升企业创新能力，要提高优质科创企业特别是硬科技企业的创新能力。科创板为鼓励和支持“硬科技”企业发行上市，对研发费用资本化、股权激励、核心技术人员持股、核心技术信息披露豁免，做出了差异化安排，同时建立了科创属性评价标准。在以企业为主体的技术创新体系构建中，以“硬科技”企业为主体，以关键核心技术突破为重点的科创板应担当重任。重点是在以市场应用为导向、激励企业加大研发投入、激励关键核心技术人员、促进关键核心技术产学研深度融合等方面，发挥好科创板的市场功能。

三、科创板高质量发展需要持续营造的良好环境

“十四五”时期，科创板站在新的起点上，继续承载使命，面临重大机遇。科创板建设已取得阶段性成效，有良好的发展条件。同时，仍需要在改革、制度、政策等方面坚持创新、综合施策、夯实基础，为“十四五”时期做优做强科创板营造更加良好的外部环境。

一是在推进注册制改革中营造良好环境。注册制改革全面实行正在稳步推进。经过注册制改革试点，全面推进注册制改革的思想认识不断统一。注册制改革必须坚持尊重注册制基本内涵、借鉴国际最佳实践、体现中国特色和发展阶段的改革“三原则”。注册制改革也需要继续按照市场化和法治化要求，将注册制改革“三原则”的共识和要求落实到具体的制度、机制和实践中。

在市场化方面，要着重平衡好以信息披露为中心与把好入口质量关之间的关系，处理好一级市场与二级市场的关系，进一步在建立市场化的利益约束和诚信约束机制上下功夫，这是进一步让市场在资源配置中起决定性作用的前提；要引导社会舆论和各方客观理性看待在即将到来的“市场周期”里，科创板公司存在一定的业绩变化的经营风险、技术创新失败风险，甚至财务造假等合规风险，为科创板“轻装上阵”提供应有的包容环境。

在法治化方面，在注册制法治基础取得突破性进展的基础上，今后的重点要在压严发行人信息披露主体责任、压实中介机构“看门人”事前把关责任上下功夫，在加强事中日常监管、及时发现违规行为上下功夫，在从严打击证券违法行为、提高违法成本上下功夫，由此为进一步实现注册制下各方主体归位尽责、各担其责创造条件，审核机构应坚持公开透明、预期明确的审核机制，为其依法履行审核职责创造条件。

二是在继续发挥改革“试验田”功能中营造良好环境。注册制改革全面实施，需要坚持稳中求进的基本方针，解决好改革推进中客观存在的难题，完善改革措施。在这些具体的改革措施推进中，可以继续利用好科创板是新增板块、历史负担小，以及设立了投资者门槛、市场风险可控等优势，发挥其“试验田”功能，在科创板先行先试。另外，从科创板可持续发展的内在需要看，在注册制改革推进中，如何让科创板对“硬科技”企业具有真正的制度吸引力，值得引起重视。

具体而言，股票市场各板块都承担着服务科创企业的职能，相对于其他板块，科创板有严格的科创属性要求，更严格的发行审核和日常监管要求，还有投资者门槛和券商跟投等约束机制。在坚守科创板定位、坚持科创板特有制度安排的同时，需要考虑制度均衡，在制度层面增强科创板的比较优势，保持科创板的内在吸引力，让优质科创企业有动力将监管和约束更为严格的科创板作为首选上市地。其中，特别需要着力围绕鼓励和支持“硬科技”企业特别是“卡脖子”企业上市，有针对性地构建可行的具体制度安排。

三是在坚守好在科创板定位中营造的良好环境。服务和促进企业科技创新，是多层次资本市场的共同任务。股票市场各板块各有定位、各有侧重。各板块定位的要求总体上是指导性和原则性的，实际执行中必然存在一定相容和交叉。科创板以服务“硬科技”为特色，在制度层面，已经形成以“科创属性”为切入点判断“硬科技”成色的评价标准和要求，科创板定位中的原则性要求由此得以制度化和具体化。

另外，股票市场服务于成长型创新创业企业、创新型中小企业，也服务于科创属性强、科创成色足的“硬科技”企业，这事实上兼容了科创板服务对象。由此，落实好股票市场不同板块定位，在制度和执行层上采取有约束力的措施，最大限度实现科创属性，以及使符合科创板定位的硬科技企业首先申报科创板，是其中的一个关键环节。“应科尽科”的要求落实到位，有助于促进股票市场各板块错位发展，也有助于促进科创板可持续发展。

四是在加强政策协同中营造良好环境。科创板在服务科技自立自强、攻关关键核心技术上承担着特殊使命，是新形势下科技使命的一部分。由此，持续建设好科创板，需要进一步加强顶层设计。可以考虑在国家层面出台具体配套法律法规和规定，为科创板更好服务高水平科技自立自强提供政策和制度保障。具体而言，可以强化相关部委对科创板建设的指导，加强信息交流互通，制定“卡脖子”技术清单和产业链重点支持企业名单。发挥新型举国体制优势，加强政策协同，以“科创属性”评价为抓手不断完善“硬科技”企业的范围和判断标准，为科创企业申报科创板提供更为明确的市场预期。建立科创板不拘一格支持“硬科技”企业上市的协作机制，增强必要的包容性，积极引导社会资金流向“硬科技”创新型企业，为高风险、高成本的创新研发活动提供资金保障。发挥财政科技资金拨付、税收优惠减免等措施的积极作用，优化科创企业在股权激励、并购重组方面的税收制度安排，促使更多的科技创新便利化政策向符合科创板定位的科创企业倾斜，推动优秀科创企业不断发展壮大。加快推动央企、国企、科研院所孵化的科创企业改制并在科创板上市，畅通作为“硬科技”创新的“国家队”企业利用资本市场直接融资的渠道。支持科创板上市公司融入以企业为核心的创新生态系统，推动战略新兴产业领域的创新主体在创新链、产业链上融合，形成创新联合体。

五是在加强持续监管中营造良好环境。科创板市场的高质量发展，离不开有效的持续性监管。监管机构在提供制度规则、加强日常监管、惩治违法行为、维护市场秩序、保护投资者合法权益等方面，需要更好地发挥作用。要强化交易所日常一线监管，监督科创板上市公司始终保持科创本色，强化科创属性相关信息的持续披露要求，督促公司提高科创属性相关信息披露质量，加强对研发投入、研发进展和募集资金使用等事项的持续跟踪关注和监管，督促公司并购重组和再融资持续投向科创领域。要推动科创板上市公司完善公司治理、健全内控制度，持续引导实控人、董监高等“关键少数”树立合规意识，防止资金占用、违规担保、财务造假、脱实向虚等市场乱象在科创板发生。要严格执行科创板退市制度，将丧失持续经营能力、主业空心化、严重违法违规、扰乱市场秩序等情形的公司及时清出市场，真正畅通市场出口，加快形成优胜劣汰的市场生态。

作者简介：

卢文道先生，上海证券交易所党委委员、副总经理，兼任中国法学会证券法学研究会副会长、中证中小投资者服务中心有限公司董事。曾任上海证券交易所首席律师。深度参与交易所一线监管、科创板试点注册制改革等工作。出版了《证券交易所自律管理论》等专著，并发表多篇论文。

服务国家战略重点　支持经济高质量发展

李　辉

自觉贯彻实践中国共产党第二个百年目标，要立足新发展阶段，贯彻新发展理念，构建新发展格局，推动高质量发展，协同推进人民富裕、国家强盛、中国美丽。交易所市场作为国家重要金融基础设施和资本市场枢纽平台，肩负着推动社会资源以市场化方式汇聚、配置到国家最需要领域的重要使命。“十四五”时期，面对新形势、新挑战、新问题，深圳证券交易所主动融入和服务国家重大战略，自觉把交易所工作放在党和国家事业发展全局中思考谋划，紧紧围绕打造一个规范、透明、开放、有活力、有韧性的资本市场总目标，稳妥有序推动服务国家战略与深化改革各项举措落到实处。

一、深刻认识服务国家战略重要领域新的更高要求

党中央、国务院始终高度重视资本市场发展，不断提升全社会对资本市场战略性、全局性的认识，为推动资本市场改革发展稳定谋篇布局、指明方向、做出部署。新时期，深圳证券交易所要更好发挥资本市场促进科技创新和实体经济转型升级的枢纽作用，满足人民群众和实体经济对交易所市场提出的更高要求，提高服务针对性、有效性，履行好服务国家重要发展战略与重要发展领域的使命和责任。

一是在推动各类要素资源高效集聚、促进科技创新和实体经济转型方面提出了更高要求。我国已由高速增长阶段转向高质量发展阶段，正处于转变发展方式、优化经济结构、转换增长动力的攻关期。要进一步发挥资本市场在科技链、创新链、资金链、产业链高水平循环中的关键作用，激发市场主体创新创

造活力，引导各类要素协同向先进生产力领域集聚，解决关键领域迫切需要解决的瓶颈问题，畅通科技产业循环，将深圳证券交易所塑造成为“优质的创新资本中心和世界一流的交易所”，履行其服务创新的时代使命。

二是在满足人民群众和实体经济的现实需求方面提出了更高要求。我国正处于实现中华民族伟大复兴的关键时期，经济长期向好，人均 GDP 突破 1 万美元大关，财富管理需求旺盛，既为市场发展提供了广阔空间，也对深圳证券交易所的发展建设提出了更多现实需求。按照党和国家对资本市场进行科学管理的期望，还要提供更多更好直达实体经济和广大投资者的投融资产品，推动上市公司质量整体提升，丰富并满足广大群众财富管理需要，完善市场监管和风险防控机制，让广大投资者更加公平、更加充分地分享中国经济成长红利。

三是在加强交易所培育服务工作针对性、有效性方面提出了更高要求。要提升服务国家战略的质量和效能，进一步提高对基础研发、源头创新、应用创新以及更加惠及全社会的模式创新等方面服务的精准度，支持关键领域创新发展；加大对贫困地区经济发展、实体经济绿色发展、中小企业发展的支持力度，增强金融服务普惠性；服务区域协调发展，助力解决区域发展不均衡的问题；主动服务国资国企混合所有制改革以及战略科技、农业科技相关领域。

二、2021 年服务国家战略和改革发展取得积极成效

2021 年，深圳证券交易所坚持以习近平新时代中国特色社会主义思想为指导，坚决贯彻落实习近平总书记关于资本市场重要指示批示精神和党中央、国务院决策部署，在中国证监会的领导下，坚持稳中求进工作总基调，聚焦以创新引领高质量发展，服务实体经济，深化市场改革，持续巩固创业板注册制改革成果，推动落实两板合并、基础设施公募 REITs 试点、提高上市公司质量等重点任务，维护市场平稳运行，扎实推进优质创新资本中心和世界一流交易所建设，服务国家战略和落实重大改革各项工作取得积极成效。

一是巩固深化创业板注册制改革成果，为实施全市场注册制创造积极条件。坚守创业板定位，突出支持成长型创新创业企业特点，服务经济高质量发展。截至 2021 年年底，创业板注册制共受理 833 家 IPO、411 家再融资、25 家重大资产重组申请，已有 279 家 IPO、305 家再融资、9 家重大资产重组注册生效，262 家公司成功上市，累计融资 2135 亿元人民币，其中近 90%为高新技术企业。

2021 年半年报显示，创业板注册制下新上市公司平均净利润为 1.1 亿元人民币，近 70%公司的净利润同比增长。

二是顺利完成主板与中小板合并。认真落实中央全面深化改革委员会关于创业板注册制改革的配套安排，按照中国证监会统一部署，扎实做好制度整合统一、监管模式调整、技术支持保障、指数运行衔接等各项准备工作。4 月 6 日，两板合并顺利实施，深市主板时隔 21 年恢复发行上市功能，深圳证券交易所形成层次清晰、各有特色的“主板+创业板”市场体系，能够为不同发展阶段、不同类型的企业提供融资服务。2021 年，深市主板新增上市公司 34 家，IPO 融资金额 233 亿元人民币；披露再融资方案 172 家次，融资金额 3564 亿元人民币；完成重大资产重组 43 家次，交易金额 1898 亿元人民币。

三是平稳推出基础设施公募 REITs 试点。贯彻落实党中央、国务院关于创新基础设施领域投融资机制的决策部署，在中国证监会的统筹部署下，积极推进试点筹备，储备了一批优质项目，努力打造改革精品工程。2021 年，深圳市 5 只公募 REITs 顺利上市，合计募资 165 亿元人民币，原始权益人回收资金均再投向新的基础设施项目建设，形成良好的示范效应。试点项目总体运行平稳，价格在合理范围内波动，平均上涨 22.5%，日均换手率 2.9%。

四是大力推动提高上市公司质量。贯彻落实《国务院关于进一步提高上市公司质量的意见》，加强制度建设，支持上市公司规范治理、聚焦主业、做优做强。组织深圳市代表性上市公司召开集体业绩说明会，展现上市公司形象，提高上市公司与投资者的关系管理水平。持续完善退市机制，规范营收扣除及信息披露相关工作，明确市场预期。近 3 年，深圳市上市公司的整体质量不断提高，2018—2020 年，深圳市公司营业收入的年复合增长率约 17%。

五是积极促进高水平双向开放。深入推进落实全面深化资本市场改革各项任务，推动深港金融市场深度融合。优化深港通交易机制，实现深日 ETF 互通。启动粤港澳大湾区债券平台跨境债券产品试点。承办第 60 届世界交易所联合会会员大会暨年会，参与全球资本市场治理，不断提升国际影响力。积极服务“一带一路”建设，持续强化跨境技术合作。大力建设创新创业跨境投融资服务平台，触达 46 个国家，累计服务境内外 1.9 万家创新创业企业及近 9 千家投资机构（含上市公司）、2.6 万位投资人。

六是进一步激发市场主体活力。深化“放管服”改革，制定专项方案，落实“我为群众办实事”。上线上市公司股份协议转让系统，实现全程电子化办理，便利各方主体开展业务。落实“减税降费”要求，减轻市场主体负担，扩大暂免收取上市费范围，下调基金交易经手费。为上市公司举办业绩说明会提供公益性服务，降低投资者关系管理成本。完善“在地化”服务体系，构建行业和区域相结合的培育服务机制，提升服务精准性、有效性。

三、全力推进服务国家战略重要领域走向深入

今后，深圳证券交易所坚决贯彻落实党中央决策部署，坚持稳字当头、稳中求进工作总基调，全面贯彻新发展理念，扎实推进服务实体经济、防范化解风险、深化市场改革三项任务，把更多金融资源配置到经济社会发展的重点领域和薄弱环节，支持符合国家战略方向的企业借助资本市场力量健康发展，更好地服务构建新发展格局和实现高质量发展。

一是主动融入国家战略和经济社会发展全局，努力建设“优质创新资本中心和世界一流交易所”。深圳证券交易所将坚持以习近平新时代中国特色社会主义思想为指导，适应经济高质量发展要求，主动融入科技自立自强、低碳绿色转型等国家战略全局，提高经济金融循环质效，集聚全球优质生产要素，培育和聚集一批世界一流企业、一流中介机构和一流投资机构，为国家实现 2035 年远景目标提供坚实支撑。

二是把支持科技创新、以创新引领发展摆在更加突出的位置，推动要素资源向科技创新领域集聚。全力推进落实全市场注册制改革，健全更利于上市公司创新发展的制度体系，为创新型企业提供高效便捷的融资环境，加大对新一代信息技术、新能源、新材料等重点发展领域的融资支持力度，提供更多元的产品供给，适应“发展更多依靠创新、创造、创意”的大趋势，支持传统产业和新技术、新产业、新业态、新模式深度融合，为经济高质量发展营造更好制度、机制和体系，为全面建设社会主义现代化国家积极贡献力量。

三是服务实体经济高质量发展，完善创新企业服务体系。延伸创新创业服务链条，打造与优质创新资本中心相匹配的创新资本生态圈，塑造创新友好型的市场服务体系，为优质创新企业提供“从 IP、IPO 到上市后”的全链条、全过程服务，大力推动创新链和资本链有机结合。落实区域协调发展战略，完善“在地化”服务平台体系，以中心基地为支点辐射周边区域，提供无时延、全覆盖、专业化“在地”服务。加强信息化建设，建设综合培训及服务平台，通过信

息化、技术化、平台化方式，提供以提高拟上市公司质量为核心的一站式服务。

四是有序推进制度型系统性高水平双向开放，提升深圳证券交易所的国际竞争力，吸引集聚全球创新要素资源。坚持立足本地、面向世界，积极融入粤港澳大湾区和深圳先行示范区建设，完善跨境投融资制度安排，提升境内外规则衔接、基础设施互联水平，推动由管道式、单点式开放向制度型、系统性开放转变，提升国际竞争力，集聚全球要素资源。通过“引进来”和“走出去”，助力建设现代化经济体系，促进内需和外需、进口和出口、引进外资和对外投资协调发展，更好地发挥国内国际两个市场的叠加优势。

作者简介：

李辉先生，深圳证券交易所党委委员、副总经理。1994 年起先后就职于原深圳证券登记公司（现中国证券登记结算有限公司深圳分公司）、深圳证券交易所，长期从事证券市场一线监管、培育服务等工作，任国家科技成果转化引导基金理事等职。

知识产权强国建设过程中的创新企业发展

王利民

"新经济"是当下及未来我国经济发展的重要引擎，科技创新是我国当前"新经济"发展的主要驱动力，创新型、知识主导、高新技术产业代表着"新经济"发展的特征。在我国开启全面建设社会主义现代化国家新征程、科技创新成为"新经济"发展的主要驱动力的新形势下，面向世界科技前沿、面向经济主战场，我们坚持创新驱动发展的创新型国家发展战略，强化知识产权保护、提升知识产权质量、充分发挥知识产权效能是重中之重。

随着新一轮科技革命和产业变革的深入发展，"坚持创新驱动"深入人心，激发了更加充满活力的市场主体，强化了创新企业的主体地位，有助于加快形成以企业为主体、市场为导向的技术创新体系，有效提升了企业的创新能力和市场竞争力。一方面，"新经济"形势下的创新企业，是知识产权的创造者、运用者，是知识产权的保护对象、管理对象和服务对象，也是知识产权创新价值分配的承载主体和发扬主体，因此企业的知识产权创新与发展是我国知识产权强国建设的重要组成部分；另一方面，知识产权强国建设要求能最大化挖掘市场主体的创新能力，促进创新资源配置，激发市场经济主体在经济高质量发展转型中的创造力、活力和能力。

一、推动创新驱动发展

知识产权保护在引导和鼓励创新过程中扮演着至关重要的角色。自主创新往往需要前期大量的精力和资金投入，保护知识产权能够调动创造者的积极性，提升创新企业的信心，减少自主创新的前期焦虑和后顾之忧，鼓励更多市场主体投入到创新活动中，从而推动“新经济”的发展。习近平总书记指出，关键核心技术是国之重器，“必须切实提高我国关键核心技术创新能力，把科技发展主动权牢牢掌握在自己手里，为我国发展提供有力科技保障。”要强化知识产权全链条保护，建立高效的知识产权综合管理体制，实行严格的知识产权保护制度，明确“创新是引领发展的第一动力，保护知识产权就是保护创新。”

伴随着我国经济由高速增长阶段转向高质量发展阶段，在知识产权方面，我国需要完成从知识产权大国向知识产权强国的战略升级。改革开放 40 年来，知识产权从小到大，从弱到强，快速发展，尤其是 2008 年《国家知识产权战略纲要》实施以来，我国在知识产权创造、运用、保护、管理等各方面取得了长足进步，市场经济、知识产权制度作为国家创新资源配置的根本方式，推动我国发展成为全球知识产权大国。时至今日，知识产权保护已成为我国创新资源配置的基础性制度，但与以“原创产业”为特征的美国等传统知识产权强国相比，我国知识产权领域“大而不强、多而不优”的特征比较明显，知识产权作为新经济策源地和新经济活跃区，需要认真谋划，重点突破。

2021 年 3 月 11 日，十三届全国人大四次会议通过了《中华人民共和国国民经济和社会发展第十四个五年规划和 2035 年远景目标纲要》（以下简称《纲要》）。《纲要》阐述了“坚持创新驱动发展，全面塑造发展新优势”的规划及目标，明确提出了“实施知识产权强国战略”。为统筹推进知识产权强国建设，全面提升知识产权创造、运用、保护、管理和服务水平，中共中央、国务院于 2021 年 9 月正式印发了《知识产权强国建设纲要（2021—2035 年）》（以下简称《建设纲要》）。

笔者认为，知识产权强国建设至少应包括以下三个方面：一是知识产权从多到优的质量提升，要有原创技术、关键技术、核心技术和重大技术，体现创新能力；二是知识产权保护从被动变为主动的知识产权制度建设，到强化保护政策、提升治理效能，建立符合“制度完善、保护严格、运行高效、服务便捷、文化自觉、开放共赢”目标的市场机制和法制环境，让创新成果得到充分的法治保障，通过提升治理效能提升企业创新效能；三是通过掌握和运用高质量知识产权，从而获得高附加值回报，构建参与市场竞争的有利“武器”，提升创新企业的核心竞争力及其在知识产权合作中的地位，改变我国在全球竞争中价值链地位不高的状况，提高国家综合实力和经济竞争力，促进我国“新经济”的发展，获取和扩大竞争优势。

二、强化知识产权保护

知识产权强国建设，将有效提升知识产权治理效能、强化保护，有望加快解决企业知识产权保护中面临的若干实际问题，为创新企业提供及时、有效、充分的知识产权保护，让创新成果得到充分、合理和公平竞争的法律保障，保障“新经济”发展。

第一，针对当前新技术、新产品、新产业、新模式等知识产权保护的新兴需求，要加快针对新领域新业态的知识产权立法。适应科技进步和经济社会发展形势需要，依法及时推动知识产权法律法规立改废释，适时扩大保护客体范围；构建响应及时、保护合理的新兴领域和特定领域知识产权规则体系。另外，要求加强遗传资源、传统知识、民间文艺等获取和惠益分享制度建设，加强非物质文化遗产的搜集整理和转化利用；推动中医药传统知识保护与现代知识产权制度有效衔接，进一步完善中医药知识产权综合保护体系。

第二，针对当前知识产权的“数量情结”“多而不优”、政府与市场的错位导致“激励偏差”等现状，要构建公正合理、评估科学的政策体系。建立知识产权公共政策评估机制。我国曾将知识产权持有量提升作为重要目标，把“每万人口专利持有量”等量化指标列入国民经济与社会发展综合考核指标体系，各地方政府纷纷出台以数量为标准的财政激励政策，一定程度上导致了知识产权申请和持有数据虚高，实质自主创新能力并未得到同步提升。为了实现从量提高到质提升的意识转变，知识产权考核评价应清理和取消数量化的评价要求，进而完善以质量和价值为标准的考核评价机制，其中也包括优化国家科技计划项目的知识产权管理。

第三，针对当前知识产权侵权易发、多发，维权“成本高、赔偿低”等现状，要提高保护标准，全面建立并实施侵权惩罚性赔偿制度，加大损害赔偿力度。要求健全便捷高效、严格公正、公开透明的行政保护体系，依法科学配置和行使有关行政部门的调查权、处罚权和强制权。同时，完善知识产权犯罪侦查工作制度，加大刑事打击力度。修改完善知识产权相关司法解释，配套制定侵犯知识产权犯罪案件立案追诉标准。

第四，针对当前知识产权诉讼程序不完善、举证难、周期长、审判结果难预判等现状，要健全公正高效、管辖科学、权界清晰、系统完备的司法保护体制。实施高水平知识产权审判机构建设工程。健全知识产权审判组织，优化审判机构布局，完善上诉审理机制，深入推进知识产权民事、刑事、行政案件“三合一”审判机制改革，构建案件审理专门化、管辖集中化和程序集约化的审判体系。同时，加强知识产权法官的专业化培养和职业化选拔，加强技术调查官队伍建设，确保案件审判质效。统一知识产权司法裁判标准和法律适用，完善裁判规则。

第五，针对当前知识产权保护与经济发展的关系、市场先行者与后来者的竞争，要构建响应及时、保护合理的新兴领域和特定领域知识产权规则体系，构建公正合理、评估科学的政策体系。坚持严格保护的政策导向，完善知识产权权益分配机制，健全以增加知识价值为导向的分配制度，促进知识产权价值的实现。知识产权是创新成果的最终确认和利益分配的保护机制，合理的知识产权保护是不同利益主体诉求“吸收”和“释放”的结果，应以增加知识价值为导向，在保护创新的同时，促进知识传播、知识产权合作和使用利益的平衡。知识产权合理保护也要求打击滥用知识产权限制、排除竞争的行为，以促进公平竞争。

第六，针对当前知识产权市场价值难以确定、知识产权价值实现中的“最后一公里”梗阻、知识产权交易与知识产权合作不畅通等现象，要健全运行高效顺畅、价值充分实现的运用机制。其中包括改革国有知识产权归属和权益分配机制，扩大科研机构和高校知识产权处置自主权；建立知识产权交易价格统计发布机制等。知识产权的价值发现、价值评估机制，不仅关系到知识产权维权过程中的侵权（或损害）赔偿认定，也是保障知识产权交易和知识产权合作畅通的基础，对知识产权保护以增加知识价值为导向的分配制度的实现至关重要。

第七，针对当前我国产业链逐步向价值链中高端攀升、全球知识产权治理中“南北矛盾”突出等问题导致我国企业在国际竞争中的海外知识产权风险，要建设知识产权涉外风险防控体系。加强与各国知识产权审查机构合作，推动审查信息共享。打造国际知识产权诉讼优选地。加强知识产权对外工作力量。拓展海外专利布局渠道等。

三、引领创新企业知识产权发展

知识产权强国建设，着重强调知识产权从多到优的质量提升，提升创新企业的市场竞争力及其在知识产权合作中的地位，引领创新企业的知识产权发展，激发市场经济主体在经济高质量发展转型中的创造力、活力和能力，促进“新经济”发展。

第一，企业高质量创新是企业创造高质量知识产权的基础，《建设纲要》引领企业以质量和价值为标准开展知识产权创造，提升企业创新能力，发展原创技术、关键技术、核心技术和重大技术。高质量、高价值的知识产权成果，会获得更强的市场竞争力，最终实现创新的激励作用，获得知识产权成果带来的价值分配。滥竽充数的知识产权创造和质次量多的知识产权企业，随着知识产权公共政策评估机制的实施，将会因失去政策支持而丧失部分价值或竞争优势。同时，企业应更加重视国家科技计划项目、高新技术企业、拟上市企业科创属性的界定，以及各地方政府扶持项目的高科技属性评定等方面的知识产权质量和价值。企业将基于市场竞争需求创造知识产权，市场将通过优胜劣汰筛选出有高质量知识产权的企业。

第二，从创新技术到产品再到商品化的运用和转化往往需要漫长的时间周期和各类资源的巨大投入，知识产权价值的实现离不开产品制造和市场开拓，《建设纲领》引领企业正确认识知识产权保护的本质，即保护的是知识产权权益分配机制，创新企业可以通过准确评估所拥有的知识产权的价值，通过创新技术的自主应用和转化、知识产权转移和知识产权合作等多种方式实现知识产权的价值最大化。科技研发团队和机构可能不具备将创新技术产品化、商品化的能力和实力，譬如资金实力不足、加工工艺和设备不够先进、没有足够的运营和管理企业的能力等，也可能是由于市场竞争、技术路线的选择和等效工艺与技术的竞争等因素，导致企业没有更长的时间自行实现创新技术到产品再到商品的转化，那么及时通过知识产权交易兑现交易价值，或者通过制造端、市场开拓端的知识产权合作实现创新价值，将是该类创新企业实现知识产权利益最大化的较好选择。

第三，创造高质量的知识产权也是企业突破市场先行者知识产权保护屏障的重要手段，《建设纲领》引领企业通过自身掌握的高质量知识产权，通过知识产权交换合作、知识产权交易等方式，实现新兴的创新企业与市场先行者的知识产权利益平衡。企业也可以通过知识产权转移和交易机制、知识产权合作机制，获取支持自身发展的知识产权和创新技术的使用权。

第四，创新企业应摆脱由“举证难、周期长、成本高、赔偿低”导致的怠于维权、畏惧维权的惯性，应合理维权、合法维权，《建设纲领》引领创新企业依法、积极、有效地进行知识产权维权。创新企业可以综合运用知识产权开展民事责任、行政责任和刑事责任追诉；通过寻求高水平知识产权审判机构的裁判，依托专业化的知识产权法官、技术调查官和统一的知识产权司法裁判标准，实现及时、有效的维权，并争取获得侵权企业的惩罚性赔偿。知识产权维权同时也包括在知识产权诉讼中对滥用诉讼权利的反击、对滥用知识产权的限制、对排除竞争的反击，以及对利用知识产权维权名义进行敲诈勒索等违法犯罪行为的反击。

第五，《建设纲领》引领创新企业充分运用知识产权的公共服务体系，如国家知识产权大数据中心和公共服务平台、技术与创新支持中心、知识产权信用监管机制和平台、知识产权保护中心、海外知识产权纠纷应对指导中心、海外知识产权预警和维权援助信息平台等，以使创新企业更高效地实现知识产权的创造、运用、保护、管理及国际竞争与合作。

第六，《建设纲领》引领企业塑造尊重知识、崇尚创新、诚信守法、公平竞争的知识产权文化理念，倡导创新文化、遵守契约精神，重视知识产权人才培养。

“新经济”既是机遇也是挑战，知识产权强国建设是行动，建设知识产权强国是目标，高质量知识产权为“新经济”发展提供不竭的驱动力。在“高质量”创新的观念驱动下，为探寻“更高效”的发展路径，国家从政策层面给予方向性指引，提倡以质量和价值为标准的知识产权创造，全方位、多角度地引导政府部门、地方政府、社会机构为“科技创新”保驾护航，而以创新企业为代表的市场主体，站在时代的风口浪尖，在知识产权强国建设过程中，掌“创新”之舵，乘“新经济”之风，破“竞争”之浪。

作者简介：

王利民先生，通力律师事务所合伙人。主要从事证券发行、并购与投融资法律服务，被国际法律机构评为中国领先律师，被《亚洲法律杂志》评为“最佳青年律师”“亚洲交易律师”，被 LEGALBAND 等列入“2020 年度资本市场多面手 15 强”“2021 年度中国律师特别推荐榜 15 强：汽车与新能源”“TMT 推荐律师”。

二、数字经济篇

当前，数字经济发展速度之快、辐射范围之广、影响程度之深前所未有，成为重组要素资源、重塑经济结构、改变竞争格局的关键力量。把握数字经济发展规律，发挥数据要素的重要作用，促进数字技术与实体经济深度融合，赋能传统产业转型升级，催生新产业新业态新模式。本篇凝聚了多位专家的真知灼见，可与读者分享。

数字化转型是中国新经济发展的战略方向

王一鸣

当今世界正经历百年未有之大变局，新一轮科技革命和产业变革是大变局的关键变量。新一轮科技革命的核心是数字化、网络化和智能化。网络互联的移动化、泛在化，信息处理的高速化、智能化，推动数字技术向各领域广泛渗透，加快生产生活方式全面数字化。数字化转型，正在重新定义全球分工和比较优势，重塑各国竞争力消长和全球经济格局。我国要在数字时代的国际竞争中赢得主动，就必须抢抓世界新科技革命的新机遇，把握我国新发展阶段数字化转型的新使命，以高水平数字化转型推动中国新经济发展。

一、数字化转型成为国际竞争的制高点

数字化转型是指将数字技术和解决方案融入经济活动中，实现业务流程再造和新的价值创造的过程。数字化转型不是对传统发展模式的修补，而是发展方式的革命性变革。当前，数字化转型正在向纵深演进，展现出新的发展趋势和强大的创新活力。

一是人工智能成为数字化转型的新引擎。通过物联网、云计算、大数据等新技术，构建“人—网—物”的互联体系和泛在智能信息网络，推动人工智能向自主学习、人机协同、增强智能和基于网络的群体智能等方向发展。人工智能技术正在向各个领域渗透，应用场景日趋多样化，如工业生产的智能远程控制、精准医学、智慧交通等。人工智能技术与物联网和大数据技术的融合，为“云计算+AI”应用创造了条件，而 5G 的规模化应用使人工智能的发展动能更加强劲。

二是制造技术向数字化和智能化方向发展。随着新一代信息网络技术与制造业的深度融合，先进的传感技术、数字化设计制造、机器人与智能控制系统的日趋广泛应用，制造业研发设计、生产流程、企业管理，乃至用户关系都出现了智能化趋势，大规模定制和个性化定制日益成为主流制造范式。企业的边界日趋模糊，生产组织和社会分工向网络化、扁平化、平台化转型，制造业形态正在发生深刻变化。

三是数字技术推动绿色低碳转型。数字技术与能源技术相互融合，推动化石能源清洁化、清洁能源规模化和能源服务智能化，促进能源技术向绿色低碳和智能化方向转型，加快能源结构从高碳向低碳转变。数字技术能够推动能源生产各环节数字化，提升能源企业的生产效率，有效降低碳排放，同时提高能源互联网的智能化水平。有研究表明，数字技术可以减少 20%以上的碳排放量。

四是争夺数字科技制高点的竞争空前激烈。世界主要国家竞相将数字化转型作为抢抓新一轮科技革命和产业变革的重大机遇，纷纷出台战略和规划，抢占国际数字科技竞争制高点。例如，美国现政府推出的“小院高墙”战略，实施更严密、更大力度的对华技术封锁措施，以确保美国在数字科技领域“超前两代”的竞争优势。从美国参议院通过的《2021 年美国创新和竞争法案》可以看出，人工智能、先进软件开发、高性能计算、半导体、先进计算机硬件、量子计算、信息系统、机器自动化与先进制造等数字科技，是美国保持对我国竞争优势的重点领域。

面向未来，紧紧抓住世界新科技革命和产业变革的先机，加快推动我国数字化转型，不仅有利于抢占未来发展的科技制高点，构筑参与国际合作和竞争的新优势，也将有利于创造新的投资机会，推动技术创新和产业变革，形成更多新的增长点和增长极，为中国经济高质量发展开辟新空间。

二、新阶段我国数字化转型的新使命

近年来，我国数字化转型步伐明显加快，成为对冲经济下行压力和推动产业转型升级的重要力量。我国已成为数字技术的投资大国，大数据、人工智能、自动驾驶等数字技术领域的风险投资额位居全球前列，孕育了一大批独角兽企业，多家互联网企业跻身全球 20 强。2020 年我国数字经济核心产业增加值占国内生产总值的比重达到 7.8%。当前，我国进入新发展阶段，数字化转型正在并将继续呈现新的特征。

一是数字化转型由消费领域向生产领域扩展。过去一个时期，我国消费领域的数字化转型更为活跃，移动支付、电子商务、网络购物、视频直播、智慧物流等新业态、新模式迅猛发展，促进供需时空匹配，降低交易成本，释放巨大的消费潜能。展望未来，先进传感技术、数字化设计制造、智能机器人与智能控制系统等日趋广泛应用，将推动我国数字技术与制造业深度融合，形成人机共融的智能制造模式，大幅提升生产效率，拓展生产可能性边界，实现更高水平的价值创造。

二是基于工业互联网的产业生态加快构建。如果说过去一个时期，我国消费互联网迅猛发展，形成了多家在全球处在领先地位的网络平台公司，如腾讯、阿里巴巴、美团、京东等。那么今后一个时期，有可能迎来产业互联网的发展浪潮。目前，我国有一定影响力的工业互联网平台已达到 100 余个，连接的工业设备超过 7000 万台（套），服务的工业企业超过 40 万家。可以说，工业互联网正在作为一个新的生产方式登上历史的舞台。

三是新技术、新业态、新模式竞相发展。在消费领域，电子商务蓬勃发展，移动支付、网络购物、视频直播、在线学习、远程会议、智慧物流等新业态迅速崛起，互联网平台日益壮大。在生产领域，数字化管理、个性化定制、网络化协调、服务化延伸等融合发展新模式蓬勃兴起。2020 年，我国工业企业关键工序数控化率、经营管理数字化普及率和数字化研发设计工具普及率分别达 52.1%、68.1%和 73.0%，制造业数字化转型不断加速。

四是数字技术赋能传统产业绿色低碳转型。制定钢铁、石化、水泥等重点高能耗高排放行业的能源管控解决方案，利用人工智能、大数据和云计算等技术实时采集运行数据，实现精准需求预测、设备远程监测和能耗管理，有效降低能耗和碳排放，实现节能减排和绿色生产。利用智能技术强化数据分析和价值挖掘，精细管理工业企业工艺、制造、采购、营销、物流及服务等各个环节，提升管理效率，实现各环节的节能减排，并推动生产过程的绿色低碳转型。

五是新型基础设施建设战略支撑功能增强。我国已建成全球规模最大、覆盖最广的 4G 网络，4G 基站数量占到全球一半以上，5G 网络建设和应用正在加速推进，宽带用户普及率大幅提升，其中光纤用户的占比超过 94%，IPv6 活跃用户数达到 4.62 亿人。与传统基础设施建设相比，新型基础设施建设极大地突破了产业间相互联系的时空约束，减少了中间环节，降低了生产成本，对产业数字化转型和提高生产效率都具有强大的支撑作用。

综上所述，在经济增速放缓和要素成本提高的背景下，数字化转型将激活创新生态，有效对冲劳动力成本上升的影响，提高生产效率和企业盈利水平，减缓资源环境压力，推动经济发展的质量变革、效率变革、动力变革，提高要素的投入产出效率和全要素生产率，为高质量发展注入新动能。

同时，也要看到，我国数字化转型仍然存在一些短板，主要是原始创新能力还不强，重大原创成果偏少，高端芯片、工业软件等关键核心技术仍受制于人，高端人才供给仍然不足。在数字化产品制造方面也存在一些短板，在终端产品，如移动终端、通信设备等领域，通过对引进技术的消化吸收再创新，以及在国内超大规模市场的支撑下，已经形成了较强的国际竞争力，但关键零部件、元器件、基础材料等中间品依然是短板。中间品技术迭代快、科技投入大、产业生态复杂，因此我国过去主要依靠从国际市场进口中间品，但随着外部环境变化，我国面临的技术瓶颈制约日益凸显。

数字化转型要求加快科技自立自强。过去，我国产业技术的进步很大程度上依靠引进、消化、吸收和再创新。引进，就意味着技术的源头在海外，国内主要做适应性、商业化改造。这种模式迅速缩小了我国产业技术与国际先进水平的差距，但由此带来的问题是基础研究、核心技术、原创能力较为薄弱。面对新的外部环境，必须加快科技的自立自强。关键核心技术是买不来、要不来、讨不来的。只有加快科技自立自强，才能改变关键核心技术受制于人的不利局面，确保产业链、供应链的稳定和安全。

三、今后一个时期数字化转型的战略重点和路径

“十四五”时期，我国数字化转型将迈向全面扩展期。预期到 2025 年，我国数字经济核心产业增加值占国内生产总值的比重将达到 10%，数字化转型引领发展能力大幅提升，数字技术创新能力和智能化水平明显增强，数字经济竞争力和影响力大幅提升。为实现上述目标，必须进一步明确数字化转型的战略重点和路径。

一是加快新型基础设施建设。今后一个时期，要加快建设高速泛在、天地一体、云网融合、智能敏捷、绿色低碳、安全可控的智能化综合性数字信息基础设施，协同推进千兆光纤网络、IPv6 和 5G 网络建设，加快布局卫星通信网络等新型网络，推动 5G 商用和规模化应用，前瞻性地布局 6G 技术研发。在传

统基础设施建设中，政府往往是主要投资方，融资渠道比较单一。在新型基础设施建设中，要鼓励市场主体广泛参与，推动政府与社会资本合作，以更好地对接市场需求，提高投资效率和技术先进性，形成政府与企业推动数字化转型的合力。

二是培育智能制造的新模式与新业态。智能制造是今后一个时期数字化转型的重点领域。推动智能制造新模式、新业态发展，要培育工业级的智能硬件、智能机器人、智能网联汽车、智能船舶、无人机、智能可穿戴设备、智能家居等新型智能产品，培育平台化设计新模式，发展平台化、虚拟化设计工具，推动设计和工艺、制造、运维一体化。同时，加快生产制造全过程的数字化改造，推动智能制造单位、智能产线、智能车间建设，实现全要素、全环节的动态感知、互联互通、数据集成和智能管控。

三是加快建设工业互联网平台体系。相对于消费互联网，工业互联网对数据采集的精度、传输速度、智能存储系统、计算能力和智能化加工应用的要求大幅提升。要加快大数据、云计算等算力基础设施建设和云网协同发展，建设可靠、灵活、安全的工业互联网基础设施。培育有竞争力的工业互联网平台企业，建设一批跨行业领域的综合性平台、面向重点行业和区域的特色性平台，以及面向特定技术和场景的专业性平台，打造基于平台的制造业新生态。

四是推进企业数字化转型升级。全面推动企业研发设计、生产加工、经营管理、销售服务等业务的数字化，开展中小企业数字化赋能专项行动，推广一批适合中小企业需求的数字化产品和服务。鼓励和支持互联网平台、行业龙头企业等立足自身优势，开放数字化资源和能力，帮助传统企业、中小企业数字化转型，推行普惠性的“上云用数赋智”服务，降低中小企业数字化转型成本。

五是加强关键核心技术研发。瞄准传感器、量子信息、网络通信、集成电路、关键软件、大数据、人工智能、区块链、新材料等战略性前瞻性领域，加强关键核心技术攻关。推动行业企业、平台企业、数字服务企业跨界创新，打造多元化参与、网络化布局、市场化运作的创新生态体系。鼓励开源科技创新，支持具有自主核心技术的开源平台、开源项目建设，促进创新模式的开放化演进。加大科技攻关力度，提高自主供给能力，提升产业链韧性和竞争力。

六是培育数字化应用场景。数字化应用场景是促进数字技术推广应用的重要途径。应加快培育智慧交通、智慧销售、无人配送、现代供应链等应用场景，促进新业态衍生发展和新模式融合创新，抢占新一轮科技和产业竞争制高点。

以数字化应用场景为重点，推动工艺流程、产业场景、创意设计和生产要素组合再造，打造一批具有国际竞争力的数字产业集群和数字经济集聚区。

七是推进数据要素市场化配置。随着数字化转型的加快推进，“数据”作为数字经济的核心生产要素，对提高生产效率的乘数作用日益凸现。要加快构建数据权属、公开、共享、交易规则，建立健全数据资产评估、登记结算、交易撮合、争议仲裁等市场运营体系，提升数据交易效率，并鼓励市场主体挖掘商业数据价值，释放数据资源价值潜力。

八是加强数字化人才培养。数字化转型的关键在于人才，尤其是掌握网络、数据、制造、管理等方面知识的复合型人才。要依托高水平研究型大学，加大数字化高端人才培养。依托数字化平台引进一批高端信息技术人才。通过高等院校调整专业，加强职业技术培训，加强数字化专业技术人员和产业工人培养，为数字化转型提供高质量的人力资源。

九是完善数字经济监管体系。推动数字化转型，要坚持发展和监管两手抓。要加快建立全方位、多层次、立体化监管体系，实现事前事中事后全链条全领域监管。提高监管技术和手段，完善数字经济公平竞争监管制度。明确平台企业主体责任和义务，建立行业自律机制。完善数字经济监管体系，要以维护市场竞争的有效性、最大化鼓励创新为取向，同时要更加注重保护消费者权益。

十是优化数字化转型的创新生态。进入数字化转型阶段，技术进步和产业发展的不确定性大大增加，需要强化竞争政策基础地位，减少选择性政策的“挤出”效应，避免简单以企业规模、盈利状态、专利数量等来设置政策门槛，避免出现对不同企业的政策歧视，提高政策的公平性，使创新生态能够不断孕育和培育一批又一批创新型企业，为数字化转型提供强大动力。

作者简介：

王一鸣先生，中国国际经济交流中心副理事长，第十三届全国政协委员，研究员，中国社会科学院博士生导师，中国人民大学兼职教授。曾任国务院发展研究中心副主任，国家发展和改革委员会宏观经济研究院常务副院长，国家发展和改革委员会副秘书长等职。长期从事战略规划、宏观经济和政策研究。

数实融合均衡发展　克服“鲍莫尔病”

洪永淼　刘　颖

随着我国“新发展格局”战略布署的推进，数字经济与实体经济融合的步伐逐步加快，经济和产业结构也在发生深刻变化。本文梳理了经济结构转型中“鲍莫尔病”的成因和我国产业发展的特点，通过分析数字技术对农业、服务业、制造业升级的影响，阐明了数字技术对克服“鲍莫尔病”的作用。最后，对数字经济与实体经济融合发展提出了政策建议。

一、经济结构转型中的“鲍莫尔病”

面临百年未有之大变局和新冠肺炎疫情全球流行之状况，我国实现了“十四五”良好开局，改革开放向纵深推进，产业发展韧性得到提升，2021 年我国国内生产总值增长 8%左右，经济总量达 114.4 万亿元人民币，人均国内生产总值超过 1.2 万美元，接近世界银行划设的高收入国家门槛。与此同时，我国经济运行中也面临着诸多困难和挑战，2021 年中央经济工作会议指出，我国经济发展面临需求收缩、供给冲击、预期转弱三重压力，外部环境更趋复杂严峻和不确定。随着我国新发展格局的推进，数字经济与实体经济融合的步伐进一步加快，经济产业结构也在发生深刻变化，正如刘鹤副总理在 2021 年世界互联网大会的致辞中所说，“数字技术深刻改造生产函数并不断创造新业态，为各国带来新的发展机遇。”“科技向善是人类命运共同体的内在要求，世界各国要克服‘鲍莫尔病’和‘数字鸿沟’，实现包容性增长”。

（一）“鲍莫尔病”的成因和表现

美国经济学家鲍莫尔（Baumol）于 1967 年构建了一个两部门非平衡增长模

型[1]，该模型解释了主要经济体在 20 世纪的产业结构变迁及经济增长规律，分析了为什么进入以服务业为主体发展阶段的国家，经济增长速度会降低。一个大型经济体中，各部门劳动生产率的增长率通常是不一致的。从技术进步的角度划分产业，将经济活动分为两个主要部门：一个是技术影响强的“进步部门”，其创新、资本积累和规模经济带来人均产出的累积增长；另一个是技术影响弱的“非进步部门”，这个部门由于新技术应用甚少，劳动生产率保持在一个不变水平。当存在这种差异化时，生产率增长较快的“进步部门”的工资上涨会同时带动那些生产率增长较慢的“停滞部门”的工资上升，而这种效应会导致“停滞部门”吸引更多的劳动力、形成更大的产出。久而久之，“停滞部门”在整个经济体中所占的比例将会越来越高，而整个经济的生产率增长则会因此而降低，甚至会归于停滞。

鲍莫尔基于美国产业转型进行研究，认为“进步部门”是指那些可以应用先进技术设备、发挥规模经济效应的制造业部门，而“非进步部门”，则主要指一些服务业，在以服务业为主的发展阶段，劳动力不断从制造业向服务业转移，该模型解释了美国、欧洲等主要经济体在 20 世纪产业结构变迁的规律。要判断一个经济体是否存在“鲍莫尔病”，主要从两个角度来判断：一是服务业的劳动生产率低下且增长缓慢，均明显滞后于制造业部门；二是该经济体中服务部门的就业份额是否有明显增加，占整个经济体就业人数的比例是否在逐步升高，且成因是否是由于自身劳动生产率低下，经济体为实现均衡增长导致劳动力大量转移至劳动生产率较低的服务业部门。

（二）我国产业结构升级中的就业与劳动生产率变化

改革开放 40 多年来，伴随着经济社会各领域的深刻变革，我国三次产业发展取得了巨大成就，产业结构发生了很大变化，自 2015 年以来，服务业在我国经济总量中的比重超过 50%，并呈上升趋势。从就业人数上看，统计数据显示服务业就业人数增速大幅超过全社会就业人数增速的平均水平，2020 年，服务业就业人数是 1978 年服务业就业人数的 7.32 倍，而 2020 年全社会就业人数相较于 1978 年仅上升了 1.87 倍。第三产业就业人数在全社会就业人数中的占比

1 Baumol, W.J.Macroeconomics of Unbalanced Growth: The Anatomy of Urban Crisis[J], Journal of American Economic Review, June 1967, Vol.57: 415-426.

持续提升，从 1978 年的 12.18%上升至 47.70%；相比而言，第二产业就业人数占比从 1978 年的 17.30%上升至 2012 年的 30.4%，达到峰值，近 10 年来呈现缓慢下降趋势，截至 2020 年下降为 28.70%，而第一产业就业人数占比持续降低，从 1978 年的 70.50%下降至 23.60%，可见服务业的确吸纳了大量的社会就业。从劳动生产率上看，我国第二产业在制造业技术升级背景下生产率提升最高，第三产业劳动生产率提升幅度明显低于第二产业，而以农业为代表的第一产业的生产率最低。分行业之间劳动生产率差距较大，农林牧渔业、居民服务业、住宿餐饮业等生活服务业、公共服务业的生产率较为低下。我国三个产业的就业人数占比与劳动生产率比较如图 1 所示。

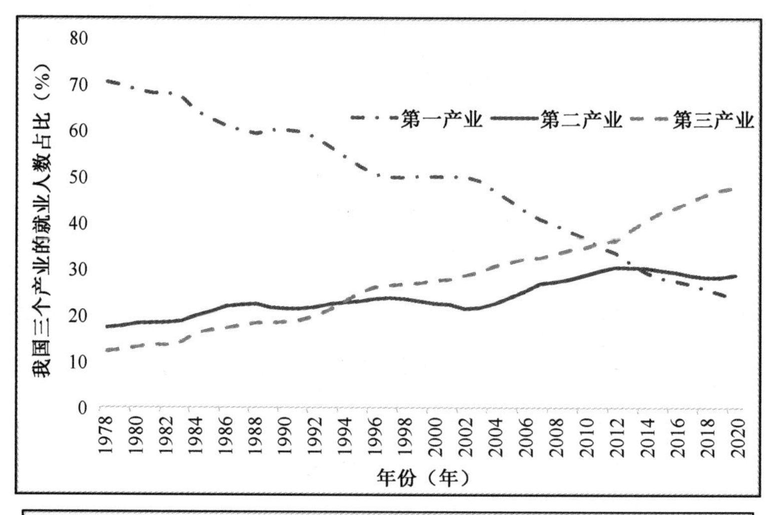

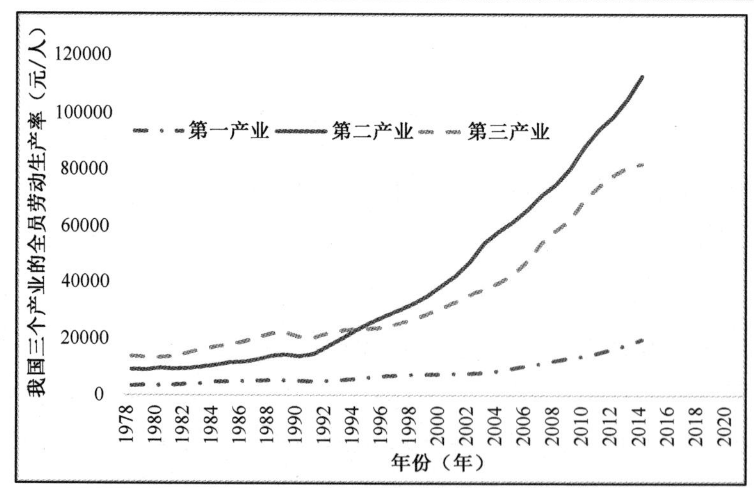

图 1　我国三个产业的就业人数占比与劳动生产率比较

由此可见，我国产业结构变迁呈现出不同于美国等发达国家的特点，我国的“非进步部门”主要是指以农业为代表的第一产业，虽然服务业整体生产率水平低于制造业，但是并非所有服务业都是“落后”的，从细分行业来看，我国分行业劳动生产率比较如图 2 所示，生产率低的部门主要集中在生活性服务业和公共服务业，而金融等生产性服务业发展处于较高水平。因此，为防范“鲍莫尔病”的潜在不平衡问题，主要应该提升农业、生活服务业、公共服务业的生产效率，使各产业之间均衡发展。

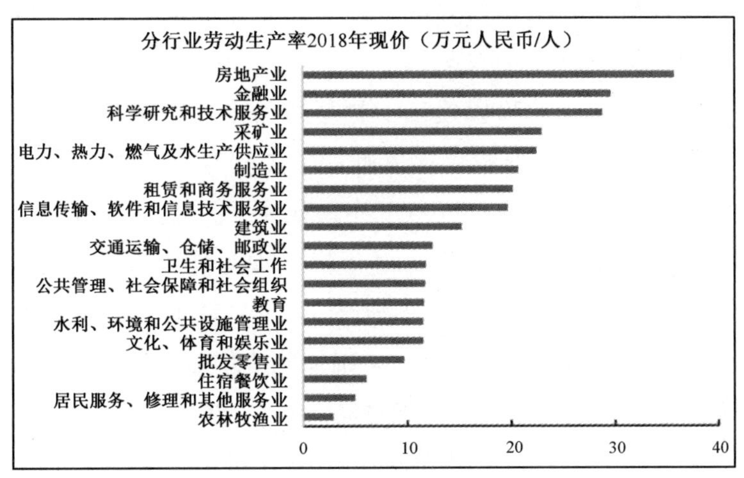

图 2　我国分行业劳动生产率比较[1]

二、数字技术对克服“鲍莫尔病”的作用

数字经济与实体经济深度融合，为解决劳动生产率发展不平衡问题开辟了新空间。数字技术对传统产业进行全方位、全链条的改造，加速了现代产业之间的融合，从而提高了整个产业链效率，对克服“鲍莫尔病”具有积极作用。下面将分别展开介绍数字技术对农业、服务业、制造业带来的影响。

（一）智慧农业促进劳动生产率全面提升

智慧农业是数字技术与农业生产、流通、交易、服务、决策等深度融合的

1 根据《中国统计年鉴》《中国人口和就业统计年鉴》《中国农村统计年鉴》计算得到。

新型业态，通过对人、机、物等全面连接，将传统农业“劳动密集型”的生产模式转变为“可感知、可控制、可预测”的智能化生产模式[1]。智慧农业具有三个特点：一是智能化，对农业生产全流程监测、管理，以数据流驱动物资流、资金流、人才流，实现自动的农畜产品的种、管、收、储、加工；二是绿色化，基于多方数据，实现农业温室气体排放的量化与碳足迹计算，合理利用农业资源，减少污染，改善生态环境，保证产品绿色安全优质；三是服务化，打通供需连接渠道，打造快速、高效、精准的农业产销生态系统，定制化服务延长价值链，通过新媒体、短视频、社交平台等链接技术，重塑与消费者的双向互动关系，提升品牌价值和附加值。

例如，伊利集团为上游牧场建立了智慧牧场平台，该平台整合产业链专家资源，通过智能分析可为每座牧场提供行业领先的专家“会诊”，针对性解决牧场经营管理的难题。智慧牧场不仅可以实现奶牛养殖全过程数据分析和场景管理，让经营决策更及时、精准、高效，还能够实现对异常事件的自动预警，从而减少各种潜在风险。在智慧牧场平台的管理下，能够实时地对每头奶牛的健康、运动、膳食、产奶等数据进行综合分析，确保奶牛健康，并产出优质牛奶。据统计，智慧牧场的奶牛平均日单产提升 15.7%，从 25.89 千克提升到 29.96 千克，每千克牛奶养殖成本从 3.58 元人民币降到 3.09 元人民币，下降了 13.7%，“一升一降”显著提升了合作养殖户的收入。大北农集团旗下的农信互联公司通过智能技术实现养猪业智慧化，根据生猪的多维数据进行精准投喂、智能分析和监控，有效提高了肉料比和产仔率，降低了疫病损耗。另外，海尔集团的卡奥斯公司，应用工业互联网推动农业智能化，使得温室种植的生产效率提升 60%，节约劳动力 50%，果蔬单产增加 30%，并且温室内果蔬产品均具备可追溯特点，整体提升种植效果和溢价能力。可见，智慧农业不仅是数字技术在农业上的应用，而且是一种在供应链和产业链上的全新变革，在推动农业提质、降本、增效、绿色、安全发展上发挥到了巨大作用。

（二）数字技术推动服务业迈向“消费升级、服务提质”新时代

传统服务业具有生产消费同步、产品不可存储、客户需求个性化等特点，很难使用工业经济思维实现规模经济，往往需要投入大量人力，劳动生产率低

1 引自中国信通院在 2021 年 12 月发布的《2021 年中国智慧农业发展研究报告》。

下，这也是“鲍莫尔病”产生的主要原因。服务业升级的重点在于生活服务业和公共服务业效率的提升，数字经济与服务业的融合，有望从根本上改变服务业效率低下的局面。数字技术能够有效降低服务业的生产成本和交易成本，创造新市场，满足个性化需求，从而提高服务产品差异化生产效率，形成范围经济。数字经济推动服务业由线下模式走向线上线下混合模式，极大地拓展了服务半径，降低了生产者的门槛，在生产成本方面，数字技术解决了生产中信息收集难、处理慢、范围小的问题，降低了多样化产品生产的成本；在交易成本方面，数字经济降低了消费者的搜寻成本、企业的决策成本，通过数据的流动和智能算法大幅提升了市场供需匹配效率；在创造新市场方面，数字技术加快了新服务业态、新模式的产生，通过共享经济激活市场主体活力，不断满足人们的多元需求。

从生活服务业来看，数字化、智能化正在加速迈向消费升级、服务提质的新时代，新冠肺炎疫情进一步促进了人们线上线下消费习惯的养成。无接触交付、生鲜到家等新兴服务业态被社会广泛接受，新兴服务业正在成为服务业发展的主力军，深刻改变传统餐饮、住宿、家政、零售等行业的模式。据统计，2016—2021 年以 O2O 到家为代表的数字生活服务业年复合增长率高达 64%。从公共服务业来看，数字技术推动公共服务便捷化、均等化、普惠化。当前，我国社会的主要矛盾是，人民日益增长的美好生活需要与不平衡不充分的发展之间的矛盾。数字技术的应用能有效促进区域之间、城乡之间的公共服务资源优化配置。近年来我国区域和城乡之间的数字接入鸿沟有所弥合，城乡地区互联网普及率差异从 2016 年年底的 36%缩小到 2021 年 6 月的 19.1%。“网络扶智”取得显著成效，广大农村学校实现互联网接入，截至 2021 年年底，全国中小学联网率已从 2015 年的 69.3%上升至 99.7%，通过开展“专递课堂”“名师课堂”“同步课堂”等，让更多农村地区和贫困地区孩子享受到优质教育资源。政务服务也取得大发展，截至 2021 年 12 月，全国一体化政务服务平台实名用户超过 8 亿人，依托全国一体化政务服务平台，省级行政许可事项实现网上受理和“最多跑一次”的比例超过 82%，全国一半以上行政许可事项平均承诺时限压缩超过 40%。“掌上办”“指尖办”成为政务服务标配，“一网通办”“异地可办”“跨省通办”越来越普及，企业、民众办事便捷度和满意度不断提升。

（三）智能制造使产业链向中高端发展

虽然我国的制造业生产率在三产业中处于较高水平，但是与国际发达国家相比，我国制造业生产率仍有较大提升空间，智能制造是一个重要的实现手段。智能制造作为制造强国建设的重点领域，其发展程度直接关乎我国制造业质量水平，对巩固实体经济根基，建成现代产业体系具有重要作用。习近平总书记强调："要以智能制造为主攻方向推动产业技术变革和优化升级，推动制造业产业模式和企业形态根本性转变，以'鼎新'带动'革故'，以增量带动存量，促进我国产业迈向全球价值链中高端。"2021 年 12 月，工业和信息化部等八部门发布的《"十四五"智能制造发展规划》指出，"十四五"及未来相当长一段时期，推进智能制造，要立足制造本质，紧扣智能特征，以工艺、装备为核心，以数据为基础，依托制造单元、车间、工厂、供应链等载体，构建虚实融合、知识驱动、动态优化、安全高效、绿色低碳的智能制造系统，推动制造业实现数字化转型、网络化协同、智能化变革。到 2025 年，规模以上制造业企业大部分实现数字化网络化，重点行业骨干企业初步应用智能化；到 2035 年，规模以上制造业企业全面普及数字化网络化，重点行业骨干企业基本实现智能化。

智能制造将推动制造业研发创新、生产制造、资源组织的全方位变革。一是变革制造业研发创新范式，智慧工厂能够通过以数字化方式为物理对象创建虚拟模型，来模拟其在现实环境中的行为。在研发设计环节中，基于数字孪生及人工智能等技术的设计仿真可进行物理原型测试并改进质量，降低产品设计研发成本；网络化组织与数据驱动极大地加速了创新周期、减少了创新成本，甚至突破了研发工程师的现有认知边界。例如，在医药研制行业，据 *Nature* 统计，一款新药从研发到获批上市，平均需要 10～15 年时间，耗费约 26 亿美元，但临床成功率不到 10%。AI 助力新药研发已显现成效，单从临床候选物筛选环节来看，AI 辅助计算就可以把利用传统方法需要 3～6 年的时间压缩到 1～2 年，节约成本约 35%。二是变革生产方式，制造业生产模式正快速从少品种、大批量向多品种、小批量转变。通过全面感知、机器视觉和智能分析等技术，将实现大规模个性化定制的精准、自主、柔性生产。例如，围绕重点设备、质量、能耗等高价值生产环节，基于大数据分析，最大化挖掘能够进一步压缩成本的空间。三是优化资源组织方式，实现订单、产能、设计、金融等产业链资源的网络化集聚和动态优化配置。例如，通过平台打通需求和产能，实现制造资源的集聚共享，成为带动产业集群尤其是中小企业转型升级的重要路径。四是催生新服务模式和价值空间，产品的智能化和数据驱动的新型服务与业态逐渐兴起，如打通客户、产品服务与业态，构建形成平台经济。

三、数字经济与实体经济融合发展的政策建议

（一）加强顶层设计，促进数字经济与实体经济融合的充分性与均衡性

数字技术相比于历次产业革命中的蒸汽机、电力技术，具有更强的通用目的属性，在所有产业中都具有巨大的潜在空间，政策制定应加强顶层设计，理清数字经济与不同产业融合的原理和规律，提高产业数字化在各行业各部门的充分性与均衡性。在统筹国内国际两个大局、发展安全两件大事的基础上，纵深推进产业数字化转型，对农林牧渔业、公共服务业、生活服务业加强政府引导的扶持作用，加快推动研发设计、生产制造、经营管理、市场服务等全生命周期数字化转型。同时，着力解决中小企业数字化转型难的问题，加快培育一批“专精特新”中小企业和各行业单项冠军企业，地方政府应根据自身产业发展特点开展数字化融合试点示范专项行动，完善行业标准体系。

（二）加大核心技术研发，推动数字基础设施不断升级和数据要素市场建设

核心技术的独立自主和融合性创新是构筑数字经济的两大支柱。要使两者不断强化，需要三方的合力。一是政府牵头整合行业领军企业、科研院所等科研力量，加大对数字经济的基础技术、共性技术以及智能系统与软件的研发投入，建立符合技术创新扩散周期的产学研合作机制，在基础研究阶段由科研院所、高校起主导作用，在技术评价应用阶段，由企业介入共同推进成果转化，实现关键数字技术的自主可控。二是推动数字基础设施向高速泛在、天地一体、云网融合、智能敏捷、绿色低碳、安全可控方向升级发展，推动5G商用和规模化应用，前瞻性地布局6G技术研发，加快大数据、云计算等算力基础设施建设和云网协同发展，建设可靠、灵活、安全的产业互联网基础设施，为数字经济与实体经济深度融合夯实基础。三是加快推进行业数据共享交换平台建设，打通部门间的数据壁垒，助力实现数据的开放共享和高效管理，激活公共数指与产业数据的价值。积极探索制度创新，打造数据全要素流通平台，鼓励数据交易市场与数据园区、产业集群对接，培育新兴数据市场。

（三）重视传统行业数字技能培训，实现产业升级与劳动力结构调整的平稳

客观认识产业数字化进程中数字技术对简单重复的常规工作的替代效应，数字技术“就业替代”的本质是对具有高度重复性和低附加值的劳动要素的释放，因此不应阻止数字技术进入这些环节，而是要加快将低附加值环节的劳动要素向高附加值环节转移，使这些劳动力通过从事高附加值的工作来获得更高的劳动报酬，从而提高收入分配中的劳动报酬份额，更好地实现共同富裕。解决产业数字化转型中劳动力的退出问题，需要建立技术全民化的保障措施，一是降低数字技术的学习门槛，鼓励开发模块化、易学易用的数字技术工具；二是推动数字思维和数字技能的教育普及化，加快、加大新技术、新技能在各个教育阶段的培训；三是重视传统行业和特定领域的数字技能培训，实现劳动力结构转型的平稳过渡。

作者简介：

洪永淼先生，中国科学院大学经济与管理学院院长、特聘教授，中国科学院预测科学研究中心主任，发展中国家科学院院士，世界计量经济学会会士。曾任康奈尔大学荣誉讲席教授、清华大学特聘教授、厦门大学王亚南经济研究院创院院长。2014—2020 年连续 7 年入选 Elsevier 经济学学科领域“中国高被引学者”榜单。

刘颖先生，中国科学院大学经济与管理学院院长助理、副教授。斯坦福大学访问学者，北京大学大数据分析与应用技术国家工程实验室技术委员会委员。

元宇宙经济新业态展望

叶国标　　于　勇

数字经济正在以前所未有的速度，推动生产力提升。继移动互联网将人的关系数字化之后，元宇宙对数字经济系统进行了更加具象化的革新，是数字经济中最具革命性与想象力的部分。元宇宙有望成为数字经济的新载体。元宇宙的兴起，必将催生大量的新兴经济业态。

一、元宇宙的定义及基础——新型数字经济的载体

2021 年被称为元宇宙元年。这一年，元宇宙被评为“2021 年度十大网络用语”“2021 年度十大流行语”（由《咬文嚼字》编辑部公布）、年度十大热词。

对于元宇宙的概念，各方都有不同的诠释。大众对元宇宙（Metaverse）影像化的认知，起源于科幻作家史蒂文森的小说《雪崩》，后来电影《头号玩家》、美剧《西部世界》对元宇宙进行了更加可视化、具象化的描绘。从定性描述来看，Roblox 在招股书中提到了元宇宙的八个关键特征，身份、朋友、沉浸感、低延迟、多样性、随时、经济、文明，即用户在元宇宙获得一个身份之后，便可以在元宇宙中进行交流，通过 VR、AR、MR 等设备获得低延迟、多样性的沉浸感体验。同时，元宇宙也会具备经济系统和文明体系。Beamable 公司创始人 Jon Radoff 对元宇宙有七个定义，分别为体验、发现、创作者经济、空间计算、去中心化、人机互动、基础设施。扎克伯格在 Facebook Connect 大会上讲述了对元宇宙的认知和在元宇宙上取得的进展。他认为，元宇宙不光可以将现实世界的东西都投射在虚拟空间中，还是一个由数字模拟的新世界，以后元宇宙将把人们日常生活的方方面面，包括社交、游戏、工作、教育等各个领域都囊括其中。

人们对于元宇宙的准确定义尚未达成共识，普遍认为未来元宇宙将会把虚拟世界集合起来，使得更大规模的人群能够在元宇宙世界中同时在线、自由创作、获得经济报酬。伴随着计算机设备、云技术、宽带网络、VR/AR、脑机接口等技术的进一步发展，人们在元宇宙中将会获得更沉浸的体验，内容创作也会不局限于游戏和娱乐，人们的社交也会拥有更多样的形式。最终，元宇宙将会成为一个可以满足马斯洛提出的人类五大需求中，除生理需求以外的，包括安全需求、社会需求、尊重需求、自我实现需求在内的与现实世界相互影响和交织的虚拟世界。

元宇宙本质是对现实世界虚拟化、数字化的过程，是一种新型的数字经济。人们能够在元宇宙中进行交流、创造、交易等社会性活动，元宇宙具备沉浸式体验、自由的创作平台、安全公平的经济系统等特质。

元宇宙需要整合多种新技术。有专家认为，元宇宙是整合多种新技术而产生的虚实相融的互联网应用和社会形态，它能够通过扩展现实技术为用户提供沉浸式体验，基于数字孪生技术生成现实世界的镜像，以及通过区块链技术搭建经济体系，将虚拟世界与现实世界在经济系统、社交系统、身份系统上密切融合，并且允许每个用户进行内容生产和编辑。

（1）区块链技术。通过智能合约、分布式账本等应用，保障元宇宙用户虚拟资产、虚拟身份的安全性，支撑“去中心化”的经济体系。

（2）物联网技术。帮助物理世界数字化，使得元宇宙世界可以感知到物理世界万物，为元宇宙打造虚实共生的世界提供技术支撑。

（3）网络技术。为元宇宙提供高速、低延迟的流畅体验。

（4）AI 技术。是现实世界图像数字化关键技术，提升元宇宙运行效率和智慧化程度。

（5）交互技术。VR 技术可以为元宇宙用户带来更沉浸的体验，AR 技术可以帮助用户更好地虚拟世界，MR 技术将虚拟物体置于真实世界中，使现实中的元宇宙用户可以与虚拟物体进行互动。

（6）游戏相关技术能够为元宇宙各种场景的数字内容构建提供最重要的技术支撑。

近年来这些技术均发生了边际变化，为元宇宙的落地奠定了技术基础。如区块链技术的发展，逐渐开始赋能实体经济，通过 DeFi 构筑金融模型，与 NFT

（非同质化代币）结合为搭建虚拟世界经济系统提供可能；5G 基站、AIoT、IDC 数据中心的大规模建设与落成，以及“东数西算”的推进，为元宇宙在网络数据传输、算力上提供了强有力的后端支撑；新一代 VR 设备的销量快速增长并突破 1000 万台的关键节点，促进虚拟现实技术从 3D 向全真演进。

如果说数字经济 1.0 时代是数字技术与传统业态的融合渗透，那么元宇宙则是数字经济的 2.0 时代，是虚拟世界与现实世界融合的载体，将在未来 10～20 年经历高速发展，会延伸出人类更多的创造力和可能性，提升社会生产力，再塑数字经济体系。

二、元宇宙发展趋势——接棒移动互联网

元宇宙概念之所以会在 2021 年进入公众视野，一方面是由于数字技术的快速发展，技术成熟度的拐点似乎已经到来，使得虚拟世界与现实世界相结合的可能性大幅提升。新冠肺炎疫情减弱了人们在物理世界的联系，加强了人们的虚拟交互需求。清华大学新媒体研究中心近期发布的《2020—2021 年元宇宙发展研究报告》指出，新冠肺炎疫情加速了社会虚拟化，全社会上网时长大幅增长，“宅经济”快速发展。

另一方面，“移动互联网红利”逐渐消失，市场急需寻找新的突破口。《中国互联网络发展状况统计报告》显示，截至 2021 年 6 月，我国网民规模达 10.11 亿人，互联网普及率达 71.6%；手机网民规模达 10.07 亿人，网民使用手机上网的比例达 99.6%。移动互联网用户日均使用时长为 5.8 小时，6 小时的天花板依旧没有突破。在移动互联网的下半场，伴随着红利消退，网络世界的竞争日趋激烈。在此压力下，各大公司均着力于寻找各自的新增量。互联网的投资逻辑在于把握内容消费场景变革催生的红利，而元宇宙被认为是下一代互联网革命，新内容、新消费场景有望开启新的红利期。

回溯过去互联网的发展，我们可以一窥元宇宙的发展路径。

过去 85 余年的计算文明史，是通信、计算机、互联网、移动互联网的接力发展史，是革命性新硬件的创新史、计算平台的迭代史。

伴随着每一次交互形态的改变，现代科技将计算平台持续升级。一般来说，个人计算机与互联网是最早的计算平台，人类借此拿到了进入数字世界的钥匙；

手机与移动互联网紧随其后，形成了第二波信息科技浪潮，打开了人类进入数字世界的大门；当下正处于 VR/AR 眼镜、智能耳机等穿戴设备取代手机这一信息平台的交互升级中，元宇宙是下一代计算平台——新硬件会带来感官增强，数据洪流会带来计算架构的升级。

同样，元宇宙的发展会有三个关键阶段。第一阶段，元宇宙的发展将集中于 VR/AR/MR 硬件以及社交、游戏、视频等可以给用户带来强烈沉浸感的内容领域。其中，具有沉浸感的内容体验是这个阶段最为重要的形态之一，并带来较为显著的用户体验提升。第二阶段，元宇宙的渗透主要发生在娱乐内容之外的生产、生活领域，此时物理世界的数字化程度会更高，由此带来的线上线下打通也会更加彻底，智慧城市、智慧物流等极大地提升了人们的生产生活效率。第三阶段是元宇宙终局形态，这是一个开放式的命题，虽然现在难以预测，但是未来的科技发展仍然值得期待，让更多的人可以受益于此。

三、元宇宙催生新经济业态

元宇宙的预期市场空间巨大，将开启新一代互联网的增长极。彭博行业研究报告预计，元宇宙市场规模将在 2024 年达到 8000 亿美元。普华永道预计，元宇宙相关经济将迎来大幅增长，市场规模有望从 2020 年的 500 万美元增长至 2030 年的 15000 亿美元，年复合增长率高达 253%。摩根士丹利则预计元宇宙将是价值 8 万亿美元的巨大市场。

在元宇宙的浪潮下，资本与互联网巨头纷纷重金下注，也助推了元宇宙的爆发。国外调研机构 Crunchbase 的数据显示，截至 2021 年 11 月 16 日，与元宇宙相关的公司已经在 612 笔交易中筹集了近 104 亿美元的资金。国内外多个互联网巨头高调进军元宇宙。

2021 年 10 月，Facebook 改名为“Meta”，彻底引爆元宇宙这一概念，其还计划投入 150 亿美元建设与元宇宙学习和训练相关的内容生态。11 月 2 日，在一年一度的微软 Ignite 2021 技术大会上，微软正式宣布进军元宇宙。微软 CEO 萨提亚·纳德拉（Satya Nadella）表示，公司打算通过一系列整合虚拟环境的新应用程序，将数字世界与物理世界结合在一起，未来 Xbox 游戏平台也将接入到元宇宙中。2022 年 1 月 18 日，微软宣布将以 687 亿美元现金收购游戏公司动视暴雪，折合人民币 4000 多亿元，将成为微软公司史上最大规模的一笔收购，旨在搭建元宇宙内容生态。另外，国内企业字节跳动公司以约 90 亿元人民币收购国内头部 VR 厂商 Pico；百度公司开发“奇遇 VR”设备并推出“希壤”系列产品。

元宇宙将开启互联网产业及相关信息技术发展的新周期，一方面推动 5G、人工智能、区块链等基础技术的升级；另一方面又关联着游戏、社交、内容乃至工业领域商业模式的变革。除了现有的移动互联网生态，未来越来越多的行业与业态会被复刻到元宇宙世界中。元宇宙将催生出新市场、新业态，创造出新的应用场景，供给新的产品与服务，将革新人们生产、生活的方方面面。

在企业办公领域，元宇宙将重新定义远程会议、远程办公。新冠肺炎疫情一定程度上改变了企业办公模式。在元宇宙时代，在虚拟现实技术、人工智能等底层技术的加持下，远程办公的需求将进一步增长，同时这一需求将会被更好地满足，元宇宙将驱动办公行业的生产力工具、沟通工具、协作工具全面进化，沉浸式的工作体验将激发员工创造力，提升员工工作效率。以 Facebook 布局的 Horizon Workrooms 虚拟办公空间为例，Workrooms 是 Horizon 社交平台中专门面向 VR 办公场景的应用，重新定义了“办公空间”，Workrooms 提供各类办公场景和陈设，用户可以根据需求选择不同的会议室场景及自定义的虚拟形象。

在产业数字化领域，元宇宙将优化工业生产流程。元宇宙中数字孪生技术的运用是工业数字化转型不可或缺的一步。由数字孪生、虚拟现实与混合现实组成的“工业元宇宙”解决方案技术将成为智能制造行业必备的一种新型基础设施，能够在诸多方面给企业生产带来实质性的便利。元宇宙的发展，将为各领域前瞻探索、科学研究、技术攻关提供新的仿真试验平台，推动科技研究的仿真模拟实验从软件仿真向人机高度融合、环境更为逼真的虚拟空间仿真转变，目前这一技术已经运用于装备制造、生产运维、交通运输、航空航天等领域，未来其带来的效益将外溢至各行各业。

在 C 端消费领域，元宇宙将重塑人们的娱乐生活场景。社交娱乐、文化旅游、教育、医疗、商贸服务等领域有望率先享受元宇宙技术带来的红利，“产品+内容+场景”深度融合下的新业态需求将日益丰富，这意味着用户将会在虚拟世界中花费更多的时间。在元宇宙世界中，用户将通过虚拟现实技术获得沉浸式的体验，使得在线服务更加逼真。

在生产、生活之外，元宇宙有望重塑虚拟经济体系。不同于现今中心化的互联网平台获取了大部分的收入与利润，在未来元宇宙中，区块链技术赋能的经济模型将带来巨大而深远的影响。元宇宙是一个开放的世界，元宇宙中的用户都将参与到数字新世界的构建中，他们既是数字新世界的使用者，也是数字新世界的构建者，因此元宇宙经济是一个创作者驱动的体系，允许用户生产内容并获得相应的收益，元宇宙的去中心化属性意味着创作所得的大部分收益归创作者所有，高激励政策将带来活跃的创作者经济。

四、元宇宙在中国的发展现状

世界经济发展史表明，每次技术革命的发生，不仅会带来人们生活方式的变化，提升人们的劳动生产率，更是企业做强、产业升级的战略窗口期。以元宇宙为代表的未来数字经济，与实体经济深度融合，将为产业转型升级赋能，也将为企业提供“弯道超车”的新机会。

我国数字经济蓬勃发展，为开启元宇宙时代打造了“新基建”的基础。据统计，2020 年中国数字经济核心产业增加值占 GDP 的比重达 7.8%。2021 全球数字经济大会的数据显示，中国数字经济规模连续多年位居世界第二，仅次于美国。中国已建成全球规模最大的光纤与 4G 网络，5G 网络建设与应用全球领先。以数字经济为支撑的新型经济形态、新的商业模式喷薄而出，为元宇宙时代应用场景筑牢基础。

从中央部委到地方政府纷纷出台支持元宇宙发展的相关政策。2022 年 1 月 24 日，工业和信息化部表示，将注重培育一批深耕专业领域工业互联网、工业软件、网络与数据安全、智能传感器等方面的“小巨人”企业，培育一批进军元宇宙、区块链、人工智能等新兴领域的创新型中小企业。这是国家部委层面首次提出要支持元宇宙发展。《上海市电子信息制造业发展“十四五”规划》提出，加强元宇宙底层核心基础能力的前瞻研发，推进深化感知交互的新型终端研制和系统化的虚拟内容建设，探索行业应用。据不完全统计，浙江省、海南省、江苏省等多个省市也出台了类似政策或指导意见。

《“十四五”数字经济发展规划》（以下简称《规划》）有望推动元宇宙加速落地。根据《规划》，元宇宙发展需要的底层技术将在“十四五”期间取得重大进展。例如，《规划》提出光纤网络与5G网络、云网协同和算网融合发展等数字基础设施将得到优化升级。

电信运营商、腾讯、百度、字节跳动等数字科技公司或企业依据各自特性与资源禀赋，加速元宇宙的探索步伐。以企业为主体的探索主要集中在硬件与软件、商业应用场景、新基建基础设施三大领域。例如，三大运营商联合成立了国内首家元宇宙行业协会，共同推进元宇宙相关业务发展；中国电信启动了“盘古计划”，以5G创新应用增强其在元宇宙领域的竞争力；中国移动加快构建元宇宙算力网络，推进“即取即用”的算力服务体系建设；中国联通则加快推动 VR 产业发展，夯实数字底座。阿里巴巴、京东等企业加快布局元宇宙电商平台；百度加大人工智能领域的投资；腾讯发力元宇宙社交场景建设等。

五、促进元宇宙健康发展的建议

与其他革命性的产业变革类似，元宇宙也将经历“萌芽—概念—泡沫—萧条—技术再进步”等螺旋式发展过程。为促进元宇宙在中国健康发展，有必要全盘统筹、科学规划，处理好政府、市场与企业的关系，做到准确识变、科学应变、主动求变，抓住新机遇，开拓新局面。

一是明确元宇宙规则底线。元宇宙将会创造一个与现实社会紧密相连的虚拟数字空间，如果缺乏相关的规则制度，必将产生各种违法乱纪行为。互联网、移动互联网的发展历史证明了一点：科技进步并不会进化伦理，借鉴过往经验与教训，若能从政策上提纲挈领，将“科技向善”前置入元宇宙的发展轨迹中，将是一桩有重大意义的探索。科技发展一方面为人类社会带来了进步与繁荣，另一方面也衍生出许多非常严重的问题，这些问题是科技所不能解决的。人类文明的发展，从远古开始，都是从“试错”着手，难免有方向不明、步履错乱的时刻，必须谨慎从事，以防止迷失方向。因此，在政策建议上，强烈建议从制度、监管等方面，前置“科技向善”。

二是加快新基础设施建设。元宇宙发展的核心在于技术的新突破。建议提高大数据、5G、人工智能、区块链等数字经济的基础设施建设与普及，持续推动场景渲染、算力算法、虚拟技术创新，深化相关技术在元宇宙中的深度应用，加快数字产业化与产业数字化布局，积极搭建面向更多行业的新型应用场景，为新业态拓展奠定坚实基础。

三是营造适应元宇宙发展的自由的市场化空间。元宇宙是新一代互联网，具有典型的颠覆式创新特征，其未来发展更多的是依靠市场主体的创造性、主动性，坚持发挥市场在元宇宙未来发展中的决定性作用。多个地方政府出台了扶持元宇宙发展的规划或政策，需要清晰政府的顶层设计与市场化发展的界限。地方政府将更多地营造元宇宙良性发展的制度空间，鼓励市场主体在符合法律规范的前提下自主创新，做到“监管到位但不越位”。

从 1971 年互联网诞生开始，“计算机+网络”技术不断进化升级，使用功能不断延伸迭代。而信息技术与互联网的进阶、迭代的周期越来越短。元宇宙时代的真正到来，或许没有我们预想的那么久。

作者简介：

叶国标先生，上海证券报社党委书记、董事长，中国金融信息中心党委书记、董事长，上海石油天然气交易中心董事长，新华社高级编辑，上海财经大学研究员。曾任新华社浦东支社社长、上海分社副社长。曾参与主编《永远的世博会——中国 2010 年上海世博会典藏》等。

于勇先生，上海证券报研究院执行院长。长期从事财经媒体工作，曾参与创设新华社民族品牌指数基金，打通品牌价值与资本市场连通等工作。

中国数字经济发展的情况、趋势与建议

余晓晖

2016 年 G20 杭州峰会上，中国倡议开展数字经济全球合作，得到各国的广泛认可，发展数字经济迅速成为全球共识。近年来，5G、大数据、人工智能、区块链等数字技术群体性突破，商业化应用不断深化，数字经济正从快速成长期迈向全面扩展期，全球数字经济的技术动能、规模范围、发展方向和竞争态势等随之发生显著变化。把握全球数字经济发展新阶段的新规律和新特征，充分认识我国数字经济取得的历史性成绩和面对的问题挑战，对促进我国数字经济健康发展，塑造数字时代国家竞争力具有重要的意义。

一、全球数字经济发展的最新趋势

（一）主要国家数字经济发展的总体情况

数字经济代表新的生产力和未来发展方向，是带动经济增长、优化经济结构、推动经济高质量发展的重要引擎。多年来，全球数字经济增速持续超过经济总体增速，数字经济规模持续快速扩张，在经济总量中的占比不断增大，成为全球经济日益重要的增长引擎，新冠肺炎疫情的冲击则进一步凸显和增强了数字经济的这一作用。2020 年，中国信息通信研究院测算的全球 47 个国家的数字经济总规模超 32.9 万亿美元，占 GDP 的比重为 44.1%，较 2019 年提升了 2.6%，增速达到 3.0%，而同期全球经济增速是-2.8%。数字经济规模的持续快速扩张不仅彰显了数字经济的超强韧性和增长潜能，也成为拉动疫后全球经济复苏的重要动能。

（二）主要国家数字经济发展的总体情况

2021 年，主要国家数字经济的政策布局主要有五大特点：一是更加聚焦于提升和巩固科技创新全球竞争力。各国战略都将先进通信网络、人工智能、量子信息等作为影响国家未来竞争力的关键，持续加强技术前瞻部署、加大先行投资、培养创新人才等，打造科技创新生态。二是更加注重数字基础设施普及和优质化发展。各国围绕信息基础设施、工业互联网、车联网、智慧城市等重点方向加快建设普及，力争打造优质、高效、安全的数字底座。三是更加关注以数字经济关键产业为核心的产业链重塑。受新冠肺炎疫情冲击，全球产业链“断裂”风险加剧，部分国家推动产业链本地化、分散化，全球产业链加快重塑。特别是以集成电路、半导体等为代表的数字经济关键领域成为此次全球产业链调整重塑的核心阵地。四是更加重视推动中小企业数字化转型。各国纷纷将中小企业数字化作为政策焦点，通过持续迭代升级中小企业数字化转型支持政策，搭建数字化服务平台，加大数字化转型资金支持，助推中小企业数字化发展活力释放。五是更加强调数字化与绿色化协调发展。通过数字化技术缓解经济和环境难题、创造新的生产方式、提高能源利用效率、促进绿色经济与数字化深度融合等已越来越成为各国共识。

（三）数字技术的迭代创新和产业升级

数字技术仍然是当前创新最为活跃的领域，快速的演进与迭代不断地形成新的技术能力、重塑技术体系。一方面，数字技术的领域能力和效率不断跃升，将开辟更广阔的增长空间。移动通信在 5G 探索和扩散各个领域应用的同时启动了 6G 代际演化，向更加融合、更加智能、更加开放和更广覆盖的方向发展，由“万物互联”向“万物智联”迈进。先进计算进入系统创新周期，工艺、芯片、算法、系统等端到端体系化升级成为重点。人工智能超大规模预训练模型创新活跃，数据及知识融合驱动的深度学习范式不断创新。下一代互联网聚焦云网/算网一体、确定性网络、智能自治、安全可信等加快探索。另一方面，不同数字技术间的集成创新和重组创新，将创造更大的经济社会价值。数字技术间的重组正在加速，迸发出更强大的增长潜能。以网络云化和重构为代表的计算与通信融合、以突破“冯·诺依曼架构”限制为主要方向的计算与存储融合、以传感智能化为特色的计算与传感融合等不断加速。例如，近期产业界较热的元宇宙就是物联网、5G、云计算、人工智能、人机交互、区块链等多种数字技术集成创新的产物。同时，虽然以集成电路为代表的核心基础技术升级潜力逼近天花板，但是摩尔定律升级红利逐渐减弱，实破摩尔定律成为集成电路升级的新路径，氮化镓（GaN）、碳化硅（SiC）、石墨烯等新材料，系统级封装（SiP）、三维集成芯片（3D IC）等先进封装技术，以及神经网络芯片、生物芯片等新兴芯片架构技术推动芯片性能不断提升。而量子信息、类脑等具有颠覆性意义的基础性创新探索也不断涌现，将孕育未来发展的新方向。

（四）产业数字化转型的全球性加速

未来 10～15 年，以数字技术的变革创新及其与经济社会各领域融合创新为主要技术驱动的第四次工业革命将席卷全球，工业乃至实体经济的各个产业将经历深刻的数字化转型。数字化转型既是技术和商业的变革，也是业务和组织的重塑，进而引发生产方式和企业形态的根本性变革。本质上，产业数字化转型是信息通信技术作为通用目的技术（GPT）向经济各个领域扩散渗透和融合创新的过程，并呈现 S 形曲线的扩张规律。据中国信息通信研究院的测算，在 2019 年，全球 47 个国家工业领域的数字化渗透率达到 24%，处在加速发展的临界点。

2020 年，新冠肺炎疫情在全球暴发后，线下的生产生活一度陷入停顿，数字化提供了连接世界的另一种方式，数字化转型进入一个全球性加速的新阶段。以产品和服务的数字化进程为例，麦肯锡的一项调查研究表明，相比于新冠肺炎疫情冲击之前，全球和欧洲数字化进程的平均速度将加快 7 年，北美将加快 6 年，亚太地区将加快超过 10 年。2021 年，欧盟发布的《2030 年数字指南针》提出，2030 年欧洲 75%以上的企业要开始使用云计算服务、大数据、人工智能；90%以上中小型企业至少达到基本程度的数字化水平，数字技术前沿领域独角兽企业数量翻倍。从更长远的历史视角看，新冠肺炎疫情是全球数字化转型进入加速轨道的催化剂、分水岭。

（五）数字化治理的最新趋势和价值导向

随着超级平台垄断、算法歧视、数据治理、隐私保护等问题日益严峻，2019 年左右，全球主要国家的政策导向开始出现系统性转向，加强数字化治理、规范数字经济发展开始成为各国的共同选择。美国执法活跃，反垄断全面加强。2019年以来，美国一改较为宽松的市场监管政策，对谷歌、脸书、亚马逊、苹果四大巨头同时开启反垄断调查，2020年正式起诉脸书和谷歌，2021年6月，公布四项专门针对超大型平台的提案，一系列连续动作标志着美国正式进入平台“强监管时代”。欧盟不断创新监管工具，反垄断高压升级。欧盟实行一贯的规则领先战略，继续保持监管高压态势，2020年发布《数字服务法案》和《数字市场法案》的草案，全面强化数字平台责任和大型平台竞争监管，弥补现有反垄断工具失灵问题，与GDPR共同构成欧洲平台监管的基础性规则，推动欧洲数字经济持续健康发展。此外，在重要双多边合作中，各国间围绕跨境数据流动、数字税、人工智能、数字货币等核心议题的讨论逐步加深，并取得积极进展。虽然目标手段不同，但是各国强化数字化治理的共同价值目标是一致的，即通过系统的制度变革，创造一个创新强、活力足、公平竞争、包容普惠的发展环境，推动数字经济健康发展。

二、我国数字经济的主要进展与面临的问题挑战

（一）我国数字经济整体持续蓬勃发展

当前，我国数字经济进入快速发展期，对国民经济的贡献显著增强，已成为拉动经济增长的关键动力。特别是新冠肺炎疫情暴发以来，数字技术、数字经济在支持抗击新冠肺炎疫情、恢复生产生活方面发挥了重要作用。从经济规模看，2012—2020年，我国数字经济规模从11万亿元人民币增长到39.2万亿元人民币，总量连续6年位居世界第二，且与第一名美国的差距不断缩小。从经济增速看，数字经济占GDP的比重从21%增长到39%，成为经济增长的主要引擎；9年间的平均增速达到15.2%，远超同期GDP增速，有力地支撑和引领了经济高质量发展。

（二）数字产业化核心竞争力不断提升

通信网络技术继续保持领先地位。截至2021年8月，我国5G标准必要专利声明数量在全球占比超过38%，位列全球首位；5G中频设备国际领先，海思、紫光展锐跻身全球5G芯片设计第一梯队。光通信综合实力全球领先，整机设

备、光模块、光纤占全球份额均超过 50%。计算技术部分领域进入全球第一梯队。人工智能芯片、深度学习算法等加速迭代创新。2021 年我国在人工智能领域产出论文数量占全球 35%，人工智能企业数量占全球 18.4%，云计算、大数据、区块链等新兴技术水平迈入全球第一梯队。大数据的大规模并发处理、海量数据存储等关键技术领域不断取得新突破，部分指标达到国际先进水平。核心基础技术持续突破。集成电路制造工艺稳步升级，实现 14nm 工艺量产，良率不断提升。高端存储实现商用突破。移动操作系统生态快速壮大，搭载鸿蒙操作系统的设备数量突破 2.2 亿部。新型显示领域企业营收与利润首次位居全球榜首。

（三）产业数字化转型进程加速

2020 年，我国产业数字化规模达到 31.7 万亿元人民币，占 GDP 的比重为 31.2%，是数字产业化的 4 倍。工业互联网成为数字化转型的关键路径。在消费领域，新模式展现蓬勃生机。5G、人工智能等新技术应用不断深化，网上购物、在线教育、远程医疗等“非接触经济”全面提速，网络化、平台化和智能化的现代服务业快速兴起，电子商务、平台经济、共享经济等新业态蓬勃发展。在生产领域，工业互联网活力强劲。工业互联网融合应用迈入快速成长期，形成了平台化设计、智能化制造、个性化定制、网络化协同、服务化延伸、数字化管理等新模式新业态。应用广度不断拓展，已在原材料、消费品、装备等 31 个工业重点门类广泛部署，覆盖至 41 个国民经济大类。应用程度不断加深，从设备管理、生产过程管控等延伸至产品研发设计、制造与工艺优化、产业链供应链管理等复杂环节。应用水平不断提高，与 5G、大数据、人工智能等融合创新更趋活跃，“5G+工业互联网”应用全球领先。全国具有一定影响力的工业互联网平台超过 100 个，连接的工业设备数量超过 7600 万台（套），工业 App 数量超过 59 万个，服务企业 160 万家，有力推动了工业乃至实体经济的数字化转型。

（四）新型数字基础设施建设全面推进

5G 网络规模全球领先，截至 2021 年年底，我国累计开通 5G 基站 142 万个，全球占比超 70%，建成全球规模最大、技术最先进的 5G 独立组网网络。千兆光网快速部署，全国所有地级市建成光网城市，光纤用户占固定宽带用户比例超过 94%，全国约 1/3 的家庭已具备千兆光网覆盖能力。物联网加速普及，我国窄带物联网（NB-IoT）基站数量超 70 万个，实现县级以上城市主城区普遍覆盖。数据中心能力大幅提升，数据中心云化、智能化比例持续提升。工业互联网标识解析二级节点已建成 171 个，覆盖 33 个行业，标识注册量突破 900 亿个。据中国信息通信研究院测算，2021—2025 年，我国政府与民间对新型基础设施建设的投资额合计将达到 10.6 万亿元，约占到中国社会基础设施投资的 10%，是扩大有效需求的重要动能。

（五）数字贸易发展态势良好

2019 年以来，我国密集出台数字贸易政策，顶层设计和区域部署相结合，有效推动了数字贸易发展。我国数字贸易快速增长，新模式新业态不断涌现。一是跨境数字服务贸易规模快速增长，2020 年我国数字服务进出口总值达 2939.9 亿美元，逆势增长 8.2%，远高于同期服务贸易和货物贸易，连续 3 年实现顺差。二是多项细分数字服务出口增速领先，如信息通信服务、知识产权使用费、个人文娱服务、金融服务的出口增速超过世界平均水平。三是典型数字服务贸易产业发展势头良好，软件和信息技术服务业、云服务、跨境电商、网络游戏等产业出口竞争力不断提升，海外市场持续拓展。数字贸易已成为我国拓展外需空间的重要途径。

（六）面临的差距和挑战仍然突出

虽然我国数字经济发展取得显著成效，但面临的差距和挑战仍然突出。一是产业基础相对薄弱，创新投入明显不足。我国 ICT 产业规模大，制造能力突出，但综合竞争力与世界一流水平相比还存在一定差距，特别在核心基础零部件（元器件）、关键基础材料、先进基础工艺、基础软件和基础产业技术领域短板明显，自主产业生态尚未完全建立，仍需要长期不懈努力。此外，国内企业创新与研发方面的投入较国际巨头差距较大，如我国头部平台企业的营销支出是创新研发费用的 2 倍左右，而同期谷歌、亚马逊的创新研发支出是营销费用的 1.5～2 倍。二是工业数字化尤其是中小企业数字化转型任重道远。2020 年，我国服务业数字化水平已达到 40.7%，部分服务模式全球领先，但工业数字化水平仅为 21%，只是服务业数字化水平的一半，且仅为德国、美国等国家工业数字化水平的一半，尤其是量大面广的中小企业数字化基础差，面临技术、资金和人才的多重限制。三是数字治理挑战复杂。数字经济时代，新模式、新业态创新不断，新问题、新情况不断出现，如何统筹好创新与监管不断面临的新挑战，现有治理手段难以完全跟上数字技术和数字经济迭代创新的步伐。四是国际竞争力不强。以平台企业为例，我国平台企业的商业运营、投资布局仍然主要局限于国内市场，在国际化拓展方面，与美国头部平台企业的高度国际化发展形成鲜明对比。很多在国内市场已经具备支配地位的头部平台在国际舞台上仍然难以与美国平台巨头相竞争。

三、我国发展数字经济的着力点

习近平总书记在中央政治局第34次集体学习时指出，面向未来，我们要站在统筹中华民族伟大复兴战略全局和世界百年未有之大变局的高度，统筹国内国际两个大局、发展安全两件大事，充分发挥海量数据和丰富应用场景优势，促进数字技术与实体经济深度融合，赋能传统产业转型升级，催生新产业新业态新模式，不断做强做优做大我国数字经济。

在全球数字经济发展进入新阶段、我国数字经济取得历史性成就的背景下，要充分发挥我国制度优势、市场优势和数据优势，加快数字技术创新，赋能传统产业转型升级，优化数字经济治理，不断推动我国数字经济健康发展。

（一）提升数字产业化的核心竞争力

一是以创新推动科技自立自强。把握5G/6G、人工智能、未来网络、区块链、量子信息等数字技术演进创新的重大机遇，应加快探索国际新形势下的新型举国体制，打造开放自主的数字技术创新生态，加强数字基础设施和重大数字应用的牵引力量，围绕产业链部署创新链，增强关键共性技术供给，强化企业创新的主体地位，引导创新要素向优质创新主体集聚，不断突破关键核心技术，把握战略和前沿技术发展主动权。二是提升产业链供应链现代化水平。深入实施产业基础再造工程，围绕数字技术核心产业和产业数字化关键瓶颈，推进产业链强链补链计划，支持产业链上下游企业构建协同创新联合体和配套联合体，加快突破短板，持续增强产业链供应链韧性，推动数字经济核心产业链升级发展。三是进一步激发市场主体活力。推动骨干企业增强技术创新实力，培育和打造一批具有产业生态主导力和国际竞争力的产业链领航企业。完善创新型中小企业、"专精特新"中小企业、专精特新"小巨人"企业梯度培育体系，引导推动广大中小企业走"专精特新"发展道路。

（二）拓展产业数字化的广度和深度

一是深入推进制造业企业数字化改造。坚定不移地大力推进工业互联网发展，发展智能制造，引导制造企业借助工业互联网实现数字化升级，全面深化生产制造、经营管理、市场服务等环节的数字化应用，加速业务数据集成共享和工业知识与机理的自动化、模型化，加快数据驱动与工业行业知识相结合的智能化转型。二是全面推动行业数字化升级。面向制造、矿山、能源、交通、物流、医疗等重点行业，全面制定数字化转型路线图，确定目标和时间表，形成一批可复制、可推广的行业数字化转型系统解决方案。三是打造区域数字化制造集群。培育数字化特色工业园区和制造业产业集群，打造具有国际竞争力的数字化制造集群。

（三）加快完善数字化治理

一是完善治理规则，加快数字经济相关法律政策体系建设。不断完善数据开放共享、数据交易、知识产权保护、隐私保护、安全保障等相关法律法规，围绕竞争、数据、算法等共性要素建立通用性监管规则体系。二是创新治理手段，充分利用现代信息技术提升治理效能。强化互联网、大数据、云计算、人工智能、区块链等数字技术在治理中的应用，不断增强态势感知、科学决策、威胁识别、风险防范等能力，降低治理成本，提高治理效率。三是优化治理机制，打造权责利清晰、激励相容的协同治理格局。不断完善政府、企业、行业协会等多元主体共同参与的治理机制，建立健全跨部门、跨区域的执法联动响应和协作机制，充分发挥数字平台的治理优势，有效形成数字经济治理合力。

（四）全面激活数据要素价值

一是确立数据作为生产要素和生产资料的法律定位，为数据的生产、流通、共享和使用奠定法律基础，为数据市场化提供法律保障。二是构建支撑数据共享的统一标准和平台，加强顶层设计，逐步建立起统一数据标准体系，明确数据开放的范围、程序和标准，加强数据采集标注平台和数据资源平台建设。三是营造便于数据要素流通的市场环境，建立通用的确权制度及数据资产价值评估模型，扩大数据交易规模和提高交易效率，降低数据流通成本。四是以工业为突破口，打造工业/产业数据空间，形成数据流动共享的技术、基础设施、规则、法律法规等系统性环境。

（五）强化数字经济支撑保障能力

一是加强政策保障。加快构建数字经济政策保障体系。简化行政审批流程，发挥财政资金引导性功能，培育适合融合发展的政策环境。二是加强人才保障。将数字人才培养放在更加突出位置，加强数字技术与各领域交叉学科人才培养，打造数字技术复合型人才培养和实训基地，加快培养既了解传统行业、又掌握数字技术的融合型人才。三是打破标准瓶颈。强化数据标准、算法标准、信息处理与接口标准、集成应用标准等共性标准，以及关键技术标准的制定和推广，强化平台间互联互通，打破行业技术协议、接口和标准林立等限制。四是加强安全保障。持续强化网络和数字安全保障，全面构筑新型基础设施安全屏障，加快数据安全法规制度建设，强化国家关键数据资源保护能力，筑牢政府、企业、社会组织和广大用户共同参与的数字经济安全防线。

作者简介：

余晓晖先生，中国信息通信研究院院长，兼任中国互联网协会秘书长、国家工业互联网战略咨询专家委员会副秘书长、工业互联网产业联盟理事长、国家战略性新兴产业发展专家咨询委员会委员、中国信息化百人会成员。长期从事通信、新一代信息技术与产业、数字经济等研究工作。

实现标准化“四个转变” 推动数字经济健康发展

赵新华

党中央、国务院高度重视数字经济发展，习近平总书记多次强调要把握数字经济发展趋势和规律，推动我国数字经济健康发展。标准化在构建数字经济治理体系中发挥着基础性、引领性作用，是筑牢数字经济健康发展的根基。《国家标准化发展纲要》（以下简称《纲要》）明确提出“到 2025 年，实现标准供给由政府主导向政府与市场并重转变，标准运用由产业与贸易为主向经济社会全域转变，标准化工作由国内驱动向国内国际相互促进转变，标准化发展由数量规模型向质量效益型转变。”《纲要》为我国数字经济标准化工作指明了方向。

一、数字经济已成为新经济发展的重要增长极

数字经济是以数据资源为关键要素，以现代信息网络为主要载体，以信息通信技术融合应用、全要素数字化转型为重要推动力，促进公平与效率更加统一的新经济形态。在新冠肺炎疫情肆虐全球、国际形势复杂多变、经济下行压力加大等不利因素叠加的情况下，我国数字经济展现出顽强的韧性，实现逆势强劲增长。2020 年我国数字经济规模达 39.2 万亿元人民币，同比增长 9.7%，是同期 GDP 名义增速的 3.2 倍，占 GDP 的比重由 2005 年的 14.2%提升至 38.6%，成为赋能传统产业、稳定经济增长、构建新发展格局的新引擎。

（一）新技术突破加速升级

新技术突破是加速数字经济健康发展的内生动力。得益于海量的数据资源、

广阔的市场空间和丰富的应用场景，我国数字技术在发展中不断创新、在创新中不断突破。在高端处理器方面，形成了 X86、ARM、MIPS 等多种架构并存的发展格局，华为麒麟芯片相关技术在移动领域已达到国际主流水平，申威处理器在超算领域的架构设计能力达到国际领先水平。在操作系统方面，国产操作系统与世界主流操作系统间的差距正在缩小，银河麒麟、统信 UOS 等桌面端操作系统和鸿蒙、鲸鲮等移动端操作系统已实现规模化商用，为我国数字经济安全发展提供了坚强保障。在新一代信息技术方面，我国已成为全球最大专利申请来源国，区块链、人工智能等领域专利申请量全球第一，大数据、云计算等技术发展全球领先。

（二）新基建赋能提速换挡

新基建是加速数字经济健康发展的数字底座。“十三五”期间，我国 5G、工业物联网、大数据中心等信息基础设施快速发展，传统基础设施加速向数字化、网络化、智能化转型。在 5G 通信基础设施方面，我国建成了全球规模最大、技术最先进的 5G 网络，2021 年年底，全国 5G 基站数超过 140 万，5G 终端连接数超过 2 亿，位居世界第一，5G 商用全球领先。在工业互联网方面，我国的标识解析体系基本建成，注册总量突破 94 亿，培育有全国影响力的工业互联网平台超过 150 个，设备连接数量超过 7800 万，发展水平处于全球第一梯队，行业赋能效果日益突显。在大数据中心方面，我国已建成 8 个国家大数据综合试验区和 11 个大数据领域国家新型工业化产业示范基地，区域集聚成效显著，智能算力占总算力的比重由 2016 年的 3%提升至 2020 年的 41%，数据中心智能化升级步伐不断加速。

（三）新模式业态竞相涌现

新模式业态是数字经济健康发展的生动体现。随着数字经济发展基础条件的不断夯实，“产品+内容+场景”逐步实现深度融合，培育了一批新模式新业态。在消费方面，直播带货、在线教育、远程办公、互联网医疗等创新型消费蓬勃发展，消费方式在线化、消费模式互动化特征明显，消费结构正在由商品消费向服务消费升级转变。据统计，2021 年全国网上零售额超过 13.1 万亿元人民币，同比增长超过 14.1%。在制造方面，新模式新业态蓬勃发展，截至 2021 年年底，开展网络化协同、个性化定制、服务化延伸的企业比例分别达到 38.8%、

10.3%、29.7%，同时全国制造业重点行业骨干企业的“双创”平台普及率达到86.3%，工业电子商务普及率达到 65.6%。在就业方面，新业态提供了更加灵活多样的就业形式，涌现出直播销售员、在线学习服务师、数据标签师等一批新职业，灵活就业者种类不断丰富，灵活用工领域逐渐扩大。

（四）新竞争优势显著增强

培育企业新竞争优势是数字经济健康发展的关键所在。我国数字经济已初步形成了大企业引领、中小企业协同、创新企业不断涌现的发展格局。中央和地方国有企业是推动数字经济健康发展的主力军，据统计，2021 年世界 500 强企业中，我国有 49 家央企、33 家地方国有企业入围，我国的国际影响力和话语权不断增强，推动多个领域实现从跟跑为主到跟跑并跑领跑并行转变。民营企业逐步成为技术创新和模式创新的生力军，统计数据显示，全球上市互联网企业市值前 10 中我国占据 5 席，2020 年企业的研发经费比 2015 年增长 102.5%，有研发活动的小微企业占全部有研发活动企业的比重为 81.1%，有效发明专利数比 2015 年增长 233.2%。中小企业发展步入提质增效阶段，已培育专精特新“小巨人”企业 4762 家、省级“专精特新”中小企业 4 万多家、单项冠军企业 596 家，培育入库科技型中小企业 22.3 万家。

二、标准化是数字经济健康发展的题中应有之义

标准化是数字经济健康发展的基础性制度，是厘清发展边界、明晰发展路径、规范发展秩序的必然选择。当前，世界主要国家高度重视数字经济标准化工作，先后出台相关政策措施，积极抢占规则制定权和发展话语权。“十四五”期间紧贴国家战略需求，持续加强标准研制和实施应用，是激发数据要素潜能、引领数字化转型、补齐短板弱项、构建新型治理体系、便利国际经贸往来的关键环节。

（一）激发数据要素潜能

数据已成为继土地、劳动力、资本、技术之后的关键生产要素，蕴藏着巨大的价值，标准化是释放数据要素潜能、深挖数据价值的重要前提和有效手段。在数据治理方面，标准化能够支撑治理结构的建立，提供最佳实践，保证数据

采集、清洗、存储、挖掘、分析和可视化等各环节合规有序。在数据开放共享方面，标准化能够加快构建科学的数据分类方法，建立通用的数据共享交换体系，形成统一的流通共享规则。在数据流通交易方面，标准化能够规范数据确权程序，推动数据资产价值量化，规范数据交易流程，畅通数据流通渠道，同时为数据跨境传输建立技术准则。在数据开发利用方面，标准化能够促进跨行业、跨领域的数据融合，建立可复制、可推广的应用场景开发方法，提供应用效果评价依据，激发数据要素在各行业的应用潜能。

（二）引领数字化转型

数字化转型是顺应新一轮科技革命和产业变革的时代趋势，正在改变经济社会发展逻辑，实现标准化是完成数字化转型的第一要务。面向企业数字化改造，利用标准化手段，推动设备数字化升级，提升管理数字化决策水平，重塑业务流程和组织结构，加速实现“上云用数赋智”，破解设备不互联、信息不互通、管理难协同、智能难实现等难题。面向产业链数字化协同，利用标准化手段，构建产业链上下游数据高效共享通道，实现全渠道、全链路供需高效匹配和精准对接，增强风险预警和管控一体化能力，有效提升产业链韧性和弹性。面向数字化生态服务，利用标准化手段，凝聚共识、营造环境、精准施策，加快最优解决方案应用推广，培育专业化服务机构和技术专家队伍，助力企业摸清自身转型底数，明晰转型路径，弥合转型应用鸿沟。

（三）聚力补齐短板弱项

近几年的国际形势充分表明，关键核心技术受制于人已成为制约数字经济发展的“命门”所在，谁主导标准谁就掌握发展的主动权和制高点。在技术路线选择方面，通过标准化手段，能够有效跳脱单一技术点突破的局限，从全局视野和技术演进的角度提出技术发展的全景路线，有利于汇聚合力指导技术攻关突破。在营造联合攻关生态方面，通过标准化手段，能够推动产学研用等各方遵循同一规则，降低相互间的沟通和认知成本，使各方能够协同合力，发挥各自优势，协同实现技术突破。在产业化方面，通过标准化手段，能够加快推动新技术、新产品合法有序进入市场。近年来，云计算、大数据、区块链、人工智能等新一代信息技术领域标准先行的现象，充分证明了标准化对前沿技术成果转化、新技术普及应用、新产业有序发展的重要性。

（四）构建新型治理体系

加强和完善数字经济治理，是促进数字经济行稳致远的关键举措，标准化是构建数字经济治理体系的技术基础。伴随着数字经济的蓬勃发展，构建协同联动、多元共治的新型治理体系，以及填补标准化空白已迫在眉睫。在技术伦理治理方面，通过标准化手段，能够合理约束大数据挖掘分析技术和算法的应用范围，着力破解大数据和人工智能推广中的算法捆绑、技术歧视、隐私泄露等难题，加快弥补数字鸿沟，有效控制技术伦理问题。在平台治理方面，通过标准化手段，能够规范平台企业数据资源垄断认定，支撑健全市场准入制度，统一行业服务标准，提升行业自律水平，有效保护平台从业人员和消费者的合法权益，维护公平竞争秩序和良好创新环境。在防范发展风险方面，通过标准化手段，能够实现数据安全分级分类管理，规范个人隐私保护，支撑开展信息安全风险审查，防范无序竞争和盲目扩张的风险。

（五）便利国际经贸往来

数字经济是国际经贸合作发展的新空间，实现标准联通、打造世界“通用语言”是推动“数字丝绸之路”等国际合作向纵深发展的关键举措。在消除技术贸易壁垒方面，通过推进国际标准化工作，能够深入了解国际技术动态和风险，加快固化现有技术成果，引领新兴技术向国际化方向发展，逐步跨越发达国家设置的技术贸易壁垒。在营造国际贸易环境方面，通过推进国际标准化工作，有利于加大我国在数字经济领域相关技术、产品和服务方面的国际合作力度，支撑形成与各国沟通交流的平台，简化国际贸易往来流程，加快提升经贸合作效率。在提升国际竞争力方面，通过推进国际标准化工作，能够实现与国际先进标准对标达标，强化国际竞争的规则认识和参与水平，快速推动我国自主标准向国际输出，抢抓国际规则话语权。

三、推动数字经济标准化实现“四个转变”的建议

“十四五”时期是我国全面建成小康社会、实现第一个百年奋斗目标后，乘势而上开启全面建设社会主义现代化国家新征程、向第二个百年奋斗目标进军

的第一个五年，是我国数字经济转向深化应用、规范发展、普惠共享的新阶段。加速推进标准化工作事关数字经济健康发展大局，要求我们抢抓机遇、乘势而上、攻坚克难，稳步实现“四个转变”，有效助推质量变革、效率变革和动力变革。

（一）优化标准研制组织模式，实现标准供给转变

实现标准供给由政府主导向政府与市场并重转变，是构建推动高质量发展标准体系的制度创新。落实《“十四五”数字经济发展规划》，围绕产业数字化转型，特别是中小企业“不敢转”“不会转”“不能转”难题，加快建设标准体系，制定数字化转型、数据治理、数据资产评估、数据安全等国家标准，积极制定先进适用的团体标准，充分发挥标准的公益性和规范性作用，为企业守住底线。围绕数字产业化，加快实施新产业标准化领航工程，制定一批战略性新兴产业和未来产业的原创性、高质量技术标准，实现技术研发、标准研制和产业推广的同步规划、同步部署、同步实施。建立标准化技术组织、标准化专业机构和社会团体间的联动机制，畅通各层级标准协调配套渠道，避免重复制定标准，切实发挥标准的统一、简化、选优和协调作用。

（二）丰富标准实施应用手段，实现标准运用转变

实现标准运用由产业与贸易为主向经济社会全域转变，是提升标准化的经济、社会、质量和生态等效益的重要举措。加快建立政策法规引用标准、支持标准实施的制度机制，围绕人工智能伦理、平台治理、数字鸿沟等数字经济治理重点领域，推动标准成为协同治理、多元共治的共同遵循。加大数据管理、数据开放共享等重点国家标准的宣贯力度，充分利用认证认可、检验检测、政府采购、招投标等手段，创新推动智能制造、数字化转型、人工智能、数字政府等领域的重点标准应用。面向基础软硬件、数字超高清、装备数字化、自动驾驶、无人集群等领域，积极制定机器可读标准，依托重点开源平台和社区，丰富标准应用的技术支撑，推动标准数字化转型。利用大数据、人工智能、区块链等新一代信息技术，丰富标准化服务工具，创新标准化服务模式，构建标准化服务生态。

（三）统筹国内国际两个市场，实现标准化驱动转变

实现标准化工作由国内驱动向国内国际相互促进转变，是拓展标准化“广

度”和“深度”的关键路径。秉承构建人类命运共同体的理念，深入参与 ISO、IEC 和 ITU 等国际标准化组织的工作，积极利用“数字丝绸之路”深入发展的新机遇，深化数字技术领域的标准化交流合作，建立国际标准化工作生态圈。持续完善政府引导、企业主体、产学研联合的国际标准化工作机制，支持 ISO/IEC JTC1 下设的脑机接口、智慧城市、量子计算等分技术委员会和工作组的建设和发展。加大对外开放合作力度，积极参与 ISO、IEC 和 ITU 在新兴领域的标准化技术组织建设，以及重点领域的国际性专业标准组织，夯实国内国际标准化协同发展基础。积极参与国际标准制定，建立中国标准与国际先进标准的对标体系，加快采用国际先进标准，同步贡献数字经济标准化的“中国方案”。

（四）提升标准质量效益，实现标准化发展转变

实现标准化发展由数量规模型向质量效益型转变，是破解标准化工作难题的必然选择。围绕数字领域核心技术攻关、产业链强链补链、新业态新模式培育等重大科技和工程项目，同步部署和支持关键技术领域的标准研制，推动科技成果向标准转化，提高标准的技术水平。打造标准研制和应用推广公共服务平台，持续优化产学研用协同制修订标准，构建标准升级迭代的快速响应体系，确保标准质量水平满足技术和产业发展需求。利用财政资金支持企业实施标准和对标达标，构建标准应用跟踪和统计分析体系，加强标准实施监督和效果评价。培育一批标准创新型企业，建立技术专利和标准联动机制，推动标准化工作作为税收减免、采购服务、融资增信等的重要参考。加强标准化高端人才队伍建设，提高标准化成果在职称评定、科研评选、绩效考核中的比重，建设一批质量标准实验室和技术标准创新基地，为发挥标准效益提供人才支撑和技术支撑。

作者简介：

赵新华先生，中国电子技术标准化研究院院长、党委副书记，正高级工程师，享受国务院特殊津贴专家。兼任全国音视频多媒体标准化技术委员会副主任委员、全国电子测量仪器标准化技术委员会副主任委员、中国电子音响行业协会副理事长、中国电子节能技术协会副理事长。

三、产业发展篇

深化供给侧结构性改革，畅通国内国际双循环，提升制造业核心竞争力，深化信息技术应用，推动产业转型升级，培育专精特新“小巨人”企业。本篇我们约请众多专家和企业家聚焦新一代信息技术、集成电路、新能源与碳中和、高端装备制造、生物医药，以及供应链、现代物流、新零售等深入研讨，他们具有理论和实践的真知灼见，下面将分享给读者。

新一代信息技术

新一代信息技术产业是我国战略性新兴产业之一，主要包括下一代信息网络产业、电子核心产业、新兴软件和新型信息技术服务、互联网与云计算、大数据服务、人工智能等。

构建数字安全体系　护航数字文明进步

周鸿祎

当前，加快数字化发展、建设数字中国已成为我国发展的主旋律。数字化作为我国弯道超车、变道超车的重要抓手和经济社会高质量发展的新引擎，正面临巨大的安全挑战。为此，我国高度重视数字安全，坚持发展与安全并重，并从国家层面提出统筹传统安全与非传统安全，提升网络安全、数据安全、人工智能安全等领域的治理能力。所以，利用数字化思维重塑网络安全，形成面向数字化的安全体系已刻不容缓。

一、数字化上升为国家战略

中国未来经济的发展必须靠数字化。在数字化上升为国家战略的大背景下，未来的经济发展、产业升级、社会治理，都将架构在数字化基础上。

从全球范围来看，数字化也是前三次工业革命后的又一次生产力革命，将给所有产业带来全方位、深层次的影响，促使社会生产效率大幅度提升。前三次工业革命将人类带入了灿烂的工业文明，但由于种种历史原因，我国或没赶上，或没有深度参与，因而在全球竞争格局中长期处于落后地位。

数字化革命对人类的改变将远超工业革命。通过运用物联网、移动通信（5G）、人工智能、区块链、云计算、大数据、边缘计算等数字化技术，过去的生产方式、城市治理和人们的生活方式都将完成转型升级，从而催生又一次技术、产业和社会经济的变革。

随着数字化进程的推进，中国在生产力革命的道路上已走在了世界前列。当前，数字经济在国民经济中的重要地位正进一步凸显，在 GDP 中的占比也逐年提高。2020 年起，我国数字经济核心产业增加值占 GDP 的比重已超过 8%，成为经济社会持续健康发展的强大动力。与 GDP 中的其他板块相比，我国的数字经济已经成为经济创新力最强、发展最快的一股力量，推动了全球经济增长、复苏。数字化的这种韧性“补位”，充分彰显了“危机中育新机、变局中开新局”的强大力量。

按照这种趋势发展，未来 5～10 年，所有的经济都将转变为数字经济，所有的企业都将是数字化企业，没有转型成功的企业可能就消亡掉了。未来整个 GDP 将建立在数字经济之上，数字经济的发展将直接影响整个社会经济的发展质量。

可以说，数字化革命是独立于工业革命之外的革命，也是属于数字文明时代的革命。它对世界、对中国、对各个行业，包括对人类的生活方式都将造成巨大的影响。在党和国家的领导下，当前我国正在建设数字中国、打造数字经济、构造人类命运共同体，这极有可能在数字文明时代引领全球的数字化变革。

二、数字化面临安全挑战

（一）数字化的本质是软件定义世界，安全风险前所未有

过去 20 年，互联网进入“上半场”，主题是消费互联网。一批互联网企业在此期间诞生，深刻改变了中国老百姓吃喝玩乐、衣食住行的方方面面，实现了人们生活方式的数字化。现在互联网进入“下半场”，产业互联网成为新的主题，主要场景变成工业互联网、车联网和新型智慧城市，主角变成各级政府和传统企业。产业数字化将重塑传统产业，产生工业互联网、能源互联网、车联网等产业数字化新场景。未来，所有的行业都值得用数字化技术进行重构。

随着产业数字化的发展，安全风险也遍布关键基础设施、工业互联网、车联网、能源互联网、数字政府、智慧城市等各大场景。由此，数字化的安全威胁已经超越虚拟世界，延伸到了现实世界，影响国家、国防、经济、社会乃至人身安全。2021 年，美国大型成品油管道运营商科洛尼尔管理道运输公司遭受勒索攻击，导致 18 个州进入紧急状态。

总结起来，数字化有三个特征，即一切皆可编程、万物均要互联、大数据

驱动业务，其本质是软件重新定义整个世界，这也意味着数字化带来的安全挑战前所未有。

一切皆可编程，意味着软件里的漏洞无处不在，没有攻不破的网络。万物均要互联，意味着在原来虚拟世界的攻击，将有可能转化为物理世界的伤害，在企业上云、工业互联网、车联网、物联网的普及带来网络边界模糊的趋势下，传统隔离网络的解决方法已经失效。大数据驱动业务，意味着数据安全正变得日益重要，未来大数据将如同关键基础设施，一旦被攻击将导致业务系统停摆。可以预见，当社会治理、政府管理、企业运转、百姓衣食住行都架构在软件、大数据和网络之上时，世界的脆弱性将前所未有。

（二）网络威胁将超过传统威胁，简单安全问题升级为复杂安全挑战

越来越多的网络攻击事件表明，网络威胁已超越传统安全威胁。例如，委内瑞拉、乌克兰都曾发生因网络攻击造成的大范围停电。爱尔兰也遭受过严重的网络攻击，其卫生部门的 IT 系统在勒索事件中曾被迫关闭。

同时，大量数字化新技术、新应用的产生，将导致简单安全问题升级为复杂安全挑战。随着大数据、云计算、人工智能等大量新技术的使用，除了网络安全，人们的生产和生活还面临着大数据安全、云安全、供应链安全、区块链安全等一系列新的复杂安全挑战。以大数据安全为例，360 公司每年接到并处理的勒索攻击事件多达 4000 余起，受害企业面临着重要数据资产被盗和泄漏的严重后果，轻则造成业务停顿，重则被迫缴纳巨额赎金。

值得关注的是，城市作为经济、人口的集中地，未来将集聚全国 80%的 GDP 和人口。目前，城市已成为网络战的首选战场，也是维护国家数字安全的主阵地。一旦城市的政府服务、关键基础设施群遭受网络攻击，就会让城市业务停摆、经济停滞、社会动乱。

（三）计算机安全、网络安全升级为数字安全，向大安全迈进

安全是发展的前提，发展是安全的保障。随着数字化渗透到国家经济、社会、政府等方方面面，过去的计算机安全、网络安全需要同步升级为数字安全，才能更好地保障数字经济发展。

在 PC 时代，个人计算机开始走进千家万户。与此同时，计算机木马、病毒

也随之而来，开始在网络上蔓延，对人们的工作和生活造成了一定程度的影响。此时，在确保个人计算机中的数据和资产安全的需求的推动下，计算机安全行业开始兴起。

随着互联网时代的到来，网络成为社会生产生活的基础设施。此时，黑客们的攻击目标不再是某一台计算机，而是从计算机扩展到了网络空间，计算机安全也升级为网络安全。网络攻击的目的也不再是黑客们谋求名声的炫技，黑客们转而开始关注企业的资产，比如用户信息、财务数据等，并以此牟利。相较于计算机安全，网络安全的影响力和危害程度已不可同日而语。

在数字化时代，软件定义整个世界已成为共识。此时，除网络安全外，人工智能安全、云安全、通信安全、大数据安全等技术带来的安全问题，以及关键基础设施、工业互联网、车联网、能源互联网等复杂数字场景带来的安全挑战也日益凸显。网络安全行业应当被重新定义，将计算机安全、网络安全上升到数字安全，才能与建设数字中国、开创数字文明的数字化战略相适应，才能满足国家的产业互联网发展要求，才能护航人类要进入的数字文明。

如果网络安全行业把自己拘束在一个特别窄的技术层面，就不能完全涵盖当下的网络威胁；如果继续抱残守缺，停留在传统网络安全层面，那就意味着整个行业站得不够高、看得不够远，作战指导思想、技术产品都可能做不到与时俱进、随之升级。

正因为上述种种原因，数字安全也引起了党和国家的高度重视。党的十八大以来，党中央明确以“总体国家安全观”为指导，统筹“传统安全与非传统安全”。习近平总书记也在 2021 年世界互联网大会乌镇峰会上强调要“筑牢数字安全屏障”，让数字文明造福各国人民，推动构建人类命运共同体。2021 年 11 月，中共中央政治局召开会议审议《国家安全战略（2021—2025 年）》，明确提出加快提升网络安全、数据安全、人工智能安全等领域的治理能力。这些本质都是“数字安全”。

此外，国家还从立法层面推进和完善数字安全的发展。继《中华人民共和国网络安全法》后，国家于 2021 年又出台了《中华人民共和国数据安全法》《中华人民共和国个人信息保护法》《关键信息基础设施安全保护条例》《网络数据安全管理条例（征求意见稿）》等一系列法律法规。2022 年，部分安全法律法规将进入落地实施阶段，标志着数字安全元年将由此开启。

三、构建数字化安全新体系

（一）应对复杂安全挑战需要体系化安全解决方案

面对数字时代的复杂安全挑战，传统网络安全体系无法应对数字安全挑战，主要包含三点内容。

第一，在指导思想上将网络安全视为附庸，没有体系化防御能力。在传统安全认知指导下的能力体系，一直停留在杀毒软件、防火墙、加密认证等碎片化防御层面，且产品与产品之间几乎不会互通有无，各个部门、企业之间也各自为战，缺乏顶层设计，做不到协同防御，自然无法应对高精尖的 APT 攻击。

第二，以卖货思维为主导，缺乏对抗思维、作战思维。传统的网络防御措施，通常是在硬件建设完成后，购买一些杀毒软件，搭建一个防火墙，再配合加密认证，就算完成整个网络安全防护工作，且认为这样可一劳永逸。这在技术快速更新迭代的数字文明时代已不再适用。

第三，技术上抱残守缺，延续惯性思维，看不见安全风险。在传统安全思维中，防护过分依赖物理隔离，各个部门固守边界，无法形成互联互通、协同联防。

（二）用数字化思维重塑网络安全，建立面向数字化的安全能力体系

用数字化思维重塑网络安全，建设面向数字化各大场景、应对数字化复杂安全挑战的数字安全体系，已成为一条通往数字文明时代的必由之路。这个过程主要包括以下三点。

首先，要从顶层设计出发，把数字安全纳入新基建。应在数字化建设之初，就同步规划相应的数字安全建设，并将其内嵌于数字化建设过程中。

其次，还要基于“新战法”，建设安全运营体系，将过去的“卖药”模式转变为“建医院”模式。“新战法”概括起来就是以“三化六防”[1]为指导、安全体系和数字体系相融合、攻防能力和管控能力相融合，核心就是要汇聚全网全维

---

1 三化，即实战化、体系化、常态化；六防，即动态防御、主动防御、纵深防御、精准防护、整体防控、联防联控。

大数据，建立全局视角，集中分析，达到攻防兼备、内外兼修的效果。过去网络安全“卖产品”，就像是“卖药”，有时候看似对症下药但也解决不了问题，而通过建立医院，设置门类齐全的科室，打造医生、护士团队，建立一套挂号、门诊、检查、手术、康复的工作流程，医院才能高效提供医疗服务。如果以这种方式建立“互联网安全医院”，打造数字空间安全基础设施，建设包括统一感知系统、应急系统和指挥系统的数字安全感知、应急、指挥体系，做到安全问题及时发现、快速响应、联防联控，为各行业、各单位输出安全基础服务，就能够使各行业、各单位更好地应对安全挑战，护航产业数字化发展。

最后，确立安全衡量标准，从合规导向转向能力导向。只有系统的、可持续运营成长的安全能力才足以应对数字文明时代的复杂安全挑战，就像有了航母并不代表就有了战斗力。因此合规只是底线，要建立数字安全能力，就必须把数字安全能力当作追求的目标，把实战对抗演练作为检验安全能力的唯一标准，用能力成熟度评估体系代替合规来进行全方位评估。

以数字化思维为基础，360 公司构建了新一代的安全能力框架，形成了面向数字化的安全新体系。这套框架也被称为 360 安全大脑能力框架，是数字安全体系的一个整体结构，涵盖了攻击面防御、资源面管控、数据运营、专家运营等 4 大类共 20 个基础设施，支撑形成大数据安全、云安全、物联网安全等八大安全框架，打造出体系化安全解决方案。

如果将这套能力框架复制给政府和企业，就可以帮助它们建立起一套可运营、可持续、可成长、可输出的安全能力体系。以城市为例，通过打造城市级的安全能力体系，这套新框架在 360 云端安全服务的赋能下，依托基础设施的持续运营，不断积累安全能力，可为地方政府部门和企业的各种安全场景提供如同水、电、气的安全公共服务，为城市安全持续赋能。

目前这套新框架已在上海、重庆、天津、青岛、苏州、厦门等 10 多个城市的安全大脑和安全基础设施群中落地，从整体上为城市和各行各业的数字化转型提供数字安全保护，为其他基础设施提供安全能力支撑。

四、结语与展望

从信息时代到数字文明时代，从网络安全到数字安全，从简单的、面向个人的网络威胁，再到复杂的、面向政企和国家的网络战，都很明显地在传递一个信息：这个世界正在发生着翻天覆地的变化。面向百年未有之大变局，政府和企业既要抓住数字化的难得机遇，又要筑牢数字安全屏障，为数字经济、数字文明保驾护航。

所以，只有以数字化思维重塑网络安全，推动安全行业的互联互通和协同联防，形成威胁情报和安全数据的互相查询，构建起一个国家级范围的分布式安全大脑，才能真正提升整个国家的数字化安全防护能力。

作者简介：

周鸿祎先生，360 集团创始人，全国政协委员，九三学社中央委员，全国工商联执行委员、大数据运维（网络安全）委员会首届轮值主席。曾获得全国劳动模范，入选国家百千万人才工程，被授予“有突出贡献中青年专家”等称号。

工业互联网创新发展赋能制造业数字化转型

薛济萍

当前，我国正处于经济结构调整、产业转型升级的关键时期。通过工业互联网和新一代信息技术激发数据要素，加速制造业业务优化，提升传统动能，传递并获取新价值，可实现制造业转型升级及创新发展。作为以制造业为主营的现代企业集团，我们越来越深刻地意识到工业互联网是新一代信息通信技术与现代工业技术深度融合的产物，是制造业数字化、网络化、智能化的重要载体，也是全球新一轮产业竞争的制高点。

一、工业互联网发展趋于成熟

近年来，工业互联网政策体系的不断完善、工业互联网基础设施的逐步夯实、应用场景和生态的持续健全、制造业工业数据的稳步积累、制造业数字化转型基础的渐趋强化，为我国制造业应对新模式、新业态提供了有力支撑。

（一）初步完成基础体系搭建

工业互联网包含网络、平台、数据及安全四大体系，其中网络体系是基础，平台体系是核心，数据体系是要素，安全体系是保障，形成的新模式新业态则是特色应用。

网络体系主要包含网络互联、数据互通和标识解析三部分，前两者在传统的消费互联网中已体现得淋漓尽致，而标识解析则是在近年来发展起来的重要支点。标识解析通过为物料、机器、产品等物理资源和工序、软件、模型、数据等虚拟资源分配标识编码，实现物理实体、虚拟对象的逻辑定位和信息查询，支撑跨企业、跨地区、跨行业的数据共享共用。我国的标识解析体系包含国际根节点，北京、上海、武汉、重庆、广州五大国家顶级节点，递归节点，以及一定数量的二级节点、企业节点等，二级节点是标识解析体系中直接服务企业的核心环节。截至 2021 年 12 月 31 日，全国累计接入国家顶级节点的二级节点达 168 个，累计接入企业节点 63115 个，标识注册总量超 784 亿个，已初步建成一张我国标识解析节点网络。

我国工业互联网平台现在呈现出三大类型：一是传统信息系统服务商拥抱工业互联网构建的平台，如用友、华为、浪潮、紫光、东方国信等；二是大型制造企业孵化独立运营公司打造的平台，如中天互联、海尔卡奥斯、树根互联、航天云网、宝信软件、石化盈科等；三是消费互联网企业利用数据优势向工业领域延伸搭建的平台，如阿里巴巴、百度、腾讯等。

要实现工业互联网赋能制造业，首先就是要让数据“说话”，数据是实现数字化、网络化、智能化的基础，工业数据主要来源于制造业“研产供销服”各环节。数据经过采集、汇聚、计算与分析，获得各类报表，用于指导企业的生产经营。

实践中，越来越多的企业发现工业互联网不是空中楼阁，它需要数据支撑。而数据采集又不那么容易，数据往往格式各异，维度和复杂度远远超过传统网络，而制造业有千行百业，每个模型、算法背后都需要长期积累和专业队伍才能发挥数据价值。

工业互联网的网络安全至关重要，这是工业互联网发展的前提和保障，涉及工业互联网领域的各个环节，其核心任务就是要通过监测预警、应急响应、检测评估、功能测试等手段确保工业互联网的安全稳定运行。在网络与通信安全、应用和数据安全、基础设施安全、灾备服务安全、云服务安全等方面已出现大量的产品和服务商，它们通过网络隔离、流量清洗、防火墙、漏洞扫描、AI 态势感知等技术为工业互联网提供多维度防护，代表企业有中天互联、海尔卡奥斯、研华科技等。

（二）新一代信息技术加持

工业互联网将 5G、AR、大数据、人工智能、区块链等新一代信息技术深度集成，打通云、网、边、端，加速通信技术、信息技术和控制技术聚合，带动相关技术全面突破和迭代创新，为工业互联网平台赋能制造业数字化转型提供了多种可能。

5G 作为新一代移动通信技术，其高速率、低时延和大连接的特点满足了工业互联网低成本实时传输数据的需求，结合 AR 技术实现操作人员远程虚拟设计、远程监测，以及产品实时优化、设备预测性维护等，助力制造业向智能化、服务化、高端化转型。

大数据与人工智能是实现工业企业从制造向服务转型的关键支撑技术，大数据和人工智能能够感知产品的工作状况、周边环境、用户操作等变化，提供在线健康检测、故障诊断预警等服务，能够快速预判、实时掌握设备健康状况，形成现场解决方案，缩短服务响应时间。

数字孪生基于物理实体的基本状态，以动态实时的方式将建立的模型、收集的数据进行高度写实的仿真，可以有效连接设备层和网络层，通过数字虚体赋能物理实体，通过数字孪生技术实现的数字工厂、远程运维、数字化设计等已广泛应用于飞机设计与制造、冶金、新能源等领域。

工业互联网平台借助区块链技术不可篡改的特性，安全性得以强化，使得各个环节的数据和信息安全、可信、一致及透明。

工业互联技术具有普适性，它不仅赋能制造业转型升级，也拉动了消费互联的需求，在国计民生、社会经济发展中做出了重大贡献，如 5G、AR 及大数据技术在近两年的新冠肺炎疫情防控、北京冬奥服务等方面都有实际的新应用。

二、在制造业数字化转型中的创新应用

制造业数字化转型仍处于初级阶段，其中产业链上下游协同、智能化生产、服务向终端延伸等业务场景已初步实现，制造型企业通过打造低成本、高质、高效的价值网络，不断创新商业模式，在创造更大的商业价值方面也发挥了良好的示范作用。

（一）产业链上下游协同

工业互联网可以打通产业链上下游的各个环节，在设计、生产、物流等方面开展协作，共享互联网数据，提升效率；对各类资源进行优化配置并实现产业链紧密协同，不断催生新模式新业态，延长产业价值链。

我们发现通过建设工业互联网平台，建立产品模型库，积累工艺数据、制造数据、运营数据、维保数据，并将其动态反馈至设计阶段，能够缩减设计周期，并驱使设计优化与市场需求对接。借助平台的产业链协同云应用，能够实现大型产品设计制造的跨企业管理，并且动态采集和掌握设备运行状态，运用大数据分析技术帮助企业降低成本。

通过实践我们认识到，通过工业互联网的平台建设，可以实现大规模个性化定制新模式，能够根据客户的需求，依托平台完成设计和修改，同步展示3D效果，并且自动计算建设预估费用。数字化设计方案通过平台直接下达至工厂进行生产，从设计到运维全程可视，实现网络协同制造新模式。充分使用人工智能技术，能够实现智能决策与任务分配，实行制造业的任务协调和过程管控，及时跟踪供应商和客户设计的交互及进度，实现设计、供应、制造和服务环节的并行组织和协同优化；能够实现数据汇聚、大数据存储、数据安全保障、工业数据清理和分析，从而提高生产效率，降低运营成本，缩短产品交付周期，降低单位产值能耗和产品不良率。

（二）促进智能化生产

工业互联网可以打造制造业智能制造的生产网络，将传统的信息系统和物联网技术相融合，实现生产经营全过程的数据贯通、生产要素共享，提升设备的使用效率，降低设备的故障率，这是制造业最实用的办法。

借助工业互联网平台的人工智能数据分析能力，辅助生产计划流程的制定和优化，在制造管理场景中，使用智能算法优化生产线设计方案，并通过智能控制技术保障产线稳定运行，从而使生产效率大为提高。同时利用数字孪生技术汇总设计、制造、运行和其他方面的数据，以及通过在物理层面对核心部件的了解，构建自适应、故障、性能预测等模型，精准监测核心设备的性能、故障，并进行预测性维护和优化，有效提升生产和运维效率。

中天科技利用工业互联网平台将生产设备数据与生产信息系统进行融合，把所有的数据都汇集在一起，形成数据湖，然后利用大数据技术对海量数据进行提炼与分析，实现基于智能化决策的生产效率提升、质量水平改进、工艺流程优化、生产能耗降低和原材料供应协同，攻克了光电线缆高速生产过程中表面缺陷检测的行业难题，实现了缺陷模型优化，识别率超过96.2%。

（三）服务向终端延伸

工业互联网会赋予产品唯一的标识，该标识关联产品原材料采购、产品制造、销售、售后流通等各环节数据，打破不同管理系统间的壁垒。以产品标识为基础，记录生产线各级包装对应关系数据、质量管理信息、发货记录、渠道流通信息，实现产品质量追溯。对产品的制造、流通、运行、维保、回收等环节数据进行采集和解析，实现产品全生命周期的"五个一"管理，即"一物一码"，保证物品唯一性；"一码上云"，通过唯一标识关联数据；"一码全览"，通过一个标识查看全流程数据；"一码到底"，打通产业链上下游数据；"一码多识"，实现数据的分权管理和分权查看。

制造业不仅要提供优质的产品，还要提供贴心的服务，实现制造业服务化是制造业转型升级的重要路径，利用工业互联网可以打通产品出厂后的物流服务、仓储服务、配装服务、售后服务等环节，从而提高服务效率和提升客户体验，实现价值创新，催生新的商业模式，如产品溯源防伪、远程智能运维等。

在产品售后服务阶段，通过标识关联消费者扫码数据，自动分析窜货情况，反向追踪分析窜货区域和窜货商品，企业可以统计出窜货热力图，实现防伪防窜；通过分析最终产品与其成分的批次组成关系，追溯产品批次及其加工历史，准确地定位问题并对缺陷产品进行召回。

远程智能运维也有效降低了核心设备运维成本，减少了维修人员差旅和人工费用，缩短了维修周期，提高了设备利用率。传统"定期检修"设备的维护模式成本较高，且易造成过度维修或维修不及时等问题，直接影响设备的运行效率。基于工业互联网平台搭建的设备监控平台，能够实现设备总览、设备管理、故障诊断、维保服务、数据分析、设备定位、备件物流等基础功能建设。通过对设备状态的系统查询和监控，可实现设备的主动式维护；通过平台设置设备巡检计划，实现设备的预测式维护，提升服务效率。

三、服务生态建设提速

从我国工业互联网的发展趋势看，前几年的工业互联网仅完成了平台的搭建和一部分技术积累，2021 年随着工业互联网平台的推广和行业生态的进一步完善，越来越多的企业接入了工业互联网平台，形成了以行业为特征的工业互联网生态。

（一）构建应用创新生态

工业互联网平台业务聚焦与不同平台间分工合作成为趋势，工业互联网平台正朝着专业化和协作化方向发展。

在构建工业互联网应用创新生态方面，各平台企业普遍注意到要满足制造业个性化的需求，应用良好的集成能力和扩展能力，利用现有的或跨界的资源，为制造业提供全面服务。搭建生态型平台需要多元技术，分清各行业个性需求，但一般很难全面兼顾。各类平台十分注重驱动产业体系的演进升级，呈现出不同的市场特点，构建出了个性化的生态。生态平台间的合作更需要分工协作、优势互补，多样化、多层次构建平台生态体系，为平台产业繁荣发展提供支撑。

我国工业互联网构建应用创新生态呈现出三大趋势：一是平台联合垂直行业客户，共同打造满足特定场景需求的工业应用；二是平台吸引专业技术服务商，将成熟解决方案迁移至平台，快速积累各类专业应用；三是平台通过打造开发者社区，吸引第三方开发者入驻，广泛开展工业 App 应用创新。

（二）培育头部企业应用标杆

培育头部企业成为工业互联网行业应用标杆，让头部企业率先完成数字化转型，联合上下游企业，营造工业互联网生态，构建产业链强大的数字化能力。

提升标杆企业产品全流程优化能力、资产全流程优化能力、商业全流程优化能力和跨链条优化能力，是制造业数字化转型的重要标志。未来工业互联网将通过标杆工厂进行业态模式创新，打造智能化产品，实现数字化业务流程和资产管理。基于设备级数字孪生创新技术，开展设备故障诊断、预测预警、远程控制等新模式应用，提升设备自感知、自诊断、自决策、自执行能力。构建基于模型的设计、集成研发流程等新型研发模式，建立多任务协同设计体系，搭建分布式协同环境，依托统一的研发设计模型实现跨区域、跨专业的并行设计。基于平台精准感知，智能分析客户个性化需求，促进供给与需求精准匹配，围绕客户需求开展制造资源的自动配置、柔性调度及快速交付。基于工业互联网打通产品设计、生产、物流、运维等环节，为客户提供产品远程监测、故障预警、可视化辅助检修等服务，实现产品附加值的提升。

中天科技作为线缆行业的头部企业，有责任带头践行工业互联网应用，发挥导向和引领作用，利用产业生态和聚集效应，在区域形成以其为核心的上下游生态链，在金属加工、智能设备制造、线缆生产制造、工业互联网平台等领域已孵化出多个配套产业。

笔者认为，其他产业聚集地都可以打造区域工业互联网生态平台，形成特色鲜明的产业聚集区发展模式，吸引更多高技术领域的企业和人才入驻产业聚集区，倒逼传统产业数字化进一步转型升级。

（三）降低使用门槛，形成规模化应用

目前，企业接入工业互联网的建设成本很高，但从长远看，随着应用技术的成熟和行业生态的完善，接入成本将会大大降低，并形成规模化应用。我们可以坚定地相信，迟接入不如早接入，早接入早受益。制造业通过各种先进技术降低接入门槛，大举进入工业互联网，让工业互联网能用、好用，并且让企业用得起，实现规模化应用，打造制造业互联互通的数字经济生态，在加快制造业转型升级中获得较好的社会效益和经济效益。

作者简介：

薛济萍先生，中天科技集团创始人、党委书记、董事长。曾被评为全国劳动模范、全国五一劳动奖章获得者、全国信息产业系统劳动模范、为江苏改革开放作出突出贡献的先进个人。其培育了 5 个制造业单项冠军产品（企业）和 2 个专精特新“小巨人”企业。

区块链技术助推信息技术产业发展

张燕生

为了在行业发展中减少决策的盲目性，需要通过区块链发展前景预测来把握经济发展或者未来区块链市场变化的有关动态，降低决策风险，使决策目标得以顺利实现。区块链发展前景预测，就是在通过区块链市场调查获得的各种信息和资料的基础上，运用科学的预测技术和方法，分析和预见区块链发展趋势，掌握区块链市场供求变化的规律，为经营决策提供可靠的依据。

本文将分析2021年区块链相关政策导向，力图从应用层面把握区块链行业发展脉搏，以更敏锐的眼光展望2022年区块链行业发展动向。

一、区块链发展概述

区块链（Blockchain）是一种由密码算法、共识机制、点对点通信协议、分布式存储等多种核心技术体系高度融合形成的一种分布式基础架构与计算范式。区块链可以细分为公有链、联盟链和私有链这三种具体的应用模式，可供不同场景选择使用。其中，公有链是指任何人都可以随时参与的系统，在公有链领域，数字货币一直是主流，其去中心化场景中的去监管属性使其成为缺少法制的自由经济区，这个自由经济区既是技术创新的前沿阵地，也是不良经济活动的孵化池；联盟链则是指由若干机构共同参与管理的区块链；而私有链是所有参与结点严格控制在特定机构的区块链。

目前，在各个领域，联盟链因其多方参与、身份控制体系完善、性能较好等突出特性，逐渐成为产业区块链应用中的主要模式。我国的区块链应用，基本以联盟链形式落地。

在公有链前沿技术的持续发力下，联盟链的应用落地在各行业中的推进显得更加稳步且具有更深层次的意义。世界各国都在推进联盟链基础设施研究和应用落地，在金融、能源、商业、生产制造多个领域同时发力，如新加坡的TradeTrust跨境数字贸易平台、阿联酋的“智慧迪拜”项目等。

我国依托良好的政策推动，在区块链应用领域处于第一梯队。目前国内使用区块链技术在金融、贸易、物流、政务、知识产权、农业、能源、教育、医疗等行业获得了长足的进步，而在文化娱乐、社会服务、日常消费、工业等垂直行业中的应用潜力仍有待开发。整体应用仍处于探索期，商业应用集中在金融、政务等场景，垂直场景的需求存在显著差异，且区块链的应用渗透须协调多方业务共同努力。

从产业布局看，联盟链分为底层技术服务商、区块链平台服务商，以及提供硬件和基础服务器的云服务商等。国内如腾讯云、阿里云等均属于云服务商，区块链服务一般会作为云市场的附属服务提供给客户，而类似新晨科技这样的科技企业，主要关注在底层技术服务和区块链平台服务上，专注为客户提供区块链技术支撑。

我们同时也需要看到，公有链政策上的发展限制，导致区块链前沿技术的发展与国外的差距比较明显，尤其在底层技术和相关基础科学研发上，与美国存在一定差距，国内从业者们也在积极努力，布局研发。

据资料显示，2021年3月，在十三届全国人大四次会议表决通过的《中华人民共和国国民经济和社会发展第十四个五年规划和2035年远景目标纲要》中，区块链首次被纳入国家五年规划。2021年6月，工业和信息化部联合中央网信办发布《关于加快推动区块链技术应用和产业发展的指导意见》，明确指出要发挥区块链在产业变革中的重要作用，促进区块链和经济社会深度融合，加快推动区块链技术应用和产业发展。同时，2021年发布的《“十四五”国家信息化规划》《“十四五”信息化和工业化深度融合发展规划》等十余项国家层面的“十四五”规划均将区块链列入重点发展对象。根据研究统计，截至2021年年底，全国已有近40个省市发布区块链专项政策，且多省市将区块链写入相关产业“十四五”规划中。

为助推信息技术产业发展，要加强区块链在金融服务、社会治理、国际贸易等领域的融合应用，加快服务业领域数字化转型，提升政府数字化治理能力，推动国际国内“双循环”新发展格局。

二、行业发展方向

（一）区块链助力环保

区块链运作过程会消耗大量能源，同时会带来更高的碳排放量——这也是特斯拉首席执行官埃隆马斯克（Elon Musk）在 2021 年年初决定暂停接受比特币购买电动汽车的原因。出于这点考虑，在 2022 年，加密行业可能会非常重视“绿色区块链”这一概念，预计通往绿色运营模式有以下三大途径。

首先，应用到碳中和行业。虽然并没有从源头解决问题，但是将区块链应用在碳中和行业中，如政府主导的碳排放权的透明公开配额发放，以及碳交易市场的排放权可信交易等，既是国家碳中和大环境下金融行业发展绿色金融的趋势，也是区块链科技公司应用布局的重点方向之一，如新晨科技将在 2022 年大力推进区块链在碳中和场景中的应用落地。

其次，转向能源密集度较低的区块链共识机制。通常指从基于高能源消耗条件向下比拼算力的传统共识机制向新的更节能共识机制的技术转型。

最后，充分利用技术类对冲基金。对能源需求的不断增长会导致机构对可再生能源进行更多投资，这些资金便可以运用于其他应用及区块链运营。

（二）契约化社会深化

随着应用的普及和社会认知度的提高，区块链将逐渐向社会各领域渗透。未来，所有契约型的约定都将实现智能化，利用智能合约可以保障所有约定的可靠执行，避免篡改、抵赖和违约。除了将社会中的有形资产转变为数字智能资产进行确权、授权和实时监控，区块链还可应用于社会中的无形资产管理，如知识产权保护、域名管理、积分管理等领域。

（三）元宇宙与非同质化代币

2021 年爆火的元宇宙寄托了人类对自由探索理想虚拟世界的美好愿景，其部分功能和应用可能得到阶段性实现，如非同质化代币（Non-Fungible Token，NFT）可能解决元宇宙生产资料和资产所有权问题。

NFT 具有不可互换性、独特性、不可分性、低兼容性及物品属性，NFT 是依附于区块链的资产，将其与区块链相结合的技术无须调试，但每个 NFT 之间均有稀缺度和价值的差别，可标记所有权。

相比于此前区块链上的同质化代币，未来 NFT 的规范能够为金融行业的应用场景开辟新的路线和实现手段。未来 NFT 可应用于金融行业中保险、单据凭证、信用传递等场景，能够大幅提升数据流转效率。例如，新晨科技已经将 NFT 应用于音乐版权保护方面。

三、发展机遇与挑战

（一）挑战与机遇共存

事实上，区块链是一系列技术的整合，区块链于各个行业而言其影响也并非是颠覆式的，应辩证和理性地看待。

一方面，由于我国区块链起步较晚，目前区块链行业的发展尚处于初级阶段，客观上存在诸多难题；另一方面，新冠肺炎疫情驱动了社会生活模式和商业模式的改变，各行各业数字化转型需求激增，另外在新冠肺炎疫情的刺激下有更多应用场景落地，倒逼区块链发展。未来区块链产业的发展进步，将高度依赖各方对相关关键技术的重视。

（二）技术瓶颈待突破

就技术层面而言，目前，区块链技术在兼顾部分场景对安全、功能和性能的要求等方面存在局限。主要表现为以下三点。

一是存在运行效率低、开发速度慢、可扩展性差、数据结构化程度低、网络结构复杂、升级维护不灵活等问题。

二是区块链技术架构还需要更好地匹配系统对可用性与业务持续性的要求，且信任机制、数据保存方式等也须获得传统机构的接受与认可。

三是存在安全问题。一方面，区块链本身的运行机制及软件程序编写存在的漏洞，会导致相关风险事件的发生；另一方面，用户在使用时也可能会出现安全问题，如私钥的丢失、账户被盗等。因此，加强对区块链安全问题的研究与监管也显得十分必要。从制度上看，安全问题的研究与管理应以政府监管机构为主体。从机制上看，鼓励区块链企业和网络安全企业开展合作，从区块链技术本身出发，从源头解决区块链安全问题。从技术上看，要从区块链技术本身着手，从共识机制到密码学领域不断突破，强化区块链技术自身的安全性；此外，也还需要加快制定区块链技术、平台及应用的安全要求和相关规范，形成标准的安全体系，才能在区块链平台开发、部署、应用时提高安全性。

（三）应用效果须提高

就区块链技术在应用层面的实践而言，应用效用仍不理想。

首先，在当前落地的区块链应用中，单纯依赖区块链技术产生的行业利润并不能达到较为满意的投入产出比，部分应用技术落地难度大而实际效果却不达预期。

其次，由于各领域传统运作模式的改变尚需时日，加之现有政策及奖励机制仍有待完善等方面的原因，区块链技术缺乏大规模、跨领域的应用。

此外，由于区块链技术更多发挥的是促进作用，因而仅凭借区块链技术很难与产业相结合，必须与其他相关技术，如物联网、大数据、云计算、人工智能等进行融合才能更好地将其应用于产业生态，实现“区块链+行业”应用落地。

（四）治理层面存挑战

区块链技术为现代治理提供了广阔的平台，但与此同时，囿于其自身特点，也给传统的治理带来了诸多挑战。

一是链上资产和智能合约等方面的法律有效性界定不清晰，发生纠纷时难以寻求法律帮助，且分布式体系进一步提高了责任主体认定难度。

二是部分区块链体系高度自治且数据加密，在缺少必要权限的情况下，违规开展金融业务的行为对金融管理部门而言相对隐蔽，且风险较小。

三是对国外开源程序的广泛应用可能导致技术依赖风险。由于以代码托管平台等为代表的开源服务相关方须遵守注册地等相关司法辖区的法律法规要求，在全球贸易保护主义抬头背景下存在不容忽视的政策风险。

四是行业有关标准规范有待建立、健全，存在一定程度的“各自为链”情况，造成不同区块链间信息交互和融合存在困难。

五是区块链需要跨学科综合，涉及分布式、存储、密码学、网络通信、芯片技术、经济学等领域，学习成本相对较高，人才培养和实践经验积累周期长。

四、前景展望

（一）市场规模

全球区块链市场规模将持续现象级增长，区块链技术在 2021 年大受欢迎，来自众多行业的企业对采用这种技术来增强其业务流程的兴趣日益浓厚。新冠肺炎疫情加速了许多行业领域的数字化转型，尤其是区块链或分布式分类帐技术。Grand View Research 数据显示，2021 年全球区块链技术市场规模为 59.2 亿美元。据测算，预计全球区块链市场规模在 2022—2030 年将以 85.9% 的年复合增长率（CAGR）增长，到 2030 年，全球区块链市场规模将达到 14315.4 亿美元；而《中国移动互联网发展报告》显示，以 2020 年中国区块链应用市场规模为 32.43 亿元人民币推算，预计 2030 年中国区块链市场规模可达 1.4 万亿元人民币。

（二）应用前景

作为“新基建”的组成部分，区块链技术的总体发展态势向好。

一是资本支持力度持续加大。全球区块链产业风投、融资金额逐年上升，中国信息通信研究院研究数据显示，美国、中国、韩国、瑞士、加拿大是全球区块链投融资金额最高的 5 个国家。

二是应用探索范围更为广泛。对适用区块链技术的金融场景，有望在未来几年达到区块链技术的全覆盖。

三是技术研究步伐持续提速。据中国信息通信研究院统计，在区块链技术方面，我国相关专利申请数量超过全球的 50%，是美国专利申请数量的 3 倍。但大多仍处于审查阶段，授权专利也多为实用型、边缘性技术的专利，底层技术创新仍待提升。此外，全球区块链技术论文数量也在快速增加。

四是相关标准化工作持续推进。国际标准化组织（ISO）已设立区块链和分布式记账技术技术委员会（ISO/TC 307），并发布相关标准，涉及术语、用例、参考架构、隐私和个人可识别信息保护、安全风险和漏洞等。

我国也积极参与相关国际标准的研制工作，如在金融领域，中国人民银行已正式发布《金融分布式账本技术安全规范》（JR/T 0184—2020）、《金融分布式账本技术应用技术参考架构》等多个规范。而中国互联网金融协会也正在推进金融领域区块链应用系统通用评价规范、区块链跨链协议、区块链开源软件测评和区块链供应链金融应用规范等团体标准的研制工作。

（三）融合发展

未来，区块链技术将与其他新兴技术相互交融、相互促进，通过技术加速整合，有望最大程度释放潜能。如“区块链+人工智能”“区块链+北斗技术”“区块链+云计算”“区块链+大数据”“区块链+物联网”“区块链+量子”“区块链+5G”等。

一方面，未来区块链技术和应用的发展需要新兴技术作为基础设施载体；另一方面，区块链技术和应用发展也会对进一步推动新兴技术及产业发展具有重要的促进作用。未来区块链的应用方向将由单技术应用转向综合技术协同共进、融合应用，并最终形成“区块链+”模式的解决方案。

区块链+云计算：在数字化时代，计算能力和基础设施的“云”化是推动互联网技术应用变革的巨大推手之一。

区块链+大数据：区块链难以篡改、可追溯的特性，能保证链上数据的质量，为大数据分析提供可信的数据来源。

区块链+人工智能：人工智能需要依靠大数据，区块链的数据源能力将为人工智能的发展提供大量的可靠数据。

区块链+5G+物联网：5G 技术的运用将使得区块链节点的存在形式可以进一步扩宽，也让其组织模式存在进一步丰富的可能。

作者简介：

张燕生先生，新晨科技股份有限公司创始人之一，公司董事、总裁，高级工程师，中关村高新技术企业协会会员，中国电子信息行业联合会会员。在新一代信息技术、计算机软件研发应用等领域有四十多年的工作经验。曾带领公司团队获军队科学技术进步奖一等奖、国家科学技术进步奖二等奖。

我国行业应用软件产业发展的机遇与挑战

左　春　王　洋

一、行业应用软件产业发展的实践与现状

（一）新一代信息技术赋能行业成为必然，但需要领域模型指引

放眼全球竞争态势，数字经济健康发展成为关键。中共中央总书记习近平在中共中央政治局第三十四次集体学习时强调，“近年来，互联网、大数据、云计算、人工智能、区块链等技术加速创新，日益融入经济社会发展各领域全过程，数字经济发展速度之快、辐射范围之广、影响程度之深前所未有。”因此，应充分发挥我国海量数据和丰富应用场景优势，促进数字技术与实体经济深度融合，赋能传统产业转型升级，催生新产业新业态新模式。

数字经济反映出，信息化及数字化在经济中的重要性正不断提高。在国务院 2022 年 1 月发布的《“十四五”数字经济发展规划》中，软件和信息技术服务业规模作为“十四五”数字经济发展主要指标，预期从 2020 年的 8.16 万亿元人民币提升至 2025 年的 14 万亿元人民币，由此可见软件和信息技术服务业在数字经济发展中的核心赋能作用。行业应用软件正是基于领域应用需求，关注和解决传统产业、重点领域的管理复杂性问题，我国头部企业已有的成果和经验需要在全球更大范围内进行交流。

行业应用软件产业的发展本质是复杂工程的发展，其面临的机遇与挑战是工程化面临的机遇与挑战。工程化能力考验对复杂性工程的简化能力，行业应用软件参考模型（领域模型）在其中起到框架和指引作用。人工智能、大数据、云计算、区块链、数字孪生等新一代信息技术作为通用技术被涵盖其中，居于模型底层的位置，为上层应用赋能。

行业应用软件参考模型具有明确的层次划分，如图 1 所示，包括环境层、组件层、组装层，其中居于底层的内容对应平台，侧重通用技术；居于上层的内容对应应用，侧重垂直领域管理。底层通用技术厂商在各自领域里都掌握着核心前沿的通用技术，但在与上层应用进行耦合、实现领域赋能时，通用技术产品往往只能涵盖少量领域知识，因领域应用知识极其复杂，不同领域的管理体系各具特色，底层厂商无法涉及复杂的全貌，加之他们无法经常到行业客户现场提供服务，由此产生了技术沉淀和转移的需求。

传统行业应用软件构成

层次				
组装层	代理人/渠道系统	呼叫中心系统	客户/营销系统	风险管理
	决策支持和统计系统	核心业务系统（分业务线）	财务系统	积分系统
组件层	组装模板系统管理平台	领域词根管理平台	领域内容关联平台（含激励）	外部系统衔接引擎
	工作流引擎	中间层引擎	权限和加密引擎	ID生成引擎
环境层	操作系统	数据库	中间件	网络通信平台
	配置数据（组装层元数据）	配置数据（组件层元数据）	配置数据（环境层元数据）	领域应用数据（历史数据）

图 1　行业应用软件参考模型

行业应用软件正演化成不断变化的系统群，应用软件系统群的变化是大数据、人工智能、云计算上层、区块链、数字孪生等技术落地的主现场，是数字化新技术管理的基础，并催生了跨行业应用的中间缓冲应用，这考验了独立软件开发商（ISV）的规模、领域知识和工程经验储备。行业客户需要端到端的方案，实现者必须分层分情形给出不同的实现方案，保证解决主要矛盾，同时兼顾其他方面、应对最坏情况。在层层映射和配置的过程中，环境条件变化复杂，因此，基于领域模型的工程实战经验积累势在必行。

（二）以技术手段支撑跨领域融合，成为关注焦点

行业应用有两大融合趋势，包括行业领域内部的跨地域融合，以及跨行业领域的融合，由此催生了对内及对外的互操作与集成需求。互操作根植于软件参考模型，分为水平互操作和垂直互操作，其中互操作规则成为核心能力，如何基于软件参考模型进行块的划分（行业应用软件系统群何时该合、何时该分），一直是行业客户的痛点问题。行业应用软件系统群合久必分、分久可合的历程，

见证了工程化发展的历史。

工程看重可封装性及可操作性。垂直互操作与可封装性强相关，可封装性决定了互操作接口的复杂性。垂直打包集成是指由应用层和系统层打包集成的一类新型应用软件。在场景应用的牵引下与应用软件进行集成，这一原理是新型分层平台的显著特征，最终会向下延伸至硬件领域。在向下延伸的过程中，底层的开源和开放性是关键，行业客户可穿透选择优秀的软/硬件产品，形成质量分层。

水平互操作的“外挂”形态和“对等”结构如图 2 所示。由于行业应用涉及领域内部与外部两大融合趋势，水平互操作不仅有“主/从”结构（地域化的“外挂”形态），还有跨行业情况下的“对等”结构（该结构更为重要，如“互联网+”和“保险+”），后者要求强技术能力和多领域知识储备，相当于授权不同行业标准和领域知识。

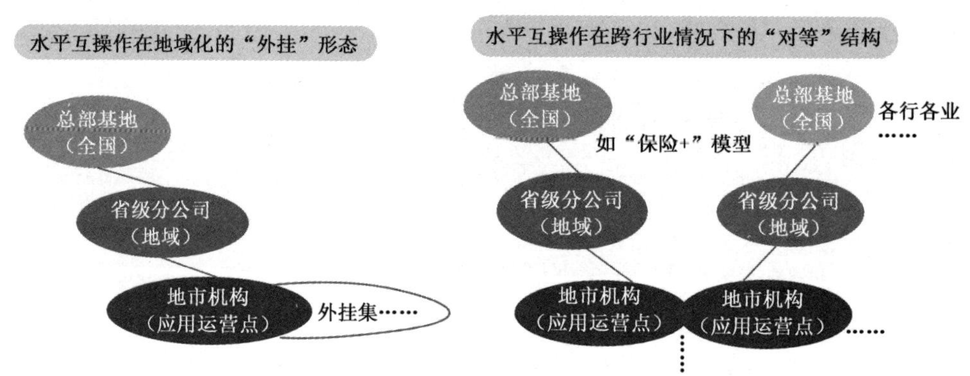

图 2　水平互操作的“外挂”形态和“对等”结构

以金融领域为例，核心业务系统群往往是统一版本、地域布署的，地市单位是产业互联网主战场，是应用软件集成的所在地。独立的管理应用软件是中枢，同时以地域为中心运营。在地市机构，往往需要“外挂”附加应用软件，所以要确定外部互操作方案。现行“外挂”大部分是一种“主/从”集成，但也可以对软件即服务（SaaS）运营方式进行互操作集成，软件即服务的运营体是“行业客户数×地市数”，有巨大的发展潜力。

“对等”结构下的应用软件开发是“开放式”的，跨领域融合成为行业应用变革的关注焦点。在这一过程中，技术是手段，业务是驱动，不同领域的行业应用软件层面对齐是核心关键能力。跨行业的应用互操作关系如图 3 所示，所有行业应用软件均可分为三个层面，即记录事实层、约束层、评估层。它体现了管理通用思维和运筹观点，约束层与评估层可与人工智能结合，如“保险+医疗”。

“保险+”与“互联网+”一样，要解决应用系统间的互操作性技术问题，保险行业的基础层面是记录事实层，它往往是其他行业的“约束层”软件模型，反映这一特定行业的风险管理水平；它映射的不仅是技术问题，同时也是业务问题，因此考验领域积累。医疗行业是典型实例，医疗系统群中的约束层，恰好对应了保险系统群中的记录事实层，基于这一对应关系及相应的结构储备，就可以将跨领域的软件进行集成。

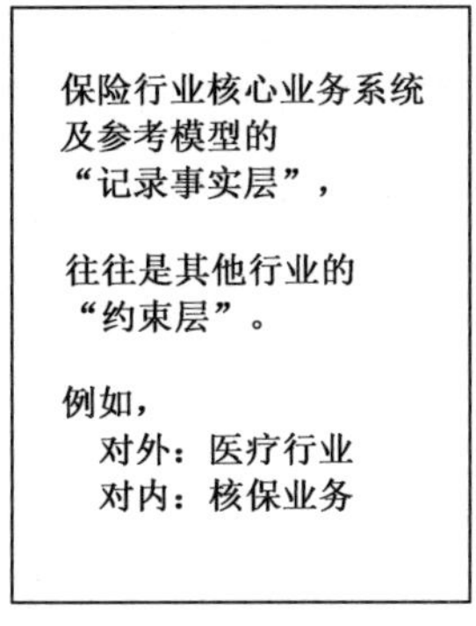

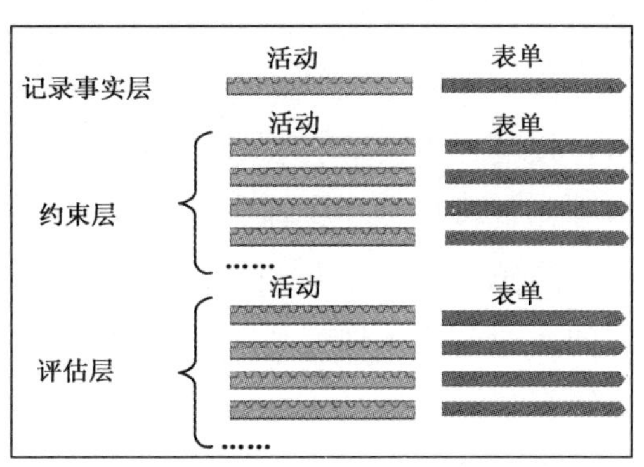

图 3　跨行业的应用互操作关系

在国内重点领域，与国际进行对标和学习的内容不只是企业，还有环境和市场。以健康险领域为例，在国际范围内，不同健康险公司的业务增长速度存在很大差距，发展走势反映在细分赛道、跨行业集成和地域化特色等方面。面对全球新冠肺炎疫情，地域化的、技术集成化的公共卫生医疗保健方案值得关注。由此可以看出，应用软件互操作性是产业互联网的关键技术，是核心竞争力，我国现已开始在国际上布局（其中医疗行业走在前面），与各行业相关联的保险无处不在，这一模式将激励理论和实践的双重发展。

（三）端到端服务商是推动我国行业应用软件产业发展的主力军

如何基于复杂领域特征，对不停变革的底层技术成果进行透彻研究，将其稳定下来，而后向上层应用侧进行转移，提供综合而专业的服务——即从过去“以产品技术对象为中心”的方式，向“为客户提供价值服务及基于复杂功能的配套服务”这一方向进行转化——是端到端服务商（领域头部独立软件开发商）所关注的重点，同时也是行业客户迫切需要和高度认可的能力。与某一产品的细节相比，行业客户更加关心现场化（包括二次开发）集成运营服务，它不仅体现高技术，同时也对商业模式产生深远影响。

端到端服务商与传统集成商不同，他们并非单纯提供硬件及系统软件，而是对技术进行集成和交付，实现技术转移，满足行业客户“交钥匙工程”的需要。当面向复杂场景应用需求时，现有的底层技术发生了巨大变革，产品在不同场景间无法完全通用；加之目前很多行业客户选择采用开源软件，开源社区不提供技术保障，甚至不提供责任担保，因此需要有厂家提供面向行业客户的现场服务，承担巨大工作量的技术转移任务，以及某种程度的责任担保，这是端到端服务商及头部独立软件开发商（头部 ISV）应当承担的角色。

因此，软件工程的组装技术变得日益重要，在强调基础开源平台升级的基础上，组装技术的样本试样方式与领域知识密切相关，成为关键。其中，样本结构的领域操作流程分类泛化能力离不开丰富的实战经验，它能引发行业应用软件定制化的新潮流，这是端到端服务商及头部独立软件开发商（头部 ISV）的专长，相应的商业模式体现为各类专业服务。

国际上诸多大型企业（如亚马逊、甲骨文，以及众多云计算公司、零售公司、德国工业软件领域企业等）都在进行端到端的服务转型和布局，以此强化它们在软件领域的竞争力。在竞争激烈的市场环境中，不进则退，传统的软件产品销售业务正被端到端的专业订阅服务和云化运行所替代。开源软件和规模化头部独立软件开发商（头部 ISV）的价值不断提高，软件服务分类和分级势在必行。在新零售、金融和工业等行业软件的巨大变革下，管理应用软件和工具类的行业应用软件的服务属性被不断放大，以头部独立软件开发商（头部 ISV）为主体的联合体若能形成规模，会成为中国软件在国际市场实现弯道超车的机会。

端到端服务以整体方案的方式运行，反映业务与技术高度融合的趋势，一家软件企业要想提供端到端的服务，就必须有快速学习的能力，需要深入学习各厂家的技术，工程师需要被优秀厂家认证，从而为行业客户提供优质的现场服务。此外，头部独立软件开发商（头部 ISV）的引领作用不仅涉及技术，也涉及业务；不仅体现在某一个领域，还涉及多个重点行业，从而支撑实现跨领域融合的业务需求，以此为基础，实现国内市场向国际市场的能力输出。

二、行业应用软件产业发展的机遇与挑战

（一）政策指引及行业发展带来机遇，使得行业应用软件需求旺盛、灵活多变

影响行业应用软件产业和系统群的因素包括外部环境变化、内部业务创新

以及信息技术变更，其中，尤以政策指引及行业发展催生的需求最为旺盛。

以金融保险领域为例，金融属于强监管行业，政策及规章制度的落地频率高、力度强，保险又是金融中对其他各行各业嵌入最广的领域。随着场景化应用的推广，监管延伸至各行各业，互为推动，因此需要从条文式的文件监管向条目式的程序监管逐步过渡。其中，基础的系统建设是保证，电子数据交换和集成是刚需，产业互联网考验的是跨行业应用软件体系及企业间的应用软件集成技术。

此外，“保险+”是近几年保险行业应用软件领域的发展重点，其根本原理是场景化交易附加保障的金融商业模式，产品形式极为丰富。在行业需求的推动下，保险“预测—预防”模式正从被动补偿方式向主动防护方式转型。各行各业的大数据及其技术手段，成为预测预防和防灾减损的新机制，以费率方式提供各类保障，同时从市场公平性层面出发，保护客户权益，支撑监管需求。

（二）底层技术更新换代快，对上层业务而言是一把双刃剑

从行业应用软件参考模型出发，技术属于环境底层内容，它有独立的发展方向，相对业务而言容易发生变化。技术装备并非越先进越好，有时，技术越先进、系统越脆弱，反复重构会引发大规模业务问题。技术开发平台一旦变化，如何最大限度降低业务对底层技术的依赖性，做好底层迁移适配，聚焦系统模型中相对稳定的部分，是行业应用软件工程需要克服的关键问题。底层技术的运用并非越创新越佳，而应该围绕业务内容进行沉淀和转化。

行业应用软件系统群以进化论的方式进行演化，系统的分分合合，主要依据业务发展的侧重点和应用特点，即“三分技术、七分管理”，不会为了技术创新而创新，而是寻求技术创新性与业务稳定性之间的平衡、应用深度与广度之间的平衡，它没有最优解，需要设计者灵活应对和把握。这种应对和把握离不开软件企业对领域知识的积累。随着系统内/外不断演化和重构，人员和技术换代的复杂性不断提高，减少工程复杂性的关键是改善目标。在行业应用软件群的实现过程中，领域模型和底层技术相辅相成、缺一不可，同时还要结合测试过程管理。

（三）技术与业务双精通的复合型人才稀缺

行业应用软件核心业务系统升级换代，离不开组件化和组装化方法。不是

所有情况都适合相同组件复用；应该兼顾组装式的相似复用，克服组件依赖，形成数据标准，实现过程标准化。这其中的规划源自厂商对领域知识和技术发展的熟悉，以及工程实战经验的积累。

新一代行业应用软件包括三大核心要素：①数据架构（结构+内容）；②系统群、功能集、用户体验；③组件平台、脚本规范。这三大核心要素，是行业应用软件领域从业者需要具备的核心技能。现在看来，除部分行业应用头部企业具备大量技术与业务双精通的复合型人才之外，整个产业的人才稀缺情况还是相对比较严重的，尤其是传统软件工程教材过于强调通用性，缺少领域知识作为关键性补偿，使得这一现状短期之内很难缓解。

行业内在考察工程师和项目经理的应用软件开发资历、评审项目时，均遵循新一代行业应用软件核心要素的三个方向对其进行考核，如在数据架构层面，工程师和项目经理是否有能力和储备设计适应变化的、清晰的数据结构集合。行业应用软件与通用系统软件不同，行业应用软件看重数据架构，它包括数据结构和内容，数据结构评审应关注最复杂的结构，最复杂的结构是核心领域知识的载体，代表设计者对应用设计的理解，及其在业务领域的知识储备，通过评审可以评定项目经理的水平。在界面和功能集层面，行业应用软件的功能集和系统群等内容与软件外部特征有关，它受到计算的约束，如人工智能相关应用需要基于数据，结合领域特征进行运算，对此也应加大评审。在这一过程中，工程师和项目经理需要积累大量领域知识，尤其是要掌握与客户互动的术语，从而可以更好地把握应用问题，这对提升软件质量也有裨益。

代码和平台也是行业应用软件的核心要素，应基于不断变化的平台和算法进行适配设计和良好封装，对领域脚本进行样本标准化，同时建立合适的系统群和互操作标准。在软件开发过程中，由于平台及开发语言经常变化，作为技术管理者和工程师，不仅需要做到对软件开发过程深入了解，还需要对平台和编程规范进行约束。

三、行业应用软件产业发展的策略与建议

（一）推动以端到端服务商为核心的产业链生态圈建设

近年来，中国的软件产业有了飞速的发展，其中以行业应用软件的进展最为显著，“互联网+”战略使中国的行业应用软件率先从内部软件系统群向外部

软件系统群转化，一个领域融合创新创业的机制正在形成，它以市场化、产业化为特征。国家对新一代信息技术的高度重视，使得技术发展的速度明显加快，接下来，如何将供给侧的科技成果转化至应用侧，形成产业化及生态，在重点领域打造经济增长点成为重点。

针对这一重点，目前产业存在的困境是应用侧与供给侧仍然存在一定程度的脱节和不匹配问题，底层关键技术成果目前来看无法有效满足重点领域的应用需求，以至于转化和产业化效果不理想，而这又会进一步导致底层关键技术的研究无法得到应用的反哺，无法迭代和更新。因此，建议重视两者之间的桥梁搭建，即重视端到端服务商在其中发挥的重要衔接作用。

未来，系统工程的自动化和智能化除软件横向互操作集成之外，还包括纵向跨层打包互操作，行业客户将越来越重视端到端的效果。端到端服务商作为既能精准把握行业需求、又可对技术进行沉淀和转化的角色，成为搭建产业链生态圈的主力。因此，应从政策、产业等方面着手，积极推动端到端服务商基于具体行业领域进行产业链生态圈的建设，增强其话语权。

（二）激励国内行业应用软件厂商积极参与国际化合作与竞争，创造良好的环境和平台

中国软件产业发展的重点聚焦于行业应用软件，它与行业环境及领域知识息息相关，因此模型相对复杂、对业务场景化的要求高。在这一方面，中国的行业应用软件有天然优势，中国的应用规模大、业务场景复杂、对技术要求高，在这种情况下产生的行业应用软件所具备的工程化条件，要优于国外部分厂商。

中国在世界范围内的创新尝试也处于领先地位，很多核心业务应用软件在世界范围内有了一定的竞争力，产生了世界级的行业应用软件。但目前，国内相关扶持政策对行业应用软件的重视程度还不够深，因此，应加大对重点行业领域（如金融保险、医疗卫生等）场景化变革类应用的扶持，为相关领域的企业及机构创造良好的研发环境、营商环境、人才环境，激励国内行业应用软件厂商积极参与国际化合作与竞争。

（三）加速人才培养，鼓励多模式的人才培育

行业应用软件是与该行业领域知识密切相关的应用软件，同时关注技术积

累和实战经验。行业应用软件从基础管理出发，随着管理的专项化，进行通用性提炼，产生扩展部分，并强调整体的一体化。然而，在目前的人才培养模式层面，看似涵盖的课程体系和专业面很广阔，却仍然存在理论或实战仅偏重其一、缺乏整体有机衔接、无法融合与演进、不够“与时俱进”等情况。尤其是行业背景及行业学相关课程内容的缺失，使得人才面临不能“学以致用”、企业面临不能“知人善用”的困扰。

作为理工专业背景的工程师，开发行业应用软件，行业学是一门必修课程。由于很多软件工程师，甚至是项目经理对这门课程的忽视，导致他们在进行领域模型建立和系统设计时存在诸多问题，与客户沟通的过程也存在很大的障碍。行业应用软件最大的特点是行业的基础背景复杂，所以行业应用软件领域的人才必须了解特定行业的定义、特征、发展历史、基本原则和内容分类，这是基础与核心。

因此，在人才培育层面，建议以政策为导向、以平台为依托，激励以企业为主体、以应用实战为重点、以交流合作为补充的产学研用融合培育模式，尤其需要重视特定行业背景的知识储备，以及交流环境和平台的建设。

作者简介：

左春先生，中科软科技股份有限公司董事长、总裁。兼任中国科学院软件研究所研究员，中国指挥与控制学会大数据科学与工程专业委员会主任委员。享受国务院政府特殊津贴，曾获国家科学技术进步奖二等奖等奖项，已发表《从联盟链技术探索看软件体系结构的技术变革》等学术论文，并出版多本著作。

王洋女士，中科软科技股份有限公司总经理助理、工程师。兼任中国指挥与控制学会大数据科学与工程专业委员会委员。曾获北京市科学技术奖二等奖等，已发表《基于精准计算的人工智能应用方法研究》等学术论文，并出版多本著作。

人工智能驱动产业转型发展的思考

黄澄清　赵志云　朱家祺

科学技术作为第一生产力，在人类社会发展变革中发挥着至关重要的作用。当前，人类正在进入以人工智能、物联网、5G通信、机器人、新能源、新型工业材料等数字转型技术为代表的第四次产业革命。习近平总书记指出，“加快发展新一代人工智能是我们赢得全球科技竞争主动权的重要战略抓手，是推动我国科技跨越发展、产业优化升级、生产力整体跃升的重要战略资源。”人工智能作为新一轮信息化浪潮中的头雁技术，有望成为驱动全球产业转型发展的首要力量。

一、信息化发展的历程及现状

回顾信息化的发展历程，不难发现人类已然经历过两次信息化高速发展浪潮，目前正在经历第三次浪潮。

第一次信息化浪潮始于20世纪50年代，兴盛于20世纪80年代，是以单机应用为主要特征的数字化阶段。随着商用计算机特别是个人计算机的大规模普及应用，信息技术将抽象的数字化信息转变为现实生产力，采用数字化办公和使用计算机进行信息管理首次取代了纯手工处理工作。第二次浪潮从20世纪90年代中期开始，是以互联网应用为主要特征的网络化阶段。以美国提出“信息高速公路”建设计划为重要标志，互联网快速发展延伸，加速了数据的流通与汇聚，使数据呈现出海量、多样、低时效、低价值密度等特征。当前，随着新一轮科技革命和产业变革的加速演进，信息化已进入以数据深度挖掘和融合应用为主要特征的智能化阶段，人工智能、物联网、云计算、大数据、区块链等新技术正广泛深入地渗透到经济社会各个领域，成为重塑国家竞争优势的重要力量。全球信息化进入到全面渗透、跨界融合、加速创新、引领发展的新阶段。

纵观信息化发展的三个阶段，数字化、网络化和智能化是三条并行不悖的主线。数字化奠定基础，实现数据资源的获取和积累；网络化构造平台，促进数据资源的流通和汇聚；智能化展现能力，通过多源数据的融合分析呈现信息应用的类人智能，帮助人类更好地认知事物和解决问题。随着互联网向物联网（含工业互联网）延伸进而覆盖物理世界，信息技术正在从助力经济发展的辅助工具向引领经济发展的核心引擎转变，一种新的经济范式——“数字经济”逐渐成形。

我国高度重视信息化发展，积极推动信息化工作理论创新、实践创新、制度创新，做出了建设网络强国、数字中国、智慧社会的战略决策，其中数字中国建设已取得决定性进展和显著成效。当前中国网民数量、网络零售交易额、电子信息产品制造规模已居全球第一，一批信息技术企业和互联网企业已进入世界前列，形成了较为完善的信息产业体系。

值得关注的是，当前和今后一个时期，中国面临着深刻变化且复杂的信息化发展环境。从国际来看，加快信息化发展、建设数字国家已经成为全球共识。各国尤其是发达国家正在加快网络空间战略布局，围绕关键资源获取、国际规则制定的博弈日趋尖锐复杂。从国内来看，信息革命为中国加速完成工业化任务、跨越“中等收入陷阱”、对冲人口老龄化等不利因素、构筑国际竞争新优势提供了历史性机遇。站在新的历史起点，必须发挥好 14 亿人口市场优势和新兴举国体制优势，加快信息化发展，推动社会主义现代化事业再上新台阶。

二、人工智能驱动产业转型的重要性

如果说大数据是经济数字化转型的燃料，那么人工智能就是实现数字化转型的发动机。作为信息化的重要组成部分，人工智能已成为政商学界竞相追逐的对象，是世界大国博弈的重要领域。近年来，各主要国家高度重视人工智能发展并制定相应的战略规划，相关企业、产品和服务层出不穷，全球人工智能治理原则框架体系正在加速构建。

（一）主要国家政府重视人工智能发展战略顶层设计

近年来，主要国家和地区相继出台了人工智能相关战略和规划文件。截至2020年12月，全球已有39个国家和地区制定了人工智能战略政策、产业规划文件[1]。美国自2009年起共出台9份人工智能政策文件，由奥巴马政府奠定基础、特朗普政府全面布局、拜登政府更为深入，巩固了美国在人工智能领域的领先地位。欧盟于2020年2月发布《人工智能白皮书——通往卓越和信任的欧洲路径》，2021年4月发布《人工智能协调计划2021年审查》，就欧盟及其成员国应如何在可信人工智能领域塑造全球领导力提出了一系列联合行动。俄罗斯出台《2030年前国家人工智能发展战略》，提出强化人工智能领域科学研究，旨在促进俄罗斯在人工智能领域的快速发展，谋求俄罗斯在人工智能领域的领先地位。

（二）党和国家重视人工智能发展

近年来，党和国家高度重视人工智能发展，把人工智能作为数字经济转型升级的推动力和新一轮科技竞赛的制高点，并将其提升到国家战略的高度。2017年7月，国务院印发了《新一代人工智能发展规划》，对中国人工智能发展进行了顶层设计。习近平总书记在十九大报告中指出“推动互联网、大数据、人工智能和实体经济深度融合”。2019年8月，科技部印发了《国家新一代人工智能创新发展试验区建设工作指引》。预计到2023年，全国人工智能建设试验区数量将达20个左右。2020年，人工智能被纳入“新基建”范畴，智能新时代正式拉开序幕。

（三）人工智能助推中国实体经济转型增效

《中华人民共和国国民经济和社会发展第十四个五年规划和2035年远景目标纲要》提出“打造数字经济新优势”的建设方针，强调人工智能等新兴数字产业在提高国家竞争力上的重要价值，明确要促进数字技术与实体经济深度融合，赋能传统产业转型升级。在系列产业政策的驱动下，人工智能已成为推动

1 中国信通院，《全球人工智能战略与政策观察（2020）》。

中国科技跨越发展、产业优化升级、生产力整体跃升的重要驱动力量。2010—2020年，中国人工智能领域的专利申请量位居世界第一，占全球总量的74.7%[1]。目前，人工智能已在国内广泛应用于数字化排产、工艺优化、个性化生产、质量监控、故障预防等多个生产领域，促进了传统产业转型升级、增效减排，产生了巨大的经济效益与社会效益，并在一些领域达到世界领先水平。以集装箱装卸为例，新冠肺炎疫情暴发后，美国东西海岸主要港口出现大面积严重拥堵，货物积压严重，引发世界关注。与之形成鲜明对比的是，截至2021年年底，中国已建成10座自动化码头，其中洋山港四期码头是全球最大的单体自动化智能码头，可实现零直接排放，人均劳动生产率高达传统码头的213%。

三、人工智能驱动产业转型的挑战与机遇

近年来，中国人工智能产业迅速发展，技术发展日益成熟、应用场景日益丰富，企业数量、融资规模均居全球第二，已进入人工智能大国行列。总体来看，中国通过大力发展人工智能驱动产业转型，挑战与机遇并存。

（一）人工智能驱动产业转型的挑战

在人工智能发展和赋能实体经济的过程中，国内当前存在着核心技术缺乏、重复建设严重、人工智能与实体经济融合困难、受到外部势力打压等突出问题，阻碍着中国人工智能发展和产业转型升级。

一是人工智能技术创新存在短板，亟须夯实基础研究底座。当前国内人工智能研究中存在“重应用落地，轻基础理论”的倾向。人工智能专利申请量虽已连续四年位居世界第一，但基础硬件和基础算法等硬科技占比少，在高性能芯片和核心算法方面存在明显短板。2021年10月发布的《中国人工智能高价值专利及创新驱动力分析报告》显示，中国申请的人工智能专利中应用领域专利占比最高，基础通用技术模块占比最低。人工智能基础领域创新不足的问题不利于中国形成完整的人工智能产业生态，给信息基础设施安全、产业安全、数据安全带来隐患。当前，人类广泛应用的人工智能多为第二代人工智能，而

1 引自2021年世界互联网大会“人工智能：打造智能经济新优势”论坛前瞻。

在以类脑智能为代表的新一代人工智能领域，部分发达国家虽已先发布局，但进展缓慢，各国仍站在同一起跑线。要想解决当前的人工智能创新短板，必须要加大生物、医学、数学、计算机、语言学、社会学等基础研究力度，夯实基础研究底座，着力研发快速、可靠、低耗的新一代人工智能技术，使中国人工智能领域完成从“跟跑”到“并跑”再到“领跑”的历史性跨越。

二是“潮涌现象”造成产业一哄而上，重复建设严重。近年来，国内人工智能行业融资规模屡创新高，包括机器人、智能教育、大数据、自动驾驶等在内的众多新技术产业领域深受资本青睐。一些地方只重视招商引资和基础设施建设，忽视人才培养和技术研发，造成大量园区空置闲置，经费利用效率低下。严重的重复建设未来还可能导致“高端产业的低端化”，使中国企业难以完成利润积累，进而严重制约研发投入和技术升级，在与发达国家在技术前沿的竞争中缺乏后劲。

三是产业知识积累薄弱，智能化转型“叫好不叫座”。人工智能要想推动产业转型，需要依托于传统行业现有技术条件，无法替代行业本身的基本原理、科学技术、工程经验。当前国内数量众多的中小企业受限于人力、资金、技术等条件的约束，难以在短期内实现数字化改造升级。此外，国内多数传统产业仍以低附加值产品为主，目前人工智能技术更适合高附加值特别是高新技术产品线的升级换代，处于“薄利多销”经营模式下的企业缺乏上线人工智能设备的动力。因此，人工智能与国内实体经济特别是制造业的深度融合仍存在困难，智能化转型“叫好不叫座”的现象较为普遍。

四是数据标准、产权等问题突出，制约数据开放与交换。数据是人工智能迭代创新的核心要素，当前，中国率先使用人工智能的各行业企业对产业数据的应用呈现出“各自为阵”、重复用功、规模零星、标准不一、场景各异的特点。不同企业、行业之间缺少数据标准和整合共享渠道，导致彼此间数据未能实现互联互通和有机整合。这一现状极大地降低了数据的可用性和可迁移性，事实上迟滞了广大中小企业利用人工智能技术提高生产力、实现高质量发展的步伐。

五是个别国家大力围堵以遏制中国产业转型升级。人工智能研究投入大、回报周期长、涉及领域广，技术突破需要各国研究人员密切配合开展国际合作。随着世界进入动荡变革期，中国信息技术产业链、供应链、创新链的安全性和稳定性正面临个别国家在经济和科技领域的全方面遏制和打压。当前个别国家在关键技术上实施“小院高墙”战略，筑起对华技术壁垒，在核心零部件上针对中国头部企业进行无理单边制裁，竭力阻挠中国尖端技术研发和高端人才引进，给中国人工智能产业发展造成巨大阻力。

（二）人工智能推动产业转型发展的机遇

当前新一轮科技革命和产业革命正如火如荼，与中国高质量发展形成历史性交汇。在推动经济高质量发展的过程中，中国人工智能领域的发展繁荣将为国家产业转型升级添薪续力。

一是加快产业融合，赋能传统产业焕发新活力。伴随着中国“人口红利”的缩减，传统的低成本劳动力优势对经济增长的驱动效应日渐式微。当前中国经济正处于优化经济结构的攻坚阶段，迫切需要探索增长新动能。因此，必须抢抓人工智能高速发展契机，将人工智能与传统产业融合，实现人工智能与传统产业的良性互动，推动传统制造业实现智能化生产。要通过重塑传统产业链，优化传统产业生产流程，全面提升企业生产效率，利用新一代重大创新成果为中国经济增添新动能，提高应对后发国家低劳动力成本竞争和发达国家“再工业化”浪潮冲击的能力。

二是加快结构升级，抢占未来发展新高地。习近平总书记指出，“人工智能是引领新一轮科技革命和产业变革的重要驱动力，正深刻改变着人们的生产、生活、学习方式，推动人类社会迎来人机协同、跨界融合、共创分享的智能时代。”在推动经济高质量发展阶段，人工智能正在为中国新旧动能转换和国民经济高质量发展提供有力支撑，成为推动工业变革的核心驱动力量和未来科技创新的“超级风口”。中国要充分发挥制造大国和网络大国的叠加优势，利用人工智能技术对制造业进行全方位、全角度、全链条改造，提高全要素生产率，促进制造业产业模式和企业形态根本性转变，推动制造业数字化、网络化、智能化发展。

三是强化产业开放水平，增强抵御外部风险能力。近年来，全球范围内贸易保护主义抬头，民粹主义、逆全球化严重干扰成熟的全球价值链分工体系，全球经贸环境的不确定性进一步加剧，积极寻求抵御外部风险、实现经济高质量发展的新动能刻不容缓。持续推动人工智能与制造业的深度融合，将更有助于提升中国企业应对外部风险的抵御能力，对冲国际市场的不确定性影响，确保企业可以更安全、高效、稳健地融入全球价值链分工系统，不断赢得外贸竞争新优势，助力中国从全球价值链分工的“参与者”向“引领者”转变。

四、人工智能驱动产业转型发展的政策建议

新冠肺炎疫情暴发以来，社会加速进入以人工智能为代表的数字化新常态。在后疫情时代，长周期的经济恢复与发展成为重点，新型基础设施建设（新基建）赋予了人工智能全新的使命。这就要求人工智能技术发挥未来产业领头雁效应，通过与传统产业的深度融合，催生新业态，助力实体经济向数字化、智能化转型。对此，应从以下四个方面持续发力，推动人工智能发展，助力产业转型跃迁。

（一）加强基础理论研究，取得人工智能核心技术新突破

要实现人工智能产业高质量发展，取得核心技术突破是重点。要加大基础理论研究力度，瞄准与人工智能特别是类脑智能密切相关的一系列基础学科领域，加快突破一批人工智能产业化关键技术，破解主要产业数字化转型的技术瓶颈。要调整人工智能投入结构，提高基础研究经费投入比重和投入力度，支持科学家勇闯人工智能科技前沿的“无人区”。鼓励“产学研用”各方密切合作，努力在人工智能发展方向和理论、方法等方面取得革命性突破。同时坚持以问题为导向，重点突破自主芯片技术和算法技术，确保人工智能关键核心技术牢牢掌握在自己手里。

（二）加快完善数字基础设施，推动传统产业智能化转型

要实现人工智能产业高质量发展，完善数字基础设施是根基。要充分利用新基建机遇，协调推进各类数据中心建设和 5G 网络部署，构建网络通信基础设施“数字高速公路”，更好实现海量数据的运行、储存和流通，全面提升端侧的数据计算、采集及传输能力，为传统产业全面向数字化转型打造坚实广泛的计

算基础。同时，要充分发挥国家新一代人工智能开放创新平台赋能作用，支持实体企业加快数字化改造，汇聚多方合力突破工业数字化壁垒，实施“机器人换人”“企业上云”，加大对相关成功经验的总结、推广、示范力度。

（三）搭建智能转化平台，发挥人工智能技术新功能

要实现人工智能高质量发展，智能转化平台是桥梁。人工智能不仅能创新产品和服务，也能改进、优化传统产业的生产流程，重构传统产业的业务模式。实现产业智能化转型，必须大力推广应用人工智能在促进制造业转型升级中的支撑和引领作用，加快促进新型平台的发展。一方面，通过促进现有交易平台集成和创新人工智能技术，将其转型升级为产业赋能型平台；另一方面，推动在传统产业中具有行业龙头地位的创新型企业转型升级为新型平台。支持新型平台通过产业智能化关键技术和共性技术研发，推动传统产业智能化转型。

（四）聚焦重点领域，打造人工智能应用新场景

要实现人工智能高质量发展，打造应用场景是抓手。推进人工智能应用场景落地，要处理好人工智能和实体经济供求两侧的关系。要积极发展垂直业务领域的消费互联网，从需求端引导供给侧结构性改革，为人民群众提供更优质、丰富、便利的新产品和新服务。同时，要把农村网络空间产业生态作为乡村振兴和巩固脱贫攻坚的重要战略支持，鼓励农户和中小企业充分利用网络空间产业生态创业就业，促进产业互联网区域协调发展。应当着眼于中国庞大的市场和丰富的应用场景，围绕社会发展需求领域布局，探索出一条充分发挥中国市场和应用场景资源优势的高质量人工智能产业发展路径。

（五）重视产业人才培养，构建“引才、留才、用才”新格局

要实现人工智能产业高质量发展，培养人工智能人才是关键。因此，需要强化多层次人才的培养和引入。一是构建以技能为本的劳动力市场。鼓励企业和各类机构为员工提供人工智能技能培训，培育一批专业技能扎实、科学素养高、动手实践能力强、具备开阔产业应用视角和国际前瞻视野的人才，确保关键工种拥有充分数量的人才储备。二是多方合作培养复合型优质人才。完善高

校人工智能学科体系建设和布局，深化“产学研”融合发展，通过校企共建人工智能专业课程，培育更多符合人工智能产业高质量发展所需的复合型人才，促进教育链、人才链、产业链、创新链“四链融合”。三是坚持“走出去+引进来”，加大全球高端人才的培养和引入。选派人工智能领域优秀科研人员赴海外学习交流，扩大国际化视野；抢抓招引海外人才的窗口期，进一步完善高端人才引入机制。

作者简介：

黄澄清先生，中国互联网协会副理事长，教授级高级工程师，享受国务院政府特殊津贴专家。曾任国家计算机网络与信息安全管理中心主任、工业和信息化部信息中心主任等。参与了国家中长期科学和技术发展规划制定。曾获国家科学技术进步奖二等奖、省部级科学技术进步奖一等奖等多项奖项。

赵志云先生，国家计算机网络应急技术处理协调中心处长，研究员。

朱家祺先生，现就职于国家计算机网络应急技术处理协调中心。

工业人工智能赋能制造业转型升级

贾佳亚

随着劳动力成本优势的逐步丧失和内外部发展环境的变化，中国制造业正面临成本、质量、效率等多方面的挑战，也正处在从传统生产方式向数字化、网络化、智能化生产方式转型的关键时期。工业人工智能技术的发展和应用，成为赋能制造业转型升级的重要驱动引擎，将有力推动中国制造业高质量发展和向全球价值链中高端跃升。

一、人工智能是新科技革命和产业变革的通用目的技术

目前新科技革命和产业变革已经进入早期加速阶段，技术经济范式正在发生深刻转换，围绕新科技革命和产业变革核心性质的讨论进入公众视野。学界普遍认为，新科技革命和产业变革以数字化、网络化、智能化技术的发展为基础，以新一代信息技术与实体经济深度融合为典型特征，其核心性质为工业智能化，工业智能化时代将成为现实。

新科技革命和产业变革的核心性质取决于通用目的技术（GPT）的属性，人工智能已经展露出成长为新的通用目的技术的巨大潜能，机器学习、计算机视觉等技术将促使诸多产业发生颠覆性变革。早在 2018 年 11 月，中共中央政治局就人工智能发展现状和趋势举行的第九次集体学习中，习近平总书记就明确提出："人工智能是引领这一轮科技革命和产业变革的战略性技术，具有溢出带动性很强的'头雁'效应""加快发展新一代人工智能是我们赢得全球科技竞争主动权的重要战略抓手，是推动我国科技跨越发展、产业优化升级、生产力整

体跃升的重要战略资源。”

人工智能作为通用目的技术赋能千行百业，其中工业领域是人工智能应用的核心场景。工业人工智能为人类走向工业智能化时代提供了基础技术支撑，智能制造新范式开始遍地开花。智能制造是基于新一代人工智能、信息通信等技术，与先进制造技术深度融合，贯穿于设计、生产、管理、服务等生产活动的全链条，使制造具备自感知、自学习、自决策、自执行、自适应等功能的新型生产方式。工业人工智能让制造拥有了“思考的大脑”，全面改变了制造业的产品、过程、装备、模式、业态等，重塑了全球价值链的制造环节。

二、工业人工智能赋能制造业全场景升级

制造业将是人工智能应用场景最为丰富的领域，其应用需求贯穿制造业全生命周期。目前在制造业中，从设计到物流环节均存在大量的重复性场景，在机器视觉、语音识别、机器学习等人工智能技术的助力下，这些场景均可以依靠计算机辅助完成或完全依靠计算机完成。人工智能技术在制造业全场景、全链条、全周期的应用，可以显著降本增效，打开万亿级的智能制造市场。

（一）研发端：集成人工智能模块的数字化设计软件，实现高效模拟仿真研发

产品研发设计阶段具有周期长、成本高、不确定性强等特征，需要“数字孪生+人工智能”技术辅助来提高研发效率。整合制造流程的数字孪生生产系统将制造的全过程数字化后，基于数字孪生技术的仿真设计，通过避免重复的原则进行物理原型测试并改进产品质量，有效缩短了产品研发周期。

数字孪生与人工智能结合，可进一步提升研发效率。首先，数字孪生模型中积累的数据可以在人工智能模型中实现知识积累和沉淀，为智能决策提供数据支持；其次，人工智能模型的决策结果也可以在数字孪生模型中得到反复仿真和验证，为智能决策提供低成本试错和优化的机会，不断提升决策可靠性；最后，人工智能技术可以帮助研发人员以低成本进行大量验证和模拟，或进行数字化自动研发。

（二）生产端："人工智能+工业大数据分析"提升劳动生产率

未来所有的工厂一定会由现在的自动化升级为数字化、网络化、智能化的"三化"，最终实现智慧工厂。工业人工智能赋予了工厂"智慧大脑"，"三化"则可以通过"智慧大脑"来实现。"智慧大脑"使生产系统不再依赖简单劳动，而是具备自感知、自学习、自决策、自执行、自适应的能力。例如，现代生产线中每只机械臂的运转都需要人工设定，未来具有"智慧大脑"的机械臂则会自行安排每只机械臂的工作和协同。智慧工厂可以自行判断原料和生产是否达标、产品的质量如何，自发调整机器的工作效率；可以基于新产品需求进行生产，预测未来产品生产的数量；还可以根据产品销售情况及时调整生产安排。工厂的每条生产线什么时间生产哪种产品、生产哪个客户需求的产品、如何实现最大化的利润增长，都可以通过智慧化来实现。

智慧工厂必然会大幅提高劳动生产率。生产线上的简单重复劳动正在大比例地被机器所取代，如工件上下料、目视化质量检查、产品出入库与物料搬运等简单重复劳动，均可通过工业机器人、机器视觉、立体化仓库、自动导航运输车（AGV）等解决方案替代，显著降低了工作人员的劳动强度。

（三）运维端：人工智能算法智能预测设备状态

事前预测性维护有助于减少宕机带来的损失，降低设备运营成本和设备维护成本。随着工业大数据技术的完善，以及数据分析能力的不断提升，基于智能物联感知以及故障诊断机理模型等人工智能技术，可以开展远程诊断、预防性/预测性维护等相关增值服务，保障产品的可用性和利用率。基于设备机理模型和产品数据挖掘，尤其是利用神经网络和机器学习算法建立分析模型，还可以进行基于规则的故障预测、工艺参数优化、设备状态趋势预测等单点应用。人工智能技术结合巡检机器人，不仅可以减少维护人员成本，而且能提早发现故障，减少额外能耗。以半导体生产设备为例，设备通常包含大量的零部件，而工厂备用零部件有限，单个零部件磨损即可导致停产，在维修期将面临高额停产损失。如果通过机器学习算法构建模型预测零部件的磨损程度和更换时间，并及时安排设备维护，那么厂商只需要在预测的设备维护时间内更换零部件，即可避免因维修期停产导致的产能损失。

（四）检测端：机器视觉助力检测环节提质增效

传统的检测环节通常由人工完成，存在检测效率低、识别错误率相对较高等问题。同时，传统的质量控制手段为抽检方式，通过概率统计的方式对原材料、生产过程和成品的质量展开控制，因此不可避免的漏检成为该方法的先天性缺陷。相比于传统检测方法，基于人工智能技术的检测方法具有无可比拟的优势。第一，应用机器视觉、图像识别、自动测试等相关技术可实现产品生产全量、全过程的智能化检测和质量预测，最大限度地降低产品的缺陷率；第二，数据的积累、机器学习模型的持续迭代，能够保证越来越高的检测精度和检测速度，有效降低人工成本；第三，检测的机器学习模型一旦被训练完成，能够快速部署到工厂的每台设备上，既能保证检测的实时性要求，又能保证工厂检测精度的标准统一；第四，工业人工智能质检平台是针对工业视觉检测推出的集模型训练和预测于一体的智能平台，其高度模块化保证了用户无须具备编程基础即可操作，并且工厂可根据实际需求进行模型的选择和更新，定制化程度很高。

（五）物流端：智慧物流加快流通周转效率

更加激烈的全球市场竞争和更加挑剔的消费者使得快速响应成为制造企业重要的竞争力来源。智慧工厂需要智慧物流与之匹配，以便更高效地整合供应链和触达消费者。智慧物流将物流活动与智能硬件、人工智能、物联网等技术相结合，是具有智能分析决策和智能执行能力的物流系统。智慧物流通过信息流与货物流的快速高效流转，实现了降本增效的目的。例如，智能物流运营中心通过对各类数据进行整合、利用人工智能技术对数据进行预处理、大数据分析等，最终实现分布式的智慧应用，有效解决了物流智能化问题。

三、工业人工智能重塑制造业形态

工业人工智能在制造业中的深入应用将重塑制造业形态，改变人们对制造业的刻板印象，生产制造被赋予了更多的内涵和外延，劳动生产率和产品附加值率有了显著提高，价值增值能力与传统制造技术相比也有了显著提升，描述价值增值过程的“微笑曲线”有可能变成“沉默曲线”、甚至“悲伤曲线”。

（一）制造要素数据化

智能制造的核心是在海量工业数据的基础上，通过对数据的深度集成和分析，实现智能化的决策，并通过柔性生产、动态调控、网联协同等新型制造模式，提高资源配置效率。工业大数据是智能制造的基础支撑。在智能生产中，数据直接成为重要的要素投入。全过程数字化工厂以数据为纽带将制造系统和信息系统连接，车间智能设备通过传感器采集工业大数据，并上传到云计算中心进行存储、分析和决策。工业大数据的积累和投入不仅能提升工厂的生产效率、降低资源消耗和提高产品质量，还能直接助力服务型制造。

（二）制造流程智能化

在智能生产过程中，传感器和智能诊断与管理系统通过网络互连，生产设备成为物联网的智能终端，使得单一、分散的程序控制上升到综合智能控制。智能制造系统不仅可以对生产过程中的部件和产品进行实时监测，而且可以对系统本身进行检测和诊断，可以根据制造环境和过程实时优化制造工艺，提升制造过程的柔性、质量控制和生产效率。智能制造改变了以往制造环节的简单流水线作业，通过将数据系统化来实现制造成本、安全性和环境的大幅改善，具有“省钱、省力、省时、省能耗”的巨大优势。以西门子、大众汽车为代表的德国工业巨头，正在用智能制造系统重塑传统制造的面貌。

（三）制造范式定制化

数字化、网络化、智能化技术正在使制造范式从大规模标准化生产向小批量、个性化、定制化、柔性化生产转变。制造范式的转变依然基于智能制造对制造流程的重塑，在一条生产流水线上预先设置全流程的控制程序，对所有流程、元件都进行实时监测和数据挖掘分析，使得以规模化的方式来获得个性化、定制化的产品成为可能，有效解决了小批量生产的成本问题与周期问题。在智能制造范式下，个性化、差异化的需求直接拉动制造业生产，可重构的柔性生产系统对多样化的市场需求具备了更加快速的反应能力。制造巨头正在打通智能化与模块化设计以及柔性制造等全链条，构建用户直连制造（C2M）模式，实现服装、家电、汽车等典型产品的大规模个性化定制，有效满足客户的个性化需求。

（四）制造外延服务化

利用大数据、人工智能等技术，企业可以深度挖掘用户数据中的商业价值，更好地进行产品的分析、决策、优化，通过提供主动跟踪、及时响应、智能应对的高质量服务，拓展最终产品的潜在附加价值，全面改善用户体验。企业可以根据即时的数据反馈对用户进行精准营销和按需定制，进而满足不同用户个性化、差异化的长尾需求。制造业企业普遍向提供“产品+服务”整体解决方案的方向发展，制造不再是单纯的产品生产，而是越来越向服务创造倾斜。制造业企业在产品制造之外还为用户提供了持续的“增值服务”，形成新的价值创造模式，在提供整体解决方案的过程中实现价值增值和价值链的延伸。

（五）制造竞争多元化

智能制造改变了制造环节的资本—劳动投入结构和技能劳动投入结构，智能设备的使用提高了制造业的资本劳动比，在替代低技能劳动投入的同时，高技能劳动投入变得愈发重要。要素投入的高级化促使制造环节的知识、技术和资本密集度提高，劳动密集度降低。围绕制造业的国际竞争，不再是单纯的要素成本竞争，而是围绕信息技术、数据积累、生产网络等多因素的综合竞争。同时，制造业国际竞争格局也在发生微妙变化，智能制造技术的广泛使用使得制造业对劳动成本的敏感度降低，这将严重削弱凭借低劳动成本优势参与国际分工的发展中国家的竞争力。相反，对发达国家而言，智能制造在一定程度上弥补了人口增长缓慢的劣势，发达国家可以使用先进的人工智能技术从事模仿和学习活动，从而让研发人员专注于发明和创新活动，推动发达国家以创意为基础的制造业提高。

四、工业人工智能落地的挑战与政策建议

（一）工业人工智能落地面临的挑战

虽然工业人工智能的应用前景极其广阔，但是其在制造业场景中大规模落

地绝非易事，面临诸多现实挑战。

第一，数据极度短缺。可靠的人工智能模型离不开大量数据的训练，尤其在制造业场景下，对模型的准确率要求极高。然而目前工业生产的有效数据非常稀缺，可供训练的样本极少。在训练样本不足的情况下，传统的人工智能训练/检测方法很难成功检测出罕见的产品缺陷。

第二，工业验收要求极高。要想成品良率达到 99.9%以上，每个零件的良率至少需要达到 99.999%。因此当前能够满足制造业生产场景需求的人工智能模型，往往是基于高度定制化算法和训练方式的。然而，仅训练一个神经网络就有超过百万种不同的训练结果，成本高且周期长，定制化路线显然无法满足技术落地的需求。

第三，硬件适配难度大。制造流程复杂，涉及的硬件种类繁多，客观要求人工智能算法对大量硬件适配。然而，制造业存在多种协议并存的异构设备，如何把这些异构设备连接起来、把数据汇集起来，实现在边缘或云端计算，是首先需要解决的问题。同时，当制造场景新增或更替硬件时，则需要重新设计算法，最终算法往往需要妥协于硬件能力，甚至主动放弃最佳算法的使用。

第四，方案可复制性差。工业企业需求异常复杂，场景分类精细且差异化巨大，几乎每个企业都有其典型的个性化需求，很难产生通用的解决方案。目前，行业内的大部分人工智能公司都是通过单点算法开发来解决具体问题的，每当面临一个新的细分场景，就需要重新开发一套算法，这就导致了市面上的人工智能产品同质化严重，跨场景复用难度大，新产品的开发周期长，研发成本居高不下，进而导致本身就缺乏自身系统集成能力的制造企业，尝试智能制造变革的门槛和成本非常高。

（二）加快推动工业人工智能落地的政策建议

第一，高度重视工业人工智能基础研究和人才培养。中国在人工智能技术应用的数据积累上拥有优势，有助于人工智能技术的商业化和产业化。但美国的人工智能基础研究和底层技术比中国更强，研究和教育体系更完善。中国须依托国家战略科技力量加强大数据智能、跨媒体感知计算、人机混合智能、群体智能、自主协同与决策等人工智能前沿基础理论问题研究，前瞻布局高级机器学习、类脑智能计算、量子智能计算等跨领域基础理论研究，同时加强人工智能学科体系建设，储备大量高水平人才。

第二，加快软硬件及数据技术标准制定。软硬件及数据标准不统一，大大增加了工业人工智能落地的难度。互联网、大数据、人工智能三者相互关联，建立统一科学的数据标准是进行广泛数据分享和实现系统间交互操作的重要前提条件，应依托云平台、创新平台或安全平台，加快制定行业标准及国家标准，为中国制造业企业以标准作为技术载体参与国际竞争奠定基础。

第三，支持攻克关键核心技术难题。目前，关键工业软件、底层操作系统、嵌入式芯片、开发工具等技术领域基本被少数发达国家垄断，中国在智能芯片、传感器等高端元器件领域存在关键核心技术被“卡脖子”的问题，同时存在供应链风险隐患，这些问题和隐患限制了工业人工智能向纵深发展。中国须增强关键技术创新能力，构建开放协同创新体系，推动行业企业、平台企业和人工智能服务企业联合创新，提升基础软硬件、关键基础材料和生产装备的供给水平与生产能力，着力补齐人工智能产业链短板。

第四，以新型基础设施建设为契机，深化工业互联网平台体系建设及创新应用，全面支持制造企业数字化改造。数字化是工业人工智能落地的前提，新型基础设施建设又为企业数字化转型提供了物质基础。加快工业互联网与人工智能融合发展的平台探索，支持制造业企业利用数字化、智能化设计系统，充分利用新一代信息技术实施以“设备换芯”“生产换线”“机器换人”为核心的技术改造，推进生产过程的数字化，为工业人工智能落地筑牢数字底座。

第五，加强数据安全保护和商业隐私保护。对数据安全风险和商业泄密风险的顾虑是阻碍制造业企业数字化转型的重要因素，工业人工智能落地同样面临数据安全风险。相关部门须加快数据安全相关立法，明确数据产权归属和使用规范，同时推进网络和数据安全产业创新发展，构建大数据安全的技术保障生态体系，制定大数据采集、传输、存储、交换等安全规范技术标准，开发大数据安全人工智能系统，提升网络安全综合保障水平。

作者简介：

贾佳亚先生，思谋科技（SmartMore）创始人、董事长，香港中文大学终身教授，国际电气和电子工程师协会（IEEE）会士，业内顶级期刊 TPAMI 副主编，计算机视觉与计算机影像学等领域权威专家，顶级期刊 IJCV 副主编。

我国一站式出行服务的发展实践及有关建议

王先进　　尹志芳

持续提升人民群众的出行获得感、幸福感、安全感是建设交通强国的重要目标和内容。近年来，移动互联网、云计算、大数据、位置服务等先进理念和技术将传统出行服务与互联网相融合，促进了需求响应型出行、共享出行、联程运输等新型模式蓬勃发展，极大地丰富了人民群众的出行选择，显著提高了人们的出行效率。在数字化时代，大力发展共享交通，打造基于移动智能终端技术的服务系统，推进出行服务快速化、便捷化，实现一站式出行服务——出行即服务（Mobility as a Service，MaaS），将有力地促进我国在出行领域深化供给侧结构性改革，推动出行服务绿色转型发展，也必将提升城市运行效率，支撑城市高质量发展。

一、我国一站式出行服务发展实践

（一）国际发展概况

2013—2014 年，在“一切皆服务”的趋势下，集成不同出行服务方式的“出行即服务”理念开始萌发。2014 年在赫尔辛基召开的世界 ITS 大会上首次提出“出行即服务”是“各种交通方式整合为一个按需访问的出行服务”的概念，随后一些科技公司开始尝试将相互独立的出行方式整合集成，为用户提供一站式出行服务。全球第一家“出行即服务”平台于 2017 年在芬兰赫尔辛基市上线运营，用户能够组合、规划、预订和购买多种出行服务，包括公交、出租车、租赁车、互联网租赁自行车和电动滑板车等，从而实现在一个应用程序内通过一次订阅使用多种出行方式。随后，瑞典哥德堡、德国汉堡等 17 个国家的 40 余个城市也进行了尝试。

（二）我国的发展实践

2015 年“出行即服务”理念传入我国后，很多城市和企业开始尝试探索不同的发展模式。2018 年，深圳海梁科技有限公司率先提出建设“麦诗出行”，拟将常规公交、定制公交、地铁、动态小巴、互联网租赁自行车等交通方式全部整合到一个平台中。2019 年《交通强国建设纲要》提出“加速新业态新模式发展”“实现出行即服务”之后，很多城市和企业都启动了一站式出行服务平台建设。例如，广州市成立了由公共交通企业、网约车、互联网租赁自行车企业组成的一站式出行服务联盟，并尝试建立粤港澳大湾区的一站式出行平台。济南公交集团与高校、研究机构、技术厂商开展战略合作，成立了“济南 MaaS 平台”创新应用实验室，基于公交数据大脑和“369 出行”手机应用程序搭建一站式出行服务平台。

一站式出行服务理念的关键是互联互通，当前无论是城市内交通服务还是城际间交通服务都在向“整合、联通”方向发展，并有与生活休闲等其他服务相融合的趋势。例如，携程等旅行服务商在提供旅行消费服务的同时也提供交通服务，在其手机应用程序上可预订酒店、门票、车（船、飞机）票等。此外，以高德、美团为代表的聚合平台，聚合了多家网约车品牌，这也体现了“整合、联通”的特点。

从城市层面来讲，当前我国一站式出行服务有两种发展雏形。一是北京市交通委牵头组织公共交通企业与高德、百度两家数字地图服务商合作建立一站式出行服务平台。平台借助高德地图与百度地图手机应用程序向用户提供实时公交、个性化综合交通出行规划、公交地铁拥挤度信息查询、绿色出行正向激励等服务。该平台建立的绿色出行正向激励机制是一大创新，通过记录个人出行信息，计算个人碳积分，用户可用碳积分兑换相应的公交充值券等。截至 2021 年年底，北京一站式出行服务平台注册用户达 300 万人次，日均 500 万人次参与绿色出行。二是广州羊城通与滴滴出行合作推出“绿通票”二维码，以月票或周票的形式向公众提供公共交通与互联网租赁自行车之间的支付套餐，实现了“公交+单车”一票通行。“绿通票”由传统公共交通运营企业与互联网出行服务商合作推出，是公私合作发展一站式出行服务的初步尝试。

（三）我国一站式出行服务发展的政策谱系

2015 年 7 月，《国务院关于积极推进“互联网+”行动的指导意见》印发，提出推进基于互联网平台的多种出行方式信息服务对接和一站式服务，推动跨地域、跨类型交通运输信息互联互通，提高基础设施、运输工具、运行信息等要素资源的在线化水平。这与国外提出的“出行即服务”理念异曲同工，突出了利用互联网手段加强交通资源的集成与联通。

2019 年 7 月，《数字交通发展规划纲要》提出倡导“出行即服务（MaaS）”理念，以数据衔接出行需求与服务资源，使出行成为一种按需获取的即时服务，让出行更简单。该文件首次在国家层面提出“出行即服务”概念，并明确了其数字化出行助手的发展定位。

2019 年 9 月，中共中央、国务院印发《交通强国建设纲要》，提出“加速新业态新模式发展”“大力发展共享交通，打造基于移动智能终端技术的服务系统，实现出行即服务”，为一站式出行服务发展指明了实现路径。

2019 年 12 月，《推进综合交通运输大数据发展行动纲要（2020—2025 年）》发布，提出鼓励各类市场主体培育“出行即服务（MaaS）”新模式，以数据衔接出行需求与服务资源。

2022 年 1 月，国务院印发《“十四五”现代综合交通运输体系发展规划》，提出以满足个性化、高品质出行需求为导向，推进服务全程数字化，支持市场主体整合资源，提供“一站式”出行服务，打造顺畅衔接的服务链。进一步明确了“一站式”出行服务的发展目标和发展路径。

二、中国特色的一站式出行服务发展形势分析

（一）发展需求

一是高质量发展对城市交通提出新要求。城市高质量发展是提升城市经济品质、人文品质、生态品质、生活品质，增强居民获得感、幸福感、安全感的城市发展模式。当前我国城市已进入高质量发展阶段，集约高效、以人

为本的发展理念成为核心。与高质量发展相适应的城市交通需要满足效率高、成本低、环境影响小的发展要求。城市交通的关注点亟须从注重交通工具的移动、满足居民基本出行转移到提升服务于出行者的需求和支撑城市可持续运行上来。

二是当前我国城市出行的不同方式间相互独立，严重影响着城市交通系统的服务效率和服务能力的提升。网约车、互联网租赁自行车、汽车分时租赁等新业态的蓬勃发展使城市交通的出行结构与客运资源发生改变，并由此带来市场主体间的利益冲突，主要体现在不同交通方式对客流等资源的竞争上，使得城市各交通方式间互相掣肘，难以形成合力，严重影响着城市交通系统的服务效率和服务能力的提升。不同出行方式之间的不协调导致供需不平衡、资源配置不高效、利用不充分等问题凸显，而这些问题不是由某一种交通工具或某一类基础设施产生的，为解决这些问题需要打通不同出行之间的规划、建设、监管、运营服务等壁垒。

一站式出行服务概念的提出恰逢其时，一方面，可通过平台引导公众选择绿色出行，有助于缓解交通拥堵，减少污染排放；另一方面，互联网技术与信息通信技术的发展为一站式出行服务发展提供了支撑。

（二）发展优势

一是国家宏观政策与“发挥市场在资源配置中的决定性作用”的方针为一站式出行服务的发展提供了良好的制度环境。《国务院关于积极推进“互联网+”行动的指导意见》与《交通强国建设纲要》均提出推进多种出行方式信息服务对接和一站式服务。2013 年 11 月，《中共中央关于全面深化改革若干重大问题的决定》提出要紧紧围绕使市场在资源配置中起决定性作用深化经济体制改革。时值网络预约出租汽车等新兴出行业态在我国萌发，中央政府对市场的态度从“基础性作用”转变到“决定性作用”，这为在市场经济背景下发展出的出行新业态给予了制度性保障。此后，市场在出行领域的影响也愈发显著，共享单车、共享汽车、自动驾驶等不断涌现的新业态、新模式都得益于市场对国家宏观政策的稳定预期，同时，这些新业态、新模式的出现和不断完善也将进一步为一站式出行服务奠定良好的发展基础。

二是移动互联网与智能手机的高普及率为一站式出行服务发展提供了用户

使用基础。中国互联网协会发布的《中国互联网发展报告（2021）》显示，2020年中国网民总体规模已占全球网民的 1/5。截至 2020 年年底，中国网民规模为 9.89 亿人，互联网普及率达到 70.4%，特别是移动互联网用户总数超过 16 亿人（按注册移动终端数量计）。《2020 全球移动市场报告》显示，中国是全球拥有最多活跃智能手机用户的国家，用户规模超过全球市场的 1/4。我国庞大的移动互联网用户与智能手机用户为一站式出行服务平台的应用推广提供了良好的用户资源。

三是移动支付体系发展成熟为交通模式间的组合创新与一体化支付提供了便利。移动支付是指移动客户端利用手机等电子产品来进行电子货币支付，移动支付将互联网、终端设备、金融机构有效地联合起来，形成了一个新型支付体系。《2021 全球支付报告》显示，在 2020 年我国所有的支付方式中，非现金支付占比为 87%，其中，移动支付的占比达 50%，是我国消费者选择最多的支付方式。中国互联网络信息中心发布的第 48 次《中国互联网络发展状况统计报告》数据显示，截至 2021 年 6 月，我国网络支付用户规模达 8.7 亿左右。移动支付体系的发展使不同交通出行模式的聚合成为可能，也为出行模式间的组合创新提供了技术支撑。

（三）决定因素

通过北京、广州和深圳的一站式出行服务发展案例分析，我们认为在推进一站式出行服务的过程中，从理念到实践需要改变很多要素。运营机构通过技术整合匹配供需双方分散化的信息，实现出行服务的三个转变。一是从提供一般化的规模供给向按需响应的分布式供给转变；二是从服务用户一般性需求向满足用户的分散化需求转变；三是决策方式由自上而下向分散化、市场化转变。这些转变带来的主要结果是使推进一站式出行服务的过程更注重用户体验。对用户来讲，从单次的票卡式支付转向更便捷、更经济的套餐式账户化移动支付，身份信息、信用信息、出行信息等均会记录在自身账户内，这使得记录个人碳足迹成为可能。一站式出行服务平台聚合的出行方式越多，集聚的信息越丰富，各出行服务提供商之间的合作越畅通，越能为用户带来更好的体验，同时，也越能吸引更多的用户参与，一站式出行服务平台就越壮大。

决定一站出行服务发展的最根本因素是不同出行服务商之间的合作意愿以及数据集成与共享。我们对北京、深圳、宁波、郑州、武汉、佛山等城市政府，公共交通企业，百度、美团等新业态企业及相关研究机构进行调查发现：政策支持、可持续的商业模式、数据共享机制是影响一站式出行服务发展的三个最重要因素，可持续的商业模式与安全的数据共享机制是当前我国一站式出行服务发展最为薄弱的地方，而更为开放的竞争政策与信用制度则是数据共享与商业合作的根本驱动力。

三、我国一站式出行服务发展的建议

高质量发展是“十四五”时期我国经济社会发展的主题，一站式出行服务作为交通强国建设和“十四五”期间现代综合交通运输体系发展的重点任务之一，应遵循高质量、可持续发展理念，建立健全完善的顶层制度体系，构建有效的数据共享机制，形成可持续的商业模式，通过试点以点带面，不断普及，进而支撑和促进现代化交通强国建设。

（一）推进系统的制度体系建设

一是在国家顶层制度层面的建议。明确“鼓励创新、包容审慎”的发展原则，建议研究出台《关于促进一站式出行服务市场发展的指导意见》，坚持发挥市场在资源配置中的决定性作用，同时更好地发挥政府宏观调控作用，在市场自发秩序的基础上继续营造开放的宏观政策环境，鼓励各类市场主体参与一站式出行服务建设，整合多方资源，降低参与方之间合作的制度性成本和管理运行成本。构建面向个体出行的碳信用与激励机制，通过建设一站式出行服务引导公众使用以公共交通为主体的绿色出行方式。

二是在行业管理层面的建议。研究制定基于产权交易的规则，保障不同一站式出行服务发展模式下各参与方的权责和利益，推动形成市场的稳定预期，激发市场主体通过声誉机制约束自身市场的行为。建立一站式出行服务发展涉及的交通、公安、住建、自然资源、金融等不同部门或机构间的协同管理长效机制，为不同出行模式在规划、运营、管理、服务等环节的高度整合提供制度保障。

三是在城市层面的建设。交通主管部门应明确不同出行模式的发展定位，制定一站式出行服务发展框架，以打造用户为中心的高度整合的一站式出行服务为目标，框架制定要涵盖用户、交通服务商、一站式出行平台服务商、数据提供方、政府部门等各利益相关方的责、权、利及相互关系。由城市政府牵头建立由交通、公安、住建、自然资源、金融等部门成员组成的一站式出行服务发展联席会议制度，突出底线监管原则，建立协调多方利益主体的保障措施，并及时监管可能存在的安全问题。

（二）形成有效的数据共享机制

制订数据共享标准，构建一站式出行服务平台不同出行服务商间的数据共享机制。针对平台建设、运营、管理等各阶段，由行业主管部门牵头组织制订涵盖不同出行服务商的数据采集、存储、处理、共享、传输的标准规范，按照最少必要原则明确各阶段、各环节的数据共享范围与共享对象。在具体设计数据共享规则时，应当在区分不同个人信息类型的基础上，设计信息主体的授权规则。在《中华人民共和国个人信息保护法》《中华人民共和国数据安全法》等法律基础上推进数据分类分级保护制度，完善数据安全监督管理制度体系，强化对各市场主体收集、传输、使用用户数据的监督管理，避免因数据共享而损害用户权益。

（三）推动形成可持续的商业模式

一站式出行服务建立的基础是平台服务提供商、交通服务提供商，以及支付和票务公司之间具有合作的意愿并能够寻找到可持续的商业模式。商业模式的建立是不同服务提供商之间通过合作建立的创造价值和分配价值的价值网络，这样的价值网络的建立需要参与主体间的信任关系。传统出行服务运营企业与互联网背景下成长起来的新型服务提供商在观念和信用环境等方面存在很大不同，因此，一站式出行服务的成长与发展需要政府、企业以及社会公众经历较长时间的不断磨合。我国一站式出行服务发展需要探索公私合作的商业模式，鼓励公共交通企业与相关服务商进行灵活多样的合作。一方面，公共交通企业通过与私有出行服务商的合作扩展或补充公共交通的服务范围，提升服务水平；另一方面，通过合作调整客票类型并与其他出行方式捆绑销售等增加客流、增加收入，减轻政府财政负担。

（四）开展一站式出行服务试点综合性示范工作

结合交通强国建设试点和新型智慧城市建设遴选具有典型特征的一站式出行服务试点。一站式出行服务试点应突出政府与市场既有清晰的边界，也需要政府与市场的合作。在具有太多不确定性的前提下，城市政府可以拿出部分资金作为“第一推动力”，后续的技术创新与可持续的商业模式由市场来完成。政府更多地聚焦在公共服务、信息引导、秩序维护、基础设施改善等方面；企业尤其是新业态企业在技术与商业模式创新中起主导作用。试点通过票价优惠或碳信用积分给予选择步行、自行车、公共交通的个人以激励，倡导通过一站式出行服务选择绿色出行模式是时尚的、对社会负责任的、令人尊敬的观念。

作者简介：

王先进先生，交通运输部科学研究院副院长兼总工程师、交通运输部科学研究院学术委员会主任委员、交通运输行业重点科研平台主任联席会议秘书长、中国城市轨道交通协会副会长兼运营管理专业委员会主任，全国政协委员，研究员。

尹志芳女士，交通运输部科学研究院城市共享出行创新团队领衔专家，主要从事共享交通、低碳交通等领域的研究与决策支持工作。

集成电路

集成电路产业是信息技术产业的核心，是支撑经济社会发展和保障国家安全的战略性、基础性和先导性产业。集成电路产业主要包括芯片设计业、芯片制造业、封装测试业、专用集成电路设备、仪器及材料等。

我国集成电路产业投融资研究

刘九如

集成电路产业是信息技术产业的核心和基石，也是支撑国家经济社会发展和保障国家安全的战略性、基础性和先导性产业。作为现代工业的“大脑”，集成电路产业的发展影响国家创新制造的进程。《中华人民共和国国民经济和社会发展第十四个五年规划和 2035 年远景目标纲要》明确提出，要瞄准人工智能、量子信息、集成电路、生命健康、脑科学、生物育种、空天科技、深地深海等前沿领域，实施一批具有前瞻性、战略性的国家重大科技项目。本文聚焦集成电路产业发展态势、投融资政策及结构，分析研究我国集成电路投融资情况，提出推动我国集成电路产业投融资发展的对策建议。

一、我国集成电路产业最新发展及态势

据中国半导体行业协会统计，2020 年中国集成电路产业销售额为 8848 亿元人民币，同比增长 17%。其中，芯片设计业销售额为 3778.4 亿元人民币，同比增长 23.3%；芯片制造业销售额为 2560.1 亿元人民币，同比增长 19.1%；封装测试业销售额为 2509.5 亿元人民币，同比增长 6.8%。

集成电路产业链主要分为上、中、下游三大模块及集成电路行业的支撑产业，上游为芯片设计业，中游为芯片制造业及封装测试业，下游为芯片终端应用行业。集成电路原材料及制造设备是整个行业的支撑产业。

自 2013 年以来，我国集成电路芯片设计业占产业链的比重稳步增加，从 2013 年的 32.20%增加到 2020 年的 42.70%；集成电路芯片制造业比重增长慢于芯片设计业，到 2020 年在产业链中的占比为 28.93%；封装测试业所占比重有所下降，截至 2020 年年底仍达到 28.36%。

对我国集成电路产业竞争力进行分析可以发现，制造设备长期以来是我国

集成电路产业的短板，光刻机、刻蚀机等设备一直被欧美、日本垄断。2020 年我国在集成电路刻蚀设备领域的研发和市场化方面取得一定成果，中微公司在 MOCVD 设备的市场占有率方面全球第一，北方华创自主研发的 14nm 等离子硅刻蚀机、单片退火系统、LPCVD 已成功进入集成电路主流代工厂。

在芯片设计领域，我国移动处理器设计水平与世界差距较小，但其他细分领域依然落后，特别是在高端芯片设计领域缺乏话语权。2020 年我国集成电路设计企业在工艺和产品上取得突破，紫光展锐、华大半导体、中兴微电子等龙头企业大力创新，引领我国集成电路设计行业发展。

在芯片制造环节中，2020 年我国晶圆制造工艺取得新的突破，在制造工艺上已进入 40nm 提升至 28nm 的技术节点，部分技术先进企业已进入 16/14nm 技术节点，开始研发突破 7nm 工艺。

2020 年我国封装测试业在全球的影响力进一步增强，长电科技、天水华天、通富微电在封装测试业的市场份额不断扩大，已经挤进全球封装测试业的前十名。在先进技术覆盖度上，长电科技、华天科技等与全球龙头公司日月光旗鼓相当，具有深厚的先进封装技术积累，技术成熟度已达到国际领先水平，能够基本实现替代能力，产品和技术涵盖了主流集成电路系统应用，包括网络通信、移动终端、高性能计算、车载电子、大数据存储、人工智能与物联网、工业智造等领域。

从产业布局看，当前我国集成电路产业主要集中在长三角、珠三角、京津冀，以及中西部地区部分省市，产业集聚度相对较高且特色明显。其中，以上海为核心的长三角地区是国内最主要的集成电路开发和生产基地，在国内集成电路产业中占有重要地位；以深圳为核心的珠三角地区在芯片设计业处于领先地位，成为我国集成电路芯片设计重镇；以北京为核心的京津冀地区也在芯片设计和制造领域较为发达，汇集了众多高校及高端设计园区；中西部地区重点城市如合肥、武汉、长沙、西安、成都、重庆等，则以宽禁带半导体、车规级半导体设计制造为代表，正在逐渐形成我国集成电路的中西部特色产业集群。

二、我国集成电路产业投融资情况分析

（一）我国集成电路产业投资现状

1. 国家集成电路产业基金投资情况

为了全方位鼓励和促进集成电路产业发展，国家在出台一系列优惠政策之

后，基于 2014 年颁布的《国家集成电路产业发展推进纲要》，牵头设立了国家集成电路产业投资基金（以下简称“大基金”），将集成电路产业发展及相关新技术研发提升到了国家战略高度。

“大基金”首期计划募集资金 1200 亿元人民币，截至 2017 年 6 月，实际募集资金达 1387 亿元人民币，超募 15.6%。2016—2019 年，在“大基金”的引领下，共撬动 5145 亿元人民币的地方和社会资本参与集成电路及相关产业投资，总计约 6500 亿元人民币资金进入集成电路行业，为行业快速进步提供了充足的资金支持。从资金流向来看，“大基金”近半流向了研发资金需求大、工艺复杂、技术攻坚困难的芯片制造领域，投资方向集中于存储器和先进工艺生产线。“大基金”二期于 2019 年年底成立，募集资金 2000 亿元人民币，重点聚焦集成电路设备与材料等产业上游环节，侧重支持关键核心领域企业发展。

2. 地方集成电路产业投资情况

在“大基金”的牵引和带动下，支持集成电路产业发展的相关新增社会融资（含股权融资、企业债券、银行、信托及其他金融机构贷款）达到 5000 亿元人民币左右，各地方政府和协会等机构也相继成立子基金。其中，江苏、福建、上海、北京等省市纷纷推出集成电路产业投资基金，带动集成电路产业整体投资规模上升（见图 1）。据“大基金”管理机构华芯投资介绍，按照“大基金”实际出资结构，中央财政资金撬动各类出资放大比例高达约 1∶19。

3. 企业投融资情况

在良好的政策环境下，风险投资机构也开始聚焦集成电路产业，尤其是具备国产替代能力的创新企业得到了更多社会资本的支持。从投资金额和数量来看，最近 5 年来，集成电路企业得到的关注度大幅提升。“IT 桔子”发布的数据显示，2021 年我国集成电路产业共发生投资事件 596 起，同比增长 73.26%；总金额达 1116 亿元人民币，同比增长 9.73%。从投资区域来看，我国集成电路产业投资的热点区域依旧集中在长三角、珠三角地区，上海、深圳、南京、苏州、北京等城市的企业投融资事件发生较多。从投资机构来看，投资主体涉及广泛，包括集成电路产业基金、资产管理公司、产业基金、创投基金、私募股权投资基金、实业公司等，表明关注集成电路产业的投资主体类型多样，各类政府类资金和社会资金的参与热度较高。从被投资企业来看，投资涉及集成电路产业链的各个领域，与人工智能、自动驾驶等新兴应用领域技术相关的企业更是投资热点。

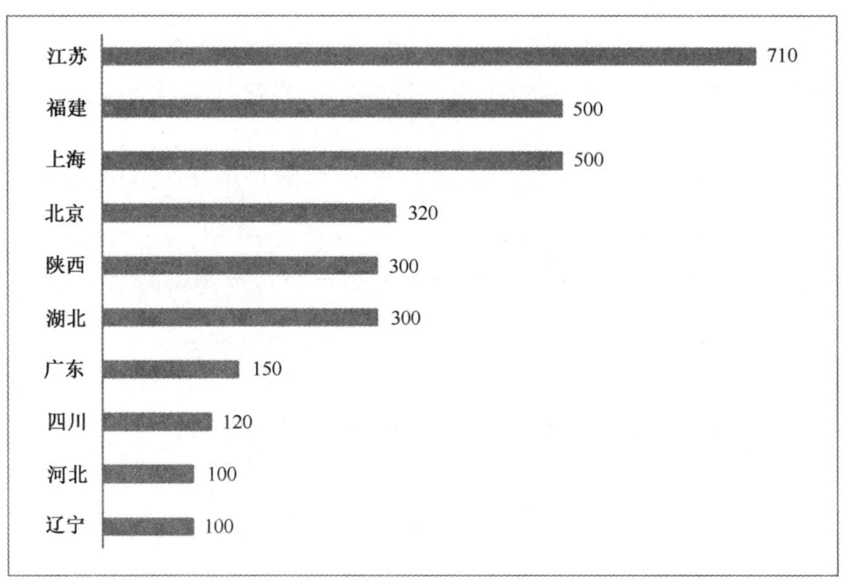

数据来源：综合中泰证券数据整理。

图 1 “大基金”一期带动部分省市集成电路产业投资基金规模（单位：亿元人民币）

（二）我国集成电路产业投融资需求结构分析

1. 集成电路产业供给端发展情况分析

（1）集成电路产业供给端规模稳定增长。

国家统计局数据显示，2021 年，我国集成电路产量累计值为 3594.3 亿块，累计增长 33.3%，增速较 2020 年同期提高了 17.1 个百分点，产量创历史新高（见表 1）。

表 1 2013—2021 年中国集成电路产量情况

年份	累计值（亿块）	累计增长（%）
2013 年	867.6	10.4
2014 年	1034.8	12.9
2015 年	1087.1	6.8
2016 年	1329.2	21.0
2017 年	1564.9	18.2
2018 年	1739.5	9.7
2019 年	2018.2	7.2
2020 年	2612.6	16.2
2021 年	3594.3	33.3

数据来源：截至 2022 年 4 月，国家统计局数据。

（2）集成电路产业依然存在较大的贸易逆差。

据海关统计，在进口方面，2021 年我国累计进口集成电路 6354.8 亿块，同比增长 17.1%，增速连续五个月下降；进口金额达到 4325.54 亿美元，同比增长 23.6%。在出口方面，2021 年我国集成电路出口数量累计为 3107.0 亿块，同比增长 19.6%，增速较 2020 年同期略有提高；出口金额累计为 1537.90 亿美元，同比增长 31.9%，较 2020 年同期增长 17.1 个百分点，增幅较大（见表 2）。

表 2　2021 年中国集成电路产业进出口规模情况

进出口	数量（亿块）	同比增长（%）	金额（亿美元）	同比增长（%）
进口	6354.8	17.1	4325.54	23.6
出口	3107.0	19.6	1537.90	31.9

数据来源：综合海关总署数据整理。

从历年集成电路进出口金额来看，我国集成电路产业进口金额远大于出口金额，2014—2021 年进出口贸易逆差呈波动变化。虽然芯片产量在逐步上升，但我国集成电路市场仍然呈现需求大于供给的局面，国内的集成电路产品远远不能满足国内市场需求，很大一部分仍须依靠进口，特别是高端芯片仍基本依靠进口，因此进口集成电路仍占主导地位。国内各行业领域，尤其是存储器、通信芯片、各类传感器等高端领域对集成电路的需求不断上升，进一步推动了国内对集成电路产品的进口规模（见图 2）。

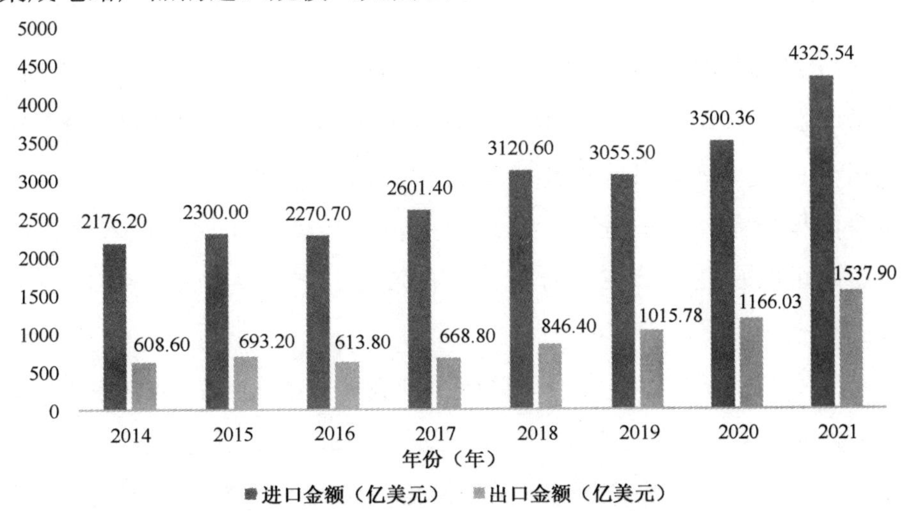

数据来源：综合海关总署数据整理。

图 2　2014—2021 年中国集成电路产业进出口金额情况

近年来，受中美贸易摩擦的影响，国产替代已经成为国内集成电路行业的发展趋势。2020 年以来，受益于国内快速复工复产及“新基建”的推进，集成电路国产替代的进程加快。2021 年，在双循环新格局下，集成电路等产业加速向国内转移，带动新材料配套需求快速提升，实现新兴产业的自主发展，逐步解决“卡脖子”这一问题，集成电路市场规模及需求进一步增长，企业也将迎来新的机遇。

2. 集成电路产业需求端发展情况分析

近年来，集成电路产业需求端规模不断增长。2021 年，我国集成电路产业相关领域企业通过资本市场股票融资 572.38 亿元人民币，涉及企业 23 家（见表 3），其中，定向增发 11 家，募资 355.47 亿元人民币；IPO 12 家，募资 216.91 亿元人民币。相较于 2020 年，2021 年的融资金额同比增长 39.52%。

表 3　2019—2021 年我国集成电路企业资本市场融资情况

年份	企业通过资本市场融资金额	融资企业数量
2019 年	321.75 亿元人民币	17 家
2020 年	410.25 亿元人民币	16 家
2021 年	572.38 亿元人民币	23 家

数据来源：综合 Choice 数据整理。

在科创板方面，截至 2021 年年底，有 51 家芯片企业登陆科创板（含芯片概念股及实际业务与芯片相关企业），占科创板总企业数（391 家）的 13.04%，显著高于总体比例，表明近年来芯片企业前往科创板上市融资活力强劲，更受高净值投资者和机构青睐。正是科创板的推动，才使得投入高、回报周期长的集成电路行业能够获得认可，科创板正逐步成为集成电路产业发展的新引擎。

从具体细分行业分布来看，目前科创板上市的芯片企业业务覆盖集成电路设计、制造、封装测试、材料、设备开发的全部环节，同时也涵盖部分芯片外延行业，如光电设备、量子通信、系统解决方案服务商等产业链上下游企业。其中，以澜起科技、寒武纪为代表的 28 家芯片设计类公司占比最高，占比约为科创板芯片企业的 55%（见图 3）。

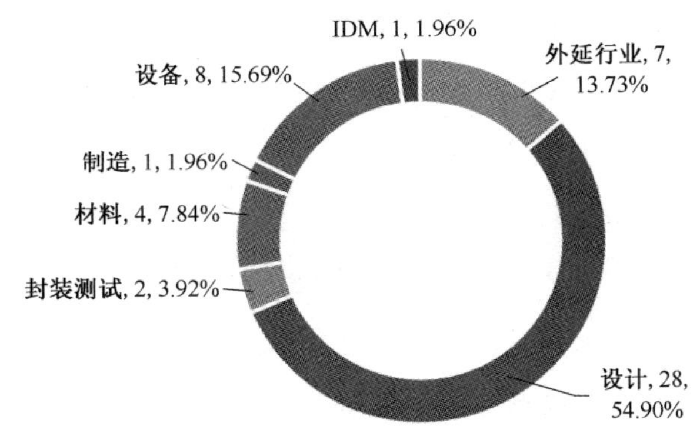

数据来源：综合 Choice 数据整理。

图 3　科创板芯片企业细分领域统计（单位：企业数量，百分比）

在募资金额方面，51 家相关公司 IPO 首发募集资金合计约 1289.70 亿元人民币。其中，中芯国际募资 532.30 亿元人民币，翱捷科技-U、恒玄科技、华润微、格科微、东芯股份等 12 家公司募资超过 400 亿元人民币。制造和设计企业首次融资占比超过 80%，基本反映了国内目前的产业需求和重点发展方向（见图 4）。

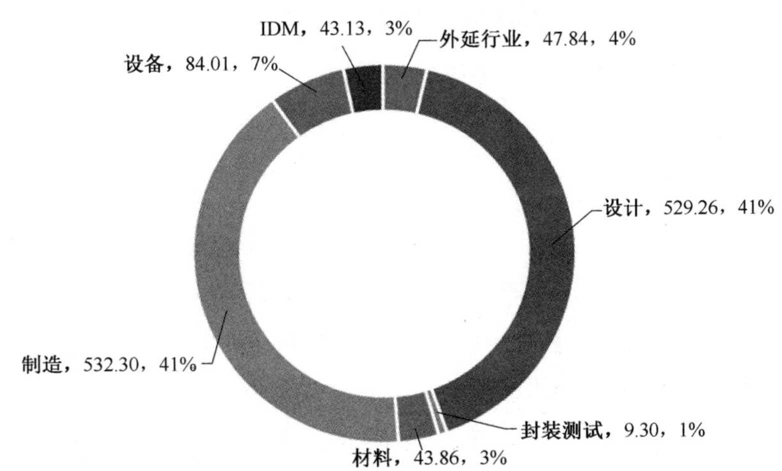

数据来源：综合 Choice 数据整理。

图 4　科创板芯片企业首次融资额占比（单位：亿元人民币，百分比）

三、我国集成电路产业投融资政策建议

（一）完善资本市场对集成电路产业的融资支持

集成电路产业的发展特点决定了其从研发到产品生产的过程中，资金投入

规模较大，回报期较长；如果只靠政府的力量和企业的内源融资，难以支持企业长远健康发展。因此，应广泛拓展融资渠道，创新融资方式，进一步发挥金融市场对集成电路产业的支撑作用。

一是加强证券市场对集成电路产业的支持，建立良好的信用评级体系。目前，我国证券市场中对于企业信用评级的规模还不够大，合规性还须进一步加强，评级标准也须进一步科学化。建议借鉴美国、日本资本市场建设经验，通过完善转板制度等方式，加强各层次资本市场之间的互联互通，为科技类企业提供良好的融资平台。

二是加强商业银行对集成电路产业的信贷支持，完善企业信贷评级体系。近年来国内商业银行对于高科技产业的信贷支持多有创新之举，主要是针对企业知识产权质押加政府担保或者担保公司等形式的联合担保放贷。但是由于行业内对于知识产权没有一个严格的评价标准，在很大程度上影响了商业银行的支持力度。目前，我国在贷款发放时，知识产权评估的机构多是第三方机构，随着贷款期限的增加，集成电路产业知识产权的价值会下降，因此，建议相关商业银行联合国家知识产权局和中国半导体协会，完善集成电路企业及其知识产权的评级，各个商业银行可以根据评级结果对集成电路企业发放贷款，帮助集成电路企业通过知识产权质押获得更多贷款支持。

三是加强风险投资机构对集成电路产业的支持。风险投资因集成电路产业的长回报期以及没有良好的退出机制，而减少对于集成电路产业的投资，转向收益回收期短的产业进行投资。但是，集成电路产业的技术密集、高风险和高收益恰恰符合风险投资的特点，逐步完善风险投资发展机制，促进风险投资更好地服务于集成电路产业，对集成电路产业的发展具有重要意义。因此，一方面，需要政府引导风险投资机构进入政府现阶段不能完全平衡投资但具有较好发展前景的集成电路产业领域，充分发挥市场的资源配置功能，更好地为集成电路产业细分领域提供资金支持；另一方面，需要不断完善风险投资相关法律法规和资本市场结构，为风险投资提供良好的退出渠道。

（二）创新政府对集成电路产业的金融支持方式

政府应该充分发挥“看得见的手”的职能，帮助集成电路产业在金融市场失灵的情况下，获得更多的金融支持。

一是转变政府在金融支持中的角色。采用更加合理以及市场化的方式管理和运用财政资金，充分发挥政府的引导作用，撬动更多的资金推动集成电路产业发展。建议借鉴美国的发展方式，在集成电路产业发展初期，采取政府资金支持带动社会资本的方式，与民间资本一起参与产业联盟项目的建立，并加快推动联盟的研究成果转化，吸引更多企业加入，增加社会资本投入，为政府资金的逐步退出创造条件。

二是增加并平衡对集成电路产业的资金支持。目前，由于国家当时制定“大基金”时的投资目标所致，“大基金”对集成电路设计业和设备材料研发的支持相对较少，对集成电路制造业的支持相对较多。未来，应将支持重点偏向处于微笑曲线左边的研发产业，以促进集成电路产业的均衡发展。

三是通过资金支持帮助企业完成并购。我国应在扩大集成电路生产规模的同时，加快完成对国内产业的整合，改变我国集成电路产业小而分散的局面。面对海外技术封锁的状况，我国政府既要运用好国际规则，又要合理使用资金支持，以达到推动我国集成电路产业发展的目的。一方面，促进国内企业并购，整合产业结构，增强国内集成电路龙头企业的市场竞争力；另一方面，加大对技术研发的资金投入，努力填补国内集成电路技术空白，从源头上解决技术封锁等问题。

（三）加快搭建全国性的集成电路产业融资平台

对于中小型集成电路企业，尤其是集成电路设计企业来说，其最重要的资产就是知识产权。由于现阶段我国对知识产权的衡量没有统一的标准，科技类中小企业难以依靠知识产权质押等方式获得信贷支持。因此，建立全国性的集成电路产业融资平台迫在眉睫。未来，应依托我国半导体行业协会以及各地半导体行业协会，整合会员企业的发展现状、财务状况、现有专利、融资需求和研究计划等信息，将其作为衡量企业价值的依据，并与商业银行和风险投资公司建立良好的信息共享机制，搭建集成电路产业融资平台。此外，也可以依托协会定期举行行业交流会议，为需要融资的集成电路企业和投资机构举办信息交流对接专场，解决企业与金融市场之间的信息不对称问题，加快集成电路企业的融资进程，满足有创新发展潜力的集成电路企业的融资需要。

（四）加大金融支持集成电路领域产品创新力度

一是扩大非金融企业债券融资规模。应根据企业资本金状况以及融资需求和目的，按照“一户一策”原则“量体裁衣”制定发展计划，鼓励大型集成电路企业通过发行短期融资券及超短期融资券满足生产中的流动资金需求，通过发行企业债券或中期票据满足中长期发展的资金需求。

二是灵活运用汇率避险工具。各银行应根据企业实际需要加大衍生产品的推荐力度，为企业提供“适销对路”的汇率避险产品和服务，帮助企业灵活使用远期、掉期、期权等避险工具。

三是完善供应链金融业务的线上运行。集成电路企业的产业链较长，发展供应链金融对于企业破解融资瓶颈具有重要意义。探索建立统一的信息流、物流、资金流的综合业务平台，将位于集成电路供应链条上的小微企业、核心企业及第三方物流企业有机地连成一体，并将相关信息转化为在线数据，在线完成供应链融资业务的所有环节，从而改善信贷流程和信用评价模型，不断提高贷款需求响应速度、授信审批效率和服务便利程度。

作者简介：

刘九如先生，电子工业出版社总编辑兼华信研究院院长，国家智能制造专家委委员、工业和信息化部电子科技委产业政策组副组长，享受国务院政府特殊津贴专家。长期专注于电子信息产业发展研究，曾主持《工业企业“信息化与工业化融合”评估规范》国家标准的研究制定及 60 多项战略软课题研究。

探索新业态下集成电路设计产业良性发展之路

施　雷

今天，世界正面临着百年未有之大变局，集成电路产业是引领未来国家科技发展的先导性、战略性产业，其中设计产业更是牵引和推动我国整个集成电路产业链协同发展的“火车头”，现阶段我国半导体集成电路产业处于由技术、资本、产业共同主导的新业态，新业态的出现既是挑战，也是机遇。2020 年 8 月国务院发布了《新时期促进集成电路产业和软件产业高质量发展的若干政策》，从战略高度进一步提出高质量推进国家集成电路发展新政策。为此，面对新形势、新需求、新业态，探索具有中国特色的新业态下集成电路设计产业发展之路，促进我国集成电路技术和产业实现高质量发展，显得尤为重要。

一、我国集成电路设计产业发展概况

2014 年 6 月国务院发布的《国家集成电路产业发展推进纲要》，为我国集成电路产业营造了前所未有的产业发展环境，极大地激发了行业活力和企业创造力。“十三五”期间，我国集成电路设计产业不仅成为全球集成电路设计板块中的重要一极，更成为我国整个集成电路产业结构提升的强大引擎，尤其是在以国内大循环为主体、国内国际双循环相互促进的战略指引下，基于技术链、资本链、产业链重构的新业态如曙光初现，一支摆脱集成电路受制于人的生力军正在崛起。

（一）我国集成电路设计产业发展势头良好

“十三五”期间，我国集成电路设计产业的营收及其增长率增长迅速。从表 1

可以看到，我国集成电路设计产业销售额从 2015 年“十三五”开始时的 1325.0 亿元人民币，发展到 2020 年“十三五”收官时的 3778.4 亿元人民币，年复合增长率（CAGR）达 23.3%；相应地，占全球半导体市场的比重从 2015 年的 5.6%，提高到 2020 年的 13.2%，提升了 7.6 个百分点。

表 1　我国集成电路设计产业销售额及其增长率状况

类别	2015 年	2020 年	年复合增长率（CAGR）
我国集成电路设计产业	1325.0 亿元人民币 （合 189.3 亿美元）	3778.4 亿元人民币 （合 577.9 亿美元）	23.3%
全球半导体市场	3352.0 亿美元	4390.0 亿美元	5.5%
占全球半导体市场的比重	5.6%	13.2%	提升 7.6 个百分点
注：①美元与人民币汇率，2015 年、2020 年分别约为 1∶6.999、1∶6.538。②鉴于全球半导体市场是由全球集成器件制造商（IDM）和集成电路设计公司（Fabless）企业开发的半导体器件或集成电路的销售额构成的，不包括芯片代工和封装测试的营收，故表中占比基于以下两点来统计，一是认为我国大中小集成电路设计企业营收全部由集成电路产品和半导体器件组成；二是认为我国 IDM 企业营收是纳入集成电路设计产业行列统计的。			

数据来源：综合美国 SIA、Insights 和我国 CSIA 数据整理。

（二）我国集成电路设计产业已发展成为提升我国集成电路产业链结构的引擎

“十三五”期间，我国集成电路设计产业在技术、资本的双驱动下，把握机遇得到飞速发展，行业产值增长迅速，极大带动了本土包括集成电路制造、封装测试等在内的整个产业链相关产业的经济规模不断扩大。同时，通过政策、资金、产业布局等一系列调控，我国集成电路产业链结构更趋合理，集成电路设计、芯片制造、封装测试的产业结构比例从 2015 年“十三五”初期的约 37∶25∶38，调整到 2020 年“十三五”末期的约 43∶29∶28，形成了一个较合理的以集成电路设计为引擎、均衡带动制造和封装测试合理发展的格局（见表 2）。

表 2　2015—2020 年我国集成电路产业链结构发展演进状况　　单位：亿元人民币

类别	2015 年	2020 年	复合增长率（CAGR）
全国集成电路产业	3609.8	8848.0	19.6%
集成电路设计产业	1325.0	3778.4	23.3%
芯片制造业	900.8	2560.1	23.2%
封装测试业	1384.0	2509.5	12.6%
产业链结构—— 集成电路设计∶芯片制造∶封装测试	37∶25∶38	43∶29∶28	构建起“以集成电路设计开发为龙头+以芯片制造为基础+以封装测试为辅助”结构

数据来源：综合 CSIA 数据整理。

（三）我国集成电路设计产业呈现出由技术链、资本链和产业链共同主导的新业态

20多年前作为高校原创技术与资本、产业结合的最初探索，上海复旦微电子集团股份有限公司突破集成电路设计公司单纯追求技术的模式，进行了一次非常有意义的资本与技术、产业与学术相融合新模式的有益尝试。近年来，随着“5G+AIoT”场景应用的蓬勃发展，集成电路技术与通信、计算机以及互联网等技术之间将更加紧密交叉融合，产业间的技术链、资本链和产业链结合更加紧密，这样形成的新业态主要表现如下。

一是技术链。随着摩尔定律趋于技术极限，全球集成电路技术链正处于重大变革阶段。其基本特征是从传统的单纯以器件尺寸、工艺节点和集成度为导向的“半导体技术路线图（ITRS）”发展趋势转向更侧重以新技术、新系统、新应用为导向的“国际器件及系统路线图（IRDS）”发展趋势。2.5D/3D封装、系统级封装（SiP）及Chiplet（芯粒）等先进封装技术将带动异质器件整合集成，进一步促进集成电路朝多功能和系统化方向发展。

二是资本链。自2020年以来，新冠肺炎疫情在全球暴发和供应链持续紧张给集成电路产业带来极大影响，芯片短缺成为全球性问题，进一步促使我国集成电路产业从单纯以应用市场为导向的一般性资本投入，转向更侧重以国家意志为导向的战略性投入。2014年6月经国务院同意，工业和信息化部公布《国家集成电路产业发展推进纲要》，就将半导体集成电路产业发展提升至国家战略高度，同时设立了国家集成电路产业投资基金（又称“大基金”）。迄今为止，大基金一期的1387亿元人民币投资已圆满完成，二期的2041.5亿元人民币已全面进入投资阶段，这些政策和资金都有力地支持了包括集成电路设计产业在内的整个集成电路领域重点企业的快速发展。

三是产业链。毫无疑问，中美贸易摩擦，尤其是“中兴事件”和“华为事件”的发生，促使我国集成电路产业链从过去单纯由自身产业上下游环节考虑，向具备垂直整合、横向竞争的供应链、价值链延伸。例如，阿里巴巴、百度、康佳、格力等一批互联网和系统整机龙头企业纷纷进入集成电路设计领域，使集成电路产业链向包括集成电路设计、制造测试服务、互联网/系统应用等的崭新现代化产业体系演进。

二、我国集成电路设计产业发展面临的瓶颈和短板

“十三五”期间，虽然包括集成电路设计产业在内的我国整个集成电路产业出色完成了《国家集成电路产业发展推进纲要》提出的“到 2020 年，集成电路产业与国际先进水平的差距逐步缩小，全行业销售收入年均增速超过 20%，企业可持续发展能力大幅增强。移动智能终端、网络通信、云计算、物联网、大数据等重点领域集成电路设计技术达到国际领先水平，产业生态体系初步形成”的既定目标，提交了一份较出色的答卷。但是不可否认，制约我国集成电路发展的“创新能力弱、产业集中度低、高端人才缺乏”三大瓶颈和短板问题仍严重存在。

（一）在创新能力方面存在的瓶颈和短板

在集成电路设计、芯片制造技术方面存在短板。一是在集成电路设计方面，如 CPU 芯片架构、核心硅知识产权（IP）和设计工具（EDA）等严重依赖国外技术；二是在芯片制造方面，内地制造企业受诸如极紫外光源光刻（EUV）机等高端设备受制于人的局面影响，使我国集成电路制造技术难以满足从 7nm 到 5nm 及以下更先进工艺节点制造的高端集成电路市场需要。

在集成电路供应能力方面存在短板。应该看到，迄今为止我国半导体芯片仍是国内最大的单一进口商品，尤其是 CPU 等高端集成电路仍依赖进口。

2019—2020 年我国半导体芯片的进出口状况如表 3 所示。

表 3　2019—2020 年我国半导体芯片的进出口状况

年份	进口状况				出口状况			
	数量（亿块）	增长率	金额（亿美元）	增长率	数量（亿块）	增长率	金额（亿美元）	增长率
2019 年	4451.3	6.6%	3055.5	–2.1%	2187.0	0.7%	1015.8	20%
2020 年	5435.0	22.1%	3500.4	14.6%	2598	18.8%	1166.0	14.8%
注：2019 年我国半导体芯片进口金额占同期全球半导体芯片市场 4121 亿美元的比重为 74.1%，而 2020 年我国半导体芯片进口金额占同期半导体芯片市场 4498 亿美元的比重是 77.8%，同期增加 3.7 个百分点。								

数据来源：综合我国海关总署公布的数据整理。

表 3 数据显示，2019 年我国半导体芯片的进口额和出口额分别为 3055.5 亿美元、1015.8 亿美元（进出口贸易逆差 2039.7 亿美元），2020 年分别为 3500.4 亿美元、1166.0 亿美元（进出口贸易逆差 2334.4 亿美元）。也就是说，2020 年进出口贸易逆差相比 2019 年又增加了 14.4%，这揭示了我国集成电路设计产业亟待高质量发展。

（二）在产业集中度方面存在的瓶颈和短板

我国集成电路设计产业近几年虽然发展迅速、势头良好，但以龙头企业为主干的产业经济规模整体还不够强。2020 年中国（不含港澳台地区）与美国各自前五家集成电路设计企业营收的对照如表 4 所示，美国前五家集成电路设计企业合计营收占全球集成电路设计产业销售的比重高达 50.3%，而我国前五家集成电路设计企业合计营收仅占全球的 17.5%，两者相差 32.8 个百分点。

表 4　2020 年中国（不含港澳台地区）与美国各自前五家集成电路设计企业营收的对照

排序	美国（亿美元）		中国（不含港澳台地区）（亿元人民币）	
	企业	营收	企业	营收
1	Qualcomm（高通）	194.07	深圳海思	960.0（146.83 亿美元）
2	Broadcom（博通）	177.45	豪威集团	203.0（31.05 亿美元）
3	Nvidia（英伟达）	154.12	北京智芯微电子	135.6（20.74 亿美元）
4	AMD（超微）	97.63	华大半导体	95.5（14.61 亿美元）
5	Xilinx	30.53	深圳中兴微电子	92.0（14.07 亿美元）
合计	653.8 亿美元		1486.1（227.3 亿美元）	
占比	占全球集成电路设计产业销售额的 50.3%		占全球集成电路设计产业销售额的 17.5%	
注：①2020 年美元与人民币汇率约为 1∶6.538；②2020 年全球集成电路设计产业销售额为 1300 亿美元。				

数据来源：综合 SIA、Insights 和 CSIA 的数据整理。

（三）在高端人才方面存在的瓶颈和短板

据中国半导体行业协会集成电路设计分会统计，“十三五”末期（2020 年）我国集成电路设计产业的从业人员规模约为 20 万人，按同期全行业销售额 3778.4 亿元人民币计，人均劳动生产率为 188.9 万元人民币。如果“十四五”期间，我国集成电路设计产业的年复合增长率（CAGR）按 20%计，到 2025 年销售额将达到 9400.7 亿元人民币。为方便估算，如果人均劳动生产率按 2020 年的 188.9 万元人民币为标准，那么 2025 年的设计产业从业人数与 2020 年相比需要新增 30 万人，这与 2020 年相比将新增 30 万人。总而言之，我们现在既不缺市场，也不缺资本，最缺的是人才，人才是我们面临的最大瓶颈和短板。

三、我国集成电路设计产业发展面临的机遇

（一）“十四五”时期，产业处于创新驱动的关键阶段

一是创新驱动战略将全面推进集成电路设计产业发展。当前，集成电路、计算机通信、生物医药、新能源、新材料等技术交叉融合正在引发新一轮全球科技革命和产业变革。中国是世界集成电路应用市场的最大国家，在以国内大循环为主体、国内国际双循环相互促进的新发展格局下，必将极大地推动我国集成电路设计产业坚定不移地实施基于技术创新和机制创新双轮驱动的创新驱动发展战略。

二是“新基建”将成为驱动我国集成电路设计产业变革的加速器。新基建基于“5G+AI+云”三大技术正引领着我国农业、工业、服务业三大产业的智能化进程。这不仅直接带动各类集成电路创新设计开发，也会进一步带动我国整个集成电路产业价值链发展，迎来集成电路技术领域破瓶颈、补短板的难得机遇，是未来 5～10 年我国集成电路产业，尤其是集成电路设计产业发展的主线之一。

（二）未来 10 年间我国集成电路设计产业仍处于重要战略发展期

《国家集成电路产业发展推进纲要》（以下简称《纲要》）提出，“到 2030 年，集成电路产业链主要环节达到国际先进水平，一批企业进入国际第一梯队，实现跨越发展。”《纲要》指明了未来 10 年的战略目标，包括集成电路设计产业创新发展的着力点和方向，使我们更加充满信心地面对未来。自 2014 年以来，国家出台了包括《国家集成电路产业发展推进纲要》《新一代人工智能发展规划》《关于集成电路生产企业有关企业所得税政策问题的通知》《新时期促进集成电路产业和软件产业高质量发展的若干政策》等一系列政策，不仅展现了未来 10 年我国现实和潜在的巨大集成电路应用市场前景，更助推我国坚定不移走出一条具有中国特色的集成电路产业发展之路。

四、我国集成电路设计产业发展建议

坚持技术、资本、产业“三链融合”，稳步推进新业态发展，精准分析不同技术之间的交叉融合新特征，科学研判不同产业之间开放合作的新模式。

坚持突破瓶颈技术的前瞻布局，加大有效投入，大力促进颠覆性、前瞻性核心技术重大突破，着力于 2025 年打实基础，着眼于 2030 年战略目标实现。抓住半导体技术变革机会，积极开展包括宽禁带半导体（第三代半导体）、光子和量子半导体在内的新型结构、新型材料的集成电路研发，突破传统计算机的算力极限。增强创新策源能力，对标国际领先技术，打破垄断，加强颠覆性、突破性和标志性技术的研发，构筑未来竞争力，走出一条中国特色的“超越摩尔”技术途径。

坚持国内外开放合作，突破集成电路“供应侧”短板。把握全球集成电路市场发展态势，围绕国家战略及市场需求，针对“供需”短板，设立核心技术研发及产业化专项，营造良好的创新生态环境，提升集成电路安全保障能力。充分利用我国自贸区和“一带一路”倡议，主动融入全球创新网络，加快形成全球创新资源和要素集聚效应，高质量引进世界级人才，培育和壮大人才队伍，提高产业集中度，形成开放合作、融合发展的产业大环境。

作者简介：

施雷先生，上海复旦微电子集团股份有限公司执行董事、总经理，教授级高工，享受国务院政府特殊津贴专家。上海市、区人大代表，上海市人大常委会委员。曾获首届上海青年企业家“经济风云”人物、第一届“上海市 IT 青年十大新锐”人物、上海市“五一”劳动奖章。

新能源与碳中和

新能源产业是我国战略性新兴产业之一，主要包括核电产业、风能产业、太阳能产业、生物质能及其他新能源产业。

实现碳达峰、碳中和，是中央统筹国内国际两个大局作出的重大战略决策，是着力解决资源环境约束突出问题、实现中华民族永续发展的必然选择，是构建人类命运共同体的庄严承诺。

极限制造实现新能源电池制造创新升级

曾毓群

努力构建清洁低碳、安全高效能源体系，实现碳达峰、碳中和是国家重要战略。2021 年 10 月，国务院印发《2030 年前碳达峰行动方案》（以下简称《方案》），对双碳工作进行了系统谋划和总体部署。《方案》提出的“碳达峰十大行动”中，多项内容涉及新能源，如积极发展“新能源+储能”、加快新型储能示范推广应用、加快推进交通运输绿色低碳行动、大力推广新能源汽车、加快老旧船舶更新改造、发展电动动力船舶等，都需要动力电池和储能电池作为关键支撑。碳达峰、碳中和战略的提出，明显加快了新能源电池产业发展速度，彻底打开了发展的巨大空间，但也对新能源电池大规模高质量制造提出巨大挑战，传统制造模式难以走通，极限制造成为必然选择。

一、新能源电池大规模制造面临的挑战

新能源电池制造涉及材料、软件、机械、化工等多个领域，集多项单一前沿技术于一身，生产标准极为严格、技术研发更为尖端，其大规模生产须满足极高的产出效率、极好的安全性能、极低的缺陷率和快速技术迭代等多项要求。如此行业高度集成的产业，制造难度高、难点多。

（一）制造工艺极其复杂

新能源电池制造是一个多场耦合、多学科融合的复杂过程。其中，产品设计和制造包含机械应力应变场、电子和电磁场、温度场、流变场、电化学场等多项物理化学理论。同时，影响产品稳定性的因素众多，包括来料波动性、外

界环境、上游工序对下游工序的影响，从产线到成品，还涉及不同工况下的反复充放电条件下的电化学反应过程，均会对电池的质量、寿命、安全产生影响。比如来料克容重是否一致、浆料搅拌是否均匀、涂布厚度是否精准，种种细节都会由“小”见“大”，产生明显不同的结果。

（二）生产速度决定成本

据《中国锂离子电池设备行业发展白皮书（2022 年）》显示，2021 年，全球汽车动力电池出货量为 371.0GW·h，同比增长 134.7%；储能电池出货量为 66.3GW·h，同比增长 132.6%，中国出货量在全球占比达 59.4%。据 EVTank 预测，2030 年之前全球锂离子电池出货量的年复合增长率将达到 25.6%，至 2030 年总体出货量或将接近 5000GW·h。新能源电池的全球市场需求呈阶段性爆发式增长，极快的生产速度不仅是实现按时保质保量交付的前提，也是降低成本、提高竞争力的关键所在，而生产速度涉及高速涂布、卷绕、化成等全环节，需要系统化协同解决。

（三）制造精度事关成败

新能源电池制造过程涉及连续和离散的复杂工序，具有高延迟性。生产过程中的尺寸控制从纳米级的材料颗粒度、涂层孔隙度到几十米的极片，尺寸跨度大，对几何形状和表面质量的要求极为精确，对化学、物理、电化学性能的要求也极为严格。

随着新能源电池的应用广泛多样、市场需求爆发式增长，供需不匹配的矛盾凸显，机械化、规模化、标准化的传统制造供给已不能满足日益增长的多样化和定制化市场需求，亟须以自动化、信息化、智能化保障生产供给，即由刚性的传统生产模式向柔性的极限制造生产模式转变。

二、极限制造可以实现五大升级

新能源电池制造要求极高的精确性、快速性、稳定性和应变性，而传统制造是建立在固定和刚性的控制逻辑与规则上的，存在对市场多变的需求适应性差、设备自动化水平低、产品过程报废率高的问题。除此外，还存在信息孤岛，大量的数据依靠人工手动收集，难以实现缺陷根因快速排查与问题及时追溯。另外，传统制造 6sigma 的产品质量管理指标（DPPM 级别）难以满足电池品质要求，极易出现客户投诉，所以传统制造是无法满足新能源电池制造的严标准和高要求的。

极限制造以零缺陷为最终目标，表现为极高的质量要求、极精的工艺制程、极快的生产速度。极限制造从制造系统、产线布局、关键装备、关键工艺优化控制及数字化能力建设等方面为电池制造带来革命性变革。首先，对系统设计的质量、可靠性、可维护性、可重构性和抗干扰坚韧性等方面进行综合评判，满足了新能源电池大规模生产对系统设计的高要求。其次，对产线合理布局，优化拓扑设计，并针对不同的拓扑设计运行状况进行动态预测和虚拟仿真。再次，提升关键设备的精密控制，解决设备调整周期极其复杂和缓慢等问题，满足更精密的产品需求。同时，优化关键工艺，通过对各项可控参数和非可控参数的鲁棒设计和优化，可稳定生产工艺、保持产品生产一致性、提升产品使用性能。可以说，极限制造恰可实现新能源电池高效、高质、高安全的大规模生产目标，为实现新能源电池高质量发展提供了有效途径，带来多项革命性升级。

（一）从人工到数据智能的升级

极限制造从单元级的传感器/零部件到系统级的控制器/设备，乃至系统至系统级的网络化制造，逐级实现全产线、全系统的自我感知、自我预测、自我维护、自我组织，达到真正意义的智能工厂。人工到数据智能的转变，首先体现在规模作业方面，大规模的自动化装备逐步替代人工的重复劳作；其次，在判断决策方面，由原有依赖人工经验判断向科学理性的决策转变，这种基于机理模型的仿真应用和系统的实时数据预测可实现最优决策；最后，在技术转化积累方面，通过系统对知识的固化达到对知识和技术的不断传承和优化，实现从经验管理到数据系统管理的转变。

（二）从单变量到多变量的升级

新能源电池制造是一个系统工程，具有工艺复杂、多场耦合、连续离散混合制造、长延迟性等特性，相比于自动化擅长的单点最优，智能产线更强调跨工序的全局最优。对于智能产线，具体来讲，一方面，通过机理分析、失效模式分析、生产过程工艺参数的大数据分析，由简单的单变量逻辑判断向机理和数据相结合的多变量多维度建模转变；另一方面，实现由单目标优化向多目标综合最优的转变，借助工业大数据和工业人工智能技术，追求更高性能、更高可靠性、更高能量密度的极致品质。

（三）从线性到非线性的升级

新能源电池制造过程包含了多物理和化学场的强耦合，许多工艺参数规律由线性关系转变为非线性关系。对于简单的线性关系，工程师和操作人员可以凭借长年累积的工作经验进行判断和决策；但对于复杂的非线性关系，人工经验很难分析工艺参数的变化规律及正确判断预测未来。基于多物理和化学场的机理研究，以及先进的工业大数据和人工智能技术，智能系统监控和趋势预测分析可弥补人工判断的局限性，通过提前预警过程参数偏差形成自动反馈，从而达到生产过程的全闭环优化控制。

（四）从静态到动态的升级

新能源电池市场需求激增、技术更迭快速，为了能够快速响应产品变化和市场需求，极限制造实现了由传统大规模流水自动化生产线和柔性制造系统向创新性的集成可重构制造系统转变，通过创新性地集成系统理论、先进控制理论、数理统计方法、质量流模型和分析方法等领域的最新有效成果，克服传统制造的弊端，实现产线模块化，与市场需求灵活高效地动态适配。同时，软件平台搭载的模型也由传统静态模型向自动适配和更新模型转变，以满足新工艺要求。

（五）从确定性到随机性的升级

极限制造的核心是突破制造中的不确定性、降低波动性和随机性、从解决问题到避免问题。一方面表现在多级制造应用中，通过对复杂产品流所产生的数据流进行建模，分析多级制造的质量波动和误差传递的相关性；另一方面表现在对过程数据的实时监测上，建立不同阶段的质量与生产线、关键工艺参数关系模型，预测质量属性随时间的变化，提前预警质量偏差，形成自动反馈闭环优化控制，提升产品稳定性，提高产品优良率。

三、国外极限制造的发展现状和趋势

欧美日韩等世界发达国家纷纷布局以智能制造为核心的极限制造来实现传统产业升级，集成性综合科技和产业创新步伐明显加快，在建设智能制造示范工厂、示范车间、行业工业制造业标杆上发力，打造出先进制造业集群。

《美国先进制造业国家战略计划》在 2012 年启动，提出“重振制造业”战略，以“人工智能+机器人+数字化制造”为核心，主推“工业互联网”。例如，美国军工企业洛克希德·马丁公司提出的虚拟工厂概念，从设计、生产到管理的全数字化信息流，建立起产品的全生命周期管理，构建全球性的虚拟企业体系，实现了单架飞机全生命周期的跨地区、跨企业的协同设计、协同制造及协同维护。

德国在 2014 年明确提出，将以“智慧工厂”和“智慧生产”为两大主题，重点依托加工过程中广泛应用的信息通信技术及强大的机械和装备制造业，在嵌入式系统和自动化工程方面实现先进工业 4.0 工厂。在 2021 年汉诺威工业博览会上，在人工智能和机器学习、机器人技术、工业 4.0、电动汽车等领域，有 2/3 的参展活动围绕数字平台、人工智能、云和基础设施、预测性维护等数字话题，开始关注全链路数智化、数字供应链、数字产销协同、全域营销等上下游领域的相关应用。

日本早在 2004 年发布了《新产业创造战略》，并将信息家电、机器人、环境能源等领域作为重点发展对象，从产学研相结合的战略高度来推进人工智能的研发和应用，努力提高日本制造业在国际上的产业竞争力。韩国也将人工智能战略作为推动第四次工业革命的重要任务，尤其侧重重点高级人才培养。

四、国内极限制造领域的创新实践和阶段性成果

总体上看，发达国家纷纷通过人工智能、大数据、信息化等手段布局制造业创新升级，以智能为核心的新一轮制造业竞争日趋激烈。国内通过自主研发解决了不少制造业“卡脖子”难题，尤其是在新能源电池领域，中国作为全球制造中心，在极限制造领域开展了大量的创新探索，并已处于全球领先位置。

（一）集多项新技术于一身打造极限制造雏形

一是贯通全流程数字化，实现极快研发迭代。将大数据和人工智能贯穿于产品制造全流程，大幅缩短从材料智能化平台到仿真驱动动力电池的研发制造周期。二是构建熟悉孪生模型，实现极高精度制造。以高精度的生产工艺为技术手段，设备智能化可从源头预防缺陷风险，通过在线分析过程参数，构建产线的数字孪生模型，实时预测产品缺陷风险，并根据反馈及时调整工艺参数，实现 PPB 级别的故障率，保障全生命周期的质量管理，提升产品一致性。三是引入机器视觉和边缘计算，实现极高效检测。通过全线各工序在线机器视觉检测，运用多模态成像技术等先进 AI 图像算法，结合边缘计算模块，在边缘端实现对产品外观和尺寸的高精准缺陷诊断，并及时反馈至控制设备，实时调整生产参数，大幅降低产品缺陷率。四是建立全球追溯系统，实现全链条全周期溯源。以先进的信息架构及大数据技术为支撑，建立起全球追溯系统（GTS）和工厂信息系统（FIS），保证每颗电芯都可精准定位，并迅速追溯生产过程参数，快速评估从原材料到客户端的潜在质量风险。五是依托智慧能源管理系统实现极低碳足迹。搭建智能能源管理系统，通过优化能源系统，摆脱传统能源依赖，结合生产策略设计出最高效的能源解决方案，实现集团内工厂间的一体化管理。

（二）荣获世界经济论坛首个电池行业“灯塔工厂”

聚焦“双碳”目标，依托人工智能、大数据等前沿技术建立起的宁德时代工厂作为全球首个荣获“灯塔工厂”称号的电池工厂，凝聚了多项高精尖技术突破，成为行业创新的典范。

一是实现产能质量双提升。智能驱动生产效率大幅提升，材料的智能化研发和电池产品的仿真设计，大大提升了研发效率，缩短了 50%的研发周期，减少了 90%的测试时间，提升了 250%的动力电池续航能力。

二是批量生产产品一致性提高。通过全流程的智能优化反馈控制，产品的一致性大幅提升，降低了 50%的波动率，提高了 70%的人效，节省了 50%的节拍时间，使设备使用寿命提升了 20%。

三是实时缺陷检测能力更高效。AI 智能缺陷检测系统的应用提升了质检效率，实现了产品缺陷率大幅下降，PPB 缺陷率降至十亿分之一（DPPB）。从 2019

年开始，逐步导入 AI 算法进行图像处理，截至目前，AI 算法推广度已达 65%，精简目检人力超 30%，为实现 DPPB 的战略目标提供了极大帮助。

四是产品全生命周期有迹可循。依托覆盖产品全生命周期的全球追溯系统，对所有电芯进行正向和反向追溯，从人工排查和根因追溯方式转变成自动化追溯方式，降低了 80%的人工成本，同时提高了 99%以上的追溯效率，实现了产品全生命周期追溯，使得产品品质有迹可循。

五是智慧能源管理实现节能减排。电池的碳足迹系统覆盖矿产、原材料供应、制造、使用，以及回收整个全生命周期，宁德时代立足于“双碳”目标，开发智慧能源管理平台，打造绿色低碳工厂，实现了每年 10%的能耗（单位为 kW·h）降低，同时降低了 57%的碳排放，为电池制造行业降碳树立了样板。

极限制造不仅给新能源电池产业带来了质的变革，在其他高精尖工业产业中的作用也愈加凸显，已成为衡量一个国家制造水平的重要标志之一。推动极限制造是一项复杂而庞大的系统工程，既需要单一技术的突破应用，更需要系统化的集成创新，这一过程需要不断探索、反复迭代。随着新材料、人工智能、数据空间、虚拟仿真、智能传感、边缘计算等单点技术突破，尖端创新动能加速集聚，极限制造在新能源电池制造中的应用深度、广度、维度都将加速，形成研发和应用两端发力的局面，将为新能源电池能级跃升提供革命性的发展路径。放眼全球，极限制造技术在各制造大国都处于竞相发展的阶段。面对复杂的国际竞争，推动我国新能源电池极限制造的任务艰巨，我们要加快步伐、着眼长远，补齐技术短板，抓住全球制造业新一轮改造升级和我国智能制造快速发展的战略机遇，走出一条自主创新领先全球的新能源电池发展之路。

作者简介：

曾毓群先生，宁德时代董事长，世界知名锂电池领域专家，亚洲固态离子协会理事，中国科学院物理研究所清洁能源中心学术委员，享受国务院政府特殊津贴专家。曾获国家科技进步二等奖、美国国家先进技术电池联盟终身成就奖。其创立的宁德时代是全球出货量排名第一的动力电池企业。

培育和发展“液态阳光经济”

吴乐斌

一、“液态阳光经济”的由来及其意义

（一）“液态阳光经济”的由来

2015 年 12 月 12 日，全世界 197 个国家于巴黎一致通过了《巴黎协定》，对 2020 年后全世界应对气候变化做出了安排。这是人类历史上的一个里程碑，标志着人类社会发展进入了绿色发展的新时代。2020 年 9 月 22 日，习近平总书记在第七十五届联合国大会一般性辩论上的讲话表示，“二氧化碳排放力争于 2030 年前达到峰值，努力争取 2060 年前实现碳中和。”

在绿色发展时代，我们的能源靠什么？2018 年 9 月 19 日，在国际著名学术刊物《焦耳》杂志上，时任中国科学院院长、中国科学院院士白春礼等学者联名在线发表了一篇论文《“液态阳光”有望驱动未来世界》。“液态阳光”是什么？作者提出，如果人类想要获取、储存及供给太阳能，关键就在于如何将其转化为可储存、可运输、低成本、高能量的化学燃料，如绿色醇类燃料（主要是甲醇）。因此，“液态阳光”就是绿色甲醇，简称绿醇。绿醇由绿氢与二氧化碳合成。绿氢主要来自水的绿电电解。绿电包括光伏发电、风力发电、水力发电、地热发电，也可来自核能发电。二氧化碳由工业排放的废气收集而来。液态燃料的运输和配送并不困难，在对现有的基础设施和供应链进行一些改良后，便可广泛地加以运用。绿色甲醇以阳光为原料，转化形成动力燃料和热力燃料，也可作为化工原料加工成各种材料，动力燃料的全产业链接近碳中和，热力燃料的全产业链实现“减碳”或“负碳”。

如果“液态阳光”得到大规模开发和应用，将引发新一次的能源革命，不

仅能满足能源需求，而且能保持生态平衡，实现可持续发展，助推“双碳”目标的实现，并对其他产业乃至金融、地缘政治和社会发展的诸多方面产生广泛而深刻的影响。“液态阳光”作为未来百年甚至千年的一种可持续能源，是解决绿色发展时代能源问题的关键选择。

“液态阳光经济”由此形成，如旭日东升，终将普照大地。

（二）“液态阳光经济”的重要意义

1. 培育经济发展新增长点

以发展绿色甲醇为目标的“液态阳光经济”，作为面向未来的新兴产业，市场空间广阔，创新引领作用突出，经济带动性强，将成为经济发展新的亮点。目前，甲醇作为传统的化工原料，市场已趋成熟。我国目前传统的甲醇化工市场规模约 5000 万吨/年，年增长率仅 8.8%左右。而甲醇作为新型燃料，在锅炉、车用、船用等领域市场空间巨大。据测算，甲醇燃料市场规模约为甲醇化工市场规模的 9 倍，即我国甲醇潜在市场需求可达近 4.5 亿吨/年，直接的市场规模将超万亿元。更重要的是，发展“液态阳光经济”可以有力地促进装备制造、储运物流、贸易金融等相关产业发展，带动传统产业优化升级，加快培育经济，发展新动能，提高供给质量和效益，增强我国经济创新力和竞争力。

2. 促进形成绿色发展方式

中国共产党第十九次全国代表大会强调，要提供更多优质生态产品以满足人民日益增长的优美生态环境需要，建设美丽中国。我国正处于工业化、城镇化快速发展时期，资源需求和减排压力巨大。目前我国一半以上的 $PM_{2.5}$ 和大部分二氧化碳排放来自燃煤。与煤炭和石油相比，甲醇燃料具有燃烧清洁、温室气体排放少的特点。据测算，如以甲醇代替煤炭作为燃料，排放的 $PM_{2.5}$ 将减少 80%以上，二氧化碳将减少 50%以上，二氧化硫将减少 95%以上，氮氧化物将减少 90%以上。与风电、光伏等新能源相比，甲醇具有更好的经济性、稳定性，可规模化替代石油产品，作为交通燃料同样具有可观的经济效益和环境效益。大规模推广应用和全球布局生产甲醇燃料，发展“液态阳光经济”，对于我国积极参与全球环境治理、落实减排承诺具有极其重要的意义。

3. 推动构建人类命运共同体

遵循开放发展新理念，全球布局发展“液态阳光经济”，与中东、俄罗斯、北美及澳大利亚等国家和地区合作，共同开发利用“液态阳光经济”资源，形成全球“液态阳光经济”利益共同体，将有力地推动国际贸易平衡，在全球范围内创造大量就业岗位及税收贡献，对于构建人类命运共同体，形成新的中美、中俄、中加等国际关系提供强有力的支撑。特别是“一带一路”沿线国家和地区，许多地方风光资源丰富，有些地区化石能源贫乏，“液态阳光”是其最佳选择。

4. 推动能源生产和消费革命

我国是世界上最大的能源生产和消费国，但能源结构单一，煤炭在能源系统中长期占据主导地位。推动多元化发展，是我国保障能源安全的重要途径。从供给侧看，以二氧化碳为基本原料进行生产，原料来源广泛、经济高效，分布范围广、储量丰富。从消费侧看，甲醇可用作热力燃料、动力燃料和化工原料，为我国能源生产和消费革命提供新方案。充分利用国际国内两个市场、两种资源，大规模发展“液态阳光经济”，对于壮大清洁能源产业，提升我国能源多元化保障能力，重构全球能源版图具有重要意义。

二、“液态阳光经济”的现状

我国是甲醇的生产大国和市场大国。很长时间以来，我国的甲醇以“黑醇”为主，以煤炭为原料生产，由于煤制甲醇费水，且甲醇厂商小而散，存在低水平重复和同质化竞争的现象。

2019 年 3 月 19 日，《工业和信息化部 国家发展和改革委员会 科学技术部 公安部 生态环境部 交通运输部 国家卫生健康委员会 国家市场监督管理总局关于在部分地区开展甲醇汽车推广应用的指导意见》（以下简称《指导意见》）发布，正式将甲醇汽车提到汽车产业和消费市场的层面。甲醇作为能源再次走上了漫漫征途。

中国科学院大连化学物理研究所、中国科学院上海高等研究院等研究机构长期以来致力于“液态阳光”的研究，取得了长足进展。中国科学院大连化学物理研究所的研究人员攻克了“液态阳光”中电解水制氢和二氧化碳加氢制甲醇两项关键技术。突破现有电解水制氢规模小（约 50～200 标方/小时）的限制，实现在单套电解槽上大于 1000 标方/小时规模化产氢，同时将单位制氢能耗由 4.7～6.0 度电/方氢降低至 4.3 度电/方氢以内，是全球规模化碱性电解水制氢最高效率。研发了高稳定性、高选择性的二氧化碳加氢制甲醇固溶体催化剂，使催化剂稳定性由现有研究的几百小时提升至 5000 小时，并将甲醇选择性由 60%～70%提高到 98%以上。在此基础上，中国科学院大连化学物理研究所牵头示范了全球首套千吨级液态阳光示范项目，该项目包含 10MW 的光伏发电、2×1000 标方/小时的电解水制氢、1500 吨/年的二氧化碳加氢合成甲醇三个单元，每年可消纳 1800 万度可再生能源电，同时减排 2000 吨二氧化碳。该项目于 2020 年 10 月通过了中国石油和化学工业联合会的科技成果鉴定，结论为：该项目集成创新了液态太阳燃料合成全流程工艺，具有完全自主知识产权，整体技术处于国际领先。

中国科学院上海高等研究院的研究团队成功开辟了另一条获取“液态阳光”的途径，在深入开展应用基础研究工作的基础上，攻关解决了二氧化碳加氢的合成过程中保持催化剂高活性、稳定性及其放大生产过程中的关键问题，形成了具有自主知识产权的专利技术。2020 年 7 月，基于中国科学院上海高等研究院的专利技术，由中国海洋石油集团有限公司建设的全球首套 5000～10000 吨/年示范装置正式投料试车一次成功，打通了全流程，并产出了合格产品。该装置利用由园区工业装置 PSA 回收的副产品氢气和南海富碳天然气分离所得的二氧化碳气体合成甲醇，装置产能为粗甲醇，产量约为 9000 吨/年。目前，装置已经完成 2450 小时的连续运转，实现各种工况条件下的试验验证，基于试验数据，已完成 10～30 万吨/年的甲醇技术工艺包的编制，具备了实施规模化生产的条件。可以看到，该技术与我国富氢行业（丙烷脱氢、乙烷裂解、焦炉煤气和氯碱）相结合，实现了低成本绿色甲醇的合成，将带动我国传统产业的转型升级。

三、培育和发展“液态阳光经济”的举措

培育和发展“液态阳光经济”必须实施三链联动，即创新链、产业链、资本链三链联动。

（一）合理布局生产、储存、配送、交易、应用全产业链

一是强化源头供给，统筹国内国际布局，统筹东部西部布局，统筹绿醇蓝醇布局，建设国内外甲醇生产基地。发展“液态阳光经济”，首先要解决甲醇原料供应的长期稳定，立足国内生产为主、国际生产为辅，立足西部开发为主、东部及其他地区开发为辅，立足绿醇为主、蓝醇为辅。在西部地区，如内蒙古、青海、宁夏等风光资源丰富的地区，建立千万吨级的生产基地。据测算，腾格里和库布齐沙漠如果全部用于光伏发电，可以转化 4 亿吨绿色甲醇，热值等于 20 个大庆油田、25 个长庆油田的原油产生的热值（不含天然气），是全国汽油年消费量的 1.45 倍左右。

同时，在蓝氢富余的地区依托原产业布局，顺势而为，建立相应产量的甲醇生产基地；在天然气资源丰富的国内外地区建设千万吨级以上的甲醇生产基地。

二是中游布局，做大贸易，建设甲醇储运基地。在长三角、珠三角、京津冀地区建设若干个百万吨级甲醇储运基地，以支撑该区域甲醇下游产业的发展。利用甲醇储运基地，建设甲醇贸易平台，结合甲醇作为大宗商品所具有的金融属性开展期货贸易。

（二）构建资本链，对接资本市场

对接资本、助推产业，建设“液态阳光”经济产业发展基金。整合社会资本资源，与国际知名投资机构及产业资本合作，共同发起成立产业发展基金，通过创新技术与产业资本的对接，推动甲醇重大技术开发、产业项目建设、基地建设。以龙头企业为产业投资主体，与基金投资构成“双轮”驱动；同时，对接国际国内的资本市场，通过“债、股、贷”相结合，加快资本对“液态阳光”的赋能，加快产业布局和发展。

（三）突破关键核心技术，构建完整创新链

将培育和发展“液态阳光经济”纳入国家科技计划和布局，以系统考虑国家能源结构和相关市场需求为基础，深入凝练研发方向，从多学科优势互补的角度形成合力，主导突破关键核心技术，形成从甲醇合成到甲醇广泛应用的全链条相关高技术的创新链和相应标准，完成在全球范围内产业化的高技术布局，

通过资本纽带推动并实现技术产业化。

研究的内容包括：一是要推进全产业链甲醇相关技术研发，如超低排放合成技术、五代碳中性甲醇合成技术等关键材料的研制，实现零碳乃至负碳的低成本甲醇合成；二是要推进甲醇应用装备创新，如甲醇燃料电池、甲醇高效锅炉、甲醇重型内燃机等；三是要推进甲醇标准规范创新，如建设试点区域的立体环境监测和监控体系，提出甲醇的使用标准和应用环境标准等甲醇应用标准规范。

四、培育发展“液态阳光经济”的政策建议

培育发展“液态阳光经济”，必须从财税支持、金融扶持、体制改革、扩大开放等方面加大保障力度。

（一）加强财税支持

充分发挥国家科技计划、科技重大专项作用，采取无偿资助、后补助等多种方式加大政府资金支持力度，引导社会投资，支持“液态阳光”相关的替代燃料制备、能源化利用等关键技术攻关。采取中央财政资金补贴等多种方式，支持“液态阳光经济”综合试点和重大创新示范工程。编制“液态阳光”技术及产品指导目录，参照节能环保、新能源汽车及战略性新兴产业等政策目录，对符合条件的产业按规定给予相关税收优惠政策。研究完善碳税、碳交易等政策机制，探索建设绿色发展调节机制与市场制度。

（二）加大金融扶持

建立健全以国家资金为引导、带动社会资本的“液态阳光经济”发展金融支持机制。设立国家“液态阳光经济”投资基金，支持技术、产业和资本全球布局发展。建立包括财政出资和社会资金投入在内的多层次担保体系，加大对企业的融资担保支持力度。推动金融机构对重大技术创新、产品应用、市场开发，以及国际并购等给予信贷支持。积极支持符合条件的企业在资本市场直接融资。

（三）深化体制改革

改革燃料市场准入制度，破除“液态阳光经济”市场壁垒，放宽市场准入，建立公平竞争保障机制，形成统一开放、竞争有序的产品市场体系。完善“液态阳光经济”价格形成机制，推进交通、热力燃料等领域竞争性环节价格放开。完善“液态阳光经济”全行业标准，实施负面清单管理，建设“液态阳光经济”行业信用及社会化监管体系。创新对外投资管理体制，实施差别化的外汇管理。

（四）走向“一带一路”，拓展全球市场

将“液态阳光经济”作为建设人类命运共同体的抓手，作为推动世界绿色发展的抓手，同时，将其纳入“一带一路”发展重点，纳入中美、中阿等多边和双边合作首脑议题，建立全球“液态阳光经济”合作发展对话机制。联合大部分新兴经济体、发展中大国、主要区域经济集团和部分发达国家，发起设立国际“液态阳光经济”发展联盟，不断深化经贸关系，逐步建立以“液态阳光经济”为核心的新型国际贸易规则及贸易体系，构建合作共赢的全球大市场。

作者简介：

吴乐斌先生，中科院创业投资管理有限公司董事长、中国科学院生物物理研究所研究员。曾任中国科学院控股有限公司董事长、中国科学院企业党委书记，以及原中华人民共和国国家计划委员会、原中华人民共和国国家经济贸易委员会、中国科学院科技促进经济基金委员会主任。长期致力于科技管理、企业经营和产业投资。著有《“R&D”与企业原动力：中外著名企业科技研发及案例剖析》等专著。

抓住当前碳中和窗口期 抢占新能源材料产业高地

邓伟明

随着化石能源时代红利的结束，绿色低碳发展成为主旋律，“碳中和”时代宣告到来，这对于各行各业将是一个全新的挑战，然而也蕴含着新的机遇。在此背景下，作为碳减排的主力军，新能源材料产业迎来历史性发展机遇。

新能源材料企业如何抓住“碳中和”的窗口期，抢占发展先机和产业高地，是每个新能源材料企业必须解答的，面对这道时代的“考题”，每个新能源材料企业都应该有自己的答案。

一、全球共识不断凝聚，碳中和时代“窗口期”到来

目前，全球气候变化成为人类社会面临的重大非传统安全问题。全球气候变化的一个最主要表现就是温室气体大量排放引起的温室效应，进而造成全球变暖。从 1992 年达成《联合国气候变化框架公约》，到 1997 年制定《京都协定书》，再到 2015 年正式通过《巴黎协定》，截至目前，累计有 130 多个国家设定了碳中和目标，以共同应对全球气候变化，代表性国家的氢能战略及目标如表 1 所示，至此“碳中和”成为全球共识和不可逆转的发展潮流，而碳中和时代开启所带来的“窗口期”也正在加速到来。

表 1 代表性国家的氢能战略及目标

经济体	时间节点	主要政策和措施
美国	2007 年已实现碳达峰； 2050 年实现碳中和； 承诺性质：行政命令	1. 把气候变化纳入美国外交政策和国家安全战略，并加强国际合作； 2. 美国在州政府层面建立了比联邦政府更为完善的政策和碳交易机制； 3. 推出绿色基建计划，计划在交通、建筑和清洁能源等领域投入 20000 亿美元； 4. 在技术上加速清洁能源技术创新

续表

经济体	时间节点	主要政策和措施
欧盟	1990 年已实现碳达峰； 2050 年实现碳中和； 承诺性质：法律规定	1. 可再生能源和低碳燃料推广，加速能源电气化，构建创新能源数字化系统； 2. 减少或取消航空业和化石燃料的补贴，将环境影响纳入价格体系；建设100 万座公共充电/加油站，完善可持续的燃料供应体系； 3. 保护与恢复原始森林，提出到 2030 年再种植 30 亿棵树的目标； 4. 至少投入 10000 亿欧元资金支持《欧洲绿色协议》，重点支持清洁能源、安全转型关键创新技术、高能效建筑关键技术、智慧交通关键技术； 5. 完善的政策、财政、金融保障措施
日本	2013 年已实现碳达峰； 2050 年实现碳中和； 承诺性质：法律规定	1. 利用政策引导推动制造业转型，产业政策以法律的形式出台，让产业政策直接干预和间接诱导产业发展； 2. 建立中央与地方相结合的碳交易市场体系，并积极融入国际碳交易市场； 3. 发布《绿色增长战略》，通过技术创新和绿色投资的方式加速向低碳社会转型，明确 14 个重点领域具体计划目标和年限设定
印度	2070 年实现碳中和； 承诺性质：政策宣示	1. 在 2030 年将非化石燃料发电量提升至 500GW，将经济碳密度降低 45%； 2. 2030 年通过可再生能源渠道满足该国 50%的能源需求； 3. 2030 年前减少碳排放 100 亿吨
英国	1972 年在本土实现碳达峰； 2050 年实现碳中和； 承诺性质：法律规定	1. 加速淘汰燃煤发电，同时扩大清洁能源发电规模，转变能源发电结构； 2. 英国绿色投资银行私有化提高社会资本撬动比例； 3. 推动低碳农业生产技术发展，细化低碳农业激励政策，助力农业碳减排
巴西	2012 年已实现碳达峰； 2050 年实现碳中和； 承诺性质：政策宣示	1. 全面禁止非法毁林，重新造林，积极应对山火； 2. 启动替代能源激励计划，鼓励风能、太阳能等其他可再生能源开发
加拿大	2007 年已实现碳达峰； 2050 年实现碳中和； 承诺性质：政策宣示	1. 改造联邦政府拥有的建筑物，减少其能源消耗； 2. 用电动汽车取代 20000 辆汽油车和柴油车； 3. 鼓励在家办公，以减少开车上下班
韩国	2013 年已实现碳达峰； 2050 年实现碳中和； 承诺性质：法律规定	1. 限制用于发电的煤炭和液化天然气的消费； 2. 内燃机汽车替换为氢动力汽车和电池驱动的电动汽车； 3. 提高碳捕集、碳储存及从空气捕集碳的能力，中和天然气发电厂的碳排放

我国作为负责任的大国，始终与国际社会一道应对气候变化。2020 年 9 月，习近平总书记在第七十五届联合国大会一般性辩论上宣布，“二氧化碳排放力争于 2030 年前达到峰值，努力争取 2060 年前实现碳中和”。为了确保碳达峰、碳中和，我国制定了“1+*N*”的碳达峰、碳中和政策体系。

“1”即《中共中央 国务院关于完整准确全面贯彻新发展理念做好碳达峰碳中和工作的意见》，这是碳达峰、碳中和的首个顶层设计文件，发挥统领作用，明确了碳达峰、碳中和工作的路线图、施工图。

“*N*”即《2030 年前碳达峰行动方案》及重点领域和行业政策措施和行动。

《2030 年前碳达峰行动方案》是碳达峰阶段的总体部署，是“*N*”中为首的政策文件，聚焦“十四五”和“十五五”两个碳达峰关键期，提出了提高非化石能源消费比重、提升能源利用效率、降低二氧化碳排放水平等方面的主要目标。

至此，我国“双碳”政策体系完成，各省市也紧锣密鼓地开启地方碳达峰、碳中和行动方案，其中河北、浙江、成渝等省或地区均发布了碳达峰、碳中和行动方案。此外，各个行业也均陆续出台“双碳”行动方案，形成从中央到地方，再到行业立体的“双碳”行动路线。

二、新能源材料产业发展的机遇与挑战

（一）新能源材料产业的发展背景

在碳中和时代下，第三次能源革命与第四次工业革命交汇叠加，新能源产业成为全球产业焦点，新能源材料作为新能源产业的基础与关键显得越来越重要。纵观全球发展态势，美国、日本、欧盟等发达国家和地区，以及俄罗斯、巴西、印度和南非等新兴经济体陆续推行一系列支撑新能源材料产业发展的政策和措施，力争在未来国际竞争中抢占一席之地。具体来看，美国制定了“电动汽车国家创新计划”“材料基因组计划”等重大战略，还发布了《“储能大挑战”路线图草案》；日本出台了《纳米与材料科学技术研发战略》《新增长战略》等规划；欧盟把关键新材料视为先进制造业的重要基础，发布了《欧盟 2020 战略》《电池 2030+》等。中国也专门制定了《“十三五”材料领域科技创新专项规划》等，力争促进我国新能源材料产业发生结构性变化，全面重塑技术方式，形成开放竞合的发展生态。

中国石油对外依存度高，进口的占比为 75%左右，要实现“能源独立”“碳达峰”“碳中和”等目标，大力发展新能源是必经之路。新能源材料是在新能源的利用和发展中要用到的关键材料（如能源转化材料、能源存储材料等），其发展是推进新能源发展的基础和强大动力，常见的新能源材料按照不同的能源利用形式分类有锂电池材料、太阳能电池材料、燃料电池材料、储氢材料、核能材料等。能源的转型是国家经济转型的关键环节，也是社会进步的重要标志。实现低碳化、构建有序的能源结构是中国能源战略定位的根本。

（二）新能源材料产业的现状

随着普通常规能源的局限性和环境安全问题的显现，全球各国越来越关注环保可再生的新能源、新材料。世界主要国家和地区对新能源的认识各有侧重，基于其能源资源禀赋特点，从国家能源战略的高度分别制定各种新能源技术发展规划，采取行动加快新能源科技创新，以增强国际竞争力。尤其当前新冠肺炎疫情对全球经济造成巨大冲击，新能源材料产业发展将成为后疫情时代各国经济“绿色复苏”的重要组成部分。新能源材料产业在实现双碳使命的过程中，既面临多方面的挑战，同时也拥有百年未有之大变局的机遇。坚持做“难而正确”的事，应是企业的战略选择。

对于中国新能源材料来说，随着科学技术的不断发展，绿色环保理念也不断深入人心，不可再生能源的逐步减少也必然推动人类寻求新型能源。我国的新能源材料产业还存在着诸多问题，例如，在一些生产创造中能源资源消耗比较高，在高性能的材料和一些品种创新、先进加工制造技术、材料的应用和性能测试等方面与世界先进水平有较大差距。因此，我国新能源材料产业的发展需要加快速度。

（三）我国发展新能源材料产业的优势与意义

目前，我国正处于从材料大国到材料强国的转型阶段，政府大力鼓励新能源材料产业的发展与创新。在此背景下，我国新能源材料市场总体上需求旺盛，行业发展动力充足。新能源材料产业涉及领域众多，由于行业自身特点、所处周期及细分领域不同，不同行业对于新材料的需求不同。我国发展新能源材料产业具有其他国家无法比拟的优势，具体如下。

能够调动资金支持战略性新兴产业发展。在中国，五年规划在中期范围内设定了技术优先事项的共同愿景，并能确保为高层方针下的研发项目提供稳定的资金。锂离子电池的推广很好地证明了中国在协调研究人员、开发企业和投资者共同实现技术目标方面的能力。以锂离子电池为代表的二次电池广泛应用于手机等信息电子终端产品、电动车和电力储存领域，服务于信息产业，更是交通能源变革和电力能源革命的重要支持技术。相关技术在前几期五年规划中都得到了高层支持和大量资助。2005 年左右，一些中国电池制造企业开始研究和生产电动车电池，后来政府对电动车购买的补贴进一步鼓励了此类工作。

2014—2016 年，中国的电池需求量增加了 6 倍，占全球电池需求增量的 80%。

具有良好的制造业基础优势和新能源材料产业应用场景。我国已经建立了较为完整的产业体系，发展成为世界制造基地。在联合国公布的 500 余种主要工业产品中，我国有 220 多种产量位居世界第一的产品。庞大的本土市场、仍具有相对竞争力的制造成本和日具规模的产业集群，为我国未来产业发展提供了基础的采购、物流、研发响应等方面的优势。同时，我国幅员辽阔，差异化的社会经济、人文地理等为未来技术的应用提供了差异化的场景。以 5G、数据中心、云计算平台、工业互联网，以及融合和创新类基础设施为代表的新基建，呈现出技术迭代快、全球化程度高、商业模式活跃、市场竞争激烈，以及对行业赋能作用呈现乘数效应等突出特点，正在成为推动新能源材料产业发展的重要动力。

庞大的国内市场是大力发展新能源材料产业的基础。在中国，国内市场不仅规模大、一体化，而且法规和技术要求也基本统一，这对国内创新者来说非常有吸引力，这些创新者可以依托国内市场为国际最佳解决方案开发产品、筹资并实现商业化，从而为研究人员和制造商提供了大多数其他国家没有的强大竞争优势。中国可以继续作为领先的试验平台，引领出口前景好的新技术发展。鉴于国内市场的规模，中国预计将在重工业领域保持突出的主导地位；此外，中国还将引领新能源汽车、电网、汽车充电网络、长期储能、低排放船舶等与新能源相关的基础设施技术，以及道路车辆低碳燃料和数字家电等消费品生产技术。

在中国经济从低价值的制造业向高价值的创新技术转型的战略中，成为全球创新的领导者是中国的一个明确目标。清洁能源是中国的创新优先事项之一。全球清洁能源转型为中国提供了机遇：中国一方面可以拓展技术前沿，另一方面可以保持自身在新能源材料和设备方面的市场份额。

三、时代与产业大势下，新能源材料企业如何乘势而上

世界上主要经济体纷纷制定碳达峰、碳中和行动方案，碳中和时代的“政策窗口”加速到来，第三次能源革命与第四次工业革命叠加“超级技术窗口”出现，新能源材料产业迎来了前所未有的发展机遇，但同时也面临全球市场竞争、技术瓶颈、资源制约等诸多的困难与挑战。如何抓住发展机遇、乘势而上，

是摆在所有新能源材料企业面前的课题，对新能源锂电材料企业来说更是如此。

（一）坚持技术产品多元化，强化基础理论创新与核心技术驱动

《中华人民共和国国民经济和社会发展第十四个五年规划和 2035 年远景目标纲要》中明确提出，“聚焦新一代信息技术、生物技术、新能源、新材料、高端装备、新能源汽车、绿色环保以及航空航天、海洋装备等战略性新兴产业，加快关键核心技术创新应用，增强要素保障能力，培育壮大产业发展新动能。”新能源材料产业属于战略性新兴产业，且横跨新能源与新材料两个产业，技术创新发挥着决定性作用。

鉴于目前新能源汽车、储能产业正处于发展初期，全世界都处于发展的起步阶段，技术路线目前仍未确定，且随着研发的创新，新技术、新路线随时可能替代现有技术和路线。例如，三元锂电池、磷酸铁锂、钠电池、燃料电池、固态电池等，在当今新能源汽车动力电池技术方向可谓“百花齐放”，因此，技术的多元化与创新性是新能源材料企业技术研发的核心，企业应尽最大可能保持技术的可扩展性。

如何实现技术的多元化与创新性，应着眼“两个中心点”“三个基本面”。“两个中心点”即基础原创理论创新、核心技术突破。“三个基本面”是指，一是建立完善多层次的科研体系，应建立从前沿的基础理论、创新应用技术到中试生产、检测检验一整套完善的科研体系，通过强化与高校、科研机构的合作补足前沿基础理论的短板，夯实科研基础，力争建立全球技术标准；二是不断培养与引进技术创新人才，人才是科研的基础和关键，企业要建立科研人员培养、引进、激励机制，充分激发科研人员的积极性和创造性；三是持续饱和式的科研投入，这里要特别强调“持续”与“饱和式”，从时间与资金量两个维度上保证科研投入，为科研提供支撑。

（二）数字化赋能智能制造，打造少人化（无人化）的超级工厂

数字化赋能智能制造正在重新定义制造业。2021 年 9 月，世界经济论坛（World Economic Forum，WEF）发布最新一期全球制造业领域“灯塔工厂”名单，新增 21 家“灯塔工厂”，至此全球“灯塔工厂”累计 90 家。其中，中国“灯塔工厂”数量达到 31 家，中国是拥有“灯塔工厂”最多的国家，中国“灯塔工

厂”主要分布于3C电子、家电、汽车、钢铁、新能源等行业。“灯塔工厂”是全球认证的“数字化制造”和“全球化4.0”示范者，未来中国新能源材料企业也应加快数字化、智能化转型。

数字化赋能智能制造，要重点聚焦“数字化”“智能化”“数据化”。通过车间工艺流程在线化、运用工业机器人和智能管控系统等实现工厂的智能化；通过5G建设、数据平台打造建立完善的企业级信息基础设施；通过工业互联网应用进一步实现人、机、物的全面连接，促进各生产要素间的高效协同，为提质增效释放乘数效应，力争在不远的未来，在全球“灯塔工厂”的名单里能够出现中国新能源材料企业的身影，树立全球新能源材料制造标杆。

（三）加快产业链的协同，构建一体化的产业格局

随着全世界范围内“碳中和”行动的不断深入，新能源材料产业迎来了前所未有的发展机遇，但同时新能源材料产业却受到原材料产量的极大挑战。以新能源汽车为代表，虽然近几年新能源汽车产业迎来了市场的爆发式增长，但背后新能源汽车动力电池的原材料出现了“非比寻常”的涨价潮。SMM的数据显示，2021年年底，电池级碳酸锂现货均价为27.5万元人民币/吨，较年初涨22.2万元人民币/吨，涨幅达418.87%；电解钴现货均价为48.7万元人民币/吨，较年初涨21.3万元人民币/吨，涨幅达77.74%。原材料价格的上涨，一方面迫使企业加快研发替代的新技术与新材料；另一方面，也让新能源材料企业意识到产业协同、一体化布局的紧迫性与重要性。

产业链协同的一体化格局，主要强调在产业的互补、延伸上，根据自身核心产品的关联强度、成本构成，探索“生产组织垂直一体化”模式，即“资源开采+资源化工与冶炼+材料制造+资源循环”的垂直一体化产业格局。产业链协同的一体化格局不仅可以增强企业的综合竞争力、成本控制力，还能从上游保障原材料的稳定安全供应，从下游积极循环回收，更好地服务客户，为客户提供更系统、更完善的产品服务方案，加快从单一的产品供应商转变为新能源材料综合服务商。

（四）拥抱全球，加速国际化，参与并赢得国际竞争

根据乘用车市场信息联席会的数据，2021年全球新能源车销量达618万辆，

同比增长 116%，其中中国、欧洲、北美分别销售 331 万辆、207 万辆、70 万辆乘用车，占比分别为 53.6%、33.5%、11.3%，新能源汽车从单一市场爆发逐渐转变为全球多个重点市场爆发。

为了更好地满足客户需求、贴近市场提供在地化服务，新能源材料企业必须要“走出去”，加速国际化进程。与此同时，镍、钴等原材料大量分布在东南亚、非洲等地，原材料的广泛分布也要求新能源材料企业必须充分参与国际竞争，以保证核心竞争力。国际化，不仅对新能源材料企业来说是一个“难题”，其实对很多中国企业来说都是一个“难题”。语言、文化、风俗等多方面存在差异，如何推进国际化将在很大程度上决定一家新能源材料企业能否走得更远。

以中伟股份为例，其国际化主要分三步走。第一步，推动人才的国际化。引进、储备、培养大量优秀的国际化人才，为国际化提供坚实的人才支撑。第二步，建立与拓展全球营销渠道。集中优质资源，在全球主要市场建立办事处或成立子公司，实现销售与客户服务的在地化。第三步，产业国际化。在全球范围内，建立产业基地，实现在全球范围内的产业链协同。目前中伟股份正在走第三步，也是最为关键的一步，这是中伟股份打造全球最具价值新能源材料综合服务商的必由之路。

并负垂天翼，俱乘破浪风。“碳中和”时代将为新能源材料产业带来前所未有的机遇，新能源材料企业要紧紧抓住“窗口期”，加快发展，抢占产业高地，为全球经济社会可持续发展贡献更多的绿色能源。

作者简介：

邓伟明先生，中伟集团创始人，湖南中伟控股集团有限公司董事长、中伟新材料股份有限公司董事长兼总裁。2013 年中伟集团进军新能源材料领域，上市公司中伟股份现已成为全球锂电正极前驱体材料龙头企业。

新能源工程机械产业创新变革

曾光安

工程机械产业是我国装备制造业的重要组成部分，是国民经济发展的基础性、战略性支柱产业，广泛应用于铁路公路、隧道桥梁、矿山采掘、港口码头等工程领域的施工与建设中，更是我国国际化程度最高的产业之一。《中华人民共和国国民经济和社会发展第十四个五年规划和2035年远景目标纲要》中也明确指出，要培育先进制造业集群，推动工程机械等产业创新发展。

与此同时，实现我国碳达峰、碳中和战略目标不仅迫在眉睫，而且在新经济形势下要使工业经济保持增长更加具有挑战，这一结构性变化也将为我国新经济增长带来新的发展机遇。因此，无论是从国家新经济产业发展层面，还是从装备制造业创新变革层面来看，新能源工程机械都是发展着力点。

一、新能源工程机械产业发展的重大意义

过去20多年是工程机械发展的黄金时期，我国的工程机械产业规模总量连续多年达世界第一，持续保持工程机械世界大国的地位。同时，中国品牌的工程机械产品已经得到新兴市场国家和发展中国家的认可，以装载机和挖掘机为代表的系列化产品在主要新兴市场，如亚太、中东、南非等区域的市场份额超过50%，成为助力新兴市场国家和发展中国家建设发展的主力军。

长期以来，工程机械几乎都以柴油为主要燃料，数据显示，全国非道路移动源的污染物排放量接近机动车排放总量的35%，其中工程机械和农业机械在非道路移动源排放占比为60%～70%。工程机械平均单台年度燃油消耗量和二氧化碳排放量分别为汽车的56倍和65倍。以2020年国内汽车年销量2700万

辆、工程机械年销量 50 万台为例，两者碳排放贡献值相当。因此，对实现国家碳达峰、碳中和战略目标而言，工程机械新能源转型和汽车新能源转型同样重要。

二、新能源工程机械产业发展的现状

自 2015 年《巴黎协定》通过以来，全球至少 30 个国家或地区设立了碳中和或净零排放目标，美国、英国、法国、德国、日本、韩国、南非等 22 个国家把实现碳中和的目标年份定在 2050 年，乌拉圭、芬兰、冰岛、奥地利、瑞典五国的碳中和目标年份定在 2030—2045 年，新加坡则计划在 21 世纪下半叶实现净零排放，新能源和绿色经济将成为引领科技和产业革命的重要方向。为此，国际工程机械制造商加快了对新能源技术的探索及研究。近年来，美国卡特彼勒公司（CAT）推出小型纯电驱动装载机，美国凯斯公司（CASE）推出电驱动反铲装载机，英国 JCB 推出纯电驱动微型挖掘机，瑞典沃尔沃（VOLVO）推出纯电驱动装载机和挖掘机，并宣称到 2030 年沃尔沃（VOLVO）电动产品销量在总销量中的占比将超过 1/3。现阶段，国际品牌新能源产品以纯电驱动小型工程机械为主。

我国工程机械制造商也积极开展对新能源工程机械产品的研制，柳工、三一重工、徐工等相继推出纯电动装载机和纯电动挖掘机。以柳工为例，其在国内率先研制出的纯电动装载机，产品不仅覆盖 60～80 马力段的小型产品，还覆盖国内市场主要需求的 200～250 马力段的中型产品；其纯电动挖掘机产品也同样覆盖了微型挖掘机、小型挖掘机、中型挖掘机等功率段产品。相比国际品牌的纯电动产品只局限于小型设备，中国品牌的纯电动产品覆盖和应用范围更广。相信在国家政策的鼓励和支持下，大力发展新能源工程机械产业，可以从根本上解决我国工程机械产业“大而不强”的问题，进而实现“换道超车”，跻身国际一流品牌的行列。

新能源工程机械与传统工程机械相比，在技术和工况适应性方面具有明显优势。以电动装载机和电动挖掘机为例，整机技术具有以下技术优势：零尾气排放、噪声低（等同于乘用汽车水平）、可靠性高、免维护、易保养（电机和电池免维护设计，保养方式操作简单，省去传统柴油机换油、换水、换滤芯等工作）、生产效率高（电机响应速度快，整机加速时间短，加之电控匹配技术，整机作业循环时间优于传统燃油设备)。纯电动工程机械有利于在噪声要求高的城市施工和室内施工；有利于隧道施工，可有效降低隧道内排风处理压力，不必担心尾气排放有害气体对施工环境安全影响的问题；有利于高原施工，整机动力输出无影响，无须考虑因低压、缺氧造成的工作效率下降问题，以及污染对高原脆弱生态环境的影响问题。因此，以“电”代“油”在矿山、隧道、港口等特殊工况及产业中的巨大机遇正在释放，以柳工为代表推出的纯电动装载机、纯电动挖掘机已经广泛应用于国内大型钢厂、港口和隧道施工等，如川藏线上的隧道项目等。

三、碳中和背景下新能源工程机械产业发展的新方向

在碳中和背景下，以新能源工程机械为产品方向的集成载体，工程机械技术将向低碳化、数字化和智能化方向发展，最终达成产品品质不断提升、产业生态全面升级、产业可持续发展、产业强国的发展愿景。未来，新能源工程机械产业主要有三种技术路线，即纯电驱动工程机械、氢燃料工程机械、混合动力工程机械。

(一)纯电驱动工程机械

一是核心关键基础技术有待进一步突破。目前，部分新能源工程机械产品虽然在整机匹配控制、电机控制、电池管理、电驱动变速箱开发、能量回收、整机 NVH 研究等方面取得了一定的成果，但是，我们仍然缺乏对超高密度长寿命电池技术、整机安全技术、整机节能技术、整机热管理技术、整机声品质技术、能量回收技术的深度研究，缺乏对符合工程机械特点的集成式动力总成技术的研究，缺乏对智能化技术如何更进一步提高整机安全性、经济性、舒适性的研究。

二是核心零部件开发及产业链配套的问题急需解决。近年来，新能源电驱动汽车产业高速发展，带动了相关产业链的蓬勃发展，电池、电机、电控等关键零部件的核心技术处于全球领先水平，已打造出相对完善的供应链体系，且电动零部件产业布局相对完善，为我国新能源工程机械产业发展奠定了良好的基础。但是，工程机械电动化仍须解决适宜工程机械使用条件及工况的系列化核心零部件的开发及配套问题，主要表现在：工程机械专用电池系统须满足8000 次以上的充放电循环，配备高能量密度、长寿命、低成本的电池，同时能

在震动大、高低温差大、高粉尘、潮湿、腐蚀、辐射等特殊环境下正常工作；满足工程机械使用工况及高效工作区匹配需求的专用动力总成，要集成电控系统、电机和传动部件；工程机械专用充电系统须满足工程机械恶劣充电环境要求，开发具有移运送电和快速换电功能的充电设备；须开发系列化、标准化、通用化的关键零部件来满足全系列、全功率段纯电动工程机械产品需求。纯电动工程机械产品要全面实现对传统燃油产品的替代，纵向要提升产品的功率覆盖度，达到传统内燃机产品的功率段覆盖范围；横向要拓宽产品线的覆盖度，实现不同类别的工程机械全面开发，给客户提供全面解决方案。

三是电动化工程机械产业生态急需营造。营造电动化工程机械产业生态，如加大集中解决充电基础设施的投入，开发和建设满足工程机械要求的充、换、储、放功能一体式的服务站；建立充电运营及服务平台；产业链下游企业对工程机械专用电池包进行回收及再制造，明确电池回收配套企业资质、相关回收标准和运营盈利模式，加强产业生态环节的紧密互动。

四是智慧作业场景对“电动化+智能化”工程机械的集成创新提出更高的要求。当前，以云计算、大数据、物联网、人工智能为代表的新一代信息技术与新能源和传统技术交叉融合，推动未来工程机械产品的重新定义，带动了以电动化为核心，以数字化、智能化为特征的重大产业变革，产品迭代速度不断加快。目前国内已利用远程遥控操作随动控制技术，通过移动 5G 网络研制出 5G 遥控装载机、挖掘机，实现了远程操控作业；研制出智能无人驾驶装载机、挖掘机、压路机，实现了无人操作连续作业、自动避障、自动规划路径等，但是对于数字化、智能化的应用技术研究还有很大差距。工程机械产品的作业环境复杂，受光线、粉尘等干扰较大，同时，智能工程机械产品性能要求高，动作复杂度高，需要更强的感知能力、决策能力、反应能力及行动能力。因此，对 5G 通信数据传输、机器视觉识别、机器感知等技术的深入研究将是未来的重点，以实现智慧无人矿山智能协同作业、智慧无人港口散货船仓内堆料作业、救灾协同作业、无人隧道施工等场景的远程遥控新能源工程机械应用。

（二）氢燃料工程机械

氢燃料电池技术不但具有零排放、零污染的优势，还有转换效率高、能量密度高、加氢速度快等优势，被认为是最有前景的新能源动力解决方案之一。

其不但可彻底解决排放问题，达到零排放，而且无须考虑锂电池中贵金属材料的回收利用问题。尤其对于重型工程机械产品而言，大作业功率需求要求配置大容量锂电池，造成物理空间布局困难、充电设施功率倍增、充电时间翻倍。而氢燃料电池由于其能量密度约为锂电池的 6 倍，更容易实现空间布局，不受电网及充电桩功率的限制，加氢时间更短，更契合重型工程机械作业场景需求。现阶段，部分企业已开始尝试将氢燃料电池应用于工程机械，目前主要以渣土车、混凝土搅拌车、叉车等市内作业的轮式机械为主。但总体而言，目前氢燃料技术尚处于摸索阶段，存在缺乏加氢站基础设施、缺乏大功率燃料电池关键部件、氢燃料产品价格昂贵等一系列问题，但在政策及技术进步等多重因素的驱动下，发展氢燃料技术在重型工程机械领域具备广阔的应用前景。

（三）混合动力工程机械

与同功率段的内燃工程机械相比，混合动力技术可以降低 30%的碳排放，是当前既可降低碳排放，又可解决续航问题的技术之一。在国内外，混合动力技术在汽车及工程机械领域均有少量应用，但因其工作原理复杂，使得混合动力工程机械具有结构形式复杂、成本高和维修性差的问题，所以 10 余年来混合动力工程机械的普及率并不高。在国家碳达峰、碳中和战略的过渡期，可考虑在局部应用混合动力技术实现过渡，与当前纯电驱动技术暂时无法应用在大吨位工程机械的缺陷形成互补。

四、未来新能源工程机械产业发展的思考和建议

未来 5 年是我国新能源工程机械产业发展和世界巨头竞争格局重新定义的重要时期，也是我国装备制造业创新升级和碳中和目标实现的关键期，在这个节点，有必要全盘统筹、科学规划，政产学研财共同发力，加强重点施工领域低碳发展，为新能源工程机械创造更多应用场景，赢得我国在新能源工程机械产业发展的全球竞争优势。

一是提升新能源工程机械技术发展与产业创新能力，形成全球技术、制造和市场的新中心。强化政策引导，特别是在产业规划与应用布局、产业技术创新、人才培养与引进、产业集群建设等方面不断完善，构建良好的政策环境。推动产业链、创新链、资金链和政策链深度融合，鼓励产业龙头企业牵

头，整合行业内的创新资源，构建上下游产业链高效协作创新网络。在科研方面，关注关键技术与应用创新，缩短技术创新周期，将现有“优势”技术转变为“长板”技术，将“纸上谈兵”及时转化为科技成果。在产业方面，针对产业发展的关键薄弱环节，集中优势力量和创新资源，通过协同技术攻关与创新模式为产业发展提供技术供给与应用，在产品应用过程中不断试错和快速迭代，突破新兴产业关键的“卡脖子”技术等问题，引领支撑产业向高端产业迈进。

二是全方位促进新能源工程机械市场活力。目前，投资回收期长是制约新能源工程机械产品推广的最主要因素，由于电池、电机、电控及充电桩等部件成本较高，纯电动产品整机成本是传统内燃产品的 2.5～3.5 倍，只有少数经济实力雄厚、工作时间长的大客户才会考虑采购。为了释放市场活力，根据工程机械的产业特点，建议参考新能源货车补贴标准政策，制定新能源工程机械产品补贴政策；参考新能源汽车政策中燃料电池乘用车相应标准，制定新能源工程机械碳积分政策；同时通过政策引导，鼓励有条件的地区或重点企业对新能源工程机械的使用先试先行，完善对试点地区或企业可持续发展的支持政策，逐步完成新能源工程机械的替代。

三是坚持审慎包容，在营造良好发展环境的同时，加强新能源工程机械产业监管和制度建设。为技术创新营造良好氛围，适当引导媒体舆论，打造鼓励创新、允许试错、迭代升级的良好环境，鼓励企业在无人区勇敢探索，确保技术持续领先。与此同时，工程机械在施工过程中存在很多安全问题，因此建议完善非道路移动车辆生产管理相关法规，建立健全僵尸企业退出机制，加强企业准入条件，保持情况监督检查，促进优胜劣汰。

作者简介：

曾光安先生，广西柳工机械股份有限公司党委书记、董事长兼首席执行官，第十三届全国人大代表，中国工程机械工业协会副会长。曾被评为全国劳动模范、全国优秀企业家、中国工业先锋人物、中国最具影响力产业领袖、中国最具国际化影响力产业领袖、新中国成立 70 周年工程机械行业突出贡献人物。

供应链、现代物流、新零售

供应链是生产及流通过程中，围绕核心企业的核心产品或服务，由所涉及的原材料供应商、制造商、分销商、零售商直到最终用户等形成的网链结构。

现代物流是融合运输、仓储、货代、信息等产业的复合型服务业，是支撑国民经济发展的基础性、战略性产业。

新零售是以消费者为核心，以提升效率、降低成本为目的，以技术创新为驱动要素，全面革新进化的商品交易方式。

“数字化”机遇下零售行业的创新实践

汪林朋

2020 年是传统工业时代与数字经济时代的分水岭，新冠肺炎疫情更是加速了全球数智化的进程。面对消费转型升级和数字化时代的到来，零售领域需求端的消费升级、消费主体年轻化和线上化，以及供给端的渠道多元化，都给传统零售模式、零售业态和商业基础设施带来了新的巨大挑战。在这样的背景和趋势下，传统零售企业只有不断创新才能在日新月异的环境变化中生存下来、成长得更好。如何顺应当前数字化时代大潮，在数字技术创新和全渠道、多元化场景融合中持续健康发展，是传统零售企业需要深度思考和回答的重要课题。

一、数字化时代商业逻辑发生的变化

（一）级差地租优势消失

在传统工业时代，物理位置是零售企业经营的核心驱动要素，位置的优劣决定了流量的获取和销售转化的差异，甚至决定了商品交易价格的高低，因此前些年一大批老牌百货店坐拥级差地租优势赚得盆满钵满。但随着近年来互联网对消费者行为的改变，流量日益向线上集中，尤其作为消费主力的 80 后、90 后甚至是 00 后已经成为互联网“原住民”，一天的在线时长达到 8～10 小时，腾讯、淘宝、天猫、抖音、快手和小红书等公域流量平台也因此广受追捧，无论是线上 B2C 还是线上线下融合的 O2O 新零售模式已经开始成为主流，物理位置和级差地租的优势已经逐步消亡，导致曾经位于黄金商圈、辉煌一时的老牌百货店如今门可罗雀、风光不再。

（二）商品价差失去生存空间

在传统工业时代，信息不对等、不透明，低价进高价出赚取差价的商业模式大行其道，而随着数字化时代到来，商品信息和交易数据高度透明且公开共享，赚取商品价差的商业模式必将失去生存空间。

（三）商业模式发生变化

数字化时代的消费方式多元化、场景智慧化和数据的互联互通，将对商业模式产生深远的影响并将呈现两大发展趋势。一是内容为王，回归商业本质，以用户为中心提升行业效率和改善服务体验，用工匠精神将产品做到极致，通过效率更高、服务更好、迭代更快、价格更低来实现客户价值。二是生态赋能，中小企业受资金和人才问题困扰，不具备数字化平台投入的能力，只有行业里的头部企业才能够打造产业互联网平台，并向同行及产业链上下游开放资源和生态赋能，最终发展成为 S2B2C 的产业生态平台模式，实现资源共享和生态协同。

二、传统零售企业转型中遇到的挑战

近年来，很多传统零售企业都在数字化转型道路上进行了积极的探索，努力打造全域流量运营平台和创新场景体验，但在转型中也遇到了诸多挑战。

（一）缺乏对数字化的清晰认知

一方面，传统零售企业的决策者对企业数字化转型的认识不够迫切。零售行业的发展已经进入了快速迭代期，最近 10 年的演变已经超过了前 50 年的变化，相信未来 2～3 年的变革必将会超越最近 10 年。数字化转型不是为了拥抱美好的明天，而是为了今天的生存需要，企业决策者不能沉浸在原有模式的“舒适区”，要对企业的数字化转型有充分的紧迫性，管理层自上而下要对转型的必要性和迫切性同频共振并快速响应。具有数字化能力、转型成功的传统企业，将为自己赢得更为广阔的发展空间，实现跨越式增长；而没有认识到转型紧迫性的企业，必将在数字化大潮中举步维艰，最终退出历史舞台。另一方面，决策者虽然有了数字化转型的迫切需求，但缺乏清晰的认知、战略方面的顶层设计及整体规划和具体有效的方法。很多企业数字化转型停留在 IT 信息系统的升级阶段，还在补信息化、在线化的课，仅限于 ERP 开发和微信小程序、SaaS 工具线上营销的简单应用，管理层的认知处于传统思维阶段，将数字化简单地等同于电商化或信息化，有三方面的具体表现：一是 ERP 层面数据混乱模糊，数据的支持能力不足，无法为管理层决策进行实时、准确的数据赋能；二是数据资产分散、标准不统一、系统种类繁多且互不连通，形成大量数据孤岛；三是开发的功能较为单一，场景应用深度不够，缺乏与商业基础设施、商品的关联集成，无法为业务提供精准有力的支持。

（二）传统“二地主”收租模式难以为继

中国传统的大型零售企业基本是平台服务商，商业模式是提供场地、渠道，收取平台上商家固定租金或销售抽成的代销模式，远没有实现直接营销消费者和对商品购、销、调、存统一管理完全商业化的“买手”模式，多年来处于“二地主”模式，如百货店、购物中心、大卖场和专业市场等，都没有直接运营 C 端消费者，没有直接管理商品和供应链，即零售商业“人、货、场”三要素中的“人”与“货”都没有抓在自己手中，因此在数字化转型过程中对“人”和“货”数据的洞察力严重缺失，对商品流向、顾客画像和未来消费趋势的挖掘、分析严重不足，如同靠天吃饭的农民广种薄收，一旦消费群体购买习惯、行为和供应商渠道的选择发生变化，传统零售平台必将陷入经营困境。

（三）转型成本高和专业人才储备不足

零售业作为数字经济发展最为活跃的领域，竞争激烈。由于线上智能化系统和数据中台搭建投入成本较大，线下智慧门店改造见效周期较长，而且充满不确定性，企业难以掌握传统线下存量与线上增量、短期效益和长期效益之间的平衡，转型投资巨大但收效甚微。数字化专业人才和团队供给严重不足，很多零售企业传统“科层制”组织架构和自上而下“管制式”企业文化已经严重制约了数字化人才和专业团队的快速引进，加之决策者将外部引进的数字化团队与现有传统业务团队简单合并管理，导致考核指标与激励机制难以统一，团队沟通和融入成本巨大，企业管理陷入内卷。

三、零售企业数字化转型的创新实践

数据已经成为生产力核心驱动要素中继土地、劳动力、资本、科技之后的又一要素，对效率的倍增作用日益凸显，已经成为企业未来最重要的资产。数字化技术给产业带来的变化绝非简单的技术升级，而是底层商业模式和产业链条的革新，因此数字经济与实体经济的融合是产业升级的历史机遇，必将赋能传统实体经济的全面升级，在各行各业开拓“第二增长曲线”的发展空间。决定传统企业转型成败的关键是对数字化是否有清晰的认知能力，尤其头部企业要树立数智化时代的危机意识，数字化转型是企业的一号位工程，创始人的决心和毅力、核心管理团队的协同配合及持续的迭代是转型成功的三大要素。

目前，国内许多传统商业平台都先后开展了数字化的创新探索。例如，居然之家新零售集团专门成立了由董事长任组长的数字化领导小组，决定数字化转型战略方向和实施节奏，围绕战略布局和规划从顶层设计开始建立了一整套系统；在评估行业和企业自身所处的数字化发展阶段后，将各项管理动作标准化，进而形成信息化、数字化闭环，通过数智化技术对家居这一传统产业进行改造、重构和重新定义。以重体验、强交付、低频和高客单值为特点的传统家居行业因为效率低、体验差反而给了数字化转型巨大的机会，因此数字化对行业改造的边际效益也是最高的，数字化使家装全链路透明，提升了行业效率，改善了消费者体验，解决了消费者痛点，为顾客创造了更大的价值，进而重塑商业模式和重新界定行业格局。

（一）数字化转型的三个方面

一是业务经营的数字化。传统零售企业的数字化转型首先围绕业务经营开展，先从营销切入，在实施“人、货、场”的数字化重构中，重点从“人”的数字化即获取流量开始，建立线上抓流量、种草转化、分发到线下抓内容（商品和服务）的营销闭环。居然之家通过与阿里巴巴合作打造了 130 个本地化增量平台“同城站”，实现从大海捞针的粗放营销向为消费者清晰画像、触达和挖掘消费行为的精准营销转变。自主研发上线了本地化家装家居数字化零售平台“洞窝 App”，构建全域流量运营平台，推进前台业务经营的数字化，实现“人、货、场”的全渠道在线。“洞窝 App”坚持“赋能产业”和“服务用户”两大宗旨，一方面赋能 B 端卖场、工厂、经销商、导购员和物流服务商，提供商品流向、客户画像、消费趋势洞察，以及流量获取和运营服务；另一方面服务 C 端消费者，提升“在线选品、到店体验、离店决策、到家服务”场景体验，同时研发元宇宙虚拟样板间的应用场景，确保卖场、商户、导购员和顾客等生态角色“长”在洞窝上，充分沉淀数据资产。“洞窝 App”上线半年后累计注册用户数达到 216 万，覆盖了 17 个城市 60 家卖场，店铺数突破 1 万家，同时进行生态赋能，努力打造对生态链上下游合作伙伴开放的产业服务平台，目前将近 30 家社会化卖场和 3000 多个系统外商家已经进驻并实现了商业化。“洞窝 App”在围绕平台服务的同时，还开展了设计、智能家装、装修基材辅料、智能家居、智慧物流、管家服务六个线性服务，通过做难而正确的事情解决消费者家装痛点，通过数字化赋能做深做透家居行业，构筑企业护城河，提升对消费者家装全生命周期的全链路线性服务能力，实现“线性服务+产业平台服务”S2B2C 模式的转型。

二是后台管理的数字化。以资源的中心化、共享化为核心，逐步推进后台运营管理的数字化，在成功打造了采购平台并对外开放之后，开始搭建招商运营、连锁、财务、人事行政、法务等数字化管理中心，发挥后台管理的中心化职能，对内提升管理效率和服务水平，对外开放共享，为生态链合作伙伴开放赋能，最终通过商业化实现成本中心向收益中心的转变。

三是组织的数字化。组织的数字化在企业数字化转型过程中至关重要，也是转型难度最大的一个领域。以“扁平化”和“创业化”为核心，改变传统企业“金字塔”式的科层制组织结构，将自上而下的五级管理机构压缩到了三级架构，上级对下级更多的不是管制，而是赋能和帮助下级出业绩，同时向合伙制转型，将企业打造成为员工创业平台，建立员工“为自己而工作”的激励机制，让更多员工分享到企业成长的红利，与员工一起孵化创业平台，实现了员工从职业经理人向事业合伙人角色的转变。公司组织结构的设计以数字化研发部门为中心，获得人才和资源的优先分配权，并且直接向董事长汇报。在组织的数字化方面可以学习美军和华为的“前、中、后”三台组织管理模式，一方面提高组织效率，另一方面有益于打造协同共生的组织文化，确保企业发展基业长青。

（二）数字化转型的三个阶段

第一个阶段是一切数据化。在实现各项管理制度、流程的标准化和信息化的前提下，将一切业务和流程转化为数据，实现全量业务数据化，这是开展数字化转型的基础。

第二个阶段是互联互通。建立最广泛的数据联接，既包括卖场平台内部各板块的联接，也包括卖场平台和线性服务的数据联接，同时还要包括与外部生态链伙伴的数据打通，通过数据联接、分享和赋能行业，建立产业价值链，挖掘增量价值。

第三阶段是智能化和产业生态赋能。通过大数据、云计算和人工智能算力、算法技术驱动建立向生态伙伴开放赋能的产业平台，实现数字化生态开放的共生协同价值网络，将线性服务能力与平台服务能力相结合，在确保核心竞争力的同时筑起护城河并向外部开放，通过数智化技术提升行业效率，改善服务体验，创造客户价值，完成向“线性服务+平台服务”的 S2B2C 产业模式转型，如同链家到贝壳、物美到多点的线性到产业平台的进化。每个细分行业的头部企业都应树立“打造产业链协同共生的生态平台”的企业愿景，在做强做大自身的同时赋能行业。在传统工业时代，企业市值规模达到几千亿元已经是非常高的，而在数字经济时代，产业平台型企业动辄上万亿元的市值，就足以说明平台型生态企业的发展前景和价值空间。

移动互联网带来的技术变革已经使消费者的行为和习惯发生了根本性的变化，未来所有的商业要素都将在技术驱动下全面走向数字化，进而实现智能化。围绕数字化转型三方面的内容和三个发展阶段，居然之家研究梳理了适合自身发展特点的数字化转型路线图，目前已经跨越了处于红海竞争的传统阶段和 IT 阶段，正在向 DT 阶段和处于广阔蓝海的互联网产业服务平台阶段迈进。目前企业已经进入数字化转型的深水区，只要坚韧前行，积极拥抱数字化变革大潮，必将实现跨越式发展，赢得未来！

作者简介：

汪林朋先生，北京居然之家投资控股集团有限公司党委书记、董事长，兼任全国工商联家具装饰业商会会长、APEC 中国工商理事会副理事长、中国国际商会副会长、北京湖北企业商会会长。多次获得中国家居行业“最具影响力人物”奖和家居产业“十大风云人物”奖，荣获“中国最具影响力企业领袖”“中国品牌 70 年 70 人”等称号。

新发展格局下
加快推动我国现代供应链创新发展

张　威　　孙继勇

供应链源于社会分工，兴于企业的探索实践，时至今日，其中蕴含的协同、整合等管理思想，已经上升到国家战略、产业发展等中观层面和宏观层面，成为维护国家经济安全，推动构建现代产业体系的科学指导。当前，在新一轮科技革命和产业变革的催化下，作为“链接”企业、产业等实体的组织形态，传统供应链发生深刻变化，加快向具备时代特征的现代供应链迈进。与此同时，受新冠肺炎疫情影响，百年未有之大变局加速演进，世界进入新一轮动荡变革期，在安全与效率的双重考量下，全球供应链格局加快调整。站在新的历史方位，坚持创新引领，加快构建协同高效、顺畅连接、弹性韧性的现代供应链体系，对于巩固提升我国在全球供应链中的位势、更好地服务构建新发展格局具有十分重要的意义。

一、现代供应链体系建设取得显著进展

正是由于现代供应链在经济建设各领域的重要作用，党中央、国务院统筹安全与发展两个大局，提出加快发展现代供应链的决策部署，各级政府部门迅速落实，系列产业政策快速落地，产业界推动供应链创新发展的积极性不断提高，我国现代供应链建设步入快车道。

（一）供应链协同治理体系初步形成

现代供应链具有跨领域、跨区域的典型特征，需要建立横纵协作的科学治

理体系，推动形成工作合力。近年来，经过创新探索，我国初步建立了政府、市场、社会三方联动的治理框架。

在政府层面，商务、工信、农业等主要行业管理部门建立起跨部门工作机制，合力解决供应链创新发展面临的重大问题；地方政府积极探索实践，如湖南、湖北、广东等在省级政策、规划文件中明确提出建立“链长制”，成为各地应对外部冲击、提升产业链供应链发展水平的重要抓手。

在市场层面，部分第三方平台、企业自建平台，通过完善平台的准入退出机制、信用机制、竞争机制等，发挥市场机制优胜劣汰作用，形成对供应链科学治理的重要支撑。

在社会层面，各地成立一批供应链领域的自律组织，持续完善机构运行制度，调动社会各方积极参与供应链治理。

（二）供应链互联互通水平稳步提升

供应链互联互通是实现商流、物流、信息流、资金流顺畅流转的基础。从强化基础设施互联、政策协调配合、产业分工协作等方面入手，中国城乡、区域及全球等层面的供应链互联互通水平显著提升。

1. 城乡供应链双向联通取得新突破

在“快递下乡”“快递西进”“电子商务与快递物流协同发展”等政策的引导下，中国县、乡、村三级物流体系迅速发展。截至2020年年底，全国建设县级电商公共服务和物流配送中心2120个、村级电商服务站点13.7万个，基本实现快递网点乡镇全覆盖，城乡双向供应链建设取得突破性进展。

2. 主要区域供应链一体化水平显著提升

京津冀城市群分类做好与周边城市的区域产业规划、专项产业规划和产业园规划对接，实现产业深度对接、集群发展。长三角城市群着力破除制约区域供应链一体化发展的行政壁垒和体制机制障碍，加快推进建立制度统一、规则一致、执行同步的协同发展合作机制。粤港澳大湾区城市群推进交通、物流等基础设施一体规划和合理布局，加强供应链系统平台衔接，全面提升物流运输、数据传输效率。

3. 全球供应链互联互通向深层次迈进

秉承“开放、合作、共赢”主基调，中国努力维护全球开放合作环境，为促进全球供应链互联互通提供良好的制度基础。特别是为应对全球供应链加速区域化、本土化的趋势，从 2002 年至今，中国与有关国家和地区陆续签署了 17 个自贸协定，涉及 25 个国家和地区，成为促进供应链互联互通的重要平台与机制。

（三）供应链新业态新模式呈现蓬勃发展势头

得益于新一代信息技术的快速发展及丰富的应用场景，一批成效显著的供应链新业态新模式迅速涌现。

1. 供应链平台快速发展

现如今，市场对于供应链平台的关注热度持续攀升。根据赛迪智库统计，截至目前，海尔、东方国信、用友等行业头部平台平均接入工业设备达到 140 万台/套、工业 App 突破 7000 个、服务工业企业超过 1 万家。特色型行业和区域平台快速发展，一批龙头企业基于自身行业知识禀赋加速平台布局，形成具有一定影响力的特色平台 100 余家。供应链平台正成为提高生产效率、促进供需匹配、实现高效协同的有效手段。

2. 重点产业供应链数字化水平稳步提高

一方面，数字技术加快向农业供应链全链条渗透。如大数据生产监测、无人机植保、精细化养殖、产量预测等，正在推动农业生产方式变革。另一方面，制造业供应链加快数字化转型。国家互联网信息办公室发布的《数字中国发展报告（2020 年）》数据显示，“制造业数字化转型持续深化，我国规模以上工业企业生产设备数字化率达到 49.4%”“产业数字化进程提速升级，制造业重点领域企业关键工序数控化率、数字化研发设计工具普及率分别由 2016 年的 45.7% 和 61.8%增长至 2020 年的 52.1%和 73%”。同时，流通供应链对消费的支撑能力增强。多渠道订单管理、仓储物流管理、客户大数据分析，以及用户数据收集、需求预测、精准营销等先进供应链管理职能快速发展。

3. 供应链管理服务行业迅速成长

一批聚合信息资讯、系统集成、质量检测认证、仓储物流、金融服务等的集成服务商快速发展。根据企查查最新数据显示，截至目前，我国共有供应链管理企业 90.3 万家，其中上市公司 320 家、科技型中小企业 3860 家、瞪羚企业 105 家、专精特新企业 194 家、独角兽企业 23 家，形成具有中国特色的供应链管理服务企业集群。

（四）产业链供应链国际竞争力迈向新台阶

一段时期以来，我国始终把推动行业领军企业发展作为一项重要工作来抓，一批在行业中居领先地位的企业脱颖而出，成为构筑全球供应链核心竞争力的重要保障。

1. 行业领军企业数量快速增长

中国企业国际竞争力取得了长足进步。例如，2021 年《财富》发布的“世界 500 强”榜单显示，上榜的中国企业数量达 143 家，较 2020 年增加 10 家，上榜企业数量再次超过美国的 122 家，蝉联榜首。又据《福布斯》发布的“全球上市公司 2000 强”榜单显示，2021 年中国（含港澳台地区）上榜企业数量达 395 家，再次刷新历史纪录。

2. 初步形成“隐形冠军”企业梯队

当前，中国对中小企业的培育已经形成“中小企业—‘专精特新’培育企业—省市级专精特新企业—‘专精特新’小巨人企业—制造业单项冠军”的中小企业培育梯次，约有 4000 万家中小企业、11.3 万家“专精特新”培育企业、4 万多家省级“专精特新”中小企业、4762 家专精特新“小巨人”企业、432 家制造业单项冠军企业，特别对新一代信息技术、航空航天装备、生物医药及高性能医疗器械、新材料等行业领域补短板、强弱项起到重要支撑作用。

二、建设现代供应链对经济高质量发展具有重要作用

作为推动上下游资源统筹利用、各环节高效协同、全过程顺畅流转的组织

方式，现代供应链正逐步深入中国经济的方方面面，成为推动经济高质量发展的重要抓手。

（一）助力实体经济降本增效

当前，我国处于高成本高增长向低成本中高增长转变的关键阶段，现代供应链通过整合各类资源，优化企业内部和外部业务流程，能够有效降低企业经营成本和交易成本。例如，作为现代供应链的重要组成部分，通过第三方物流的服务，企业物流成本会下降 11.8%，存货总量会下降 8.2%。近年来，中国第三方物流市场迅速发展，据中国物流与采购联合会数据显示，2021 年，社会物流总费用为 16.7 万亿元人民币，同比增长 12.5%，第三方物流渗透率达 14%左右，正成为企业的“第三利润源泉”。

（二）提升供给与消费适配性

现代供应链能够借助互联网、云计算、大数据、人工智能等信息技术，促进企业之间按照上下游战略协同来及时准确地做出市场反应，理性决策，有序安排生产。大规模定制是近年来现代供应链领域发展的重大成果，特别是在家具、家电、服装等行业，积极发展定制化的企业也获得了快速发展的能力。例如，在 2021 年前三季度全国 9 家主要的定制家居企业中，有 8 家整体营业收入和净利润有不同程度的增长，其中，营收涨幅大部分能保持在 25%～50%，最高的甚至能达到 72%；净利润涨幅大部分保持在 30%～50%，最高涨幅超 595%。

（三）提升产业集群发展能级

近年来，国内部分城市积极开展“强链、补链、优链”工作，推动重点产业集群发展水平迈上新台阶。例如，芜湖充分发挥供应链核心企业的作用，“以大带小”“以强扶弱”，2021 年 1—10 月，战略性新兴产业增加值同比增长 30%。又如，武汉着力推动“中国车都”向“中国车谷”转型，通过完善产业配套体系，优化产业发展政策环境，在短时期内迅速形成产业集群的规模效应。再如，泸州建设白酒交易平台，打造产业链和信息链“双链整合”模式，以产业链纵向完善、优化整合为手段，贯通原粮种植、基酒储存、成品灌装、包材生产、仓储物流、酒业会展、三产配套等资源，实现产业集群纵向要素集聚。

（四）提高产业链供应链韧性

在新一轮科技革命、欧美国家实施“再工业化”战略等因素的影响下，国际经济贸易格局发生了根本性变化，国际产业转移，形成了“高端环节向发达国家回流”“中低端环节向东南亚、南亚、非洲等成本更为低廉的地区转移”的趋势，迫切需要我国探索新的发展模式，持续稳定全球供应链位势，推动产业向全球价值链中高端延伸。部分企业脱颖而出，湖南中芯、通富微电子等作为电子信息行业的专业供应链服务商，增强与国内供应链的衔接互动，推动建立多元化采购体系，形成稳定的重要零部件供应渠道；三一重工通过加大核心零部件国内采购力度、与上游供应商开展协同攻关等措施，共同发力核心零部件，仅在2020年就采购恒立液压油缸近4亿元，助力国内挖掘机液压油缸加快自主研发进程。

三、国内外形势变化对现代供应链提出新发展要求

当前及今后一段时期，我国现代供应链发展的内外部环境发生深刻变化。新一轮科技革命和产业变革加速推进、国际经贸发展格局不断重塑、经济发展的新旧动能加速转换，客观要求现代供应链功能更加多样、应用更加智能、服务更加专业、流程优化更具能力和水平。

（一）积极主动融入数字经济新时代

在技术变革和市场需求等的催化下，未来新一代信息技术将加快向经济社会各个环节、节点渗透，客观要求现代供应链顺应数字经济发展趋势，全面提升分析、预测、响应市场需求的能力。一方面，更加重视对于数据的挖掘。对生产运营中产生的数据进行挖掘和利用，以及进行更加深入的应用，将企业业务通过数字化手段呈现、优化和管理，不断为企业的战略决策、运营管理、市场服务等业务活动提供指导。另一方面，更加强化平台资源整合作用。通过平台企业整合供需双方和设计资源，开展集成化、轻量化、协同、敏捷设计，实现无实物样机生产，持续降低企业试错成本。同时，更加强调开展智能化制造。对生产现场“人、机、料、法、环”各类数据进行全面采集和深度分析，发现并消除导致效率瓶颈与产品缺陷的深层次原因。

（二）增强驾驭复杂多变外部环境的能力

过去 30 年全球供应链发展的逻辑是降低成本和提高效率，但随着地缘政治和新冠肺炎疫情的持续影响，未来全球供应链将在成本效率和稳定性之间做出权衡。与此同时，我国产业链供应链也存在一些突出的短板弱项，特别是核心基础零部件、关键基础材料、基础技术和工业等产业对外部技术依存度较高。面对更加复杂多变的外部环境，客观要求现代供应链更好地发挥联通国内外市场、协同创新等能力，助力构建更加弹性韧性的经济体系。

（三）更加深入落实城乡协调发展战略

长期以来，我国城乡供应链互联互通水平较弱，是制约城乡协同发展战略实施的重要障碍。一方面，重要网络节点互联互通情况仍不理想，突出表现为县、乡、村三级物流网络节点布局不完善，物流站场设施覆盖率低，存在较大范围的“留白”现象。另一方面，基础设施建设还存在较多“短板”。各供应链基础设施节点大多处于“散、乱、小”的状态，特别是农产品冷链基础设施建设相对薄弱。同时，服务规范化、标准化发展水平较低，如标准化运输载具、车辆、叉车、流通加工等设施设备普遍没有大面积铺开。推动城乡供应链互联互通，仍需要“久久为功”，在网络结构布局、基础设施建设、资源整合能力、规范化发展水平等各个方面持续发力，全方位解决“工业品下乡难、农产品进城难”的问题。

（四）全面推进绿色供应链发展

现如今，绿色供应链或将受到更多的关注。2020 年 9 月，我国政府提出“双碳”目标。在刚性约束下，要求中央、地方、行业协会及行业龙头企业等，加快制定减排方案，推动供应链加快绿色化转型。一方面，要求各级政府部门持续完善相关政策体系，完善绿色供应链顶层设计，不断深化制造业、流通业和各领域绿色供应链体系建设；另一方面，要求更加注重绿色设计、采购、制造和物流等全过程、全链条、全环节绿色供应链建设。同时，要求核心企业承担更多生态环境保护责任，带动供应链上下游企业走资源能源节约、环境友好的可持续发展道路。

四、适应形势要求推动供应链创新发展的政策建议

展望“十四五”及更长远的未来，宜按照新形势新要求，坚持目标和问题导向相结合，把握新发展阶段，贯彻新发展理念，围绕构建新发展格局，推动中国现代供应链发展行稳致远。

（一）深入推进供应链科学治理

一是积极探索形成跨部门、跨地区治理新模式。不断强化信息和监管资源的共享，形成发展合力，共同推动供应链创新发展。

二是制定适应现代供应链特点的注册、税收等发展政策，通过财政直补、引导基金、融资创新、优质土地资源倾斜等方式，加大对供应链创新发展的支持力度，形成政策叠加效应。

三是加强供应链标准化建设。在供应链的各个环节、业务流程等加大国家标准、行业标准推广应用力度，鼓励供应链核心企业牵头制定团体标准，以标准化建设提高供应链管理水平。

（二）不断完善全球供应链网络

一是更加深入融入全球分工体系。引导具有一定实力的供应链核心企业，充分发挥好开放的排头兵作用，通过资本连接、战略合作等多种方式，加快融入全球供应链。

二是更好地开展国际产能合作。遵循产业发展规律，加强全球供应链布局的合理引导，加快推动传统优势产业、装备制造优势产业、产能过程优势产业等供给侧结构性改革，深化上述产业在“一带一路”沿线国家的布局。

三是提高国外先进资源利用能力。特别注重引进国内生产急需的、居民消费升级需求强烈的产品和服务。与此同时，引导企业提高对产品、技术、服务等的寻源能力，与先进供应商建立战略合作伙伴关系，稳定关键技术、核心零部件及战略资源的进口渠道。

（三）加快推动供应链创新转型

一是加快推动供应链技术创新。一方面，加快云计算、物联网、大数据、人

工智能等的深入应用，通过新一代信息技术赋能，提高供应链市场响应能力、运转效率，降低运行成本；另一方面，通过应用供应链思想和供应链先进技术，整合国内资源要素，提高供应链上下游企业研发能力。同时，加快供应链原创技术、共性技术的研发，开发出一批适用性较强的供应链新技术，提高供应链整体的智慧化水平。

二是加快产业融合发展。如利用流通业贴近消费终端的优势，反向引导生产，帮助生产制造环节更加准确地把握用户的真实需求，提高供需适配性。又如，推动一、二、三产业融合发展，引导企业以资本为纽带，纵向延伸供应链长度，横向拓宽产业链宽度，打造全产业链运营模式。

（四）推动供应链区域城乡一体化

在推动城乡协调发展上，重点针对农村物流存在的短板及城乡物流设施、网络、信息等不衔接的问题，推动城乡市场主体合作，促进产销协同的农产品供应链发展，完善城乡物流发展机制，形成城乡双向物流一体化发展格局。在推动区域协调发展上，优化区域产业供应链布局，发挥供应链节点城市的引领作用，以供应链枢纽型城市为支点，打造适度分散、良性竞争的区域供应链体系，率先在粤港澳大湾区、长三角、京津冀、成渝双城经济圈等区域，推动建设链条完整、配套齐全的区域供应链中心，形成“产业备份”，提高产业供应链抗风险能力。

作者简介：

张威女士，商务部国际贸易经济合作研究院副院长，国家战略性新兴产业专家委员会委员，技术经济安全评估咨询专家组成员，国务院参事室公共政策研究中心特聘研究员，商务部经贸政策咨询委员会专家，研究员。曾获全国外经贸成果奖论著类二等奖等奖项。

孙继勇先生，商务部国际贸易经济合作研究院现代供应链研究所副主任，助理研究员。主要从事供应链、现代流通等领域研究，多次获商务发展研究成果奖。

我国新型冷链物流产业的发展现状与未来趋势

邵乃文　何建成

新型冷链物流是新经济产业的组成部分，随着我国经济的增长、城乡居民消费水平的提升，特别是物联网、人工智能、大数据、云计算等技术的应用，传统的物流产业正向新型物流产业转变，其中新型冷链物流产业的发展更为迅猛。

中国物流与采购联合会冷链物流专业委员会发布的数据显示，2020 年我国冷链物流市场总规模为 3832 亿元人民币，比 2019 年增长 440.8 亿元人民币，同比增长 13%。2021 年经初步估算，预计我国冷链物流市场总规模将突破 4000 亿元人民币。

高新技术的赋能，为新型冷链的发展提供了土壤和养分，使其加速生长。现实当下的抗疫常态化，也对冷链物流的绿色安全提出了更高的要求。另外，城镇化进程不断加快、国际合作空间不断扩展等因素都促进了我国新型冷链物流市场需求的持续扩张。我们可以清楚地看到，我国新型冷链物流产业正在向智能化、规模化、低碳绿色化的发展态势持续演变。

一、我国冷链物流产业发展现状

（一）冷链物流产业概述

冷链的历史发展由来已久，早在周代就已经有冷链的雏形出现。据《诗经》中的《豳风·七月》记载，“二之日凿冰冲冲，三之日纳于凌阴。四之日其蚤，献羔祭韭。”这说的就是周人于腊月采冰，正月往冰窖里存冰，二月用冰镇的羊羔肉和韭菜上供祭神。近代以来，随着工业化的发展，冷链物流才开始有了现代化的意义。据了解，我国最早的“冷链配送”是从 20 世纪 80—90 年代开始的，但那时配送的只有“冷”，还谈不上“链”。城际配送只有冷库、冷藏车，谈不上真正的全程冷链。直到 2000 年左右，“冷链”一词才开始在我国出现。

2001 年的国家标准《物流术语》对“冷链”进行定义：“为保持新鲜食品及冷冻食品等的品质，使其在从生产到消费的过程中，始终处于低温状态的配有专门设备的物流网络。”自 2000 年来，尤其是近 10 年以来，随着物联网、互联网、大数据等技术的飞速发展，冷链物流也呈现出日新月异的变化，相关的资本与企业纷纷参与到冷链物流行业中，为冷链物流产业的发展起到了推波助澜的作用，并涌现出了像京东、顺丰、希杰荣庆、普洛斯等冷链物流市场的佼佼者，为冷链物流产业的发展树立了标杆。

（二）冷链物流产业发展历程

冷链物流产业在我国的发展大致经历 4 个阶段。

1. 萌芽阶段（1950—1981 年）

我国冷藏运输始于 20 世纪 60 年代，主要是在国内主要农产品产地和北京、上海、天津等大城市兴建大型冷库，由铁路冷藏车和水运冷藏车相连。

2. 起步阶段（1998—2007 年）

冷链物流产业处于刚刚起步阶段，很多企业没有冷链物流的概念，冷链资源匮乏，主要聚集在国有企业，冷链基础设施设备普遍缺失和落后，冷链物流产业的发展处于资源短缺阶段。1992 年夏晖物流进入国内市场，冷链企业逐渐发展起来。

3. 发展阶段（2008—2017 年）

随着市场对冷链需求的快速发展，冷链物流企业开始逐步兴起，全球知名的美冷、普菲斯、太古等外资冷链公司纷纷进入中国市场。中国外运股份有限公司、招商局集团有限公司等央企也开始布局冷链，京东、天猫等开始尝试生鲜电商，探索新的发展机遇，涉足冷链市场，同时带动国内冷链仓配网络建设逐步完善。

4. 高速发展阶段（2018 年至今）

2018 年开始，国内冷链市场进一步发展，全民冷链需求爆发，基础设施体系日益完善，新技术对产业驱动强劲，冷链物流产业迎来快速发展的新时期。此阶段主要体现在产业环境升级、冷链意识升级、技术装备升级、管理模式升级、经营理念升级等多个方面。

（三）冷链物流产业发展现状

2021 年年底，国务院批准了《“十四五”冷链物流发展规划》（以下简称《规划》），《规划》作为我国“十四五”时期冷链物流发展的顶层设计，充分彰显了党和国家在新时代背景下对冷链物流产业的高度重视。

据中国物流与采购联合会冷链物流专业委员会不完全统计，2020 年我国冷库容量突破 7080 万吨（折合 1.77 亿立方米），同比增长 16.98%；2020 年我国冷藏车市场保有量达到 28.67 万辆，较 2019 年增加 7.2 万辆，同比增加 33.54%。冷库容量在 10 年内实现将近翻两番增长。

在中国冷链物流的 100 家重点企业中，民营企业有 72 家，国有企业有 10 家，外资企业有 2 家，合资企业有 10 家，港澳台资企业有 1 家，其他企业有 5 家。其中，华东区域企业数量最多，是冷链物流最为集中的区域。可以看到，分布在长三角发达地区的民营冷链物流企业是冷链物流重点企业的主要组成部分。而从冷链企业的业务种类来看，冷链仓储、干线运输、城市配送是最重要的三大业务板块。另外，大部分冷链物流企业会涉及 4～7 项业务，供应链业务、冷链园区，以及其他增值服务都成为新的业务增长点。

二、我国新型冷链物流产业发展模式

（一）“互联网 + 电商”生鲜模式

随着互联网技术与电商的快速发展，阿里巴巴旗下的盒马鲜生凭借其“仓店一体化”的模式开创了新型冷链物流发展新的可能性。

2016 年 1 月，盒马鲜生在上海开出了首家店面，是国内首家新零售商超，被视为阿里巴巴新零售样本，截至 2021 年 12 月底，全国已布局 27 个城市，门店数量突破 300 家，布局在北京、上海、重庆、杭州等众多一二线城市。“仓店一体化”的模式，实际上就是把“前置仓”变成了线下店，周边地区的用户在线上平台下单后，为其出货的仓库也在这里。这是成本结构最好的模式，线下的零售可以覆盖仓储的成本，线上的毛利几乎直接变成了利润。

盒马鲜生通过互联网、云计算、大数据和现代物流的结合为新型冷链物流的快速发展奠定了基础，在减少中间环节、保持商品新鲜质量的同时大大降低了运营成本，并通过其他手段完成了对传统零售“人、货、场”关系的深度重构，为新型冷链物流构建了一个经典应用场景。与此同时，以每日优鲜为代表的前置仓模式和以叮咚买菜为代表的重资产模式，均为“互联网+电商”的生鲜模式注入了丰富多彩的场景与活力。

（二）中央厨房标准冷链化模式

中央厨房是一个能促进农产品加工增值、增收、消费的三产融合型产业链。连锁餐饮、便利店、生鲜电商等多个领域几乎都拥有中央厨房。中央厨房也可以叫作中心厨房，其实就是配餐配送中心，主要任务是将原料制作加工成半成品或成品，配送到各连锁店进行二次加热或者组合后销售给顾客。中央厨房不仅能够提高产品附加值，实现企业利润最大化，而且能够保证商品的品质、卫生标准的一致性。

以预制菜为例，根据行业预测，当前我国预制菜行业已经初具规模，约为 2100 亿元人民币，到 2025 年行业规模有望增长至 6000 亿元人民币左右，年均增速达 23%。目前，在我国成规模的连锁餐饮企业中，74%的企业已经自建中央厨房。眉州东坡、味千拉面、西贝莜面村、海底捞、真功夫、永和大王等连锁餐饮品牌甚至已经自建中央厨房体系。在国家层面也号召要大力发展“中央厨房+食材冷链配送”等模式。各地方政府也在积极响应国家号召，加快中央厨房产业园的规划，可以预见未来中央厨房产业园将迎来投资建设的重要时期。

（三）第三方冷链物流平台模式

随着冷链物流市场的高速发展，更多的企业也参与进来并且发展壮大，如京东冷链、顺丰冷链等都成为第三方冷链物流的标杆企业。

据了解，京东冷链已经在全国 10 个主要城市拥有 18 个生鲜冷库，生鲜冷链配送覆盖全国 300 个城市，库内日均订单处理能力达到 100 万件，并陆续推出了冷链卡班、冷链城配等系列标准化产品，让消费者可以在更短的时间内收到新鲜的商品。京东物流武汉“亚洲一号”生鲜仓作为国内首个冷链自动化分拣中心，更是代表着未来高端冷链的发展趋势。其分为 4 个温层，储存着超过 100 万件不同的生鲜商品。该生鲜仓采取的大型冷库旋转货架系统打破了自动化设备无法应用到冷库环境的制约，通过先进的“货到人”拣选技术，让员工不再需要到-18℃的环境中作业，而且相比传统的人工拣选方式，旋转货架的拣货效率能够提升 3 倍以上，不仅大幅提高了冷库拣选的自动化程度，也极大地改善了员工在冷库中的操作环境。

三、我国新型冷链物流产业未来发展趋势

（一）新技术赋能智慧冷链发展

随着人工智能时代的到来，物联网、人工智能、大数据、云计算等技术也开始应用在冷链物流系统当中，从而实现高质量、高效率、低成本的新型冷链物流形态。2019 年，我国智慧物流交易规模达 4872 亿元人民币，同比增长 19.55%，其中智慧冷链物流占有不小的比例。

新技术的赋能提升了冷链物流企业的决策能力，简便了冷链物流过程，提高了服务质量，实现了冷链物流信息一体化管理。同时，利用 RFID、传感器网络、智能嵌入技术、全球定位系统、地理信息系统等现代化信息通信融合技术，在整个冷链流通过程中对商品进行信息采集、传输、交换和处理，使配送路径动态优化、温湿度自动化控制、信息共享与同步、故障检测与预警，确保商品从生产环节到消费者环节安全可控、可追溯。随着冷链云平台、云仓、无接触配送等应用场景的诞生，冷链全链条变得愈发具备信息感知、处理、计算、信息交互及信息共享等能力，有助于实现冷链物流上、中、下游各环节智能化、自动化、节能化及一体化经营管理，降低运营成本投入及提高冷链整体利润率。

“十四五”时期，中国将建设“四横四纵”8 条国家冷链物流骨干通道，串接起农产品主产区和 19 个城市群，形成内外联通的国家冷链物流骨干通道网络。科技对于冷链物流的赋能意义深远，对于政府管理、企业经营以及助力国

民经济快速发展均有重要战略意义。可以预见，随着未来科技手段的不断迭代，冷链物流市场的智能化、数字化发展将会更加日新月异。

（二）“双碳”目标为低碳绿色冷链发展指明方向

中国政府庄严宣布2030年和2060年分别实现“碳达峰”与“碳中和”的目标（“双碳”目标），必然会对中国的经济重构带来重大影响。在“双碳”目标下，绿色、低碳、生态理念成为新型冷链物流发展的新方向。

冷链物流产业尽管碳排放不及制造业，但也是一个能源消耗大、碳排放高的领域。冷链物流产业者以最低能源消耗、最低排放标准、最大经济效益、最高运作效率为目标，则需要从根本源头获得冷链物流发展的动力，走绿色低碳发展之路。

从措施上来说，一要更加注重技术装备研发攻关，聚焦关键和共性技术问题，部署国家级技术攻关，加强高效节能与可再生能源利用、环保制冷剂及安全应用等基础性研究；二要更加注重设施设备效能提升，加快淘汰高排放冷藏车，鼓励新增或更新的冷藏车采用新能源车型；三要更加注重运输组织模式优化，强化冷链运输一体化运作，大力发展铁路冷链班列等干线运输模式，积极发展冷链多式联运；四要更加注重发展制度环境保障，研究制定冷库、冷藏车等能效标准，完善绿色冷链物流技术装备认证及标识体系，鼓励使用绿色、安全、节能、环保的冷藏车及配套装备设施。

总之，冷链全过程不同程度地存在碳排放，打造一个绿色低碳的商业生态系统，实现冷链供应链的全流程、全过程减排降排，加速实现冷链供应链绿色低碳发展进程已成为冷链物流行业全体从业者的高度共识。

（三）规模化是冷链物流高质量发展的路径

2020 年，全国冷链物流市场规模超过 3800 亿元，冷库容量近 1.8 亿立方米，冷藏车保有量约 28.7 万辆，分别是“十二五”期末的 2.4 倍、2 倍和 2.6 倍左右。

然而由于冷链物流技术门槛较高、资金投入大，行业集中的大多是中小企业，呈现“小、散、乱”的特点。我国冷链物流百强企业销售收入仅占市场份额的 10%左右。整个冷链物流市场集中度偏低，无法形成规模效应。另外，受到区域经济发达程度的影响，目前国内冷链物流需求也分布不均，仅长三角三省一市的冷链物流需求便占全国的 1/3 有余。

根据公开披露的资料显示，2020 年我国共有 68 家冷链物流及相关企业发生了 78 起投融资事件，在 26 起已公开融资中，有 18 起融资额过亿元人民币，5 起融资额超 10 亿元人民币。自 2021 年起，冷链物流相关领域共发生融资事件至少12 起，金额不低于 122 亿元人民币。这些融资大多流入了新型冷链物流市场，从资本的青睐度来看，未来资本将会进一步加大冷链物流市场的投资力度。除此以外，交通运输部等有关部门也在积极引导企业整合供应链资源，如完善冷链物流基础设施网络、推动冷链运输技术装备升级、创新冷链运输服务模式、健全冷链运输法规制度和标准等措施，积极推动冷链物流产业集约化、规模化发展。根据现实的需求，未来 5～10 年注定将成为冷链物流市场快速并购重组的关键窗口期。

综上所述，由于资本不断进入、行业标准不断升级、科技不断赋能、国家利好政策不断叠加，以及新型冷链物流市场对于服务社会民生、保障消费安全等方面起到巨大现实作用，新型冷链物流市场将会得到进一步的迅猛发展。

作者简介：

邵乃文先生，煌卓国际有限公司董事长、上海太江集团有限公司董事长，美国商会会员、德国商会会员。长期从事国际投融资和现代智慧产业园区、物流园区的开发、运营，在投融资和工商业地产全产业链投资、运营管理等领域有丰富的经验和建树。

何建成先生，煌卓国际有限公司总裁，曾任千岛湖发展有限公司董事长助理。长期从事市场研究、商品贸易和产业投融资，在市场拓展、现代物流园区开发和运营等领域有丰富的实践经验。

高端装备制造

高端装备制造业是以高新技术为引领，处于价值链高端和产业链核心环节，决定着整个产业链综合竞争力的战略性新兴产业。高端装备制造业主要包括智能制造装备产业、航空装备产业、卫星及应用产业、轨道交通装备产业、海洋工程装备产业等。

数字技术赋能新型电力系统

国电南瑞科技股份有限公司

当前，以能源革命为核心、以数字技术为主要驱动力的第四次工业革命正席卷全球，数字技术与能源技术的深度融合已成为第四次工业革命的发展趋势和特征。加快构建新型电力系统是党中央着眼保障国家能源安全，实现可持续发展，推动碳达峰、碳中和目标实施作出的一项重大部署，传统能源电力生产和运行方式将被极大改变，作为第四次工业革命驱动力的数字技术势必会给电力行业转型发展带来重大影响。

一、构建新型电力系统需要主动拥抱数字化

（一）新型电力系统特征

随着“双碳”进程的统筹推进，我国能源电力发展呈现能源生产加速清洁化、能源消费高度电气化、能源利用日益高效化的大趋势，电力系统也将随之发生重大变化。

一是电源结构由可控连续出力的煤电装机占主导，向强不确定性、弱可控出力的新能源发电装机占主导转变。新能源装机容量大幅提升并成为电力消费增量主体。截至 2021 年年底，我国风力、太阳能发电装机容量约为 6.34 亿 kW，占总装机容量的 26.7%；发电量约为 9815 亿 kW • h，占总发电量的 11.7%。预计到 2030 年，新能源发电总装机容量将达到 12 亿 kW 以上，成为装机主体；2060 年前，新能源发电量占比有望超过 50%，成为电量主体。电源生态更加丰富，将呈现集中式和分布式布局并存，大、中、小容量并立，用户侧将涌现海量分布式电源。

二是用能模式由传统的刚性、纯消费型，向柔性、生产与消费兼具型转变。终端能源消费形式将发生较大变化，分布式能源系统、虚拟电厂（Virtual Power Plant，VPP）、具有 V2G（Vehicle-to-Grid）功能的电动汽车等交互式的用能形式大量涌现，许多用户侧主体兼具生产者和消费者的双重属性，能源利用方式更加个性化、智能化、互动化。

三是电网形态由单向逐级输电为主的传统大电网，向交直流混联方向深入发展，配电网面临着结构形态、技术形态和功能形态变革。电网大范围优化配置能力持续提升；微电网、分布式能源、储能和局部直流电网等新的电网形态不断涌现，与大电网互联互通协调运行，形成以大电网为主导、各种电网形态相融并存的格局；配电网将从传统的被动分配模式转向电力能源主动调控模式，将兼具供能单元、发电单元的作用，并可为大电网提供更多辅助和消纳补偿等增值服务。

四是运行机理从以机械电磁装备为主的高转动惯量系统，演进为以电力电子装备为主的低转动惯量系统。预计到 2060 年，我国电力系统发、输、用各环节的电力电子化程度将分别达 72%、50%、95%以上，电力系统同步运行机理将发生深刻变化，由机电—电磁耦合的物理特性主导转向电力电子装备的控制算法主导；电力系统控制模式发生深刻变化，由连续调节的集中控制模式向快速切换的离散控制模式转变；电力系统运行特性发生深刻变化，由源随荷动的实时平衡模式、大电网一体化控制模式，向源网荷储协同互动的非完全实时平衡模式、大电网与微电网协同控制模式转变。

（二）构建新型电力系统面临的挑战

在传统电力系统向以高比例新能源、高比例电力电子装置、低转动惯量、强随机性为主要特点的新型电力系统转型的进程中，系统安全运行将面临以下三方面严峻挑战。

一是新能源发电主动支撑能力不足，导致电力系统的运行特性进一步复杂化，电网安全风险加大。大规模新能源并网后，常规电源对电网的主动支撑能力被削弱，光伏发电无惯量、风力发电低惯量特征导致系统受扰后的频率、电压稳定问题突出；源荷双侧的不确定性和电力电子设备间的交互耦合，导致系统连锁故障的风险大大增加。

二是面对运行方式强时变、多种电网形态并存、特性复杂的电力系统，缺乏有效的安全稳定分析、决策与控制的支撑手段。新型电力系统控制原理发生根本性变化，控制规模呈指数级增长，控制对象特性差异极大。对海量多元负荷、分布式新能源及强随机性的新形态电网尚缺乏有效的分析决策手段；源荷双侧的不确定性使传统基于确定性框架的安全稳定评估和故障防御策略制定方法面临很大的实施困难，难以适应强时变运行方式的快速评估、决策与控制需求。

三是源荷双侧的强不确定性导致电力电量平衡控制难度加大，新能源消纳面临巨大挑战。电力系统是一个发用电实时平衡系统，新能源的大规模并网，将导致源、荷两侧波动性大幅增加，给电力系统平衡调节和灵活运行带来重大挑战，新能源小发期间电力供应不足和大发期间消纳困难的问题将频繁交替出现。

以上新型电力系统面临的挑战对数字技术赋能提出了新要求。一是新型电力系统大量接入新能源、电力电子装备及可调节负荷，需要采用更加丰富、智能的终端设备，实时高效地感知系统运行状态；二是新型电力系统源网荷储各环节紧密衔接、协同互动，需要更加广泛的信息互联互通和全域共享，提升电网资源配置能力；三是新型电力系统的强不确定性对电力系统安全稳定运行提出了更高要求，需要利用汇聚的海量、多维数据和相关数字技术，支撑更为先进的分析方法和控制策略。

（三）数字技术是构建新型电力系统的必要手段

近年来，云计算、物联网、大数据、人工智能、数字孪生等新一代数字技术蓬勃发展。其中，云计算已成为数字经济时代的基本生产工具；物联网形成以“云管边端”技术体系为基础的人与物、物与物相连的智能化网络；大数据是数字经济时代最重要的生产要素，同时也带来了数据驱动这种新的思维方式；人工智能是数字经济时代的核心驱动力；数字孪生实现对实体对象从物理世界到数字世界的映射。新一代数字技术代表着新型生产工具、生产力、生产关系和生产方式，其发展与应用将成为未来一个时期时代变革的主要引擎之一。

在数字技术与能源技术深度融合的大背景下，为更好地应对挑战和不确定性、构建新型电力系统，就需要能源电力行业主动拥抱数字化。一是需要应用先进的数字传感及物联技术，提升感知、监测与控制能力，构建可观测、可描述、可控制的数字孪生系统；二是需要利用云计算、边缘计算、5G 等技术，提供全覆盖、动态扩展的算力和通信资源构建能力，支撑电网运行数字化平台建设，解决新能源接入、源网荷储互动等问题，在更大范围、更高频度、更深层次实现资源优化配置；三是需要通过大数据、人工智能等技术，突破系统机理模型局限，掌握电力系统运行状态和运行规律，保障电网安全稳定运行。

二、数字技术赋能构建新型电力系统的思考

从物理空间到虚拟空间，从智能电网到能源互联网，新型电力系统将成为以电力电子和数字技术为驱动，能源流、信息流深度融合和高效运行的能源电力系统。

一是数字技术将推动新型电力系统实现全环节广泛互联互通和全域在线透明。利用先进的数字传感和智慧物联技术，形成企业级统一物联接入能力，全面感知和连接电力系统各环节海量复杂多元的终端设备，实现数据精准采集、全域共享，支撑新型电力系统各类对象随需友好接入，满足电网状态全面感知和运行多元化需求。利用大数据、云计算等技术，统筹汇聚源网荷储各环节的数据资源，支撑新能源、柔性负荷等主体的全面感知、广泛互联，实现实体电网在数字空间的实时动态呈现，推动新型电力系统全环节在线、全业务透明。

二是数字技术将给新型电力系统理论技术体系带来全新的研究视角。高比例新能源的强不确定性及电力电子设备的大量接入将深刻改变传统电力系统的形态、特性和机理，传统基于模型和经验的电力系统分析方法越来越难以应对电力系统运行、规划、保护和稳定分析中海量多变的运行方式。应用大数据和人工智能技术，从大量数据中分析出电力系统运行的规律，挖掘出其中的价值，这种数据驱动的电力系统分析方法已成为研究电力系统的新思维和新手段。近年来，基于数据驱动的分析方法已逐步用于电力系统优化运行、稳定分析与控制、系统辨识与监测，以及配用电侧管理与分析等领域的研究，在解决弱规律问题、复杂机理问题以及机理尚未清晰的问题时表现出显著优势。因此，在关注复杂系统机理模型构建的同时，还要重点研究以大数据、人工智能等数字技术为基础的数据驱动分析方法，有助于破解新型电力系统低转动惯量、弱抗扰性、强不确定性特点带来的系统安全稳定运行难题。

三是数字技术将支撑传统电网运行控制模式优化和升级。新能源广泛接入、用户差异化用能行为和能源需求等形成海量主体、多时空尺度、超大规模的复

杂系统问题，需要以数字流引领和优化能源流、业务流，基于电力物联网“云管边端”架构，围绕新型电力系统“源网荷储”业务场景，应用智能传感、智慧物联、业务智能等数字技术，构建状态实时感知、设备广泛连接、数据深度融合、故障在线监测、业务全面智能的电网运行数字化平台，打破源网荷储各环节之间的信息壁垒，实现对全环节海量分散对象的智能协调控制，支撑多时间尺度的电力电量平衡，推动传统电力系统从刚性向灵活柔性的新型电力系统转变，构建新能源大规模供给和消纳的桥梁。

从整体架构来看，充分依托智能传感、边缘计算、数字驱动等技术手段，打造具备广泛连接、海量数据处理、超强感知、数据驱动分析、高度智能决策和快速执行等能力的电网数字孪生平台，提升电网可观测、可描述、可控制能力，促进源网荷储海量要素协同互助，引导能量的有序流动，实现能量流从刚性到柔性转变、信息流从孤立低效到灵活高效转变、价值流从单一分散到统一资源池化转变，助力新能源消纳和安全稳定运行，为电网赋智、为业务赋能。

三、数字技术赋能新型电力系统构建的探索和实践

（一）数字技术提升新能源发电主动支撑能力

大量的新能源发电接入为电网带来一系列新的系统问题与挑战，系统惯量、频率调节能力降低，系统电压调控能力减弱，让电网越来越脆弱。边缘计算等数字技术与电力电子技术、储能技术充分融合协同，将新能源场站控制特性虚拟为同步发电机，实现稳定、动态、紧急态等各个应用功能，支撑自动功率控制和快速频率响应，提升新能源发电的并网友好性能，保障电网安全稳定运行。大数据分析、人工智能等数字技术，将大幅提升新能源功率预测精度，有力提高电网对新能源的消纳能力。

（二）数字技术支撑大电网安全运行

在电网调度运行方面，以云计算、大数据、人工智能等数字技术为驱动，基于“物理分布、逻辑统一”云边协同的全新电网数字化技术架构，支撑电网打造新一代调度技术支持系统，为我国特高压交直流混联大电网安上智慧的“大脑”，实现大电网全业务信息感知、全系统协同控制、全过程在线决策、全

时空优化平衡、全方位负荷调度，显著提升大电网调度运行“预想、预判、预控”能力和智能化水平，有效保障自然灾害频发、多样能源接入背景下的电力系统安全稳定运行。

（三）数字技术促进源网荷储协同互动

通过虚拟电厂数字能源平台汇聚可控负荷、分布式电源、储能、电动汽车等分布式资源，柔性定义电能供给和电能消费；利用智慧物联、云计算等数字技术构建源网荷储多元协同调控平台，实现发电侧、电网侧、用户侧全环节智能互动、有机统一，将电网运行调控从传统的“源随荷动”模式转变为源网荷储智能互动模式，显著提升新能源消纳水平，提升电网灵活调节能力和弹性恢复能力。

实现“双碳”目标、构建新型电力系统是极具挑战性、开创性的战略性、系统性工程，须牢牢把握推动数字技术与能源技术深度融合这一方向，凝聚全行业力量共同推动。我们将加强与产业链上下游协同合作，促进发输配用各领域、源网荷储各环节、电力与其他能源系统协调联动，携手行业同仁共同为实现“双碳”目标和人类社会可持续发展贡献力量。

作者简介：

国电南瑞科技股份有限公司，以先进的控制技术和信息技术为基础，以大数据、云计算、物联网等新一代数字技术为核心，为电网、发电、轨道交通、水利水务、市政公用、工矿等行业和客户提供软硬件产品、整体解决方案及应用服务，是我国能源电力及工业控制领域的 IT 企业和电力智能化领军企业。

新型外绝缘电网助推输配电产业转型

马　斌

输配电产业是世界各国的重大基础性产业，也是关乎国计民生的经济动脉。囿于传统电力外绝缘材料的固有特性以及技术进步缓慢，作为输配电产业重要组成部分的电网设施，普遍存在耗费资源多、可靠性能低、运维成本高等问题。当前，“双碳”目标已成全球共识，推动清洁能源替代加速，支撑绿色电能的大范围传输和大规模应用，需要新建大量电网设施，同时对存量电网进行升压扩容技术改造。对此，传统外绝缘电网显然已无法应对输配电产业绿色低碳转型发展需要。

我国企业通过自主创新成功研发出以“低碳、省地、可靠、经济”为特点的新型外绝缘电网，其在国内部分省区，以及英国、巴西、印度、美国等国家的应用实践表明，这一新型外绝缘电网不仅能有效应对传统外绝缘电网存在的问题，而且可产生巨大的经济社会效益，并将助推全球输配电产业加速实现绿色低碳转型。

一、“双碳”目标下全球输配电产业面临的挑战

（一）全球输配电产业的现状分析

输配电产业是超大型基础产业，涵盖输配电设备的生产和电网工程的设计、施工、运维等诸多方面，全球市场巨大。当下，全球电网资产超过 20 万亿元人民币，每年还以数万亿元人民币的幅度在增加。

然而在发展过程中，输配电产业总体呈现两个特点：一是行业整体集中度

不高，市场巨大但企业“小而散”。据中国电力企业联合会统计，2019 年我国输配电行业规模以上企业数量达 12700 多家，行业销售收入近 4.3 万亿元人民币，而在 76 家上市公司中，收入规模排名前五的企业在行业总收入中的占比均不到 1%。国际上，年收入规模最大的企业 ABB，其收入也仅在 500 亿元人民币左右，在行业销售收入中占比不到 2%。输配电行业企业众多，但缺乏真正能引领行业的“大块头”。

二是行业整体技术水平偏低，竞争激烈但研发水平不高。由于企业普遍较小，达不到规模经济要求，缺乏充足的资金投入研发，导致专业化水平上不去，技术进步缓慢。尤其是低端市场同质化竞争激烈，低水平重复建设带来资源配置效率低下，造成行业浪费较严重，也限制了输配电产业技术、装备和发展水平的整体提升。

这样的产业格局和发展现状，在一定程度上限制了全球输配电尤其是电网建设的水平。

（二）“双碳”目标带来的市场机遇

“双碳”战略倡导绿色、环保、低碳的生产生活方式，引导绿色技术创新，提高产业和经济的竞争力。随着产业结构和能源结构的调整，作为碳排放重点领域之一的输配电产业，其低碳转型也将同步进行。

为应对“双碳”目标，绿色电能替代成为社会发展的必然趋势。国际能源总署发布的年度电力市场报告指出，2021 年全球用电需求激增 1500MW • h，比 2020 年增加 6%，导致电价飙涨，与此同时，二氧化碳排放量在 2019 年、2020 年连续两年下跌后，2021 年又恢复增加，激增 7%至空前新高。国际能源署署长法提赫 • 毕罗尔（Fatih Birol）指出，各国应扩大低碳能源科技投资，同时扩大稳健而智慧的电网。我国也由国家发展和改革委员会联合多家部委印发了《关于推进电能替代的指导意见》，从推进电能替代的重要意义、总体要求、重点任务和保障措施四个方面提出了指导性意见，为全面推进电能替代提供了政策依据。

电能产量的增加是输配电产业发展的前提与保障。绿色电能替代加速为输配电产业的壮大提供了契机，由此形成巨大的全球电网市场。彭博新能源财经研究报告 *Power Grid Long-Term Outlook 2021* 显示，为满足绿色电能替代带来的需求增长，到2050年，全球电网投资将至少增加90万亿元人民币。为承接上述需求增长，全球需要大量新建电网设施，同时对原有的存量电网进行升压扩容改造。

（三）全球输配电产业面临的转型挑战

当前和今后一个阶段，从世界范围内的电网行业投资者和消费者角度来看，电网建设面临着三大无法绕开的难题。

一是碳排放受到限制。作为碳排放重点行业领域之一，输配电产业在输配电设备、电网建设用材料的生产过程中，以及电网工程施工过程中形成的碳排放量，将受到一定的刚性约束。二是征地越发困难。由于土地资源的稀缺，全球电网设施建设项目征地将越发困难，尤其是土地紧张或征地成本高企的发达国家和地区，电网用地矛盾更加凸显。三是供电可靠性、经济性越发受到人们关注。随着电能在终端能源消费中占比越来越大，消费者对供电可靠性和经济性也越来越敏感。

这些难题的化解，对上游输配电产业而言，将会是一个较大的转型挑战。

事实上，当前的输配电产业因传统外绝缘技术的进步缓慢和本身固有的问题，并不能支撑电网建设面临的以上挑战。主要原因在于，传统外绝缘电网中使用的输配电装备，对新材料的应用较为保守，一直未有较大的突破。一方面仍大量使用陶瓷、玻璃等传统绝缘材料；另一方面未依托新材料在机械承载和电气绝缘方面的双重功能对装备进行结构创新。由此，不可避免地给电网建设带来如下问题。

一是耗费资源多。由于传统输电铁塔结构为塔身两翼下挂绝缘子，受风吹摆动，对塔身的绝缘距离会缩短，造成对铁塔放电，为保障输电安全不得不增加铁塔宽度，从而造成铁塔体积庞大，耗用大量钢材；同时，由于外挂绝缘子容易产生风偏、闪络跳电，不得不预留较大走廊宽度，铁塔底座及输电走廊需要占用大量土地。二是可靠性能差。传统外绝缘主要使用陶瓷和玻璃材料，均具脆性和亲水性特点。使用陶瓷和玻璃材料会使外绝缘设备在高温高压、极端天气、自然灾害情况下，容易因微观缺陷引发断裂甚至爆炸事故，进而造成变电站瘫痪；还会让外绝缘设备表面吸附雨水或污秽，形成导电通道，造成绝缘性能衰减，引发闪络停电事故。三是运维成本高。由于传统外绝缘材料特性会引发外绝缘先天缺陷，全球电网不得不配备相关队伍，进行日常维护和修理，产生大量支出。

二、我国新型外绝缘电网的创新与应用

（一）外绝缘是输配电产业链的关键环节

在世界电力工业 100 多年的发展历程中，安全性和经济性是电力系统长期以来所坚持的最基本特征。从电力系统的构成来看，各类电气设备是其基本单元，而设备的外绝缘部件兼具电气绝缘和机械支撑的双重机能，是实现设备功能的最基本要素。换句话说，外绝缘遍及整个电力输送大动脉的所有环节，是事实上控制电力系统安全性和经济性的战略性组件，也是输配电产业链的关键环节。

长久以来，陶瓷和玻璃绝缘子脆断、闪络和爆炸的事故时有发生，严重威胁电网的安全稳定运行；作为替代品的早期复合绝缘子则深陷材料属性不佳、配方和工艺不良等困境，出现大量龟裂和粉化的老化问题，难以长期运行，造成电网建设投入的巨大浪费。

据业内人士介绍，在所有电力装备当中，由外绝缘引发的电网事故和造成的浪费约占 60%。保守估算全球电网每年用于传统外绝缘的运维费用超过 2000 亿元人民币，还不包括相应的停电损失。

（二）我国新型外绝缘电网的革命性优势

10 多年来，神马电力集团通过与国家电网、南方电网、清华大学、西安交通大学等单位协同创新，以新材料、新工艺自主研发出新型外绝缘电网整体解决方案，主要包含新型复合横担塔紧凑型输电方案、新型全复合外绝缘紧凑型变电站方案和新型 30 年不跳闸外绝缘配电网方案，具有低碳、省地、可靠、经济的优势。

一是低碳，这一新方案采用新型复合横担输电塔替代传统输电塔，平均每基铁塔可减少 20%的钢材、20%的混凝土使用量。未来 30 年，全球平均每年投资 3 万亿元人民币建设电网，其铁塔年用钢量约为 8000 万吨，按生产每吨钢需

要排放 1.8 吨碳计算，采用新方案每年可减少 2160 万吨碳排放，相当于 2020 年全球碳排放总量的近 1‰。另外，运用新技术改造存量电网，可大幅甚至成倍提升输电容量。在不更换输电塔和不增大输电走廊宽度的情况下，可以经济、便捷地对存量电网进行升压、增容改造。据测算，采用新技术对全球存量电网进行全面改造，在同等用电需求的情况下，未来 30 年可减少 30%的新增电网投资，由此仅减少用钢量所带来的碳减排就极为可观。二是省地，新方案将平均减小 20%的输电走廊宽度和 10%左右的变电站使用面积，将大大缩小输变电设施设备的土地占用量，缓解越来越尖锐的用地矛盾。三是可靠，由于新方案使用新型复合外绝缘，将杜绝输电线路闪络跳电，以及变电站外绝缘闪络、脆断、爆炸事故，进一步提高电网运行的可靠性。四是经济，新方案使用钢量和征地减少，使得电网一次建设成本大为降低，外绝缘 30 年免维护，使得运维成本大大降低，电网外绝缘事故清零又使得停电损失大为减少。

（三）推动绿色低碳转型的全球应用实践

近年来，这一新型外绝缘电网已在国内部分省区及英国、巴西、印度、美国等国家积极应用，并初显成效。2000 年以前，我国的变电站设备外绝缘在超高压领域一直处于被“卡脖子”的状态，全部依赖进口。新技术诞生以来，不仅打破了国际垄断，而且在超高压及以上领域迅速成为主流应用。其中，在交直流特高压工程中，超过 90%的工程应用了新型复合外绝缘产品，相比于使用进口产品，节约了上百亿元人民币的建设成本，而且实现了外绝缘运维成本和事故损失双清零。从 2009 年开始，国家电网和南方电网在覆盖多省的 39 条输电线路中试点新技术，目前已实现从高压到特高压的全电压等级工程应用，相比传统技术，展现出了巨大的经济效益与社会效益。

近年来，欧美发达国家以及巴西、印度等国快速应用中国新技术，替代传统外绝缘。在变电站领域，欧美发达国家的年替代速度超过 30%。在输电领域，英国国家电网公司先后在欣克利角核电站一、二期线路中应用新技术。针对“双碳”目标下电网投资面临的挑战，英国国家基础设施委员会启动了创新项目，目的是通过对国家电网数条重要线路进行升压、扩容改造，从而推动全面应用中国新型外绝缘电网技术。2019 年，印度海德拉巴一条 132kV 线路采用这一方案，随后印度中央电力局将新方案作为一种新的技术规范开始在全国推行。2021 年，神马电力集团成功中标巴西国家电力监管机构 Aneel 的两条 345kV 输电线路工程的投资、建设和运营。2021 年 12 月，在巴西合计 35 亿元人民币的电网投资招标中，超过 22 亿元人民币的项目中标方，均在与中国企业洽谈应用新型外绝缘电网技术。2021 年，美国电网公司经过对新技术的认证，随即启动了对 3000 千米输电线路的增容改造项目。

三、加快发展新型外绝缘电网助推输配电产业转型升级

“双碳”目标推动绿色电能替代，全球电网建设将大幅提速，用新技术方案新建增量电网和改造存量电网，将是化解挑战、降本增效的战略举措。同时，我国新型外绝缘电网经过在全球的应用实践，表明其综合效益和引领作用将有力助推全球输配电产业转型升级。

（一）以应用促发展，打造输配电产业链“龙头”

目前，由生产厂家和电网用户共同确立的新型外绝缘电网的标准体系已初步建立，包括国际、国内标准近 40 项，该技术也已入选国家能源局首台（套）重大技术装备项目，国家电网和南方电网均将其纳入了新技术推广目录。加速推广应用新型外绝缘电网的基础已经具备。

当下，全球输配电产业正处在向绿色低碳转型发展的关键时期，宜抓住产业链关键环节，扩大以“低碳、省地、可靠、经济”为特征的新型外绝缘电网在国内外的落地应用，鼓励企业“走出去”，占领国际市场，实现向全球市场提供工程设计、产品制造、施工和运行维护一体化方案，进一步强化自身的供应链能力，加速形成全球输配电产业链“龙头”企业，以此带动整个输配电产业绿色低碳转型。

（二）加快新材料技术研发，提升输配电产业整体水平

电网的可靠性与经济性，本质上取决于电力装备所用材料的可靠性与经济性，新型外绝缘电网的革命性正是来源于此。业内专家认为，全球输配电行业

当前正以“新型外绝缘电网”革新“传统外绝缘电网”，下一步将以“新材料电网”革新“传统材料电网”。

因此，宜抢抓全球能源转型发展窗口期，加强产业政策引导，鼓励企业增加研发投入，加快输配电产业领域新材料、新技术革新迭代速度，通过模式创新和资源整合，将新型外绝缘电网的行业技术优势转化为全球产业优势，促进资源优化配置，助推产业整体水平提升，加快全球输配电产业转型发展。

作者简介：

马斌先生，神马电力集团董事长，江苏神马电力股份有限公司董事长兼总裁，中华全国青年联合会委员，江苏省政协委员，南通市工商联副主席。两次荣获国家科学技术进步奖特等奖，曾被授予国家电网公司重要贡献专家、江苏省劳动模范、江苏省十大杰出青年等荣誉。

打造全球柔性电子自主创新高地

张杨洋

当今世界发展的逻辑，已由曾经的机会驱动和资源驱动，转变为科技驱动和绿色环保驱动。党的十八大以来，我国把创新提升到前所未有的战略高度，强调创新是引领发展的第一动力，科技自立自强成为国家发展的战略支撑。在这一战略的推动下，我国全球创新指数排名持续多年稳定攀升。虽然我国科技发展一度通过应用创新获得全球科技创新成果外溢的“技术红利”，但也使我国科技和产业发展的“地基”不稳。我国科技创新能力与发达国家相比仍有较大差距，突出表现为原始创新成果较少、基础研究缺乏、底层技术短板突出、核心技术和关键设备对外依赖度较高、“卡脖子”技术较多等。在当前形势下，柔性电子作为国家颠覆性创新核心领域的重要科技发展方向之一，为中国科技通过自主创新抢占全球技术高地、回归底层基础创新、引领第四次工业革命，提供了绝佳的换道超车机会。中国未来有望以柔性电子的科技创新成果参与塑造世界科技和世界经济的新格局。

一、柔性电子性能特点与全球发展

柔性电子（Flexible Electronics）是以塑料基板、金属薄板、玻璃薄板、橡胶基板等可弯曲或可延展的柔性基板为衬底，将有机或无机复合（杂化）材料沉积于衬底上的新兴电子技术。它以柔性材料为基础、柔性电子器件为平台、光电技术应用为核心，是一类高度融合了物理、化学、材料科学与工程、力学、光学工程、生物学、基础医学等学科所形成的新兴交叉科学技术。

作为一种颠覆性的科技创新形式，柔性电子技术在业界被公认为下一代人机交互和万物互联产业的基础平台型技术，其按照应用方向可以分为柔性显示、柔性传感、柔性集成电路、柔性电池等。柔性电子器件具有可变形、便携式、质量轻、厚度薄、可穿戴等特性，在一定范围的形变（弯曲、折叠、扭转、压缩或拉伸）条件下仍可工作。相比于传统电子，它更能适应不同的工作环境，极大地扩展了电子器件的适用范围，在消费电子、医疗、信息、交通、能源、国防等领域拥有广泛的应用前景。

2000年，美国《科学》杂志将有机电子技术进展列为2000年世界十大科技成果之一。西方发达国家纷纷制定了针对柔性电子的重大研究计划。例如，日本TRADIM计划设立了先进印刷电子技术研发联盟，重点发展印刷与柔性电子材料及工艺关键技术；英国的“抛石机”计划和建设英国未来计划均将柔性电子作为先进制造业的重点领域；英国帝国理工学院聚合物半导体之父Donal Bradley爵士专门设立了塑料电子中心，针对有机半导体光电材料及其光电性质开展研究；2012年，美国将柔性电子制造作为先进制造11个优先发展的尖端领域；同年，NASA制定柔性电子战略，2014年成立柔性混合电子器件制造创新中心；此外，欧盟第七框架计划投入数十亿欧元的研发经费，重点支持柔性显示器、聚合物电子的材料/设计/制造/可靠性、柔性电子器件批量化制造等方面的基础研究。柔性集成技术是柔性电子实现产业化的关键，而这类技术主要垄断在韩国三星公司和LG公司手中。

2013年，三星公司推出了柔性OLED屏幕YOUM，随后将其应用在Galaxy Note Edge智能手机中，开启了固定曲面屏这一全新的手机显示模式。2014年，柔宇科技生产出全球第一个厚度仅为0.01毫米的全彩AMOLED全柔性显示屏。2017年，苹果iPhone X为固定曲面屏形成示范效应，引发各大主流手机厂商跟进，纷纷在手机屏幕设计上采用一次成形的固定曲面屏，掀起柔性OLED热潮。2018年，柔宇科技建成全球首条全柔性AMOLED大规模量产线，并发布全球首款商用智能折叠屏手机FlexPai。随后，三星、华为、摩托罗拉、小米等手机厂商陆续跟进推出相应的折叠屏手机产品，让全柔性屏获得人们的广泛认知。

与一次成形的固定曲面屏不同，折叠屏是真正的全柔性屏，可经受反复折叠几十万次以上。折叠屏的出现，彻底革新了传统直板手机的应用形态，使手机屏幕能够折叠和展开，大屏显示和便携这一对看似无法调和的矛盾得到解决。

根据弗若斯特沙利文的报告，预计到2025年，全球柔性电子行业的市场规模将达到3049.40亿美元，2019—2025年的年复合增长率约为144.71%。最近

CINNO Research 的监测数据显示，2021 年上半年中国市场智能手机销量约为 1.6 亿部，其中，OLED 智能手机销量占比为 51%，而柔性 OLED 出货量在 2020 年就已超过刚性 OLED，LCD 面板则持续出现量价同时下滑。除了智能移动终端，智能交通、文娱传媒、智能家居、运动时尚和办公教育等各行各业对柔性电子技术的需求也在迅猛增长。

二、以史为鉴，柔性电子创新打破国外技术垄断

柔性显示是柔性电子技术中发展较快的代表性应用。自 20 世纪 80 年代开始，显示技术经历了从 CRT（阴极射线管）到 LCD（液晶显示），再到 OLED（有机发光二极管）的发展阶段。回顾历史，每次显示技术的进步，都伴随着屏幕便携性和显示效果的大幅提升，以及产业的重新洗牌。

改革开放初期，中国在 CRT 电视领域通过技术引进建立了完整的中国彩电工业，并一度在产量和出口上都名列世界第一。但随着液晶显示技术的发展和替代，当国外企业纷纷抛弃 CRT 生产技术转向 LCD 时，国内从玻壳和彩管到彩电整机的大批生产企业仍在继续购入设备扩大产能，结果导致很多耗资数亿元引进的生产线还未组装完成便因市场萎缩而报废。2007 年之后的四五年间，中国 20 多年苦心孤诣建立起来的“八大彩管厂”相继破产，中国彩电工业再次陷入对国外 LCD 供应商的高度依赖之中。

有学者曾研究指出，过度依赖引进是导致国产 CRT 溃败的根本原因。一哄而上企图以资金和市场换技术的大规模引进，不仅放弃了自身的技术研发基础，还使中国彩电工业成为一个只会引进现成技术不会研发创新的工业。而一个没有切身参与新技术发展过程的企业，是不可能提前预判产业发展的，更遑论主导产业发展方向。在当前 LCD 逐步向 OLED 过渡的时期，仍须高度警惕历史再次重演。

在柔性显示领域中，OLED 是发展得相对成熟的技术，其发光原理与液晶面板的背光模组不同：OLED 单点主动发光，无需液晶盒与背光源，不仅有效降低了屏幕厚度，而且使得屏幕显示更加均匀，具有近乎无穷的对比度，同时载流子注入并复合导致发光的方式使其所需驱动电压更低、响应速度更快，可视角度、色彩饱和度和亮度能达到很高的参数，同时 OLED 屏幕还具备可弯折的柔性特质。这些优势使得 OLED 从高端智能手机屏幕的应用开始，正在以可

见的速度对其他 LCD 产品形成替代。事实上，以京东方为代表的国产显示面板厂商在 LCD 工业上取得了振奋人心的成就，同时也在积极布局 OLED 的产线建设。

但不容忽视的是，当前主流的 OLED 量产线几乎都采用了三星的低温多晶硅技术路线（LTPS），其技术标准的制定、核心技术专利、关键制程设备及先进制造工艺，甚至核心原材料，都牢牢掌控在三星手里。在市场上，三星占据了以智能手机、笔记本、平板电脑等为主的小屏 OLED 市场的主要份额，LG 则把持着以彩电为主的大屏 OLED 市场。根据 IHS 统计，2019 年三星、LG 分别垄断了全世界 OLED 出货量的 90%以上。有媒体指出，自从中美贸易摩擦和韩日半导体摩擦（日本断供韩国关键半导体生产原料）爆发以来，一些事关国家重大战略方向上的供应链安全问题便变得前所未有的重要，关键领域的自主知识产权、国产替代的产业价值得到释放，这些领域一旦失守将会深刻危及国家的经济和战略安全。

正如苹果不是在传统功能手机的产业模式和操作系统上打败诺基亚的，特斯拉也不是在传统汽车巨头的赛道上异军突起的，中国的 OLED 柔性显示也很难在韩国三星制霸的 LTPS 路线上获得超越，唯一的机会是从底层进行自主创新，构筑属于自己的坚实地基。毕竟，在别人的地基上盖房子，楼越高风险越大。柔宇科技通过自主创新研发的超低温非硅制程集成技术（ULT-NSSP），成功绕开 LTPS，打破了韩国厂商的技术垄断。该技术可以有效降低制程所需的最高温度 200～300℃，而且不需要激光退火、离子注入、高温脱氢等制程环节和相应设备，并减少了曝光显影次数、TFT 制程数及高温设备的投入，使得产品具有更高良率、更低成本、更耐弯折的特性。中国科学院外籍院士、美国工程院院士、柔性电子专家、斯坦福大学教授鲍哲南认为，在全球全柔性显示领域，该技术是有望革新传统显示产业的原创技术。2018 年，全球首条拥有完全自主知识产权的全柔性屏量产线在深圳龙岗建成投产，真正属于中国自己的全柔性屏从此开始了技术迭代和规模出货。2020 年，第三代蝉翼全柔性屏经过中国计量科学院测试，完成了 180 万次 0°～180°往复弯折，超出其他同类产品一个数量级。同时，在智能移动设备、智能交通、办公教育、文娱传媒等六大行业柔宇科技同 500 多家客户建立了合作，把柔性电子应用到了空中客车的机舱内、中车时速 600 千米的磁悬浮列车的车厢里、春晚和军运会等国家级的舞台上、LV 的手包上、国际篮联的裁判服上，以及企业和机关各种大大小小的会议铭牌上。

三、推行柔性电子技术具有四大战略意义

“科技创新 2030”提出要提升核心电子器件及集成技术。

首先，在“双循环”格局下，大力推行柔性电子技术有助于实现核心技术的自主可控，解决“卡脖子”问题。以显示行业为例，当前 TFT-LCD 液晶显示面板仍为市场主流，虽然中国企业的出货量和出货面积已经领先海外，但原理技术、核心材料和关键设备仍来自海外企业，国内厂商布局的 OLED 柔性产线对海外的依赖度较高。鼓励国内从业者进行柔性电子自主创新，从上游设备和材料到中游制造工艺再到下游产品应用，建立完备的自有产业链条，实现国产替代，有效规避被制裁和“卡脖子”的问题。

其次，大力推行柔性电子技术有助于推动产业升级。我国自 20 世纪 50 年代开始工业化以来，产业升级就是一个持续的命题。即在发展高新技术的同时，推动现有工业向更高生产率和更高附加值的产业活动转移。换句话说，产业升级既需要不断发展新的尖端技术，也要让新的尖端技术横向进行更广泛的扩散，目的是获得更高质量的均衡发展。产业升级的源动力依然是技术进步。在半导体和集成电路早已成为各行各业基础设施的今天，和全球站在同一起跑线上甚至占据优势地位的中国原创柔性电子技术，事实上承载着产业升级的千钧重担。柔性显示所在的半导体显示行业、柔性集成电路所在的集成电路行业是我国信息产业持续发展的战略性产业，产业链较长，对上下游产业具有明显的带动性，且辐射范围广，对整个信息产业转型升级、产业结构提升、经济增长方式转变等都具有重要意义。

再次，柔性电子产业链变革将带来万亿元的市场容量，有助于推动我国跨越中等收入陷阱。柔性显示作为柔性电子的代表应用，绝不仅是一个显示产品的革新，从上游的装备和材料，到下游产品的设计和制造，甚至到软件和移动互联网，它最终会影响一个生态系统。柔性电子行业正吸引整个产业链的参与者不断涌入。正如 LCD 对 CRT 的替代一样，LCD 不仅替代了所有的 CRT 电视，应用范围还扩展到手表、计算器、计算机、手机等上，改变并造就了一系列新产品线。同样，柔性电子也不仅是对当前 LCD 显示的全面兼容，它向其他更

广阔的传统行业的横向渗透，将带来一个万亿级的全新市场。由于全柔性显示屏及全柔性传感器把人们从刚性的物理形态限制中解放出来，加之其在厚度、重量、耐用性、色彩和节能等方面的优势，柔性电子产品的应用范围将在现有电子产品的基础上呈几何级数扩大，在消费端为万物互联时代提供前所未有的智能生活体验，在产业端实现经济发展方式的转变。

最后，发展柔性电子有助于“双碳”目标的实现。柔性电子对于碳达峰和碳中和的贡献，既体现在生产制造环节，又体现在广泛的产品应用上。ULT-NSSP技术的生产制造工艺和先进的运营管理方式，较传统 LTPS 技术路线在制造环节实现无污染、全自动化以及绿色节能具有更明显的优势。而柔性电子制品的应用，具有更高的集成性和使用效率，还有节省体积与重量所带来的显著低碳优势。例如，柔性会议铭牌的使用，能大大减少对树木的砍伐和对传统纸张的消耗，即便只有 1%的中国企业使用这一产品，每天都将减少 8000 棵树木的砍伐，对应一年将吸收 438 万吨二氧化碳、增加 292 万吨氧气。民航飞机上用柔性屏替代传统厚重的液晶显示模组，可为每架飞机减重至少数百千克，每架飞机每年节省燃油可达近百万美元，也可显著减少燃油带来的碳排放。

四、发展柔性电子产业的难点和建议

现阶段，柔性电子产业存在技术难度高、资金密集、周期长、从上游设备材料到下游市场应用均不成熟等难点。柔性电子是横跨材料学、物理学、化学、光学、半导体微电子、机械工程、软件等多个学科的前沿综合产业，任何一个环节有短板都很难实现。因此，柔性电子产业准入门槛非常高，而且要靠最前沿的核心自主技术“针尖突破”取胜。基础技术的积累是科技发展的必由之路，它需要资本的助力，更需要与时间为友，以及在长周期中保持足够的耐心。

传统显示厂商大多基于 LCD 产线投入成本的考量，以及对以上难点的审慎抉择，整体对下一代显示技术的推动缺乏足够动力。但中国科技绝不能再像以前那样只看眼前，必须在短期利益和长远利益之间寻找一个合理的平衡点。因此，发展我国柔性电子技术建议从顶层设计、构建产业生态体系、推动行业应用的普及入手，抓住新一代显示产业发展初期的契机，尽快形成我国在未来全球柔性显示领域的领先地位。

第一，应从顶层设计推动全柔性显示产业快速发展。半导体显示技术的更新换代，为中国电子产业崛起提供了百年难遇的历史机遇，需要从国家战略的高度来统筹考虑。回顾韩国半导体产业和屏幕产业的崛起之路，他们很早就从国家层面意识到芯片比黄金更贵重，举全国之力扶持三星等产业巨头，再加上韩国民众的上下同心，才在这一领域达到顶峰。欧美韩日等国家已经把柔性电子作为战略性技术发展方向，建立了相应的产业规划。在这一新兴技术领域，幸运的是中国企业第一次通过自主研发摆脱了技术跟随，甚至在柔性显示的基础理论研究与产业化转换上已经实现了全球领先。建议主管部门从顶层设计入手，出台相关政策，规划基础理论研究攻关课题、设置重点国家实验室、加强产业生态建设、引导产业合作、鼓励跨行业创新应用、进行柔性技术科普等，系统性地推动我国柔性显示及柔性电子产业的高质量和高速度发展。

第二，须构建全柔性显示产业生态体系。柔性电子融合了电子电路、材料、化学、微纳米制造等多个领域的技术，还涉及物理学、化学、力学、材料学等学科技术，横跨半导体、封装、检测、材料、印刷电路、显示面板等产业，是一种跨产业的超复合型技术，需要产业链上的各厂家（包括装备制造、材料供应、柔性屏研发与量产、软硬件配套、采购与集成、渠道销售等），以及研究机构、国家主管部门的通力协作，共同构建在原创技术基础上的独立产业链体系。从原创技术的研发，到构建起全球领先的供应链和产业链，这是一个极其庞大而艰巨的工程。以柔性显示为代表的柔性电子有望以点带面，在“双循环”的新格局下形成中国电子产业在全球的影响力和主导性力量。国内领航企业在身体力行之余，也积极推动产业联合与跨行业合作，期望主管部门在“十四五”时期能发挥“力出一孔”的制度优势，以“十年磨一剑”的技术攻关精神，协调社会各方资源共同努力，摆脱多年以来中国在电子产业中“缺芯少屏”的问题，为数字中国的建设奠定底层技术基础。

第三，在下游消费端还须加速推动全柔性显示技术应用普及。目前，柔性显示产品主要应用于智能手机领域，在其他产业和行业的应用仍然处于探索性阶段。加大柔性显示产品在各行业的应用，特别是与 5G 和物联网的深度融合，将极大地提升当前工业体系中感知交互应用能力，前所未有地拓展智能柔性电子的应用场景与数量，进而推动柔性显示产业规模形成，优化产业结构，加速技术的产业化进程。

人类社会的发展始终与材料的进步密不可分，人类文明经历了石器时代、青铜器时代、铁器时代、硅时代，而今柔性电子正在通过与生物科学息息相关的碳基重新定义时代。作为未来社会的基建材料，柔性电子无异于泛物联网时代的“钢筋水泥”，必将为我国引领第四次工业革命和引导全世界经济发展提供澎湃不绝的动力。

作者简介：

张杨洋先生，深圳市柔宇科技股份有限公司党委书记、供应链中心总经理。先后毕业于清华大学精密仪器与机械学系、北京大学光华管理学院工商管理专业。2017 年加入柔宇科技，历任供应链中心总监、总经理，运营中心总经理，政府及公共关系部总经理，公司党委书记。

我国液压产业发展的现状及面临的挑战

邱永宁

一、液压产业发展现状

MarketsandMarkets 数据显示，2020 年全球液压件市场规模约为 2580 亿元人民币，预计至 2025 年，市场规模将增至 2904 亿元人民币（见图 1）。分地区来看，美国、中国、欧洲、日本的市场份额居全球前四，2019 年分别为 38.0%、30.2%、15.1%、9.3%，占比合计超 90%。

一直以来，全球液压行业市场集中度较高，主要市场份额被几大国际巨头掌握，中国液压企业的全球竞争力相对较弱。但以恒立液压为代表的国内液压企业多年来坚持研发投入，不断迭代技术能力，始终努力追赶国际领先水平。近年来，国内市场需求的快速扩张，以及全球新冠肺炎疫情的发展，使得国外厂商的生产活动受到较大影响，交付能力下降，中国厂商趁势抓住市场机遇，获得了大量下游客户订单，实现了跨越式发展。据国际流体动力统计委员会数据显示，2012 年博世力士乐、派克汉尼汾、伊顿、川崎重工在全球液压市场中的占有率分别为 24.2%、9.2%、8.5%、4.5%，合计达到 46.4%，同期恒立液压市场占有率仅为 0.5%；到 2020 年，上述 4 家国际厂商合计全球市场份额下降至 34.8%，同时恒立液压市场占有率快速上升至 3.0%。

2020 年中国液压件市场规模约为 779 亿元人民币，是全球第二大液压件市场。中国液压件下游需求广泛，主要包括工程机械、航空航天、冶金机械、工程车辆等领域，其中，工程机械领域应用占比最高，超过 40%，航空航天、冶金机械、工程车辆领域应用分别占比近 10%。2016 年以来，在房地产投资增长期拉长、基建投资拉动渐强的背景下，我国工程机械行业需求呈现持续强劲增长态势，尤其是作为液压件重要应用领域之一的挖掘机市场销量持续增长，2020年我国挖掘机销量达 32.76 万台，同比增长 39%。下游行业的爆发式增长导致液压件产品供不应求，市场规模快速增长，行业利润水平上升明显。

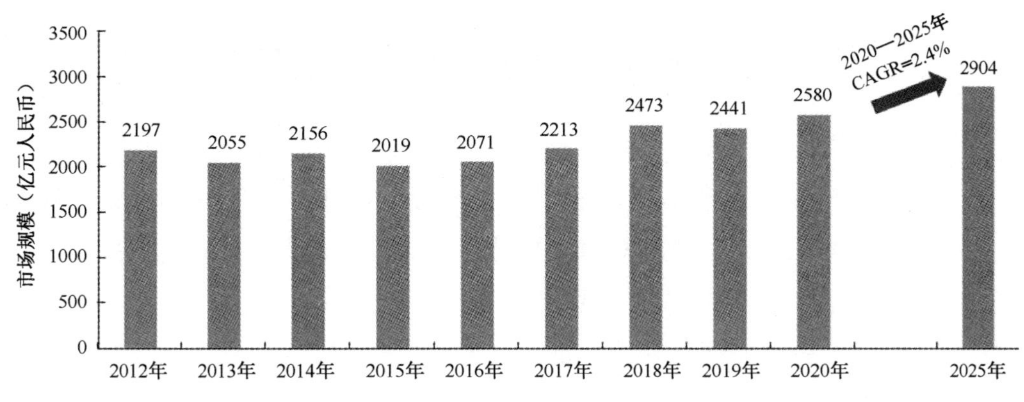

图 1　全球液压件市场规模变化

数据来源：综合国际流体动力统计委员会（ISC）、MarketsandMarkets 数据整理。

二、液压技术的运用

（一）工程机械

工程机械是中国装备工业的重要组成部分，主要用于国防建设工程、交通运输建设、能源工业建设和生产、矿山等原材料工业建设和生产、农林水利建设、工业与民用建筑、城市建设、环境保护等领域。工程机械销售量不仅体现着工程行业的发展，它在一定程度上也是国家经济的反映，体现着国家经济水平状况。

我国的城镇化、现代化建设，使工程机械具有良好的市场前景。我国现在的城镇化率与发达国家相比，差距还很大，我国城镇化率只有 57%，而美国、日本已达到 90%以上，要缩短与发达国家的差距，还需要在城镇化建设上加大投入，从而增加对工程机械的需求，为工程机械发展提供巨大的发展空间和市场机会。工程机械的需求主要来自土石方工程项目、房地产工程项目、货物的仓储搬运及出口。其中，固定资产投资对工程机械的拉动作用最大，一般情况下，工程机械的需求量占整个工程投资总额的 5%～8%。

长远来看，工程机械行业依然是日不落产业，城镇化促使基础建设快速发展，中国工程机械行业至少还有 10 年以上的发展期。随着国家各项政策的实施，未来的基础设施建设将在城镇化大潮中高速发展，工程机械行业将会直接受益。中国是世界上工程机械的第一产销大国，工程机械的销售量占全球销售总量的 60%，销售额占全球总销售额的 40%。预计“十四五”期间国产品牌国内总体市场占有率将维持在 70%左右，其中在高端大型挖掘机市场的占有率将突破 55%；出口市场规模超过 3 万台/年，实现核心液压件国产化率超过 60%。

工程机械是液气密产品配套最大的主机行业，约占液气密行业销售额的 45%，需要大量中高压柱塞泵/马达、中高压多路阀、比例阀和伺服阀、中高压液压油缸、齿轮泵、内啮合齿轮泵、液压附件、液力自动变速箱等产品及其配套的品种繁多的各种橡塑密封件。目前，工程机械配套所需的高端液压件、橡塑密封件仍大量依靠进口。

（二）汽车工业

中国汽车工业协会发布的统计数据显示，2019 年，我国汽车产销分别完成 2572.1 万辆和 2576.9 万辆，同比分别下降 7.5%和 8.2%，产销量继续蝉联全球第一。我国已是世界第一大汽车生产国和全球最大的汽车消费市场。从汽车保有量来看，我国汽车总保有量仅次于美国，居世界第 2 位，但人均汽车保有水平远低于发达国家，甚至低于一些相同发展阶段的国家。世界银行公布的 20 个主要国家千人汽车拥有量的调查数据显示，中国千人汽车拥有量为 173 辆，居全球第 17 位。这也说明我国汽车市场从中长期来看仍有较大的发展空间，增长仍是未来一段时间的主要趋势。

预计“十四五”期间，宏观经济仍将保持稳定增长，在全面做好“六稳”，统筹推进稳增长、促改革、调结构、惠民生、防风险、保稳定工作中，中国汽车产业仍将持续调整，延续恢复向好、总体稳定的发展态势。汽车发动机及变速箱动力总成系统、发动机管理系统、主动或被动安全系统都需要配套很多液压/气动泵、阀，以及各种动静密封系统、橡塑密封件。

（三）重型机械

近年来，包括冶金机械、矿山机械、输送机械在内的重型机械行业，由于受国家重点工程重大项目和基本建设的投资拉动，为国民经济各部门及军工等提供的所需的重型、成套技术装备及大型铸锻件产量在逐年增加。

当前，我国国民经济继续保持平稳较快发展，产业升级与结构调整方兴未艾，工业化、城镇化进程仍在快速推进过程中，对我国冶金、能源、交通运输等行业的投资需求构成持续拉动，形成对重型机械制造行业的稳健需求，将在较长期内为重型机械行业的高景气提供保障。

来自重型机械行业的报告显示，大量的冶金机械、矿山机械、输送机械成套设备配套的关键液压件、密封件还主要依靠进口，这也是制约我国大型成套设备国产化的瓶颈之一。重型机械产品需要大量中高压柱塞泵/马达、中高压多路阀、比例阀和伺服阀、中高压液压油缸、电液控制系统、叶片泵、齿轮泵、成套液压系统、液力变矩器、液力偶合器、气动元件，以及配套的密封件。

（四）农业机械

随着城镇化的脚步加快，从事传统农业的劳动力急剧减少，大规模机械化作业取代人力劳动将是大势所趋。传统承包户小规模经营向家庭农场适度规模经营转变，将是我国农业发展的必由之路。因此，农业机械正在迎来难得的发展机遇。

结合行业整体发展环境，以及行业过去几年的增长趋势，预计未来5～10年，正常状态下我国农业机械制造行业产值年均最低增长速度会保持在10%，最高增长速度则会达到15%。综合考量，未来5～10年我国农机市场销售收入增长速度有可能维持在 13%～18%。综合而言，随着政策的向好，整体经济形势的发展，农村居民收入水平的提升，未来5～10年我国农机市场产销规模有望超过7000亿元人民币，农机制造行业有望继续保持稳步快速发展。

农机产品需要配套齿轮泵、柱塞泵、多路阀、摆线马达、全液压转向器、插装阀、多路阀、油缸、静液压驱动装置、液压—机械无级变速传动装置、拖拉机电液悬挂液压系统等各种液压件、密封件。

随着新一轮科技革命和产业变革的广泛推进，新一代人工智能技术的广泛渗透及深入应用，农业装备技术的发展特点是融合生物、农艺、工程技术，集成先进制造、信息、生物、新材料、新能源等高新技术，深入拓展微生物、养殖、加工等产业领域，向高效化、智能化、网联化、绿色化方向发展，并向提供全链条的农业装备与信息技术解决方案延伸发展。“十四五”期间，农业机械将重点发展大马力智能拖拉机、大马力智能纵轴流谷物联合收获机、甘蔗收获机械化技术升级，以及高端智能采棉机、智能精量免耕播种机、大型液压翻转犁等重大农机装备，亟须对大功率分置式静液压传动装置、大功率液压—机械无级变速装置等高端液压零部件进行重点研发和突破。

（五）海洋工程装备和高技术船舶

我国将大力发展深海探测、资源开发利用、海上作业保障装备及其关键系统和专用设备。深海工程装备主要围绕海洋资源勘探、开采、储存运输和服务四大核心环节，以突破 600～3000m 深水资源开发装备关键技术为目标，重点突破深海浮式结构物水动力性能、结构设计和强度分析等关键共性技术，加快发展深海高性能物探船、浮式生产储油卸油装置、半潜式平台、水下生产系统，以及环境探测、观测与监测等装备及其关键配套设备和系统，建设液化天然气浮式生产储卸装置等新型装备总装制造平台，完善设计建造标准体系。深海工程装备对密封系统有着特殊的双向密封要求，既要防止装备中的油、气，以及其他介质漏入海水中，也要防止海水倒流入装备中，尤其在深海环境下，要充分考虑压力和海水腐蚀的影响，这对橡塑密封行业来说也是一个新的挑战。随着舰船型号的发展，排水量和续航能力要求、密封工作条件越来越苛刻等，对液气密产品提出新的要求，需要各种抗盐雾、耐腐蚀、长寿命的液压气动密封件。机械密封作为油气混输泵、舰船用离心泵、旋涡泵及其他类似泵的关键部件尤为重要。

（六）机床工具行业

机床工具行业由切削机床、金属成型机床、铸造机械、木工机床等 8 个行业组成。目前，我国已成为世界第一大机床生产大国，2019 年全行业完成销售额 9176.8 亿元人民币。机床工具行业也是最早使用液气密产品的配套行业之一。近年来，随着机床工具行业智能化水平的提高，机床工具行业对液气密产品等功能部件提出了更高的要求。

（七）高端装备

未来 5～10 年，我国高端装备制造业将迎来发展的重要战略机遇期。目前，国务院明确的高端装备制造业重点方向是航空、卫星应用、轨道交通、海洋工程、智能装备制造。以支线飞机 ARJ21 和大飞机 C919 为代表的通用航空产业化工程将以满足我国民用航空运输发展的需求为目标。支线飞机 ARJ21、大飞机 C919，以及直升机高可靠性、数字化设计与制造技术，离不开密封技术的配合。通用航空产业对橡塑密封件有着巨大需求，以大飞机 C919 为例，一架飞机所用的橡塑密封件可达 500 万～600 万元。

智能制造装备创新发展工程围绕智能制造过程中的感知、决策、执行 3 个关键环节，突破新型传感、高精度运动控制、故障诊断与监控维护等关键技术，大力推进智能仪表、自动控制、工业机器人、关键执行和传动零部件的开发和产业化，研制基于机器人的自动化成形与加工装备生产线、自动化仓储与分拣系统，以及数字化车间等一批典型标志性重大智能制造成套装备，推进智能制造技术、智能测控装备和智能基础制造装备在石油化工、煤炭开采、发电、环保、纺织、冶金、建材、机械加工、食品加工等典型制造领域的示范应用。初步建成智能制造装备技术创新体系，使具有知识产权的智能测控装置及关键执行和传动零部件研制能力显著增强。

此外，石油化工机械、塑料机械、电子、轻工机械、食品包装机械、纺织机械、水利工程装备、工业自动化、核电、航空航天、轨道交通等领域都为液压产品提供了广阔的市场。

三、中国液压产业发展面临的挑战

“十三五”期间，在国家“制造强国战略”“工业强基”等一系列政策的支持引导及全行业的共同努力下，我国液压行业整体实力有了较大提升，行业的科技创新、技术进步、企业管理取得了可喜成绩。表现为：行业转型升级步伐加快，产品结构得到改善，一批具有自主知识产权的高端产品为我国重大装备和关键项目提供配套并实现产业化；行业产业集中度有所提高；行业企业的品牌信誉度、产品质量稳步提升；行业国际竞争力不断增强，国际流体动力统计组织资料显示，我国流体动力产业规模持续保持继美国之后位列全球第二。行业经济运行持续稳定增长，经济运行进入了稳定发展的新常态。

虽然近年来国内液压厂商发展势头迅猛，但是我国液压行业仍面临中小企业多、产业集中度低、大多数液压产品处于价值链的中低端、高端产品大量依赖进口的情况。根据中国液压气动密封件工业协会统计，2021 年上半年，国内主要液压企业产品销售收入达 170 亿元人民币，外资厂商及进口产品占据的市场份额仍然较大，未来国内液压市场外资替代的市场空间巨大。国内液压行业的发展不能完全跟上主机装备配套，已经成为制约我国装备制造业做强的瓶颈之一，我国液压行业水平仍有待进一步发展。当前，我国液气密产业虽已居全球第二大国地位，但仍存在液压产品结构严重失衡、液压高端产品严重依赖进口的问题。总体来说，行业基础能力薄弱，自主创新能力不足，在基础研发、科技创新，以及新工艺、新技术、新材料应用和系统集成等方面，许多深层次的问题还没有得到根本解决。行业的发展滞后于主机发展的要求，是制约我国制造业创新发展和质量提升的瓶颈。

当前，我国经济已由高速增长阶段转向高质量发展阶段，供给侧结构性改革将持续加快，制造业进入深度结构调整阶段。装备制造业作为制造业的核心领域之一，是我国工农业和其他高技术产业发展的基础，是支撑国民经济发展的重点行业。液压件广泛应用于重型机械、工程建筑机械、农业机械、汽车、航空航天、舰船、深海探测、节能环保装备、新能源装备、机床与工具等装备制造业各领域，是装备制造业最核心、最具技术含量的部件之一。从历史上看，我国液压技术起步较晚，技术积累相对薄弱，客观上造成了国内高端液压核心部件长期依赖进口的局面，对我国装备产业升级换代造成不利影响。

四、中国液压产业未来的发展方向

近年来，国内液压企业持续加强研发投入，逐步由以技术引进为主向自主创新方向转变，在高端液压件领域发力，取得了显著成果。但目前高端液压件市场仍主要由国外液压巨头占据，中国液压企业未来须在产品高端化、智能化等领域继续投入和攻关，以达到和赶超国际领先水平。在坚持以国内大循环为主体、国内国际双循环相互促进的前提下，统筹利用两种资源、两个市场，实行更加积极的开放战略，将“引进来”和“走出去”更好结合。拓展新的合作空间，提升行业国际合作水平，缩小同国外先进技术的差距，提高液压行业的国际竞争力。鼓励行业企业在基础材料、先进工艺、关键产品领域的合资合作，采用多种形式提升行业企业在基础研发、资本运营、产业链延伸、全球营销、品牌推广等方面的合作水平。鼓励行业企业加快“走出去”的步伐，抓住国家“一带一路”倡议发展机遇期，建立国外研究、营销机构，充分利用国际资源提升行业国际化水平。

同时，《中华人民共和国国民经济和社会发展第十四个五年规划和 2035 年远景目标纲要》提出，“落实 2030 年应对气候变化国家自主贡献目标，制定 2030 年前碳排放达峰行动方案。”在全社会各行业实施绿色低碳发展战略的背景下，液压产品在制造、使用过程中存在着能耗较高、工艺污染、产品的振动噪声、材料损耗、介质泄露等问题，面临较为严格的能耗环保压力。未来，液压行业持续向电动化、绿色化，特别是向低能耗、低噪声、低震动、无泄漏等方向发展是必然趋势。我国已经进入数字化时代，着力发展智能装备和智能产品，满足智能装备发展需求，时间紧迫，刻不容缓。一是在行业企业开展产品研发设计、生产制造、经营管理、销售服务等全流程和全产业链综合集成应用；二是加快智能装备和产品的发展，应用网络化、数字化先进技术手段对液气密产品及装置进行升级改造，满足智能装备实现工况监测、故障诊断、智能维护等的要求。

作者简介：

邱永宁先生，江苏恒立液压股份有限公司董事、总经理，上海立新液压有限公司董事。获得“江苏省科技企业家”“江苏省机械行业优秀企业家”等荣誉称号。打造了中国第一的液压元器件品牌。

我国工业机器人行业的现状、挑战与机遇

游　玮

一、现状与趋势

机器人被誉为“制造业皇冠上的明珠”，是我国战略性新兴产业，也是现代产业体系的关键环节，是实现工业生产自动化、数字化、智能化的重要装备，是衡量国家创造能力和产业竞争力的重要标志之一，在实现经济社会高质量发展过程中将发挥重要战略作用。

“十三五”时期以来，我国机器人产业蓬勃发展，已形成规模化发展态势。机器人产业技术空心化问题得到初步缓解，核心部件整体国产化率由不足 10%提升到超过 30%；国产工业机器人应用行业增加到 47 个行业大类、126 个行业中类，国产工业机器人企业研发生产出一批高水平的机器人产品。工业机器人应用密度由 2015 年的 51 台/万人提高到 2020 年的 246 台/万人，达到同期全球平均水平的 140%以上，接近美国、瑞典等工业强国。行业创新能力显著增强，关键技术实现重要突破，关键零部件研制取得重大进展，产品整体水平向中高端迈进；自主品牌知名度与用户认可度不断提升，市场应用稳步拓展；骨干企业核心竞争力大幅提升，产业集聚效应逐步显现；机器人相关标准陆续发布，检测认证体系逐步完善，行业发展秩序日益规范。

当前，新一轮科技革命和产业变革加速演进，新一代信息技术、生物技术、新能源、新材料等与机器人技术深度融合，机器人产业迎来升级换代、跨越发展的窗口期。世界主要工业发达国家均将机器人作为抢占科技产业竞争的前沿和焦点，加紧谋划布局。我国也已进入高质量发展阶段，开启全面建设社会主义现代化强国的新征程。加快推进机器人产业高质量发展，对打造科技强国、推动产业智能化与数字化转型升级、满足人民美好生活需要具有重要意义。这

就要求我国机器人产业必须加快解决当下存在的技术积累不足、产业基础薄弱、高端供给缺乏等问题，抢抓时代机遇，实现自立自强、换代跨越。2021 年 12 月，工业和信息化部等 15 个部门印发了《“十四五”机器人产业发展规划》，提出“四个着力”，即“十四五”期间，我国机器人产业要“着力突破核心技术，着力夯实产业基础，着力增强有效供给，着力拓展市场应用，提升产业链供应链稳定性和竞争力，持续完善产业发展生态”，为机器人产业发展指明了方向。

作为工业机器人市场生长的土壤，中国制造业增加值自 2010 年超越美国成为全球首位以来，长期保持高速增长并逐步扩大与其他国家的差距，至 2020 年达到 31.31 万亿元人民币，对世界制造业贡献的比重也从 2010 年的 22%增长至接近 30%。同时，制造业的自动化水平也在快速提升，IFR 发布的最新数据显示，2020 年全球工业机器人安装量为 383545 台，同比增长 0.4%，其中，中国工业机器人安装量达到 168377 台，同比增长 20.4%。中国自 2013 年成为全球第一大工业机器人应用国家以来，年度工业机器人安装量在全球年度工业机器人安装量中所占的份额保持持续增长，2020 年已经达到 43.9%。中国已经成为全球最大也是最有潜力的工业机器人市场，并将长期保持领先地位。

二、挑战与机遇

全球经济形势变化、新冠肺炎疫情新常态和国内人口老龄化问题将在未来几年内给机器人市场带来新的挑战与机遇。

习近平总书记在第二十三届圣彼得堡国际经济论坛全会上用“三个前所未有”来说明“百年未有之大变局”的内涵，即“新兴市场国家和发展中国家的崛起速度之快前所未有，新一轮科技革命和产业变革带来的新陈代谢和激烈竞争前所未有，全球治理体系与国际形势变化的不适应、不对称前所未有”。在新的国际经济形势下，海外核心技术引进与合作受到一定限制，这为我国机器人产业的发展带来了挑战，同时也使以机器人为代表的高端装备及其背后的相关核心技术自主可控。

与此同时，新冠肺炎疫情暴发对中国国内的制造业产业链发展产生了一定影响，也引发了制造业进一步变化，为机器人产业的发展带来了机遇。第一，全国范围的人力资源流动延迟和减少，产能运力不足带来复工复产进度缓慢，对制造业的用工、库存、生产、运输、订单等都产生了严重的冲击，尤其是劳动密集型制造业面临更加艰难的发展境地，因此自动化和机器人的加速导入成为制造业走出困境的关键因素。第二，全球其他国家受到新冠肺炎疫情影响更甚，大量海外产能的停滞、海外需求的增长，也对国内的制造业技术创新能力提出了新的挑战。2020 年之前，中国的全球出口市场份额是 13.1%，2020 年中国的全球出口市场份额跳升到了 14.7%。2021 年前 10 个月，中国进出口额提前两个月超过了 2020 年全年的水平。出口额增长中有相当部分来自东南亚的制造业订单回流，以电子产品、元器件、芯片等高生产效率要求的产品为主，还有部分如纺织品、家具等产品多样性要求高、生产工艺自动化水平较低的产品。产能要求与生产条件限制将倒逼制造业自动化升级速度进一步加快。此外，随着我国经济社会的不断发展，人口老龄化、适龄劳动力短缺等社会问题愈发严峻。国家统计局数据显示，截至 2018 年年底，我国 60 岁及以上老年人口有 2.49 亿人，占总人口的 17.9%，较 2017 年年底上升 0.6 个百分点，人口老龄化程度继续加深；同时，适龄劳动人口数量及比重自 2012 年连续 7 年出现“双降”。在这种人口红利逐渐消退、用工成本不断上涨的背景下，“机器人换人”将成为企业用来填补劳动力短缺、维持正常运营与发展的必然选择。

目前，中国已基于国际整体环境制定相关对策，开始加快构建以“国内大循环为主体、国内国际双循环相互促进”的新发展格局，这将进一步彰显中国既是世界工厂，又是世界市场的双重角色。以变革为主题的“百年变局”和“后疫情时代”将成为国内工业机器人企业摆脱弱势地位、做大做强的窗口期。

三、对策与建议

市场需求的不断增长带动了国内工业机器人行业的高速发展，但外资品牌在市场占有率方面仍具有较大优势。那么，国产机器人该如何赶超？

据 CRIA 与 IFR 统计，与 2019 年相比，2020 年我国自主品牌工业机器人销售延续增长态势，且增速加快；外资品牌工业机器人销量由同比下降转为同比增长，且增速高于我国自主品牌。2020 年我国自主品牌工业机器人销量在市场总销量中的比重为 28.3%，比 2019 年下降 2.6 个百分点。由此可见，我国自主品牌机器人市场竞争力与外资品牌相比仍存在较大差距。目前，这个差距主要体现在核心零部件、产业链和应用技术的成熟度上，反映到市场端则表现为在发展较为成熟的行业，如在汽车、电子制造等行业中，国产机器人难以介入；同时，对于部分新兴产业，品牌影响力和技术积累的优势使得国外厂商能够实现较快切入。相关对策和建议如下。

（一）补齐产业链短板，核心零部件、算法、软件平台的自主化与性能须提升

2020年以来，随着国内市场需求的高速增长，机器人行业的竞争成为整个机器人产业链的竞争。机器人产业链中的相关薄弱环节正逐步暴露出来，国产核心零部件的性能和功能与进口产品的差距已经极大地限制了国内机器人厂商在这波浪潮中抢占先机，而相关材料、工业软件、整机设计方法等方面的短板也已经成为阻碍我国机器人国产化进程的关键因素。

在核心零部件层面，经过多年发展，国内企业已基本实现了机器人控制器、精密减速机、伺服系统的自主化生产和应用，但在关键技术的原创性研究及关键零部件的性能、寿命、一致性评价标准和评价方法等方面与国外先进水平尚存差距，仍须持续投入方能加速赶超。例如，国产机器人减速器的综合动态性能评价和测试标准、测试方法，传动系统密封效果优化方法，批量生产的一致性和质量控制方法存在严重不足；机器人伺服系统在动态响应性、电磁兼容性和批量生产的可靠性，控制器在控制算法和二次开发平台的易用性等方面与发达国家仍存差距，同时，机器人伺服系统用多圈绝对值编码器依赖进口，制约我国机器人伺服系统向高端发展和有效进行成本控制；控制器的核心元器件——芯片（尤其是高端芯片）的国产化难题，是我国机器人控制器实现全部自主化的一大障碍。

在核心控制算法层面，国内机器人控制器相关底层算法多数依赖国外运动控制内核，部分自主化的算法平台还需要时间不断丰富功能和提升稳定性；在机器人智能作业所需的视觉、力觉、激光等感知层面的核心算法库目前主要依赖进口，自主创新不足。

在工业软件方面，国内尚未突破机器人产品设计中的动力学仿真、有限元建模、电子设计自动化（EDA）等工业设计软件，机器人集成应用环节中的机器人虚拟仿真和调试软件基本由国外厂商垄断。国产工业机器人开发的语言及集成开发环境仍相对封闭和不完善，限制了国产机器人用户生态的建立。

在机器人整机正向设计理论方面，我国相关研究基础比较薄弱，且缺乏体系化的软件工具和设计平台支撑，不能满足高端机器人的设计需求。

（二）发挥我国行业和应用场景丰富的优势，用智能化实现换道超车

我国是全球唯一拥有联合国产业分类中全部工业门类的国家，然而很多

工业门类机器人的渗透率非常低，主要是因为这些行业的应用场景对于机器人的需求与国外机器人已经成熟应用的行业存在差异，如果国产机器人能快速减小这种差异，必然可以激发这部分量大面广的增量市场，获得换道超车的机会。

目前工业机器人在汽车和电子行业应用最为广泛，其原因在于这两个行业存在以下特点：①都属于单品大批量制造行业；②产品及其制造工艺标准化程度较高；③大型企业较多，具有完善的自动化设备运维团队。以上特点导致了这些行业的产品制造程序是相对固定的，适合传统示教编程型工业机器人；同时，即使产品发生变化，汽车和电子制造行业也会有技能完善的机器人工程师去编程。

而在其他量大面广的通用制造业中，工业机器人的渗透率极低的原因在于通用制造业产品规格多样，产品和工艺的标准化与一致性差，导致需要频繁编程和匹配相关工艺参数；同时，在通用制造业中中小企业较多，而示教型机器人编程复杂，中小企业缺乏可以驾驭该技术的技能人才，以上因素导致传统示教型编程工业机器人的场景适应力和技能水平不能满足使用要求，大规模应用存在障碍。

因此，要想激发中国存在的量大面广的通用制造业机器人应用这一巨大的“增量市场”，必须通过人工智能技术将工业机器人从传统示教型编程工业机器人变成能够根据产品和工艺要求进行自主适应的智能机器人，降低操作难度和使用门槛。而实现工业机器人智能化的可行路径是在系统稳定和精度可靠的工业机器人平台上加载具有一定智能化功能的技术组件，包括工艺包（应用程序），充分利用贴近市场、贴近客户、贴近场景及应用数据丰富的优势，实现面向特定行业和特定应用场景的机器人智能作业。所谓特定行业和特定应用场景是指，由于目前人工智能技术的局限性，机器人无法具有泛化的智能，即一个机器人无法既能做智能焊接，又能做智能喷涂，还能做智能装配。为了技术的可实现性，必须将方案限定到特定的行业和应用场景上，即加上这两个具体的约束条件。最终，智能机器人的形态一定是通用的机器人硬件平台，以及通用的机器人运动控制软件平台，同时加载一系列特定行业和场景的智能应用程序，如“钢结构智能焊接 App”“板式家具智能喷涂 App”“小五金智能抛光 App”，最终实现智能作业。

（三）用“机器人+”的思维推动相关产业融合发展

深入下游行业，以应用场景牵引机器人技术发展，再由机器人技术带动相关产业升级。

《“十四五”机器人产业发展规划》表明，应拓展应用深度广度：深耕行业应用，在已形成较大规模应用的领域，着力开发和推广机器人新产品，开拓高端应用市场，深入推动智能制造、智慧生活；拓展新兴应用，在初步应用和潜在需求领域，结合具体场景，开发机器人产品和解决方案，开展试点示范，拓展应用空间；做强特色应用，在特定细分场景、环节及领域，形成专业化、定制化解决方案并复制推广，打造特色服务品牌，形成竞争新优势。为满足不同领域应用的具体需求而进行技术创新，将是机器人行业必然的发展方向。

而对于机器人行业自身，则需要结合信息技术与互联网产业，实现云边协同、脑机共融的数字化、智能化解决方案。这里的“云”是指工业云系统，是面向具体行业的工业互联网系统；“边”是指生产制造端，工业机器人是一个典型的边端系统；“脑”是指工业大脑，是基于“云”的大量数据、核心算法和模型形成的智能化 App；“机”是指与云端“脑”相连的终端设备，如工业机器人。云端的人工智能技术将基于数据和算法赋能终端的机器人，使得机器人真正具有智能属性，基于云端的机理和算法构建的智能模型，使得机器人可以传承机器人工程师和工艺工程师的相关编程和工艺经验，具备学习和进化能力，以适应工件一致性差及多品种小批量的柔性作业需求。工业互联网作为信息渠道，通过机器人上云的方式，利用 5G 等高速传输技术和云端丰富的软硬件资源，为机器人智能化奠定了数据采集、存储、分析、计算和学习的基础。两者的深度融合将创造出更加高效经济的生产制造解决方案，最终通过智能化解决方案带动下游产业升级，提升制造业企业的整体竞争力。

（四）政策支持和建议

1. 对于产业链核心技术国家要持续和聚焦地投入

对于产业链的关键短板，要集中资源持续进行攻关，而不能做到面面俱到、资源分散。同时，核心技术积累和突破需要时间，不是 2～3 年的项目周期就可以突破的，切勿浅尝辄止，对于原先支持过的重点领域和方向，如果与先进水平相比还存在差距甚至有被“卡脖子”的可能，那么要进行深入的复盘总结和论证，并结合揭榜挂帅的机制进行持续支持。

2. 优化科技项目资助体系，提升国家科研经费使用效益

要充分强调企业作为创新主体，在充分鼓励企业进行技术创新的基础上，优化立项和资助模式。将由国家部委主导立项和课题指南撰写，然后拨付专项经费给初评通过企业进行科技攻关的方式，改为由国家明确大的方向，由企业根据市场实际需求进行自主立项，然后国家根据研发成果按一定规则进行评定后按总投入的一定比例进行后补助。由更了解市场动态的企业自主立项，可以最大限度避免相关课题脱离实际需求；国家仅补贴一部分资金，大部分资金还是企业自行投入能够促使企业对课题方向的合理性进行负责；后补助则会激励企业和相关科研团队尽最大努力去完成相关课题。

3. 结合中国制造业特色和细分市场应用痛点，精准推进工业机器人示范应用

只有应用才能倒逼国产机器人的成熟和发展，要切实推进行业头部企业样板示范工厂和共享工厂建设，促进工业机器人与量大面广的传统制造业深度融合。由相关部委和各行业协会进行顶层规划，结合我国优势产业，针对头部企业开展重大应用示范，打造一批可复制、可推广的标杆样板项目。针对这些重大示范项目，如果国产工业机器人的采用达到一定比例，那么可以在现有政策基础上加大对行业终端用户的补贴比例，提升他们使用国产机器人的积极性。同时，对于一些中小企业密集的产业集聚区，可以利用政策引导的方式鼓励建设共享智能工厂，引导集聚区中小企业将有毒有害、急需机器换人的作业集中到共享工厂处理，既解决了中小企业用工荒和机器人投资、运维门槛高的问题，又实现了环保集中控制和产业升级。

作者简介：

游玮先生，埃夫特智能装备股份有限公司董事、总经理兼总工程师。科技部国家“十三五”重点研发计划智能机器人项目指南编制专家组成员、科技部“863”计划重点项目首席专家、安徽省战略新兴产业领军人才、安徽省特殊人才支持计划获得者。曾主持和参与国家发展和改革委员会、科学技术部重大项目研发计划。

生物医药

生物医药产业是生物产业的一部分，主要包括生物药品制品制造、化学药品与原料药制造、现代中药与民族药制造、生物医药关键装备与原辅料制造、生物医药相关服务等。

疫情之下我国疫苗产业迎来跨越式发展

邱子欣

一、我国疫苗产业发展历史回顾

（一）疫苗简介

疫苗是将病原微生物（如细菌、病毒等）或组分经过人工减毒、灭活或利用基因工程等方法制成的用于预防传染病的主动免疫制剂。疫苗保留了病原体刺激人体免疫系统的特性。当人体接触到这种不具伤害力的病原体后，免疫系统便会产生一定的保护物质，如免疫激素、活性生理物质、特殊抗体或（和）杀伤性免疫细胞等；当人体再次接触到这种病原体时，人体的免疫系统便会依循其原有的记忆，制造更多的保护物质或（和）杀伤性免疫细胞以阻止病原体的伤害。

在漫长的人类历史长河中，人们一直寻求摆脱各种瘟疫和疾病的方法，但通过接种疫苗来抵抗疾病只有很短暂的历史。自我们的祖先发明人痘、琴纳（Jenner）发明牛痘到今天 200 多年的历史进程中，疫苗的发展经历了多次革命。直到 20 世纪，大规模人群的常规疫苗接种才逐渐被推广开来，也日益被公众广泛知晓和接受。

通过接种疫苗，人类已经消灭了天花、白喉等传染病，脊髓灰质炎病例也减少了 99%，麻疹、新生儿破伤风等疾病的发病率显著下降。如今，疫苗的应用不仅使某些烈性传染病得到有效的控制甚至被消灭，而且疫苗还被广泛地应用于计划生育及肿瘤、自身免疫病、免疫缺陷、超敏反应等疾病的预防和治疗中。疫苗对人类健康的影响意义重大，每种新疫苗的诞生都是人类战胜一种传染病的伟大胜利。至今没有任何一种医疗措施能像疫苗一样对人类的健康产生如此重要、持久和深远的影响；也没有任何一种治疗药品能像疫苗一样以极其低廉的代价从地球上消灭某一种疾病。

（二）疫苗技术发展史

疫苗是人类医学发展史上的里程碑，是人类控制传染病的主要手段，其发展历程大致可分为 5 个阶段。

第 1 个阶段，萌芽时期：早在 16 世纪，中国开始用人痘接种来预防天花[1]，18 世纪英国出现牛痘接种预防天花的手段，疫苗开始进入人类医学界。

第 2 个阶段，第一次疫苗革命时期：19 世纪末到 20 世纪初，巴斯德通过处理病原微生物使其失去或减低毒性，发明了减毒活疫苗技术，狂犬病疫苗、卡介苗等成为这一时期的标志；20 世纪 60 年代初，人们曾设计采用鸡胚细胞减毒，后改用地鼠肾细胞减毒，后又采用动物神经外传代和空斑纯化交替筛选的方案减毒。减毒活疫苗技术可使弱毒病毒更均一、特性更稳定。

第 3 个阶段，第二次疫苗革命时期：自 20 世纪中叶起，人们从病原体分离提取具有免疫原性的蛋白组分制成疫苗，发明了白喉类毒素疫苗和破伤风类毒素疫苗；以化学的方法提取、纯化细菌表面夹膜多糖而制成多糖，或与蛋白结合制成疫苗是 20 世纪中叶疫苗发展史上重要的成就之一。如 A 群脑膜炎球菌疫苗、肺炎 23 价多糖疫苗、Hib 疫苗等均采用多糖或与蛋白结合的方法制成。

第 4 个阶段，第三次疫苗革命时期：自 20 世纪 70 年代起，分子生物学的发展使人类可以在分子水平上对微生物的基因进行操作，人们发明了基因重组疫苗技术，代表药物是乙肝疫苗（酵母和 CHO）、流感疫苗等。

第 5 个阶段，第四次疫苗革命时期：21 世纪以后，随着基因组学的发展，人类开始开发以基因组为基础的疫苗发展策略，称为反向疫苗学。5 价轮状病毒疫苗、流感活疫苗就是通过反向疫苗新技术研制的。

（三）疫苗管理的政策演进

由于疫苗直接用于健康人群，直接影响公共卫生安全和人民健康，是公共

1 中国人痘术确切记载于《痘科金镜赋集解》。

卫生和生物医药的重要组成部分，国家对疫苗行业的监管政策经历了从“要求规范化”到“出台法律”的变化。

2004 年以来，我国逐步完善批签发制度。2005 年颁布的《疫苗流通和预防接种管理条例》，作为国家监管疫苗的框架性文件，为我国疫苗行业的规范发展贡献了重要作用。

2016 年 3 月，“山东非法疫苗案”[1]引发了社会强烈反响；2016 年 4 月，国务院颁布实施修订后的《疫苗流通和预防接种管理条例》，提出取消批发环节，由疫苗生产企业直接向县级疾病预防控制机构配送第二类疫苗，即实施流通环节的一票制。

2018 年“长春长生疫苗事件”[2]再次引发公众对于疫苗安全的思考，促成了疫苗法的出台。2019 年 6 月 29 日，《中华人民共和国疫苗管理法》（以下简称《疫苗管理法》）颁布，自 2019 年 12 月 1 日起实施，从立法的角度严格监管疫苗行业，疫苗行业迎来了前所未有的强监管时代。同时，《疫苗管理法》第 98 条规定：国家鼓励疫苗生产企业按照国际采购要求生产、出口疫苗。中国是世界上最大的疫苗生产国，但生产的疫苗主要用于中国市场，这一条款的设立，将成为中国疫苗企业走出国门的政策导向，使中国疫苗企业迎来走出国门新的历史机遇。

同时，《疫苗管理法》对疫苗研制、生产、流通、预防接种及监管活动进行了详细的规定。应对重大突出公共卫生事件急需的疫苗或者国务院卫生健康主管部门认定急需的其他疫苗，经评估获益大于风险的，国务院药品监督管理部门可以附条件批准疫苗注册申请。出现特别重大突发公共卫生事件或者其他严重威胁公众健康的紧急事件，国务院卫生健康主管部门根据传染病预防、控制需要提出紧急使用疫苗的建议，经国务院药品监督管理部门组织论证同意后可以在一定范围和期限内紧急使用。2020 年 7 月 22 日，我国正式启动新冠疫苗紧急使用。

---

1 2016 年 3 月，山东警方破获案值 5.7 亿元非法疫苗案，疫苗未经严格冷链存储运输销往 24 个省市。

2 2018 年 7 月 15 日，国家药品监督管理局发布通告指出，长春长生生物科技有限公司冻干人用狂犬病疫苗生产存在记录造假等行为。

《中华人民共和国国民经济和社会发展第十四个五年规划和 2035 年远景目标纲要》提到，我国将加快科技前沿领域攻关，如基因与生物技术，包括基因组学研究应用，遗传细胞和遗传育种、合成生物、生物药等技术创新，疫苗、体外诊断、抗体药物等研发等。

二、我国疫苗产业发展现状

（一）我国疫苗的市场现状

目前，我国疫苗市场主要分为跨国疫苗巨头、国有企业和民营企业三大阵营。批签发数据显示，第一类疫苗主要由国有企业占据最大份额，民营企业的比重最近几年在逐渐增大；第二类疫苗的市场竞争则非常激烈，由民营企业占据较大份额。

第一类疫苗基本被国有企业垄断，主要由于第一类疫苗为强制接种疫苗，由国家医保付费，因此价格相对较低、利润率较低；同时，随着国家免疫计划的逐步推行，整体市场趋于饱和。国有企业是中国疫苗市场最核心的单位，国有七大所包括中生集团旗下的兰州所、长春所、上海所、北京所、成都所、武汉所、昆明所，承担了大量基础疫苗（尤其是第一类疫苗）的生产任务。民营企业起步较晚，未涉足该领域，并且已很难挤占该市场。

第二类疫苗市场中民营企业占比最高，主要由于第二类疫苗毛利高，民营企业进入该市场的意愿强烈，因此，水痘疫苗和狂犬疫苗等大品种的市场均由民营企业抢占。另外，第二类疫苗对研发的要求更高，创新能力相对较高的民营企业优势更加明显，如科兴生物、康泰生物、沃森生物、华兰生物、万泰生物等。但是，民营企业相较于国有企业起步晚，大多数企业疫苗品种较为单一，行业集中度相对较低。

对比欧美发达国家，我国疫苗行业目前存在以下问题：第一，我国的疫苗生产企业近 50 家，市场集中度低；第二，产品的同质化比较严重，同一款产品存在多个竞争对手；第三，从研发的角度来看，国内大部分企业主要对传统疫苗进行仿制开发，对创新疫苗的研发能力较弱。

（二）我国疫苗行业的发展特点

疫苗产品的研发周期长、投入高且风险大。疫苗的临床前研究需要1～10年，临床试验一般需要4～7年，注册审批耗时1～3年。较长的研发周期和高额的费用投入使得只有大型制药公司可以负担新型疫苗的研制开发。

疫苗行业监管严格，企业需要获得GCP、GMP和GSP认证后才可对疫苗产品进行生产销售，上述认证周期长。疫苗生产企业在遵守药品相关的法律规定外，还需要遵守《生物制品批签发管理办法》《疫苗储存和运输管理规范》《疫苗流通和预防接种管理条例》与《预防接种异常反应鉴定办法》等一系列法律法规。同时，疫苗企业受到国家药品监督管理局、国家卫生健康委员会、中国食品药品检定研究院和中国疾病预防控制中心的监督管理，对企业进行规范。

疫苗制品的技术含量高，技术水平是疫苗生产企业核心竞争力的重要体现，对疫苗生产企业的发展起着决定性作用。一方面，自主研发新疫苗产品具有时间长、投入大、失败风险高等特点；另一方面，购买已研发成功的技术，并实施产业化开发也存在较大的不确定性，不仅消化吸收技术难度较高，而且技术产业化本身也需要较长的周期。缺乏相应技术能力的企业很难进入疫苗产业。

三、疫情之下我国疫苗产业发展提速

（一）疫情带动中国疫苗市场快速增长

2000年以来，世界范围内疫情不断，禽流感、SARS、H1N1、手足口等病毒对世界各国的疫情防治与控制工作不断提出挑战，也给从事疫苗研制和生产的企业带来了巨大的市场空间。突如其来的新冠肺炎疫情，进一步凸显了生物医药与健康产业在保障人民生命健康中的重要价值。随着新冠肺炎疫情在全球范围内大规模流行，越来越多的人认识到疫苗的重要性，接种疫苗的意愿也大幅度提升。

Kalorama Information的数据显示，全球疫苗市场规模由2016年的429亿美元增加至2020年的573亿美元，年复合增长率为7.5%。国内受益于庞大的人口基数及居民健康意识提升，在重磅疫苗品种，如PCV13、HPV、组份百白破等疫苗的上市或现有疫苗产品升级换代的拉动下，国内的疫苗市场总规模由2015年的251亿元增至2020年的500亿元，年复合增长率为14.78%。同时，随着2021年多个新冠疫苗的上市和接种，中国疫苗的市场规模将会呈现跨越式增长。

（二）新冠疫苗的研发凸显了中国的国际地位

针对新冠肺炎病毒，全球药企和科研人员持续推动新冠疫苗的发展。WHO数据显示，截至2021年2月8日，142款疫苗处于临床试验阶段，195款疫苗处于临床前研究阶段。国内外共有21款新冠疫苗获批使用（包括附条件上市和紧急使用授权等）。处于临床研发状态的疫苗覆盖各种技术路线，33%为蛋白质亚单位疫苗，17%为mRNA疫苗，15%为非复制病毒载体疫苗，15%为灭活疫苗，20%为复制型病毒载体疫苗、DNA疫苗、类病毒颗粒（VLP）疫苗等其他技术路线疫苗。

在新冠疫苗开发方面，我国已有6款疫苗附条件上市。在疫苗免疫接种方面，国内接种情况位于全球前列，截至2022年2月9日，全球累计接种102.7亿剂，其中国内新冠疫苗接种量累计达到30.2亿剂，占全球新冠疫苗接种量的29.40%。在疫苗出口方面，自2020年10月中国同全球疫苗免疫联盟签署协议正式加入“新冠肺炎疫苗实施计划”以来，中国新冠疫苗已出口巴西、菲律宾、泰国、哥伦比亚及秘鲁等100多个国家，新冠疫苗已成为中国首个大规模出口的新型疫苗。

（三）疫苗新技术的涌现

新冠肺炎疫情发生之初，中国科研攻关组就将疫苗的研发作为主攻方向之一，科研攻关组布局了病毒的灭活疫苗、mRNA疫苗、重组蛋白疫苗、腺病毒载体疫苗、减毒流感病毒载体疫苗5条技术路线。其中，mRNA疫苗和病毒流感病毒载体疫苗属于比较创新的疫苗技术。

mRNA疫苗作为一种新型疫苗，其作用机制是将含有编码抗原蛋白的mRNA导入人体，可以跳过复制、转录过程直接进行翻译，形成相应的抗原蛋白，从而诱导机体产生特异性免疫应答，达到预防免疫的作用。该疫苗的优点是研制时不需要合成蛋白质或病毒，流程简单。mRNA 疫苗是全世界都在积极探索的疫苗研发新技术，辉瑞/BioNTech 的 BNT162b2 和莫德纳的 mRNA-1273 两款 mRNA 疫苗已获得美国 FDA 批准上市，用于 16 岁及以上人群预防新冠肺炎，对新冠肺炎疫情防控具有里程碑意义。但是，该疫苗对储藏运输条件极为苛刻，由于其-40℃的储藏条件，质量控制要比蛋白质制剂更难。

而另一款是由万泰生物、香港大学和厦门大学联合研发的减毒流感病毒载体新冠肺炎疫苗，是国家部署的五大技术路线中唯一一个经鼻喷接种的新冠疫苗。该疫苗是在双重减毒的普通流感病毒载体内插入新冠肺炎病毒保护性抗原的 RBD 基因构建而成的减毒活病毒载体疫苗。不同于以产生体液免疫应答为主的肌肉注射疫苗，该产品模拟新冠肺炎病毒天然感染途径，在呼吸系统特别是肺组织产生很强的 T 细胞免疫应答，在呼吸道局部尤其是肺部形成预防新冠肺炎病毒入侵的第一线免疫屏障。临床前动物试验研究结果表明该疫苗能同时预防新冠肺炎和流感；Ⅰ/Ⅱ期临床试验结果表明本疫苗具有良好的安全性和有效性；目前其正在菲律宾、南非等多个国家开展Ⅲ期临床试验。

目前，已上市的注射型新冠疫苗虽然能够有效地激发全身的体液免疫反应，但产生的细胞免疫反应和黏膜免疫反应均较弱，尤其在呼吸系统中更弱。鼻喷疫苗的优势不仅在于能够激发呼吸系统细胞免疫反应，而且还能够激发黏膜免疫反应。由于新冠肺炎病毒的不断变异和全球新冠肺炎疫情反复，疫苗研究专家基于对各种疫苗的分析，认为不同的疫苗研发线路各有长处，从各种疫苗之间进行取长补短也许可以更好地发挥疫苗的优势，取得 1+1＞2 的效果。这种由不同研发线路疫苗组合的接种方式，又称为“序贯接种”法。2022 年 2 月 19 日，经国务院联防联控机制批准，国家卫生健康委员会已经开始部署序贯加强免疫接种。由于目前上市的新冠疫苗产品以产生体液免疫为主，实行的“序贯接种”都是属于加强体液免疫的。若使用鼻喷新冠疫苗进行“序贯接种”，人体将产生细胞免疫、体液免疫和黏膜免疫，实现更全面的免疫保护，含鼻喷新冠疫苗的序贯免疫可能将目前新冠疫苗预防重症的作用提升到预防发病的效果。

四、我国疫苗产业未来发展趋势

（一）未来疫苗市场进一步集中化

从国际来看，疫苗行业市场集中度极高，目前国际疫苗市场由默沙东、GSK、辉瑞和赛诺菲四大制药巨头垄断，市场占比约为90%。

参照国际成熟市场，未来我国疫苗行业将主要由几家企业垄断，市场集中度将进一步提升。而企业发展的关键在于研发实力的提高，大公司要能够不断推出新产品，从而拉开与其他疫苗企业的距离，不断提高自己的市场份额。一般来看，疫苗新产品的爆发力较强，会快速增长3～5年，然后进入平稳缓慢的增长期。因此，维持一家疫苗企业长期快速发展的有效方法是不断推出新产品。

疫苗的高壁垒主要体现在研发和生产两方面。一是疫苗产品的研发周期长、投入高且风险大，这期间较长的研发周期和高额的费用投入使得只有大型制药公司可以负担新型疫苗的研制开发。二是疫苗行业的产能利用率较低，每条生产线只能生产一种产品。同时，疫苗行业监管严格，企业需要获得GCP、GMP和GSP认证后才可对疫苗产品进行生产销售，上述认证周期长。疫苗生产时的固定成本较高，基础设施投入大。

由于上述特点，疫苗公司需要进行高投入扩大产能，同时对研发进行支持，这样便对企业进行了筛选，现有疫苗产品市场集中度将向研发实力强和销售能力强的大企业靠拢。

（二）未来疫苗行业的技术发展方向

目前，上市疫苗品种已经极大丰富，其中国家免疫规划疫苗（第一类疫苗）就包含预防15种疾病的14种疫苗，常见上市的第二类疫苗有口服轮状病毒疫苗、甲肝疫苗、Hib疫苗、水痘疫苗、肺炎疫苗、流感疫苗和手足口病疫苗等。近年来，随着疫苗消费升级，终端诉求是尽可能缩减接种次数，同时实现疾病免疫保护种类的最大化。多联化和多价化成为疫苗发展方向，前者如目前上市的AC-Hib三联疫苗和DTaP-Hib四联疫苗，后者如4价HPV疫苗和9价HPV疫苗，努力实现接种次数减少，免疫保护疾病种类或亚型增加。

近年来，我国陆续上市了重磅疫苗产品（创新疫苗、多联多价疫苗），如2014年分别独家上市的民海生物DTaP-Hib四联疫苗、智飞绿竹AC-Hib三联疫苗，2016 年北京科兴生物制品有限公司和中国医学科学院医学生物学研究所（昆明所）上市的 EV71 疫苗，2017 年获批上市的默沙东 4 价和 9 价 HPV 疫苗，2018 年 6 月获批的华兰生物和长生生物的 4 价流感病毒裂解疫苗都是相关领域的重磅产品。2019 年 12 月，国家药品监督管理局分别批准了沃森生物的 13 价肺炎结合疫苗和万泰生物的 2 价 HPV 疫苗，宣告双双打破国外制药巨头在我国的相关疫苗品种垄断。

疫苗产业是生物医药领域不可或缺的重要子领域，新冠肺炎疫情暴发后，在防疫压力下，疫苗企业在不断接受压力测试的同时，也迎面赶上了这次前所未有的机遇。各大疫苗企业都在与时间赛跑，积极寻求各项前沿疫苗技术的突破，疫苗行业也成为生物制药乃至整个医药产业的新增长点。2020 年，以新冠疫苗为代表的生物医药行业研发和产业化研究得到空前重视与发展。

作者简介：

邱子欣先生，北京万泰生物药业股份有限公司董事长兼总经理，研究员。承担了多项国家科技重大专项、国家“863”计划和北京市科技计划课题，荣获国家科技进步奖二等奖、教育部科技进步奖一等奖和北京市科技进步奖一等奖等奖项。

疫苗行业的国际化——中国疫苗企业的机遇和挑战

宇学峰

2021 年 3 月，《中华人民共和国国民经济和社会发展第十四个五年规划和 2035 年远景目标纲要》提出，“推动生物技术和信息技术融合创新，加快发展生物医药、生物育种、生物材料、生物能源等产业，做大做强生物经济”“完善创新药物、疫苗、医疗器械等快速审评审批机制，加快临床急需和罕见病治疗药品、医疗器械审评审批，促进临床急需境外已上市新药和医疗器械尽快在境内上市。”这项对于疫苗行业发展至关重要的决策是在新冠肺炎疫情继续肆虐的大背景下做出的，必将极大地促进中国疫苗企业向国际化、产业化纵深发展。

新冠肺炎疫情暴发以来，其并没有停止传染或降低传染速度的迹象，事实证明，接种疫苗是阻击新冠肺炎疫情蔓延的重要手段。疫苗接种可以降低人体感染新冠肺炎病毒的概率，同时降低因新冠肺炎病毒感染发展成重症、住院和死亡的概率。长久以来，疫苗四巨头——辉瑞（Pfizer）、葛兰素史克（GSK）、默沙东（MSD）、赛诺菲（Sanofi）共同占据了全球疫苗市场超过 85%的市场份额；随后，莫德纳（Moderna）等新兴公司异军突起，全球疫苗市场进入增长爆发期，中国疫苗企业更是在全世界面前展示了“中国创造”的不俗实力。

截至 2021 年年底，中国累计向 120 多个国家和国际组织提供了 20 亿剂新冠疫苗，众多创新疫苗企业功不可没。2021 年，康希诺生物自主研发的重组新冠疫苗（5 型腺病毒载体）在海外陆续获得墨西哥、巴基斯坦等 10 余个国家的紧急使用批准，并向拉丁美洲、东南亚、中东等多地区供应腺病毒载体新冠疫苗超千万剂，这是疫苗研发能力、全球多中心临床试验数据、生产质量管控体系等众多幕后因素的综合体现，也说明中国疫苗企业已经具备厚积薄发的能力。

除此之外，康希诺生物还向墨西哥、巴基斯坦、马来西亚等多个国家进行新冠疫苗成品生产的技术转移，帮助他们建立起本国新冠疫苗生产能力。通过国际合作，越来越多的国家开始信赖中国的创新疫苗产品，认可中国企业的技术实力，这种示范效应将帮助更多的中国疫苗企业坚定地走上国际化道路。

基于疫苗行业蓬勃发展的现实，围绕国家“十四五”规划，各省区市均制定了专项发展方案，多省市把打造生物医药产业链作为产业转型升级的重点，对于正在阔步前进的中国疫苗企业，如何把握发展机遇，如何化解各种挑战，是“十四五”期间的重要课题。

一、新冠肺炎疫情带来的疫苗行业发展机会

新冠肺炎疫情对整个疫苗行业的促进是巨大而又深远的，主要体现在以下三个方面。

（一）促使资金流入和技术升级

新冠肺炎疫情暴发之后，无论是一级市场还是二级市场，资本对于疫苗企业的追捧是显而易见的，一级市场对 mRNA 技术企业更是给予了前所未有的高成长估值。而在国家层面，政府也加大了对疫苗企业的扶持力度，无论是在政策还是在资金上，疫苗企业都迎来了前所未有的高速发展机会。

目前，全球有数百家单位研发新冠疫苗，主要集中在 5 条技术路线，涵盖灭活疫苗、重组蛋白疫苗、腺病毒载体疫苗、减毒流感病毒载体疫苗、核酸疫苗（包括 mRNA 疫苗、DNA 疫苗）。其中，基于 mRNA 技术开发的相关疫苗和新型疗法是当下生物医药发展的重要前沿领域之一。作为平台性技术，mRNA 运用场景广泛，目前主要用于开发预防性疫苗、治疗性疫苗或药物。未来，通过将 mRNA 用于编码不同蛋白，还能够进行肿瘤治疗、罕见病治疗、基因编辑、蛋白补充治疗、传染病预防、免疫治疗等。现在，全球累计有 150 多种 mRNA 疫苗及药物研究管线，主要针对传染病、肿瘤疾病、蛋白质替代与基因治疗。

mRNA 疫苗的异军突起充分说明，疫苗行业充满着机遇，在未来 5～10 年，谁把握住机会，谁就有可能成为行业新的领军者。

（二）超预期收益推动疫苗企业快速发展

放眼全球，勇于大力投入研发并商业化新冠疫苗的企业均在2021年获得了很好的收益，充足的资金及创新发展的优势又会进一步促进企业在研发上的投入，并购新技术企业的可能也进一步提高。

辉瑞发布的2021年度财报显示，公司全年总营收为812.88亿美元，其中新冠疫苗Comirnaty的实际收入为367.8亿美元，占全年收入的45.25%。同样得益于新冠疫苗Spikevax在全球范围内的广泛使用，莫德纳公司在2021年实现了转亏为盈的飞速发展。截至2021年年底，该公司现金流超170亿美元，人员规模翻倍增长，全年销售可达约180亿美元。阿斯利康公司（AstraZeneca）通过与牛津大学进行密切合作，推出的腺病毒载体疫苗Vaxzevria在2021年的供应量约为25亿剂。阿斯利康公司发布的2021年财报显示，公司年度总收入为374.17亿美元，同比增长41%；其中，新冠疫苗收入为39.81亿美元，占全部产品收入的10.64%。

疫苗企业获得超额利润后，几乎无一例外将投资重点放在技术迭代方面。仍以上述3家跨国公司为例，辉瑞在2021年积极扩充公司产品线，宣布了超百亿美元交易总额的合作、并购等，预计在2022年，公司还将在AI制药、双抗、体内基因编辑等前沿技术方面继续布局；莫德纳公司首席执行官Stéphane Bancel表示，公司计划把大量资金投入到研发中，实现研发费用2～4倍增长；阿斯利康公司在2021年也进行了多项业务结构调整，在RNA疫苗和疗法、罕见病领域、抗癌免疫疗法等前沿方向加速布局，加快创新疗法的临床研究，开展广泛合作，拓展产品管线。

（三）提高民众对新冠疫苗的认知

新冠肺炎疫情的冲击迅速提高了全球民众对疫苗的认知，这种认知的提高是爆发式的。越来越多的人意识到，成年人也需要接种疫苗来预防疾病，除了新冠疫苗，带状疱疹疫苗、HPV疫苗等也都开始受到人们的广泛关注，未来几年成人疫苗的渗透率大概率会快速上涨。

接种疫苗意识的快速提升带来行业市场空间的增长。根据全球领先的市场调研机构Evaluate Pharma的预测，全球疫苗市场将以约7%的年复合增长率快速增长，并在 2025 年前达到 446 亿美元。其中，儿童疫苗市场规模预计达到 272 亿美元，约占 60%以上的市场份额；成人疫苗市场规模预计达到 174 亿美元，约占 40%的市场份额。

感染性疾病死亡在世界人口死因中占 1/3，其中，急性呼吸道感染（主要为肺炎）在感染性疾病死亡顺位中居首位。相关研究表明，肺炎链球菌确定病例中男性占多数，5 岁以下与 65 岁以上年龄层人数占全部人数的 61.3%；发病率按年龄段呈现 V 字形分布，死亡率随年龄段呈现阶梯状上升。因此，在新冠疫苗研发成功前，肺炎疫苗作为全球销售额第一的大品种，需求长期存在。

目前，全球上市的肺炎疫苗品种主要有 13 价肺炎球菌多糖结合疫苗（PCV13）与 23 价肺炎球菌多糖疫苗（PPV23），但成人接种情况不理想，导致大多数国家的肺炎球菌疾病负担依然较高。在美国，社区获得性肺炎（CAP）作为全美主要死亡因素之一，每年新增病例数超过 400 万人，其中，需住院者约 60 万人，住院病人病死率为 14%，此项医疗费用支出约 44 亿美元。在我国，23 价肺炎疫苗供应商有 5 家，13 价肺炎疫苗供应商有 3 家。不过，随着疾病预防控制体系越来越受到各方关注，各级政府均将其作为公共卫生服务体系的重要组成部分，不遗余力地推动其在提高人民健康水平方面发挥促进和保障作用。2019 年开始，浙江、江苏等多地加强成人预防接种门诊的设置和规范，而随着新冠疫苗的广泛接种，各地在成人预防接种方面积累了丰富经验，成人疫苗未来必将具有巨大的拓展空间。

二、疫苗企业面临的普遍问题

（一）产业链不完整，上下游企业协同不足

当下，在北京、上海、成都、武汉等城市均已形成颇具行业规模的“医药谷”“生物谷”“细胞谷”，其中也不乏疫苗行业明星企业的身影，但从全国的情况看，上下游企业协同不足、关键原材料和设备依赖进口、优势产品门类相对单一、创新产品研发速度不快仍然制约着企业的发展。

《“十四五”医药工业发展规划》明确指出，要“打造医药产业创新高地，重点支持 10 个左右医药创新基础好、科技资源集中的城市，对接国际创新资源，

吸引创新型企业集聚，发展成为产业新动能的主要引擎。发挥创新高地的技术溢出效应，带动周边区域协同发展，形成区域资源互补、产业链深度融合的高水平医药产业集聚区。”这一规划将给疫苗企业发展带来机遇，但鉴于形成产业集聚需要时间，如何在行业快速发展期迅速完成强链、补链工作仍然是中国疫苗企业普遍面临的挑战。

（二）监管政策难统一，给企业发展带来不确定性

疫苗行业是一个投资大、周期长、盈利慢的行业，从研发到产品注册，从临床研究到产品上市，从厂房建设到危废处理，需要跟方方面面的政府部门进行对接；为推动疫苗行业国际化，又不可避免地要求各疫苗企业与各国政府及相应监管部门进行沟通交流。为解决这些问题，即便是四大跨国药企，也需要投入大量的人力、物力，进行长期的经验积淀，对于中小企业而言，则在人才、国内外法规和合规性理解等诸多方面面临巨大挑战。

（三）招人留人难题，制约疫苗企业快速发展

生物医药行业大多是科技密集型企业，他们对高端人才的渴求度非常高，而且需要核心研发团队相对稳定。当前一部分前沿人才集中在海外，由于新冠肺炎疫情因素的影响，人才的引进难度加大。国内各个地区发展水平的差异，也导致人才主要集中在少数几个发达地区城市，造成了人才分布的不平衡，同时各地的落户政策也在一定程度上阻碍了人才的流动。国内各大高校的相关专业学科已经在加大对博士研究生、硕士研究生的培养和供应，不过还需要一段时间才能真正供给市场。由于近期疫苗行业的爆发式增长以及快速的国际化进程，疫苗行业的人才供需缺口快速扩大，企业维持一个稳定的人才团队并不容易。同时，人才的薪酬水平迅速提高，给企业带来了成本压力。

三、多措并举推动我国疫苗企业的国际化

一是建议各地方政府在促进疫苗产业发展时，既要做到产业支持政策清晰，覆盖生物医药企业不同发展阶段，又要充分引导社会资本参与疫苗行业发展，保障企业发展持久力。

新冠肺炎疫情催生了众多创新疫苗技术，并且已获得业界的广泛认可，其中腺病毒载体技术和 mRNA 技术最引人关注。阿斯利康公司使用黑猩猩腺病毒载体技术研发新冠疫苗取得成功，强生等企业先后使用人腺病毒作为载体研发单剂有效的新冠疫苗，大大加快了全球构建免疫屏障的速度。同样，mRNA 技术在此次疫情防控中也因德国企业 BioNTech 的成功而一鸣惊人，康希诺生物、斯微生物、艾博生物、丽凡达、深信生物、蓝鹊生物、瑞吉生物、厚存纳米、美诺恒康等国内众多疫苗企业乘势而上，纷纷投身 mRNA 疫苗研发。

越是在行业高速成长期，政府越需要从产业持久发展角度进行引导。只有这样，才能支持真正有前景的技术被更广泛地研究和使用，才能避免因无序竞争带来的同质化困扰和大量的资源浪费。另外，各地方政府在支持企业高速发展的同时，应该从打造良性生态角度出发，引导企业在高融资、高投入的同时，关注新型疫苗的更新升级、重视市场需求的波动变化、注重引进人才的数量与质量，为疫苗企业创造更有利的发展契机。

二是监管政策应根据行业和科技发展变化及时调整，监管手段和监管标准要走国际化道路，在法规政策上与国际通行规则接轨。

“十三五”期间，中国批准上市的新药数量占全球的 14.8%，本土企业在研新药数量占全球的 32.3%，2021 年中国新启动的核心临床试验已经超过欧盟，仅次于美国。为了应对新冠肺炎疫情的众多不确定性，我国药品监管部门在新冠疫苗研发、临床、注册等监管环节做出了众多突破性尝试，把过去往往需要“十年磨一剑”的上市之路压缩到两年左右，如果能将新冠疫苗研发中取得的监管经验推广到其他疫苗产品中，无疑是对疫苗行业的整体利好。

生物医药创新非常需要高质量、高效率的监管体系支撑。缩短伦理审查、临床试验和审评审批时间，努力帮助企业降低研发成本，才能提高中国疫苗企业的国际竞争力；加强生物医药领域国际合作，统一临床试验标准，优化监管流程，提高监管效率，才能让更多的创新药走向国际市场；认真落实“十四五”规划中健全多层次医疗保障制度的要求，抓紧起草商业医疗保险法，将商业医疗保险纳入保障监管，才能让更多的疫苗企业行稳致远。

三是企业和地方政府着重吸引和保留高端人才，尤其是有国际产业和市场经验的人才，为他们安心发展提供必要的空间与平台。

在管理实践中不难发现，除了真金白银的税收、购房等优惠政策，高端人才往往更关注企业所在城市的学术环境和人文环境。良好的学术氛围、通畅的业内互动、优质的区内资源，可以给高端人才提供更大的上升空间，对于吸引并留住高端人才，让高端人才在区域内安心发展非常重要。同时，可以考虑优化人才订单式培养、联合培养、产教融合等传统的校企互动模式，在生物医药产业跨越式发展的大背景下，吸引企业招聘来的高端人才到高校中担任研究生导师，培养真正适合企业发展的研究型人才，引导在高校、科研院所的专家学者真正走到企业中去，可以考虑采用延长离岗创业时限、支持科研成果股权化等创新工作思路来进行激励。

作者简介：

宇学峰先生，康希诺生物股份有限公司董事长、首席执行官兼总经理。有 30 多年从事生物医药研究和开发工作的经验，曾在赛诺菲巴斯德负责疫苗研发及管理。在康希诺生物股份有限公司建立了病毒载体、合成疫苗、蛋白结构设计和重组、mRNA，以及制剂和给药等技术平台。

新时期第三方医检行业发展的现状与未来

梁耀铭

从党的十九大报告到《中华人民共和国国民经济和社会发展第十四个五年规划和 2035 年远景目标纲要》，建设“健康中国”的战略规划一以贯之。然而，面对人民群众日益增长的医疗卫生服务需求，我国医疗卫生服务供给的均衡性和充分性有待进一步提升。第三方医学检验行业（以下简称“第三方医检行业”）扎根我国医疗服务的现实土壤，得益于国家医改政策红利和技术进步，多年来稳步增长、持续向好。新冠肺炎疫情暴发后，第三方医检行业得到全社会关注。应数字化时代浪潮，行业头部机构不断扩大服务规模，深挖数据潜力，积极推动数字化转型，为产业发展注入新的动力，也将对我国第三方医检行业发展产生深远影响。

一、第三方医检行业概况及发展现状

第三方医检行业的承载主体是第三方医学实验室，又称独立医学实验室（Independent Clinical Laboratory，ICL），是指在卫生行政部门的许可下，具有独立法人资格、从事医学检验或病理诊断服务的医疗机构。第三方医学实验室通过与各类医疗健康卫生机构开展业务合作，集中收集并检验医学样本，将检验结果返回送检合作机构，从而服务临床疾病诊疗、健康管理与公共卫生防控。

独立医学实验室于 20 世纪 20 年代在美国起源并逐步发展。此前，医学检验业务均由医院检验科及病理科完成。随着医疗需求的不断增加，检验项目日益增多，检验服务需求不断上升。同时，随着检测技术的不断创新，新技术、新项目从研发向临床应用快速转化，部分检测方法所需的仪器设备复杂，大型仪器设备购置、使用成本较高，操作技术难度较大，对操作人员的素质和技术能力要求较高，对检验结果的解释需要有较高的专业水平，医院作为医学检验业务的唯一实现主体，已无法完全满足检验及临床诊断的业务发展。技术进步、实验室监管标准更趋严格，社会分工更趋细化，医疗保险政策改革推动医院强化控制成本，诸多因素叠加促使医院将更多检验项目外包给运营成本更低、技术更先进的独立医学实验室。独立医学实验室目前已经是欧、美、日等发达地区和国家的成熟业态，近年来分别占到本地区/本国医学检验 53%、38%、67% 的市场份额（见图 1）。

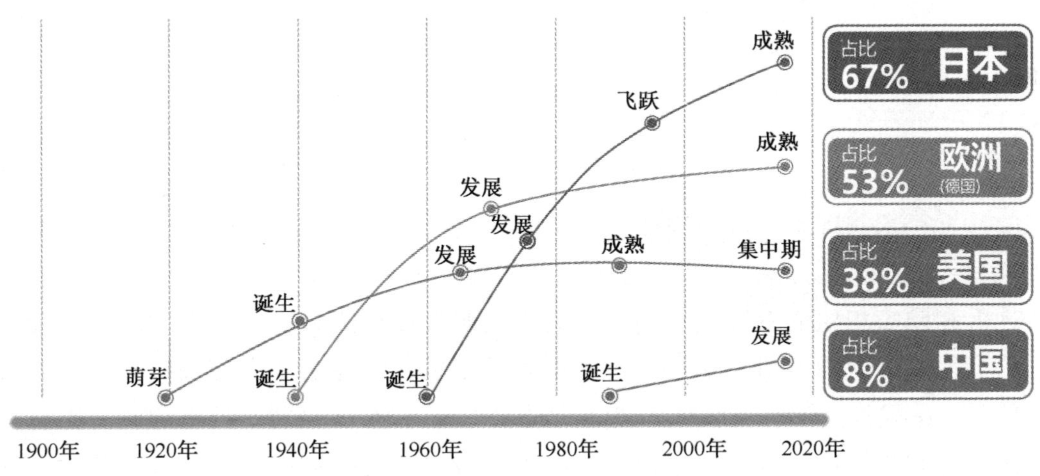

图 1　全球主要国家或地区第三方医检行业发展历程与市场占比

我国第三方医学实验室起步较晚，最早可追溯至 20 世纪 90 年代中期，与美国的发展历程类似，市场需求及技术发展推动国家扶持政策出台，主要经历了市场自发探索期、政府纳入规范管理期和国家政策鼓励发展期 3 个发展阶段。20 世纪 90 年代，金域医学核心创始团队开始在国内探索医学检验外包业务，开创了国内行业先河。2009 年，卫生部印发《医学检验所基本标准（试行）》，正式将第三方医检行业纳入规范化管理，促进了行业第一次大发展。从 2015 年开始，随着医改的深入推进，国家不断出台政策，支持独立医学实验室建设，这进一步促进了国内第三方医学检验集约化、规范化、标准化发展。国内独立医学实验室数量从 2012 年的 129 家发展到 2020 年的 1817 家（见图 2）。目前，国内第三方医学检验实验室最多可提供 3000 余项检测项目，远超一般三甲医院的 800～1000 项，但与欧、美、日等地区和国家 4000～5000 项的检测项目数量相比，仍有一定差距。

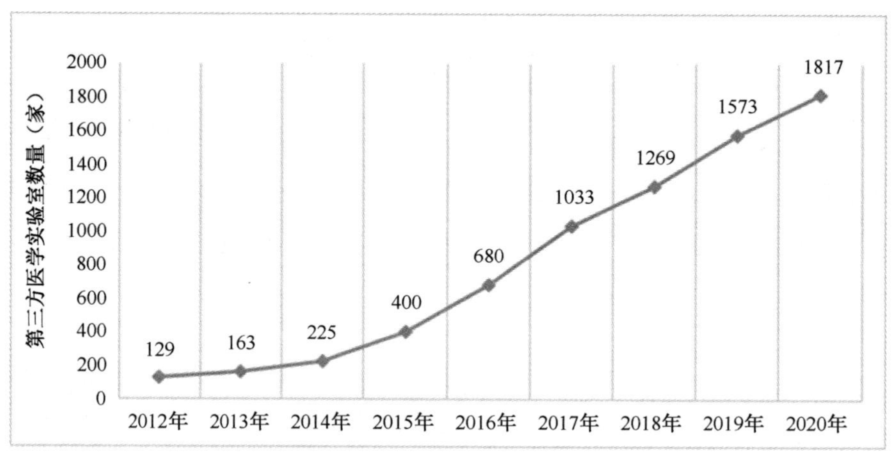

图 2　2012—2020 年我国第三方医学实验室数量

近年来我国第三方医检行业保持高速增长的态势，经测算，2020 年行业总规模约为 319 亿元人民币，约占整个医学检验市场的 8%，与欧、美、日等发达地区和国家相比还有很大的提升空间。按照发展模式来看，第三方医学实验室可分为综合型和专科型两类。综合型实验室以提供覆盖全生命周期、多种疾病的“一站式”医学检验服务为目标，技术平台可达 70 余种，拥有很强的综合技术实力和规模化、专业化运营管理能力。专科型实验室以华大基因、康圣环球和燃石医学等机构为代表，集中在少数学科、单一技术门类或个别疾病领域，注重通过个性化营销服务策略获得市场。

目前，在国内重点布局第三方医学实验室的企业中，从机构数量上来看，专科型实验室占绝大多数；从规模上看，金域医学、迪安诊断、艾迪康 3 家机构的规模在行业内排名前三，均为综合型独立医学实验室。随着行业的发展，其业务模式从最初的检验外包，到检验科整体解决方案、区域检验中心解决方案、精准医学中心解决方案，再到 ToC 端的“互联网+”业务模式，带动第三方医学检验行业的业务模式，呈现出多元化的发展态势。

二、新政策、新技术等加速第三方医检行业发展

我国医疗体系以公立医疗机构为主，强调公益性、普惠性。第三方医检行

业服务医疗体系，须紧跟国家公共卫生政策、医改政策。在以规模化运营降成本、保质量的基础上，以技术领先助力临床诊疗、提升医疗价值，是行业的必然选择。

（一）新政策影响

自2009年新一轮医药卫生体制改革启动以来，国家正式将独立医学实验室纳入规范化管理，允许设置独立的区域医学检验机构、允许将公立医疗机构医学检验服务委托给第三方医疗机构等一系列支持政策，为国内独立医学实验室的发展打开了广阔的空间。

近年来，国家医改深入推进，有力牵引着第三方医检行业的发展方向。分级诊疗之下，三级医院对先进检验技术、高标准病理诊断的需求更大，“基层首诊”让基层对检验项目的需求增加，“双向转诊”的实现以检验质量过硬、检验结果互认为前提。医保控费与支付改革，涉及技耗分离、试剂集采、DRG/DIP支付改革等多个方面，推动医疗服务价格调整，行业规范化监管力度加大。2021年出台的《医疗器械监督管理条例》提出“对国内尚无同品种产品上市的体外诊断试剂，符合条件的医疗机构根据本单位的临床需要，可以自行研制，在执业医师指导下在本单位内使用。”为独立医学实验室自研的新项目、新技术的临床应用提供了新机遇。在医改新的时期，第三方医学检验机构的机遇与挑战并存，这些机遇和挑战对其检验质量、研发能力、技术能力、临床服务能力、成本控制能力、个性化需求响应能力等提出了更高的要求。

国家“十四五”规划提出的“创新驱动”“健康中国”“数字中国”等战略，为第三方医检行业的发展指明了方向。一是要抓住“健康中国”的建设机遇，持续缩小与国际前沿医学检验技术的差距，逐步实现并跑、领跑，积极为人民提供全方位、全生命期的健康服务，助力政府构建更加强大的公共卫生体系；同时，尽可能提供质量优、价格平、体验好的医学检验产品和服务，实现优质医疗资源下沉，助力分级诊疗。二是重视数字化转型升级。通过运营管理、检验技术与数字化技术的融合，实现“业务数字化”，大大提升第三方医学实验室的运营效率，降低运营成本，提升检测结果的准确性，优化临床体验；通过对医疗数据的整合、分析和应用，将数据信息转化为价值产品，以“数字化业务”创新数字经济业态，以更多的创新产品赋能临床辅助决策、创新药物和体外诊断技术研发、慢病管理、疾病预防与预警等民生健康问题。

（二）新技术影响

生物医药与生命科学技术的进步，是推动医疗质量提高、医疗水平提升的关键。以基因检测为例，当前，基因检测向着自动化、智能化发展，其中测序技术向着高灵敏度、高通量、长读长检测方向发展；质谱检测应用从小分子向大分子，从单一指标向组学检测转变。相关设备仪器也在逐步国产化、小型化。同时，干细胞治疗、免疫治疗、基因治疗等新的治疗技术日新月异，临床治疗对新检验技术与产品的依赖加深。与之相关的检测项目具有高技术、高成本、快速迭代、需求量小、复杂度高等特点，使得第三方医学实验室专业化、规模化运营的优势愈发凸显。

生命科学与新一代信息技术的融合创新，正在迅速推动医学检验技术生态的重构。基因组学、蛋白组学、微生物组学、免疫组学等组学技术的快速发展，互联网、数字化技术的进步，人工智能技术的广泛应用，将推动医学检测技术、基因与蛋白组学技术、物联网、AI 等结合，实现基于云计算、AI 及医学知识图谱的数据整合与辅助决策，构建基于患者基础信息、历史数据与多技术平台检测数据互联互通的医学检验智慧诊断新模式，基于工业自动化与互联网技术的智慧实验室，基于海量医学数据的智能样本库与医学大数据库，基于人工智能的客户咨询与服务，将有效助力健康管理和疾病预警，促进医学科研和新药研究，赋能精准医疗，最终不仅加速第三方医学检验行业发展，更助力第三方医学检验行业拓展出新的发展前景。

三、新冠肺炎疫情下第三方医检行业面临的发展机遇

一直以来，第三方医检行业以服务各级医疗机构为主，ToB 业务的属性让其一直“隐身”于医疗服务链。新冠肺炎疫情暴发后，第三方医检机构成为“战疫”中核酸检测的重要支撑力量、大规模筛查的主力军，为社会大众所关注。鉴于此，行业发展也要适应更高要求。

一是第三方医检行业在公共卫生体系中的专业价值和社会价值，有望被更大限度审视。同心抗疫，让第三方医检机构赢得了政府的信任。特别是其社会

化服务模式，如核酸检测能力（PCR 为病毒检测通用技术平台），平时为商业使用，有重大疫情时为政府采用，可以增强政府应急管理的能力。在常规医学检测服务领域，第三方医检行业同样可以成为政府“平战结合”的储备力量。受新冠肺炎疫情影响，国家将会更加重视对卫生健康事业的政策支持和资源投入，逐步完善疾病预防控制体系，尤其是基层的公共卫生应急能力和慢病管理医防融合。第三方医检机构必将有更多机会参与各地公共卫生防控体系建设和基本医疗水平提升的相关工作。

二是新冠肺炎疫情推动国内医疗环境变化，第三方医学检验的服务模式为一些新医疗场景提供解决方案。新冠肺炎疫情期间，大众对医院内交叉感染的担心，促使许多用户试水远程诊疗，也推动各大医院或相关企业加速开通互联网诊疗业务，医疗机构数字化管理水平有望进一步提升。部分第三方医检机构也推出了新冠核酸检测等 ToC 业务、线上业务，从而推动线上问诊、线下诊断（社区医疗点或护士集团上门采样）的一些医疗服务项目搭建起完整的闭环。除核酸检测外，一些老年病、慢性病也扩展了新的应用场景。“互联网+医疗”业务探索、ToC 医学检验开发、线上线下业务融合，成为新的发展课题。对接医院的数字化转型，“医检 4.0”成为必选题，有可能成为颠覆未来行业格局的关键因素。

三是常态化疫情防控释放更多核酸检测业务需求，促使行业整体规模扩大。近两年来，大规模筛查释放出海量的核酸检测需求，让一批规模较小、技术单一、综合实力较弱的第三方医检机构得以生存和发展。社会资本更加看好行业发展，全国独立医学实验室数量从 2019 年的 1573 家快速增至 2020 年的 1817 家。可以预见，新冠肺炎疫情得到有效控制之后，第三方医学检验常规业务的竞争将更加激烈。

四是推进第三方医学检验向专业化、规模化、集约化、规范化运营发展。新冠肺炎病毒持续变异，短时间内高频次、大面积的筛查要求第三方医检机构在限定时间内产能提升速度更快、检测量更大、检测质量更高。与此同时，政府核酸检测服务采购价格持续下降，质量安全、生物安全等被外界关注、审视，规范管理、风险防控更加需要受到重视。这些外因必然推动第三方医检机构以专业化推动技术创新，以流程优化推动检测产能提升，以规模化降低检测成本，以集约化推动现有资源效能最大化，以规范化提升检测质量和风险防范水平。

四、第三方医检行业推动大健康产业发展

从长远来看，无论是综合型独立医学实验室，还是专科型独立医学实验室，规模化都是其做强做大、回应社会医疗降费增效需求的有效方式之一。规模化，意味着服务网络布局要广，必然带来大量样本，具备大数据的潜力。国内第三方医检行业规模较大的金域医学，2020 年检测样本量超 1 亿例，累计检测样本达 20 亿例。全域医学者以临床和疾病为导向，进行深入的价值挖掘，可成为大健康产业相关领域发展的强力助推器。

（一）联合研发机构加强研发与技术转化，推动新的生物技术产业化

第三方医检行业头部企业具有规模优势，大网络、大样本的资源优势突出。深度挖掘大数据价值，联合生物医药及相关创新领域的机构、专家合作研究，从多维、立体、融合的大样本中探索出大数据规律，能有效助力生物技术的创新，培育出新技术、新产品、新模式和新业态，为相关产业未来指数级发展奠定创新基础。尤其通过“医疗大数据+云计算”对海量数据进行处理，可大幅提升相关领域的创新效率。而通过其大网络，新的生物技术也可得到广阔的产业化应用场景。

（二）大网络、大样本、大数据与人工智能结合在医检产业中的应用

一是生物医学大数据与人工智能结合助力检验试剂研发。例如，2003 年“非典”时进行基因搜索工作需要几个月，而在 AI 启发式搜索算法的助力下，中国科学家仅花了 14 天就确认了新型冠状病毒全基因组序列，为研制核酸检测试剂提供了重要基础。这类通过大数据实现模式识别的 AI 计算服务，可同时运行多个病毒基因比对，并在 60 秒内给出高质量的基因比对报告，为患者提供更为准确的医疗方案，还可与宏基因组测序和病毒库结合，追踪病毒变异情况，以便及早研制出鉴定变异序列的核酸检测方法。

二是通过大样本、大数据与 AI 结合研发检验报告自动审核功能，化解检验

资源挤兑的风险。检验报告能否发放，以往需要经过人工审核判断，对人员素质与经验的要求较高。使用AI审核系统，可以进行智能机器学习，自动完成规则的更新，审核及解释的准确性和可靠性随着时间的推移会越来越高。AI自动化审核可有效提高检验工作效率，缓解医疗资源不足，缩小地区和城乡之间的技术差距，在医学实验室质量控制及效率提升方面发展潜力巨大。

三是开展疾病相关的多组学研究，建立疾病风险预测模型，实现疾病的精准防治。依托大数据技术，通过整合检验医学与临床数据，尤其是综合及整合各种组学数据（包括基因组学、表观组学、转录组学、蛋白组学、代谢组学、宏基因组学等），既能为疾病发生、预防和治疗提供全面、全新的认识，也有利于开展个体化医疗，可以更准确地预测个体患病风险和预后情况，有针对性地实施预防和治疗，尤其是在传染病、呼吸系统疾病、心脑血管疾病与肿瘤领域有诸多实际应用的价值。

（三）生物样本与生物医学大数据在大健康生态圈的应用价值

一是可实时开展生物监测与公共卫生监测。新冠肺炎疫情暴发以来，大数据技术在信息收集、疫情排查、人员筛选、病源追踪、资源调度等方面得到广泛运用，体现出强大的技术效率优势，成为应急状态下疫情管理的有效手段。习近平总书记也提出“完善重大疫情防控体制机制，健全国家公共卫生应急管理体系”的要求，指出“要鼓励运用大数据、人工智能、云计算等数字技术，在疫情监测分析、病毒溯源、防控救治、资源调配等方面更好发挥支撑作用”，这为公共卫生监测体系的发展指明了方向。借鉴国际经验，加强大数据在我国公共卫生监测体系中的发展应用，可建立机构防控与大数据补充相结合的多层次监测体系；理顺信息化管理体制，实现大数据资源共享开发；加强大数据技术创新，增强其在公共卫生监测中的应用；完善法律监管体系，引导大数据产业健康安全发展。

二是数字疗法开启新型健康管理。数字疗法是指使用数字化手段，建立以循证医学为基础、结合最新的诊疗技术、通过对大量生物样本与生物医学大数据的分析、以应用软件为驱动的干预方式，达到治疗、管理或预防疾病的目的。数字疗法的常见载体是“软件+可穿戴设备”，可通过实时的反馈改善治疗效果，让患者更容易获得治疗。

三是人群疾病谱变迁的研究。这将有助于制定新的疾病防治策略。全球疾病负担研究是一个应用大数据的实例，该研究应用的数据量巨大、数据多样性丰富，近 4700 台并行台式计算机完成了数据准备、数据仓库建立和数据挖掘分析的自动化和规范化计算。结合第三方医学实验室覆盖全国的检验大数据与医学各专科的临床数据，进行我国临床疾病的负担研究，将有助于政府和各级卫生机构制定新的疾病防治策略。

因价值而生，因使命而强。当前，我国第三方医检行业正处于创新发展的黄金时期。第三方医检机构应主动将自身发展融入国家健康事业的发展大局，紧抓机遇，把握未来，在谋求企业发展的同时，助力更多民生福祉，在“健康中国”的大道上走得更快、走得更远!

作者简介：

梁耀铭先生，广州金域医学检验集团股份有限公司创始人、董事长兼首席执行官，广州医科大学金域检验学院院长，广州市工商联主席。曾获得广东省劳动模范、广东省抗击新冠肺炎疫情先进个人、全国抗击新冠肺炎疫情民营经济先进个人等荣誉和称号。

当前我国体外诊断行业发展面临的挑战与机遇

饶　微

新一轮医药卫生体制改革实施以来，我国基本医疗卫生制度加快健全，人民健康状况和基本医疗卫生服务的公平性、可及性持续改善，群众看病难、看病贵问题得到明显缓解，人民获得感不断增强，深化医改在国民经济和社会发展中的重要作用日益显现。随着技术普及和人均卫生费用提升，体外诊断（IVD）已成为现代检验医学中的重要一环，其发展与医药卫生体制改革方向紧密相连。本文对深化医改的若干政策措施将给体外诊断行业带来的挑战与机遇加以论述。

一、体外诊断行业发展现状

体外诊断，指将样本（血液、体液、组织等）从人体中取出后进行检测，通过与正常人的分布水平相比较，来确定病人相应的功能状态和异常情况，以此作为诊断和治疗的依据。按照检验原理或检验方法，体外诊断主要分为生化诊断、免疫诊断、分子诊断、微生物诊断、血液学诊断等。按检验环境及条件的不同，体外诊断又可分为临床实验室体外诊断与即时检测（POCT）。

具体来看，基于磁微粒化学发光技术的免疫诊断是目前最为主流的检测方式，应用领域包括肿瘤标志物、传染病、甲状腺等，免疫诊断也是新冠肺炎疫情暴发前 IVD 中占比最大的细分领域。从竞争格局来看，以罗氏、雅培、西门子、贝克曼为代表的外资品牌依靠其产品质量及先发优势，在免疫诊断细分领域占据主要市场份额。随着新产业打破外资技术垄断，以及国产品牌逐渐获得医疗终端认可，免疫诊断领域的进口替代已拉开序幕。

生化诊断是国内起步最早、发展最为成熟的体外诊断细分领域，应用领域包括肝功能、肾功能、糖代谢、血脂等。目前，国产生化诊断试剂已达到较高的技术水平，可满足绝大多数医疗终端临床检测需求，市场占有率已超过进口品牌；在生化诊断仪器，尤其是高速生化分析仪的技术研制方面，外资品牌凭借着技术壁垒占据大型医院的主要市场份额。

分子诊断是对核酸的定性定量检测分析，以获取感染病原体、疾病病理变化、预防预测、预后判断、疗效考察等信息，应用领域包括病毒检测、遗传病筛查、药物伴随诊断等。2020 年新冠肺炎疫情在全球范围内暴发，基于聚合酶链反应（PCR）的核酸检测需求激增，国内众多体外诊断企业第一时间完成新冠病毒核酸检测试剂盒的研发，不仅满足了本土检测需求，更是扬帆起航打开国际市场。

即时检测（POCT）是在采样现场进行的、利用便携仪器及配套试剂或单凭试剂条快速得到检测结果的检测方式，应用场景包括危急重症检测、家庭个人健康管理等。随着海外疫情持续蔓延，在复工复产需求强烈的背景下，新冠抗原自测凭借其便利性及效率优势在欧美地区成为主流检测产品，使得国内 POCT 生产企业迎来前所未有的市场机遇。

二、深化医药卫生体制改革的若干政策措施

党的十八大以来，我国坚持以人民为中心的发展理念，部署和实施“健康中国”战略，将深化医改纳入全面深化改革的重要组成部分来统筹谋划、全面推进。2018 年，国务院机构改革从顶层设计上理顺“医疗、医保、医药”职能，为进一步实现“三医联动”创造有利条件，也给医疗器械行业带来深刻影响。

（一）分级诊疗

建立分级诊疗制度，是合理配置医疗资源、促进基本医疗卫生服务均等化的重要举措。2015 年 9 月，《国务院办公厅发布关于推进分级诊疗制度建设的指导意见》提出，要“逐步建立符合国情的分级诊疗制度，切实促进基本医疗卫生服务的公平可及。”2019 年，国家卫健委在全国范围内启动紧密型县域医共体建设试点，通过提升县级医院服务能力，提升城乡基层医疗卫生服务水平，促进日常疾病在市县范围内解决。据国家卫健委统计，截至 2020 年年底，全国

共组建县域医共体4028个，就诊人群回流明显。目前看来，县域医共体建设已呈现全面展开的趋势。

我国的医疗资源长期以来集中于三级医院，基层医疗资源匮乏，导致患者无论疾病轻重都倾向于前往城市大型三甲医院就医，分级诊疗制度的建立将形成新的就医秩序。基层医疗机构对于常见病、多发病、慢性病（糖尿病、高血压、冠心病等）的诊疗需求较高，对于试剂、设备成本更为敏感。体外诊断企业对基层医疗机构服务能力的要求显著提升。

（二）医保支付方式改革

为建立管用高效的医保支付机制，国家医疗保障局于2021年发布《DRG/DIP支付方式改革三年行动计划》，要求“到2025年底，DRG/DIP支付方式覆盖所有符合条件的开展住院服务的医疗机构，基本实现病种、医保基金全覆盖”。我国传统的医保支付方式是按项目付费，随着人民群众医疗需求的提升，按项目付费的方式容易滋生“大处方”“大检查”等过度医疗行为，按病种付费的方式有利于调节医疗服务行为、引导医疗资源配置、控制医保基金不合理支出。据国家医疗保障局统计，湖北武汉作为首批DRG试点城市，全市所有二级及以上定点医疗机构在实施新政后，2021年1—10月住院次均费用降低9%，职工医保统筹基金累计结余由负转正，改革成效初显。

在医保支付方式改革的背景下，医疗机构检验科将从利润中心转变为成本中心，对于临床治疗指导意义不明确的检测项目势必受到压缩，有助于早诊早治、提高诊疗效率的检测项目需求将会提升。对于体外诊断企业而言，产品立项研发更多需要从项目临床意义及辅助医疗机构增效的角度出发。

（三）集中带量采购

近年来，药品、医用耗材集中带量采购制度改革不断推进。基于“量价挂钩”的原则，集中带量采购，以市场化机制有效挤出药品、医用耗材价格水分，引导价格回归合理水平。自2018年《国家组织药品集中采购试点方案》启动至今，国家已组织开展六批七轮药品集中带量采购，采购内容从化学药扩展到生物药、高值医用耗材，覆盖了高血压、糖尿病、冠心病、消化道疾病、恶性肿瘤、骨科创伤等领域的药品和高值耗材。据国家医疗保障局统计，前六批药品集中采购平均降价 53%，心脏支架平均降价 93%，人工髋关节、膝关节平均降价 82%；从三年的改革累计成果来看，国家组织集采节约费用达到 2600 亿元人民币以上。目前，国家组织、联盟采购已经形成了常态化格局，后续继续扩大品种范围已经成为社会共识。

考虑到检测设备专机专用、项目品类及方法学繁多、检测结果缺乏统一评判标准等诸多客观因素，国家组织集中带量采购尚未在体外诊断领域实施。在集中带量采购常态化、制度化的背景下，安徽、四川等地已陆续通过阳光挂网采购、集中谈判议价等形式摸索新的价格形成机制，并取得一定改革成果，已对体外诊断流通领域造成实质性影响。

三、体外诊断行业面临的挑战与机遇

（一）体外诊断行业面临的挑战

随着深化医药卫生体制改革的持续推进，叠加竞争环境、产品技术迭代、人口老龄化等诸多内外部因素，体外诊断企业面临如下挑战。

1. 医保控费举措使得产品价格承压

医保支付方式由按项目付费转变为按病种付费，医院有较强的动力加强精细化管理，树立成本意识，提高运营管理效率，以实现盈亏结余或盈亏平衡。具体的举措包括合理用药及限制不必要的检验检查。与此同时，国家医疗保障局曾明确提出重点将部分临床用量较大、采购金额较高、临床使用较成熟、市场竞争较充分、同质化水平较高的高值医用耗材纳入采购范围。对于符合以上特点的体外诊断产品而言，未来不排除会被纳入集中带量采购，价格也许会面临更大的下行压力。

2. 集中带量采购促使行业集中度提升

随着集中带量采购的持续推进，采购规则不断完善，“一品一策”成为实施原则，主要表现在竞价规则会考虑采购品种的特点及市场竞争格局。近来种种迹象表明，集中带量采购不再是唯低价中标，监管部门不鼓励企业恶性竞争、不顾成本的过度竞争。例如，人工关节带量采购从尊重医疗机构使用意愿的角度出发，规定全国供应能力强、医疗机构需求量大的企业进入 A 组，并在规则设定上得到适当的倾斜，因此综合实力更强的龙头企业中标概率更高，区域性、需求量有限的中小型企业在未来两年的采购周期中则面临更困难的境地。在集中带量采购的推动作用下，预计未来头部企业的份额增加，一部分落后产能面临被淘汰出局的局面，行业整合使得行业集中度提升。对于中小型体外诊断企业而言，加速转型、避免扎堆陷入同质化竞争迫在眉睫。

3. 外资品牌仍在高端市场占据垄断地位

在宏观层面，国家及地方均出台了一系列政策鼓励医疗机构采购国产设备。从竞争格局来看，以罗氏、雅培、西门子、贝克曼为代表的进口品牌在采购价格更高的情况下，仍在国内大型三甲医院检验科占据主要市场份额，国产品牌更多扮演辅助角色。归根结底，进口替代的逻辑是国产品牌的技术水平和产品性能达到与进口相当的水平，产品价格并非医疗机构唯一考量因素。2021 年 12 月，工业和信息化部等十部门印发《“十四五”医疗装备产业发展规划》，指出我国医疗装备需要“坚持自立自强，着力突破技术装备瓶颈，加快补齐高端医疗装备短板，积极推动产业高质量发展”。以免疫诊断为例，抗原抗体与磁性微球在很大程度上会影响试剂性能，然而仅少数国产品牌能实现关键原料自给自足。因此，对于体外诊断企业而言，只有持续不断地自主研发推出灵敏度更高、特异性更强、重复性更稳定的诊断试剂产品，才能与进口品牌在更高的舞台一决高下。

（二）体外诊断行业面临的机遇

深化医药卫生体制改革进程中“腾空间、调结构、保衔接”的路径势必给所有药品、耗材、医疗器械企业带来不确定性，但从中长期来看，医疗资源均衡布局、医保稳健可持续运行等成果将有力支持医疗卫生事业发展。我国医疗卫生费用占 GDP 的比重稳步提升，人民群众对于医疗健康的刚性需求不会改变，体外诊断企业也面临如下发展机遇。

1. 医疗机构成本意识提升，国产优质产品迎来替代机遇

按病种付费、以组为单位打包确定价格、收费、医保支付标准等，涵盖患

者住院期间所发生诊疗的全部费用，药品、检查检验、医用材料等各种费用均归入医疗机构的诊疗成本。因此，医疗机构在主观上会倾向于使用更具有性价比的产品，以避免“入不敷出”的情形。在产品性能满足医疗机构临床检验需求的前提下，国内体外诊断企业有望凭借成本优势争取更大的市场份额。

2. 借助优质医疗资源下沉的东风，推广适合基层医疗的产品

推动优质医疗资源有序下沉不仅是为了构建分级诊疗制度，更是我国全面推进乡村振兴的重要一环。2022 年 2 月，县域慢性肾病、高血压、血脂异常、糖尿病等分级诊疗技术方案出台，县域医共体将成为基层防病治病和慢病健康管理的桥头堡。本土企业有望凭借自身对于国情的理解、更及时的响应速度、更完善的技术服务网络，结合县级与村镇级的检测需求，开发更适合我国基层医疗机构的诊断解决方案，从而占得先机。

四、体外诊断行业的发展方向

（一）提升综合实力，打开三级医院市场局面

以免疫诊断为例，国内头部企业已在二级医院站稳阵地，并逐渐向更高层级的医院渗透。据统计，我国三级医院以 8%的数量占比承担全国超过 54%的门诊量，意味着三级医院的争夺是全面进口替代的关键瓶颈。即便面临成本压力，三级医院也更注重医疗服务质量与安全。此外，大型三甲医院检验科往往面临较大的检测压力，因而对于设备测试速度、可靠性及售后服务有着极高要求。体外诊断企业需要提高产品质量、学术推广、技术服务等综合实力，以打开更广阔的市场。

（二）加强关键原料研发，在战略层面保障供应链安全

在中美贸易摩擦的背景下，部分行业全球化的产业链分工模式受到一定冲击。国内体外诊断企业对进口抗原抗体、诊断酶依赖程度较高，不利于原料供应安全。新冠肺炎疫情期间，在境外供应商停工停产及国际物流停摆的双重影响下，原料供应一度面临考验。通过自主研发实现关键原料自给自足将避免“卡脖子”的情形出现，契合“以国内大循环为主体、国内国际双循环相互促进”的时

代背景。

（三）加速产品创新及技术迭代，避免陷入同质化竞争

即使同质化的产品在现阶段能带来可观的利润，随着医疗服务价格被进一步理顺，其价格终究会回归合理水平。体外诊断企业应当从临床需求出发，通过产品创新及技术迭代，解决医疗终端使用痛点，并提高用户黏性形成护城河。作为市场准入配套政策，国家药品监督管理局陆续推出创新医疗器械特别审查通道以及医疗器械注册人制度，有利于创新器械加速通过审评审批并进入市场。

（四）推动国际化进程，积极布局海外市场，分散经营风险

考虑到产品注册、外籍团队建设、销售渠道及本地化运营管理等门槛，多数企业在过去拓展境外业务的积极性不高、外销收入占比较低。由于新冠肺炎疫情在全球持续蔓延、新冠检测需求持续保持旺盛，国内体外诊断企业海外收入规模凭借新冠检测产品实现井喷式增长。当新冠肺炎疫情红利逐渐褪去，叠加国内医改政策的不确定性，体外诊断企业应当更注重海外市场常规检测业务的拓展，分散经营风险。

作者简介：

饶微先生，新产业生物董事长兼任总经理，深圳市政协委员。带领团队研发出国内首台全自动化学发光免疫分析仪器，获得授权专利 76 件，并在国内多家核心材料学杂志和免疫学杂志上发表多篇论文，具有较为扎实的基础理论知识和丰富的商业运作经验。

四、金融服务篇

正确认识和把握资本的特性和行为规律，发挥资本作为生产要素的积极作用，支持和引导资本规范健康发展，促进产业、科技、资本深度融合。全面实行股票发行注册制，发挥多层次资本市场支持新经济产业发展的重要作用，为处于初创期和成熟期的众多创新企业提供投融资服务，助力经济高质量发展。本篇分享国内证券公司和基金公司主要负责人的深入思考和独到见解。

发展多层次股权市场　助力硬科技创新发展

包　凡

硬科技（Key&Core Technology）是指能够提高社会物质产品生产效率、创造社会价值的关键性技术，是通过大量研发投入积累形成的知识密集型产业，是依托核心专利技术积累，转化形成的“硬”产品或“硬”服务[1]。这一概念最早由中国科学院基层技术人员根据自身工作实践提出，并不断发展完善。2019 年，习近平总书记在上海考察时强调，设立科创板并试点注册制要坚守定位，提高上市公司质量，支持和鼓励“硬科技”企业上市。至此，发展硬科技得到了官方肯定，并被提升到了战略高度，成为科技创新发展的重要抓手。

一、硬科技创新迫在眉睫

（一）科技自立自强是百年未有之大变局下的必然选择

当前，世界正面临百年未有之大变局，新兴市场国家和发展中国家快速崛起，国际秩序和格局进入高度不稳定阶段，全球治理体系与国际形势变化的不适应、不对称愈发严重。在新冠肺炎疫情全球大流行的后半段，世界经济形势仍然复杂严峻，复苏不稳定、不平衡，新冠肺炎疫情冲击导致的各类衍生风险不容忽视，给人类的生产生活带来挑战和考验。

在此背景下，科技创新领域作为第一生产力正在成为国际战略博弈的主要战场，围绕科技制高点的竞争空前激烈。在竞争过程中，核心技术自主可控至

1 华为、亿欧、西安硬科技产业发展服务中心，《2020 中国硬科技创新白皮书》。

关重要，掌握了核心技术在很大程度上就意味着掌握了规则的制定权与竞争的话语权。

同时，能否进一步实现科技创新对中国来说不仅是发展问题，更是生存问题，是中国能否成功跨越中等收入陷阱，实现高质量发展的关键所在。要想进一步实现科技创新，更需要中国把推进“高水平科技自立自强”提升到重要的战略高度。

（二）中国硬科技领域“卡脖子”现象严重，产业升级任重道远

改革开放以来，中国在经济、技术、社会等领域取得了显著的成就。但硬科技研发有门槛高、周期长、投入大、风险高等特点，至今，仍有多项关键核心技术和设备面临“卡脖子”问题。部分核心装备、零部件高度依赖国外进口，严重威胁国家经济安全。例如，在生命科学领域，中国生命科学学会秘书长王小宁表示，中国在科学信息、实验动物、科学仪器设备和试剂耗材的生命科学研究四要素的关键技术上高度依赖进口，耗材依赖度高达 98%。连研究药剂最基本的西林瓶也完全依赖进口。据科技日报报道，仅制约中国工业发展的最高精尖“卡脖子”技术便多达 35 项，包括光刻机、芯片、操作系统等当下亟待攻克的技术（见表 1）。

表 1　最高精尖的 35 项“卡脖子”技术

光刻机	真空蒸镀机	适航标准	航空钢材	光刻胶	水下连接器	超精密抛光工艺
芯片	手机射频器件	高端电容电阻	铣刀	高压共轨系统	燃料电池关键材料	环氧树脂
操作系统	iClip 技术	核心工业软件	高端轴承钢	透射式电镜	高端焊接电源	高强度不锈钢
航空发动机短舱	重型燃气轮机	ITO 靶材	高压柱塞泵	掘进机主轴承	锂电池隔膜	数据库管理系统
触觉传感器	激光雷达	核心算法	航空设计软件	微球	医学影像设备元器件	扫描电镜

数据来源：综合科技日报数据整理。

面对如此多的“卡脖子”技术，中国产业升级仍有很长的路要走。以半导体行业中的晶圆生产设备为例，中高端光刻机依旧由国际厂商 ASML 垄断（5nm EUV 已经出货）。而国内已量产的光刻机中性能最好的是 90nm 光刻机，与国外

差距明显。其他核心设备的国产化率也相对较低，例如，刻蚀设备的国产化率为 20%（见图 1）。中微半导体及北方华创虽均有产品，但其产品性能、质量等方面相较于龙头厂商依旧有较大差距。

主要晶圆生产设备	AMAT	LRCX	ASML	TEL	SCREEN	Hitachi	ACCRETECH	其他国外厂商	国内厂商	国产化率
光刻机 (Lithography)			√					Canon . Nikon	上海微电子装备	~0%
检测设备(Inspection)	√		√			√		KLA-Tencor	睿励科学仪器、精测电子	< 5%
离子注入设备(Ion implant)	√							Axcelis Tech	北京中科信、上海万业	< 5%
化学机械抛光设备(CMP)	√						√	Ebara	华海清科、杭州众硅	10%
热处理设备(RTP)	√			√	√			Mattson	北方华创、北京屹唐半导体	20%
化学气相沉积设备(CVD)	√	√		√					北方华创、沈阳拓荆	20%
物理气相沉积设备(PVD)	√							Evatec,Ulvac	北方华创	20%
刻蚀设备(Etch)	√	√		√		√			中微半导体、北方华创、屹唐半导体	20%
氧化扩散设备(Oxide/Diff)	√		√	√		√			北方华创	10%
涂胶显影设备(Coat/Develop)	√			√	√				芯源微	< 5%
去胶设备(Photoresist strip)		√						PSK	屹唐半导体、芯源微	90%
清洗设备(Wet clean)		√		√	√				盛美半导体	20%
测试机 (Test)								Teradyn , Advantest	长川科技、精测电子、北京华峰	n/a
探针台(Probe)				√			√		深圳矽电	n/a

图 1　主要晶圆生产设备国内外主要厂商及国产化率

数据来源：综合 IC Insights 数据整理。

（三）硬科技攻关需要发挥市场力量，重点攻关

2021 年，习近平总书记在两院院士大会上的讲话给硬科技创新指明了方向，“科技攻关要坚持问题导向，奔着最紧急、最紧迫的问题去。要从国家急迫需要和长远需求出发，在石油天然气、基础原材料、高端芯片、工业软件、农作物种子、科学试验用仪器设备、化学制剂等方面关键核心技术上全力攻坚……要在事关发展全局和国家安全的基础核心领域，瞄准人工智能、量子信息、集成电路、先进制造、生命健康、脑科学、生物育种、空天科技、深地深海等前沿领域，前瞻部署一批战略性、储备性技术研发项目……”。

要充分发挥硬科技攻关的市场力量，就要在相关领域培育一大批硬科技龙头企业，重点攻关。这不仅需要充分利用中国新型举国体制的优势，还要积极发挥市场力量，推动有效市场和有为政府更好结合，形成推进科技创新的强大合力。其中，股权市场，特别是私募股权投资市场，拥有“最具冒险精神”的专业化股权投资机构，是链接市场、政府、科研资源，实现创新资源流向硬科技领域的重要推手。

二、股权市场在硬科技创新中的地位无可替代

股权市场能引导创新资源流向硬科技领域，实现创新资源的高效配置，对硬科技创新发展有着不可替代的作用。2022 年，国务院办公厅发布《要素市场化配置综合改革试点总体方案》，提出要发展多层次股权市场。

中国多层次股权市场体系包括由主板、创业板、科创板、北京证券交易所构成的公开证券市场，VC/PE 等为主的私募股权市场，以及由新三板、区域性股权交易市场构成的挂牌股权交易市场，即新三板区域股权交易市场（见图2）。其中，新三板区域股权交易市场是公开证券市场与私募股权市场的重要过渡，兼具两市场的特征。

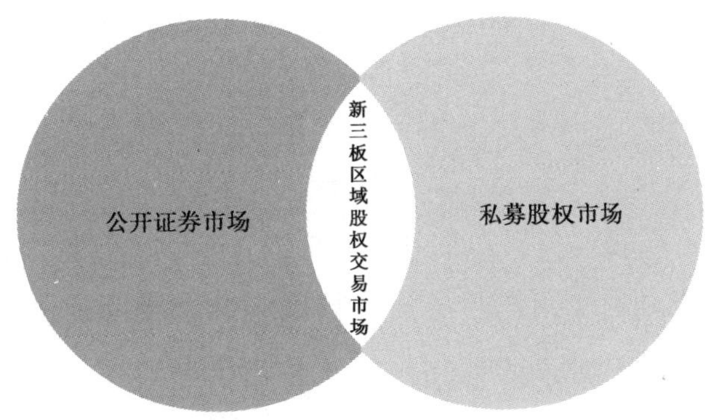

图 2　中国多层次股权市场体系

多层次股权市场为硬科技创新提供了重要支持。不断优化的上市条件、更加包容的市场环境，使得“硬科技”企业融资难度不断降低，提升了股权市场服务硬科技企业的覆盖面，特别是新一代信息技术、高端装备、新材料、新能源、节能环保以及生物医药等高新技术产业和战略性新兴产业就得到了科创板的重点支持。另外，北京证券交易所重点支持的专精特新“小巨人”企业也大都在“硬科技”企业之列。

更为重要的是，私募股权市场能为“硬科技”企业的前期发展提供全方位的服务和支持，对硬科技创新至关重要。

（一）私募股权投资能够全方位覆盖“硬科技”企业的资金需求

“硬科技”企业的科技研发门槛高、周期长、投入大、风险高，一般呈阶梯

状发展。前期由于面临研发资金投入量大、确定性现金流匮乏、产品落地不确定性高等境况，“硬科技”企业很难通过传统的银行信贷、债券等渠道获得足够的资金。现有二级市场的股权融资也普遍设有盈利门槛和规模门槛，难以为广大中小硬科技企业提供有效支持。

私募股权基金则能将社会中投资期限较长、风险承受能力较高的资金组织起来，开展专业化投资，以满足“硬科技”企业的资金需求。当前私募股权投资已经高度专业化和精细化，根据被投企业的发展阶段，股权投资一般可分为天使投资、风险投资（Venture Capital，VC）、私募股权（Private Equity，PE）投资等多种形式。股权投资为处于种子期、初创期、发展期、扩展期、成熟期和 Pre-IPO 等各个时期的“硬科技”企业提供了全面、专业的投融资支持。

（二）私募股权基金能加速硬科技创新与成果转化

中国国家实验室、国家科研机构、高水平研究型大学经过多年的发展已拥有丰富的科研资源与技术积累，成为硬科技创新的重要基础。但一方面硬科技创新长期面临以下问题：科研力量分散的局面，科研工作缺少长期、持续发展的综合目标；科研规划与重点项目的整合程度不高，难以实现科技资源和成果共享；科学研究缺乏核心竞争力；科技成果转化率不高等。另一方面，相关科研人员往往更注重硬科技技术的前沿性，对技术商业化、产业化的关注度不高。即使已掌握有商业前景的技术雏形，他们也缺乏足够的资金、组织能力、专业知识、现实激励等去实现技术向成熟市场产品的最终转化。这均制约着硬科技技术的进一步发展与完善。

私募股权基金则是链接技术与市场的桥梁。首先，风险投资团队根据自身的专业判断，能够筛选出有商业价值的技术和团队，以灵活适宜的融资方案进行股权投资，为技术研发转化和公司后续运营提供资金保障。其次，投后团队会利用自身在金融、财务、市场等方面的专业优势和社会资源，协助企业制定发展战略、完善公司治理模式、引进高级管理人才、对接上下游厂商资源等，助力“硬科技”企业的技术创新与转化，推进“科技—产业—金融”的高水平循环。

商汤科技的成功便是一个很好的案例。这家 AI 领域的独角兽企业于 2014 年成立，2021 年年底在香港上市，截至 2022 年 1 月底，估值已超 2000 亿元人民币。其初创团队均为潜心研究的高校科研人员，这些高校科研人员在人脸识别算法领域取得突破后被 IDG 发现并青睐，随后 IDG 投资数千万美元基于这些人员成立了现在的商汤科技，以助力人脸识别技术的商业化。

近来，中科院系、高校研究所系的科研成果转化项目受到 VC 的追捧，“教授创业”模式越来越得到投资者的认可。中国硬科技领域产学研合作创新之路将越走越远。

（三）私募股权基金正成为国有资本支持硬科技创新的主要形式

为响应国家支持硬科技创新的战略，国有资金也积极参与其中，通过各种形式贡献了重要的力量。但由于个别地方政府或国有企业急功近利且专业能力不高，在直接投资过程中存在风险识别能力有限，对项目后续的跟进、监督不足等问题，最终容易酿成一些失败案例，造成大量国有资源的流失和浪费。

相比于政府或者国有企业直接投资，通过设立私募股权基金运作国有资金，有治理相对规范、组织架构灵活多样、方便引入社会资本等优点。国有资金可以充分利用专业化投资团队及其他社会资源弥补投资短板、分散投资风险、提升投资效率，以充分发挥其社会经济引领作用。

目前，国有资金设立的各类私募股权基金已初具规模。截至 2020 年 10 月底，中国政府引导基金共设立 2156 支，基金目标规模总额为 11.6 万亿元人民币，已到位资金规模为 42934.01 亿元人民币。这些中国政府引导基金对硬科技领域的投资越发频繁，对硬科技创新起到了重要的支持作用。其中比较著名的是 2014 年成立的国家集成电路产业投资基金（以下简称“国家大基金”），一期已前后募集资金 1387 亿元人民币，并完成对芯片的产业布局，投资了中芯国际、士兰微、中微半导体等资本市场上的明星企业；二期计划募集资金 2041.5 亿元人民币，预计重点向上游设备和材料领域倾斜，继续推动龙头企业做大做强。

（四）私募股权投资助力硬科技创新：硅谷案例

美国硅谷是全球最著名的高新技术产业和硬科技创新高地。自 20 世纪 60 年代以来，培育出许多划时代的技术和产品，如微处理器、个人机、工作站、多媒体技术等，也诞生了众多世界顶级的科技公司，如英特尔、微软、甲骨文、苹果、思科、谷歌等。美国硅谷为美国硬科技创新做出了巨大贡献，其独特的创新体制也被称为“硅谷模式”。

在美国硅谷的发展过程中，私募股权投资与科技创新齐头并进，相互促进，成为硅谷经久不衰的两大核心，也成就了技术和资金完美结合的典范。20 世纪 70 年代早期，风险投资便开始代替军方，成为美国硅谷创业型公司的主要资金来源。伴随当地半导体产业的迅速发展，风险投资出现爆炸性增长，1974 年已有 150 多家风险投资公司在美国硅谷开业。截至 1988 年，美国硅谷共吸引了全国 40%的风险投资资金。

同时，美国硅谷当地的一些创业公司也直接参与了私募股权投资，利用风险投资创新组织管理模式，大大加快了美国硅谷技术创新的速度。例如，塞浦勒斯半导体在 1987—1990 年投资 6500 万美元，在相关技术产业开设了 4 家卫星公司，包括一家芯片制造设备公司、一家发展第二代计算机处理器的公司，这一组织上的革新大幅缩短了其产品的技术创新周期。

随着发展硬科技成为国家战略，中国硬科技投资近年来迅速崛起。据清科研究报告统计，2018—2020 年，仅中国半导体行业披露的投资事件便达 1150 起，涉及金额约 2680 亿元人民币。其中，2020 年披露的投资金额为 1637 亿元人民币，是 2019 年的 3.7 倍。预计私募股权投资也将在中国硬科技创新中发挥越来越重要的作用。

三、发展多层次股权市场，全生命周期服务硬科技创新

总体而言，中国多层次股权市场不断发展完善，为“硬科技”企业提供全生命周期服务，助力硬科技创新。其中，私募股权市场对初创型“硬科技”企业的支持更为显著，公开证券市场更多地服务于发展相对成熟的“硬科技”企业。新三板、区域性股权交易市场则是两者之间重要的过渡衔接，能够降低交易成本、丰富退出渠道、缩短投资周期，进而吸引更多社会资金参与私募股权投资，形成更为完善的投融资闭环。

当前，中国证券市场、新三板的改革已取得实质性进展，发展多层次股权市场的重点在完善区域性股权交易市场和私募股权市场，需要做好以下主要工作。

（一）鼓励发展多层次私募股权投资市场

推进中国多层次私募股权生态的发展与完善，鼓励中国天使投资、创业投

资、风险投资、私募股权投资等的均衡化、专业化、专注化；创新股权债权产品，为“硬科技”企业提供多层次、多阶段的融资需求服务。在资金募集端，为长期资金进入私募股权市场创造条件，如放宽保险资金、政府引导基金、社保基金等的投资限制，适度降低私募股权基金认购门槛等；在投资端，为私募股权基金投资硬科技行业创造条件，如提供相关税收支持、推进科技体制改革、提升创新体系整体效能等。加强科技龙头企业，即“链长”企业与私募股权基金的合作，一个提供资金支持，一个提供订单支持，以扶植“硬科技”企业崛起；同时，也要加快建立健全私募股权基金行业法律法规和监管政策，避免出现多头监管、监管空白等问题，积极探索差异化的精细监管模式。

（二）盘活现有区域性股权交易市场，加强老股流通转让

流动性是制约私募股权市场发展的最大障碍。私募股权市场发展至今，沉淀了大量未上市的存量股权无法流通，阻碍了资本进入私募股权市场。另外，国内存在大量的（省级）股权交易市场，但因缺乏标准化的交易标的，而处于“僵尸”状态。允许私募股权老股在股权交易市场流通，则可缓解这两个痛点。

可以选择运行安全规范、风险管理能力较强的区域性股权市场，开展制度和业务创新试点，探索差异化发展路线，加强私募股权的老股流通，盘活地方股权交易市场；更好发挥地方股权市场在信息、成本等方面的优势，降低股权融资过程中的信息成本，减少道德风险和逆向选择对投资的干扰；提升股权交易平台服务质量，为更多地方中小企业和私募股权基金提供融资、投资和退出等全方位服务与支持。

（三）加强多层次股权市场间的互联互通，为企业提供全生命周期融资服务

一些硬科技龙头企业在早期阶段享受到了私募股权市场的支持。随着企业规模的扩大，势必需要公开上市，进行更大规模融资，这需要证券市场的支持。因此，私募股权市场与证券市场间的互联互通、无缝衔接，可以大幅降低“硬科技”企业的融资成本，缩短其赶超进程。通过市场各板块间的无缝衔接，一方面可以拓宽私募股权市场的退出渠道，有利于其发展壮大；另一方面，证券市场的指挥棒可以更有效地向私募股权市场传递，更好地体现其对硬科技创新

这一国家意志和时代战略的支持。

重点探索和加强区域性股权市场与全国性证券市场板块间合作衔接的机制等，加快完善服务中小企业的全链条制度体系，形成层层递进的中小企业成长路径和良好的多层次市场发展生态；完善新三板创新层、基础层内部与北京证券交易所间的转板制度，以及北京证券交易所向创业板、科创板等的转板安排。实现股权市场对企业全生命周期融资需求的支持，同时，也应加强相关监管力度，防止板块套利。

作者简介：

包凡先生，华兴资本董事长兼首席执行官，兼任上海证券交易所科技创新咨询委员会委员、中国保险资产管理业协会专委会副主任委员、桂馨基金会理事等职务，清华大学五道口金融学院导师，深圳证券交易所博士后导师，先后在摩根士丹利和瑞士信贷供职，曾任亚信科技首席战略官。曾入选美国财经杂志《彭博市场》评选的全球 50 大最具影响力人物。

在新经济环境下发挥好资本市场的重要作用

陈共炎　刘　锋　肖志敏

《中华人民共和国国民经济和社会发展第十四个五年规划和 2035 年远景目标纲要》对我国经济进入新发展阶段、贯彻新发展理念、推动新发展格局提出了一系列的目标任务和措施。新经济作为以新产业、新业态和新商业模式为主要内容的集合代表，是当前世界范围内重要的经济现象，正在越来越广泛的领域影响人类的生产和生活，并将成为驱动中国经济转型升级的重要动力。尤其在新冠肺炎疫情暴发期间，全球经济受到巨大冲击，但以信息技术为代表的新经济却表现出较强的抗风险性和市场弹性。在新发展阶段必须高度重视发展新经济。

新经济的发展离不开金融的支持，习近平总书记多次强调，金融应当服务实体经济，服务科技创新，在新经济的发展过程中，需要金融在激励创新、产业培育和风险分散等方面发挥重要作用。显然，仅仅依靠以银行为主体的间接融资金融服务体系已远远不能满足新经济业态对资金的需求，亟须大力发展以直接融资为主体的多层次资本市场。在此背景下，如何正确理解新经济内涵外延，以及如何合理推进资本市场和证券行业更有效地服务并促进新经济发展，是我国高质量、可持续发展道路上面临的重大课题。

一、“新经济”的基本内涵和特征

“新经济”概念起源于 20 世纪 90 年代，美国引领的新技术革命迅速在全世界范围内扩张，并引发经济增长方式、经济结构以及经济运行规则等方面的变化，推动了经济持续增长。我国的“新经济”概念是在近年政府推动经济结构加速转型升级过程中兴起的，2016 年 2 月，李克强总理在国务院常务会议上强调“加快新旧动能转换步伐”时，首次明确提及“新经济”：“过去我们的政策主要扶持企业的技术改造和就地扩能，现在要提升政策的‘边际效益’，让政策向新动能、新产业、新业态倾斜，大力发展‘新经济’。”同年 3 月，“新经济”被首次写入政府工作报告。

新经济是以科技创新为核心的全面创新为引领和支撑，以体制机制改革和制度创新为根本保障，以新技术、新产品、新模式、新业态、新产业等为主要内容，代表时代先进生产力的一种新的经济结构和经济形态。新经济不仅仅是一种经济现象，也不完全是一种技术现象，而是一种由技术到经济的演进范式、虚拟经济到实体经济的生成连接、资本与技术的深度黏合、科技创新与制度创新相互作用的新型经济形态。

新经济对传统经济的冲击如同水银落地，无孔不入，其主要特征表现有以下 3 点。

1. 服务型经济逐渐占据主导地位

一方面，中国经济增长方式已开始从物质驱动型过渡到服务驱动型。自 2010 年以来，中国的第三产业已呈现出日渐强劲的发展态势。截至 2021 年第三季度，第三产业累计同比贡献率为 54.2%，比第二产业高出 13.5 个百分点。经济体走向成熟的标志是第三产业崛起并逐渐成为经济发展主导力量。例如，工业化完成后，美国服务业占比不断提升至目前的 80%以上，日本服务业占比也从 1955 年的 42%逐步上升至目前的 70%。另一方面，居民消费模式已开始由物质型消费主导转向服务型消费主导。中国居民服务型消费支出逐年上升，消费模式已经开始发生结构性变化，这一变化与其他发达国家的发展路径高度一致。美国居民的服务型消费占比从 20 世纪 50 年代的 40%提升至目前的 70%，日本居民服务型消费占比也从 20 世纪 80 年代的 40%提升到目前的近 60%，而中国目前的服务型消费支出占比大概在近 40%的水平。因此，中国在进入新经济时代后，无论是在以服务业为主的第三产业上，还是在服务型消费上都还有很大上升空间。

2. 新经济注重以人为本

新经济更注重以人为本，人的创造性和对市场化高品质产品及服务的追求逐渐成为经济发展源动力。我国新中等收入群体近年来迅速壮大，正在改变中国的人口构成和经济结构，其中不能忽视的是新二代中等收入群体（G2）。他们出生于中国经济开始腾飞的时代，大多数是家中独生子女，人数已占城市人口的 15%。根据调查，超过 91.7%的 G2 代人群拥有大学本科或专科学历，其中 21.3%拥有硕士或博士学历。10 年内，他们所占的消费份额将翻一番，预计将达 35%。届时，中国 G2 规模将是美国婴儿潮一代的近 3 倍，而美国婴儿潮一代正是多年来塑造美国消费市场的主体力量。麦肯锡研究显示，G2 群体愿意尝试新事物，更依赖互联网移动端，生活方式更追求健康和自在。新中等收入群体消费需求已由传统功能性需求发展为个人情感需求。而新经济的突出功能是数字赋能，数字技术的研究和运用，如近年来兴起的区块链、元宇宙等，能够促进实体经济与虚拟数字系统的高度融合，从而以新场景、新模式适应新生代的消费需求。

3. 跨期消费逐渐扩展居民消费模式

近年来，人们越来越重视长期消费，居民消费模式在逐渐由当期向跨期转变。随着居民收入的不断提高，人们的跨期消费需求将超过当期消费且不断增长，特别是对金融理财的需求将逐渐从以短期为主转向以长期为主。家庭提前消费所产生的融资需求和未来预期消费所产生的投资需求，增长都非常迅速，已开始带动中国保险市场近几年迅速成长为全球第二大保险市场。从贷款投向结构看，个人中长期贷款规模占比近年来增长显著，制造业贷款占比出现下滑。证券投资特别是投资基金规模近年来也呈现出指数增长态势。

二、多层次资本市场与新经济发展的交互作用

以银行为主体的间接融资金融体系在过去较好地服务了经济发展，但日渐难以满足新经济的发展需求。过去 40 年，我国的货币政策和财政政策主要通过银行体系的传导支持实体经济发展，以银行为主体的间接融资金融体系承担着为实体经济提供投融资和资金运转服务的主要任务。间接融资方式与中国过去以工业化、房地产和投资拉动的经济增长模式是相适应的，推动了我国经济的快速腾飞。但是，由于银行等金融机构致力于规避风险，其资产端往往倾向于

匹配收益回报较稳定、风险属性较低、期限较短的信贷支持，而新经济往往显现出资金投入大、研发周期长、不确定性高的特征，间接融资的风险特征与投资期限在很大程度上与“新经济”的业态并不匹配。当前我国面临履行“碳达峰、碳中和”庄严承诺和新冠肺炎疫情反复对产业链供应链冲击的复杂局面，亟须推动新能源领域技术突破、传统产业转型升级、加速解决“卡脖子”技术等难题。截至 2021 年 11 月，在社会融资规模存量中，贷款类融资占比为 67%，直接融资占比仅为 13%，技术创新型企业的融资需求与资金供给的不匹配，很大程度上限制了中国企业的创新活力。

以直接融资方式为主的资本市场在支持企业创新发展和满足新经济发展多元需求上大有可为。从供给侧来看，目前世界正处在以风光新能源、信息技术、生物技术并发为代表的第三次工业革命时期，在新一轮科技革命和产业变革中，资本市场的独角兽机制、风险资本投资制度可有效培育科技创新企业发展，资本市场的逐利特征、“用脚投票”的资源配置机制，也可以显著提高经济资源的配置效率，此外，资本市场的市场化定价与跨期风险收益配置功能，可有效激发实体经济活力和分散金融风险。因此，发展以直接融资方式为主的多层次资本市场可以显著提升中国新经济发展的质量和效益。从需求侧来看，随着中国经济的发展，中产阶层不断扩大，居民多元化配置资产和增加财产性收入的需求正在日益增强。资本市场可以使得投资者有机会通过购买相关上市企业的股票和债券，以持有权益的方式分享企业增长扩张带来的红利，并为此承担风险；使得投资者能够以股东和债权人的身份，体验“当家作主”。为此，资本市场可为居民实现资产重新配置，改善收入和风险结构，增大财产性收入的比重和增加“财务自由”的机会，从而使得社会的整体福利与幸福水平不断得到有效提升，真正实现共同富裕。

三、提升证券行业服务质量和能力

证券公司作为资本市场重要的金融中介，在优化市场资金配置的过程中发挥着关键作用，是资本市场与实体经济衔接的桥梁。具体表现为，证券公司的投行业务可以为企业直接融资提供专业的承销和保荐等中介服务，帮助上市公司通过股权的 IPO、再融资，以及企业债券发行等手段实现高效、快速融资，同时，也为上市公司并购重组、融资方案制定、资产定价、股权激励、信息披露等提供专业财务顾问服务，助力企业实现高质量发展；证券公司的财富管理业务为机构和个人投资者提供全方位的投资理财顾问、产品选择、资产配置、融资融券、账户管理等全生命周期的专业服务；证券公司的研究业务通过宏观经济、行业研究等支持公司业务发展，为投资者、企业和政府部门提供研究和智库咨询服务；证券公司的国际业务则为企业“走出去”和“引进来”提供金融支持。

新经济发展对传统证券行业提出了新要求，证券行业应顺应新经济发展浪潮，加快转型创新步伐，补齐短板，提升服务能力。

一是深化投行从通道型服务向综合型服务改革，提高其投融资能力。新经济领域的新技术、新业态、新模式、新产业等在企业全生命周期的不同阶段对金融需求多样，且新经济企业的高投入、高成长、高风险等特征，导致其对多元化投融资模式的需求增强。首先，证券公司应主动围绕生物科技、新能源、新材料、大数据等重点新兴领域，专注拥有“硬科技”企业，深化“主题基金+基地式服务”模式，坚定落实“投融资一体化”发展模式，发展“以企业为中心”的投融资业务体系，切实当好资本市场“看门人”。其次，证券公司应拓展服务周期，充分发挥科创板、创业板、新三板、私募股权投资基金支持创新的功能作用，为企业成长的不同阶段提供个性化、灵活化、多元化、适配性强、全周期的综合金融服务解决方案。此外，强化产业链投资，为客户提供产业链上下游的资源整合，以及资本运作等服务，助力实现新旧动能转换，为新型中小企业的发展赋能。最后，要与时俱进，创新社会责任投资理念，将企业、社会、环境等非财务信息纳入投资决策考量，采用正面筛选、负面剔除、ESG 因子纳入等责任投资策略配置行业，支持新能源、环保等低碳新经济企业的发展。

二是提高对新经济企业的研究定价能力，提高市场配置效率。与传统企业相比，新经济企业具有明显的知识密集型特征，以专利技术、知识资本等轻型资产为主。而证券公司的投行业务模式是在对企业财务报表、土地、厂房等有形固定资产相关信息尽职调查基础上建立的，对新经济企业在无形资产认定、估值和软实力的评估上存在一定不足。此外，新经济领域涉及点多面广，产业相互渗透明显，经营模式新颖，这些特点对证券行业的整体研究服务能力提出了更高的要求。证券业是智力密集型行业，人才的数量和专业能力是关键要素。为此，证券行业应加强新经济领域专业人才队伍建设，强化业务培训，提升前瞻性研究和估值分析能力，加强对新技术和新市场信息的把握，科学合理地为新经济企业新股定价，进而提高市场配置效率。

三是深化金融科技赋能，提升服务效率和专业水平。新经济的突出功能是数字赋能，证券行业也应顺应新经济发展的新趋势，加强人工智能、大数据、云计算、区块链等新技术与业务的深度融合，推动自身数字化转型发展。在业务发展方面，转变 IT 服务模式，推动技术人员进入业务部门，形成“技术+业务”的专家团队，强化金融科技创新，在推动业务线上化、数字化和智能化的基础上，充分利用新技术手段和载体优势，提高业务对接能力，及时满足客户需求。在风险防控方面，面对新经济的高风险，证券公司应加强数据基础建设和数据治理，充分整合内外部数据，形成内容丰富、标准化的数据资产，并强化 IT 基础设施与信息系统安全，提升管控能力系统化和智能化水平，增强风险防范能力。

四是大力开展跨境业务，助力新经济跨境发展。习近平总书记强调“以高水平开放促进高质量发展。”“高水平开放”对金融服务企业“走出去”“引进来”、参与“一带一路”建设、拓展投资空间、促进国际双循环提出了更高要求。我国证券公司普遍存在境内、境外业务不畅通问题，两边各自封闭循环，没有形成“以国内大循环为主体、国内国际双循环相互促进”的机制。证券行业应积极以做实境外、本土业务为基础，以做大跨境协同业务为核心，促进境内外业务协同发展。在政策和监管许可的前提下开展跨境业务创新，着力打造跨境业务中心，更好地为国内及全球新经济企业提供全方位、一站式的国际化资产配置和投融资解决方案。

四、结语

新经济在技术、业态、模式等方面具有不同于传统经济的特征，客观上要求实现资金的优化再配置，对创新金融服务提出新要求。近年来，在关键性制度创新的撬动下，以科创板为代表的中国资本市场逐渐成为新经济的聚集地，承担起发展新经济的新使命。当前，科创板、创业板、北京证券交易所等正按照错位发展、良性竞争的原则，共同推进资本市场改革深化。同时，资本市场要为经济转型做出贡献，就应以高效、便捷的直接融资渠道助力中国企业，特别是“硬科技”企业发展。

证券行业是资本市场的关键参与者、投融资和财富管理中介服务提供商，承接资本市场转型发展、支持实体经济的具体职能。证券行业应顺应新经济发展的新趋势，坚持深化业务改革创新，提高研究定价能力，加强金融科技能力建设，扩大跨境业务。相信未来各大证券经营机构在不懈的共同努力下，能够加快转型创新步伐，全面提升行业服务新经济的能力，推动我国经济实现更高质量的发展。

作者简介：

陈共炎先生，中国银河证券股份有限公司党委书记、董事长，中国证券业协会监事长。曾任中国证监会信息中心负责人、机构监管部副主任，以及中国证券投资者保护基金有限责任公司党委书记、董事长，中央汇金投资有限责任公司副总经理，中国证券业协会党委书记、会长。

刘锋先生，中国银河证券股份有限公司首席经济学家。

肖志敏女士，中国银河证券股份有限公司博士后研究员。

多维度服务新经济企业　提升证券公司发展水平

李格平

2010 年以来，我国新经济发展呈现良好态势，新经济企业数量也如雨后春笋般飞速增加。然而，很多新经济企业与资本市场的对接并不顺畅，企业的融资、投资需求不能被及时满足，这不利于促进新经济企业的更快发展。本文从新经济企业与资本市场的对接入手，分析了新经济企业对资本市场的需求，并对当前资本市场制度和证券公司的发展方向提出了一些建议。

一、发展新经济：链接资本市场，推动经济增长

（一）新经济企业为经济发展提供新动能

近年来，我国新经济保持较高的增长速度，为经济增长提供了强劲动力。国家统计局数据显示，2015—2020 年，我国经济发展新动能指数呈现较好的上升态势（见图 1），2020 年，各项分类指数同比均有提升，其中网络经济指数增长最快，其对总指数增长的贡献率高达 81.7%。

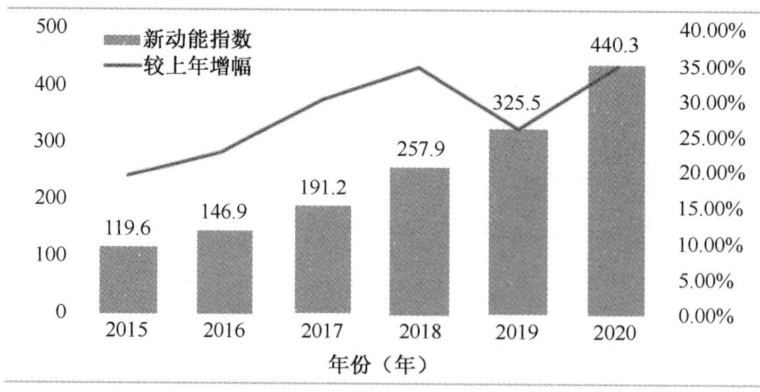

图 1　2015—2020 年经济发展新动能指数及增幅

数据来源：综合国家统计局、中信建投证券数据整理。

此外，在新冠肺炎疫情对全球经济的冲击下，互联网信息技术产业表现出了较好的抗风险性，仍保持了较好的增长态势。国家统计局数据显示，2020 年我国“三新”经济规模（新产业、新业态、新商业模式）增加值为 16.9 万亿元人民币，较 2019 年增长 4.3%，比同期 GDP 增速高 1.5 个百分点，占 GDP 的比重从 2019 年的 16.3%上升至 17.1%，表现亮眼（见图 2）。

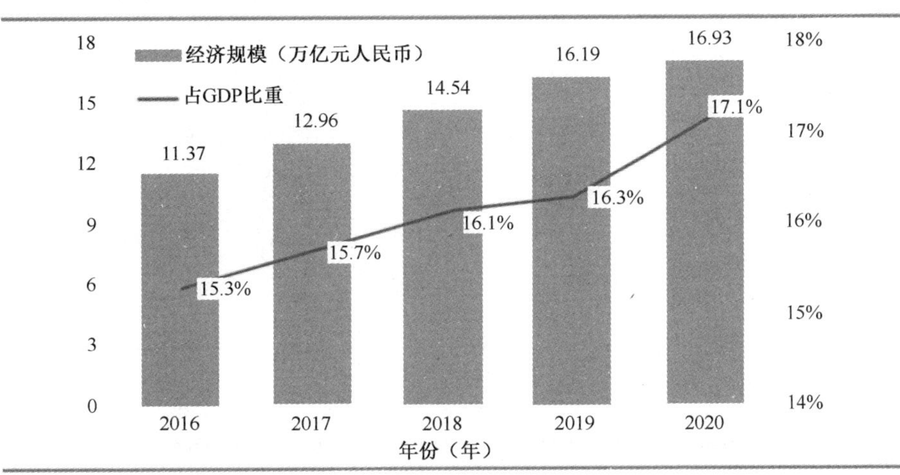

图 2　2016—2020 年“三新”经济规模及占 GDP 比重[1]

数据来源：综合国家统计局、中信建投证券数据整理。

（二）新经济企业发展需要金融体系支持

我国新经济企业的数量和规模都呈现出较快地发展，然而其技术研发和创新费用不菲，因此新经济企业往往都有较高的融资需求，尤其需要资本市场为其提供融资并购等多方面的服务。20 世纪 90 年代，美国经历了高增长、低通胀率、低失业率的“新经济”时代，在这一时期，美国资本市场和新经济企业相互促进、共同发展，这对如今国内资本市场服务好新经济企业有较大的借鉴意义。

根据中国社会科学院刘树成、李实（2000）的研究，美国新经济企业的崛起与资本市场融资方式的创新是密不可分的，在这些新经济中小企业的创业期和成长期，风险投资和纳斯达克股票市场发挥了极其重要的作用。美国风险投资为新经济企业筹集的资金从 20 世纪 90 年代之前的每年约 50 亿美元急速膨胀到了 1999 年的 250 亿美元（另一资料为 500 亿美元），风险投资为这些新经济中小企业在初创期的发展注入了强劲的动力。在这些企业的成长过程中，股

1 2018 年“三新”经济增加值最终核实数为 14.81 万亿元人民币。

票市场也发挥了非常重要的推动作用，新公司从初创到上市的平均时间从 20 世纪 90 年代初的约 6 年缩短到了 90 年代末的 2～4 年。美国新经济前后风险投资对比如图 3 所示，20 世纪 90 年代美国纳斯达克指数变化如图 4 所示。

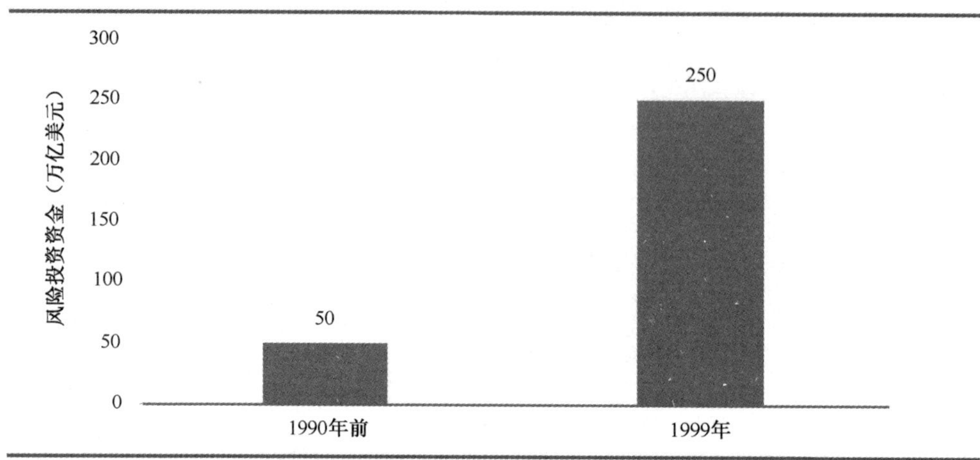

图 3　美国新经济前后风险投资对比

数据来源：综合刘树成、李实（2000），中信建投证券数据整理。

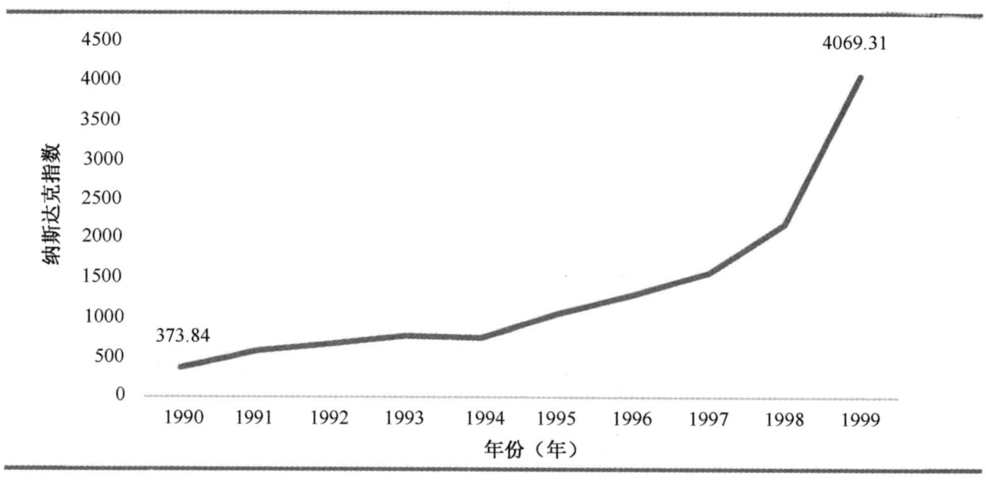

图 4　20 世纪 90 年代美国纳斯达克指数变化

数据来源：综合英为财情，中信建投证券数据整理。

对比 20 世纪 90 年代的美国与当前我国新经济的发展情况，可以发现诸多相似之处，为我们发挥金融服务实体经济的作用、更好促进新经济企业发展提供了有益的借鉴。风险投资“投早、投小、投新”极大地支持了高新科技中小企业发展，根据研究公司 Preqin 的数据，我国的风险资本投资资金已经从 2012 年的 3312 亿元人民币快速增长至 2021 年的 8320 亿元人民币（约 1306 亿美元），我国在某些基础科技领域已经超过美国。中国近十年间风险资本投资资金对比如图 5 所示。

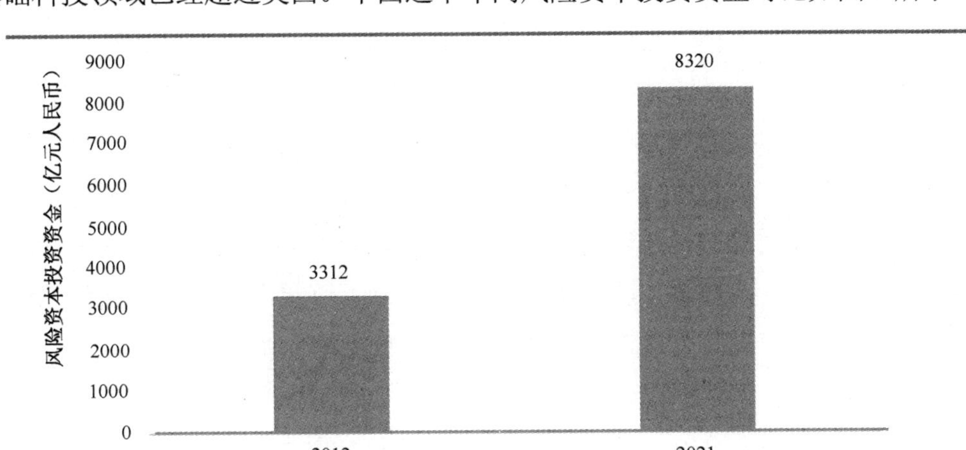

图 5　中国近十年间风险资本投资资金对比

数据来源：综合 Preqin、中信建投证券数据整理。

在股市融资支持方面，除了 A 股主板市场，创新型的新经济企业如要获得资本市场服务还有多种选择。创业板和科创板分别服务于成长型创新企业和“硬科技”企业，2021 年 11 月 15 日正式开市的北京证券交易所（以下简称“北交所”）则更紧密地围绕中小企业，定位为打造服务“专精特新”中小企业的主阵地。北交所首批上市的 81 家企业中有一半以上“专精特新”中小企业，其中更有 16 家“小巨人”企业。

企业在这些板块上市后，市场可以通过合理的价格发现机制来有效评价其创业资产价值，促进知识与资本的融合。这些企业的股份流动性也会增加，更有利于企业实施股权激励计划，从而激发员工的主观能动性，使员工主动参与到企业的价值创造和科技创新过程中，促进企业发展实现良性循环。

二、助力新经济：助力企业融资，为企业发展出谋划策

（一）多层次资本市场助力新经济企业融资

1. 股权融资

新经济企业的外源性股权融资有比较丰富的类型，包括种子期的创业投资、

成长期的直接投资等私募融资，以及上市发行等公募融资。随着国内多层次资本市场的建立和完善，新经济企业可以选择在新三板挂牌并接受证券公司持续辅导后，谋求转板上市，也可以在创业板、科创板和北交所直接上市。证券公司在企业上市后，仍会履行督促指导的责任，督导上市公司履行信息披露义务、加强内部控制、完善公司治理，促进投资人和企业之间的相互信任，以维持较好的投资者关系。多层次资本市场制度建设的完善，可以使新经济中小企业在各个发展阶段都拥有与之匹配的交易融资平台，极大地降低了新经济企业的融资难度，提升了企业融资效率和市场流动性。已上市新经济企业往往会推进再融资。证券公司将协助企业进行再融资规划，确保资金使用效率。

2. 债务融资

新经济企业债务融资主要有银行借贷、单独发债和集合债三种方式。具体选择哪一种或哪几种方式，则需要对募集资金的预期、偿付能力、资金用途等多方面全盘考虑后决定。证券公司可为新经济企业提供专业建议。

一般而言，银行借贷是国内较常见的债务融资方式。但由于新经济中小企业风险较高，银行往往需要通过更高的利率来补偿，企业融资成本随之高企，企业管理者就更有可能进行更高风险的经营和投资活动（失败则由债权人承担风险），这种风险—收益的非对称可能导致企业激进的经营行为，从而引发违约风险；反过来，这又加剧了银行的“惜贷”情绪，新经济中小企业要获取合适的银行贷款就难上加难。单独发债要考虑企业自身的规模、信用等级、盈利水平等硬性指标，对于一些规模较大的新经济企业来说是可能的，但并不适用于新经济中小企业。中小企业集合债则能在一定程度上解决因规模不足而导致的不能公开发债的问题。但是，目前已发行的集合债都依赖大型银行或资信良好的企业，为其提供全额无条件不可撤销的连带责任保证担保。表面上看，这一方式解决了中小企业发债的信用风险，但实质上，这是通过银行和政府信用为集合债信用风险买单，并未从根本上突破其信用瓶颈。同时，新经济中小企业的资金需求有“短、频、快”的特点，这与集合债三年或更长的期限相矛盾，资金使用率低，或给企业平添利息负担。

综合来看，债务融资方式比较适合那些已经有一定规模的中大型新经济企业。证券公司可以起到定期督导的作用，确保企业切实履行信息披露、按时偿付等各项义务。对于中小型新经济企业，由于企业自身实力的限制，使用债务融资很可能不仅达不到缓解资金缺口、调整资本结构等目的，反而会给公司财务增添负担。

证券公司在服务新经济企业融资需求时，能综合考量股权融资和债务融资方式与企业需求的匹配性，切实保障企业和投资人的利益。

（二）全方位助力新经济企业发展

除了在各个层次的资本市场助力新经济企业融资，证券公司还可以在其日常经营管理中为新经济企业提供各种金融层面的帮助，包括但不限于以下内容。

证券公司为新经济企业并购或重组提供专业咨询服务。新经济行业并购或重组的发生频率明显高于其他行业。证券公司的行业研究部门有能力对新经济行业细分赛道进行深入研究，能帮助企业管理层理解企业市场定位及行业发展前景，做出更符合企业发展的并购或重组决策；证券公司还可以为企业提供目标公司尽职调查，帮助企业对拟并购或重组资产形成更为清晰的市场认识，提升估值精准度，形成合理定价，以保障新经济企业的相关利益，优化市场投资环境。

证券公司为新经济企业提供股权激励等专业服务。新经济企业对高端人才需求度高，但囿于自身资金实力束缚，以及所处产品市场的不确定性等因素，用一般的人力政策往往很难与大型公司竞争。证券公司可以为新经济中小企业量身定制员工持股计划，以股权激励吸引高素质人才，这不仅能够帮助新经济企业找到合适的人才，而且对新经济企业的内部治理，以及在未来谋求上市以获得资本市场更多支持上也有诸多益处。

三、服务新经济：完善市场制度，提升证券公司核心竞争力

（一）资本市场制度：创新推动发展

1. 提高直接融资比重，服务创新驱动战略

提高直接融资比重有利于新经济企业和资本市场的共同发展。新经济企业作为以信息化和科技创新为核心的企业，若要激发它们的创新活力、加速科技成果向现实生产力转化，必须要充分发挥直接融资特别是股权融资风险共担、利益共享机制的独特作用，加快创新资本形成，促进科技、资本和产业的紧密

结合。直接融资可以将不同风险偏好、期限的资金更为精准高效地转化为资本，促进要素向最具潜力的领域协同聚集，提高要素质量和配置效率，这也有利于新经济企业的发展。提高直接融资比重，也有助于改变我国长期以间接融资为主的融资结构，有助于健全金融市场功能、丰富金融服务和产品供给，提高金融体系的适配性，从而更好地防范和化解金融风险。

2. 提高机构投资者比重，提升资本市场投资效率

提高机构投资者比重与提升资本市场投资效率有利于市场的长远发展。在中国的资本市场，个人投资者占市场总份额约为 20%，日交易量为 80%，相比之下，机构投资者在交易量较少的情况下占据了较高的持有量。伴随着资本市场的全面注册制改革，投资者的结构也逐渐呈现了从散户转向机构化的趋势。机构投资者比重的增加，可以提高整个资本市场的投资效率和信息处理效率，这对融资需求较高的新经济企业来说，无疑是非常利好的消息。另外，机构投资者比重的增加降低了公司舞弊的可能性，提高了资本市场的资本透明度，高质量的机构所提供的专业投资服务更有利于资产的保值和增值，从长远来看是有利于资本市场长期发展的。

3. 完善退出机制，推动经济高质量发展

退市制度是资本市场健康发展的基础性制度之一，完善资本市场退出机制是我国资本市场改革发展的又一重要任务。2010—2018 年，我国年均退市公司仅有 3.9 家，而同期平均每年上市公司数量高达 211 家。2007—2018 年，纽约证券交易所、纳斯达克、伦敦证券交易所等交易所的年均退市公司数量均在 200 家左右，从年退市率（年均退市数/年均上市公司总量）来看，纽约证券交易所、纳斯达克以及德国证券交易所的年退市率均在 6%以上，伦敦证券交易所为 9.5%[1]，对成熟资本市场而言，国内退市渠道明显还不够畅通。目前新经济企业的数量如雨后春笋般迅速增长，注册制改革的深化也倒逼投资机构“投早、投小、投新”，以更好地发现早期优质标的，这就要求资本市场发展出一套更适合新经济企业优胜劣汰的市场规则和市场制度，这也是推动经济高质量发展的题中之义。

---

1 上海证券交易所，《全球主要资本市场退市情况研究及对科创板的启示》，2018 年 12 月。

（二）证券公司：提升核心竞争力

1. 服务新经济，助力业务增长

服务新经济企业，既是对证券公司专业能力的考验，借此机会进一步提升证券公司综合金融服务能力，同时也是证券公司潜在的业务增长点。科技创新型企业往往需要大量研发经费的支持。证券公司作为资本市场最重要的资金融通中介、信息流通中介，同时也具备资产管理、财富管理和投资管理等专业能力，在服务新经济企业融资需求过程中更容易匹配市场需求，争取更大融资规模，既能解决新经济企业融资难的问题，也能为风险偏好高、期望得到较高投资回报的客户提供优质标的。对证券公司而言，这其中就蕴藏着很多新的业务机会。

从实际案例看，证券公司在服务新经济企业的过程中，对市场机会和业务布局的洞察，也确实是非常综合性的。例如，中信建投证券在服务宁德时代的过程中，除了为企业提供承销保荐、再融资等投行业务，还通过服务宁德时代一家企业发掘了宁德地区更多的业务机会，并基于此在当地新设营业部，全方位、多层次服务宁德地区高科技和产业链相互补充的企业客户和中高净值个人客户。再如中信建投证券在服务北交所第一批新股之一锦好医疗的过程中，作为重要股东参与了锦好医疗的战略投资，充分发挥了“投资+投行”联动的模式优势。

从证券公司国际市场的开拓看，服务新经济企业也可以成为证券公司走向国际市场的助推器。由于历史和资本市场的结构性原因，国内早期发展起来的新经济企业较多在境外上市。当前，随着国内多层次资本市场建设的完善，以及与港股市场的融合互动，受境外监管政策等影响，许多新经济企业将更多选择“回归”，也将更多选择中资券商为其提供更多境内外资本市场服务。这为中资券商“走出去”与国际资本市场规则接轨、与国际资本资源链接，提供了重要契机，也将有助于中资券商打开境外市场，推动证券行业国际化进程，增强中国资本市场的国际竞争力，这对证券公司核心竞争力的提升也大有裨益。

2. 技术赋能，提高运营管理水平

证券公司不仅服务新经济企业，也往往是新经济带来的新技术的使用者和受益者。

金融与科技的融合是证券行业的发展趋势，证券公司需要更多地借助大数

据技术更准确地评估其经营状况、信用水平和潜在风险，而这类技术的研发与应用开发又往往来自科技型企业。金融与科技相互渗透、深度融合，是新经济企业对证券公司的“反哺”。目前，国内已经有多家证券公司与新经济企业在数据搜集、处理、应用，风险防范，新业务开发，以及大数据、云计算、人工智能、生物识别、区块链等技术上展开深度合作。同时，新技术企业也寻求与证券公司全方位、多领域、多层次的战略合作。例如，腾讯公司就与中信建投证券、银河证券、国信证券、兴业证券等国内大中型证券公司达成了战略合作。

总之，新经济行业发展潜力巨大，同时也离不开资本市场、证券公司等多方面的支持。资本市场需要与时俱进，并借鉴西方已有经验，对内加快改革、对外推进开放，不断完善底层制度，更好地服务包括新经济在内的实体经济。作为金融服务的提供者，证券公司除主动拥抱新经济，并在新经济企业急需的融资方面给予专业的协助外，也要借助新经济的技术和经营理念，大力发展金融科技，并积极拓展海外业务，不断提升自身综合服务能力，更好服务包括新经济企业在内的更多经营实体。证券公司和新经济企业，在服务与被服务中共进步、同成长，必将在资本市场中形成一股良性、可持续发展的强大力量。

作者简介：

李格平先生，中信建投证券股份有限公司党委副书记、总经理，研究员，享受国务院政府特殊津贴。曾任长江证券股份有限公司党委副书记、总裁，中国证券业协会秘书长，中国证监会机构监管部副主任，中央汇金投资有限责任公司证券机构管理部/保险机构管理部主任。

注册制下投资银行服务新经济面临的新挑战

冉 云　任 鹏

2018 年 11 月 5 日，首届中国国际进口博览会在上海开幕，习近平总书记在开幕式上发表主旨演讲，宣布将在上海证券交易所设立科创板并试点注册制，拉开了 A 股注册制改革的序幕。2020 年 3 月 1 日，新修订的《中华人民共和国证券法》正式实施，为全面推行注册制提供了制度支持。面对注册制改革这一历史性机遇，我国投资银行业积极参与，按照科创板的科创属性和创业板“三创四新”的要求，将一大批以科技创新为核心竞争力，以新技术、新产品、新模式、新业态为主要特点的企业推上了二级市场。自 2019 年 7 月 22 日科创板首批企业上市以来，截至 2021 年 12 月 31 日，各家证券公司在注册制框架下总计保荐上市企业 639 家，首发实际募集资金 6685 亿元人民币，2021 年 12 月 31 日收盘总市值达到 8.33 万亿元人民币。其中，拥有 5 项以上发明专利的企业 253 家，占比 39.59%；研发投入占营业收入的比例超过 5%的企业 357 家，占比 55.87%；2020 年扣除非经常性损益后的归属母公司股东净利润小于 1 亿元人民币的企业 406 家，占比 63.54%。另外，有 29 家在 2020 年仍未实现盈利的企业通过科创板登陆股票市场。

注册制下的科创板、创业板业务为投资银行业贡献了显著的增量收入。从 2019 年科创板试点注册制落地以来，注册制 IPO 承销保荐费总金额占全部 IPO 承销保荐费总金额的比例由 2019 年的 44.42%提升至 2020 年的 62.51%和 2021 年的 77.19%。但是，注册制的自身特征结合新经济企业的客观情况，也对投资银行业提出了新的挑战。

一、以信息披露为中心：不仅要提高“可批性”更要具备“可投性”

科创板与创业板基于板块定位和创新企业特点，精简并优化了上市条件，以满足处于不同成长阶段和不同类型的企业需求，大幅提高了板块包容性。多元化的上市标准更有利于新经济走向资本市场，资本市场将能够更充分地发挥资源配置功能，将更多资源分配到符合国家战略的产业，特别是科技产业、新兴产业之中，更好地推动实体经济和创新企业发展，资本市场对成长型、创新型企业的服务功能也将进一步提升，资本市场的基础制度也将迈上一个新的台阶。创新带来了机会，同时也带来了挑战。在注册制下，投资银行的服务重点也发生了变化，不仅要提高审核通过概率，即提高“可批性”，而且要具备保证能为投资者提供更有价值的信息披露的“可投性”。

在注册制改革前，我国投资银行业对客户的首要关注点通常停留在财务指标和规范运作上，根据发行条件来判断客户资质，以提高审核通过的可能性，对挖掘客户的核心竞争力重视程度较低，这与过去的发行条件和新股发行定价方式有关。在注册制下，发行条件更加多元、更具包容性，且发行条件与市值密切相关，这一方面极大地扩展了投资银行的潜在客户范围；另一方面要求投资银行的工作重心从只关注审核转向更加关注市场，从政府与企业的中间人回归市场中介本源，价值发现能力、价格发现能力、尽职调查能力、客户服务能力、研究分析能力将成为投资银行的核心竞争力。投资银行需要在确保信息披露的真实性、完整性和准确性的基础上，为投资者提供更多有助于投资决策的关键信息。

此外，在注册制下，新经济企业往往具有创新性和探索性的特征，其技术特征往往领先于同行业成熟企业，其业务形态与传统企业相比通常存在较大差异，对应的财务指标特征往往较为特殊。同时，从注册制改革以来上市企业的行业分布情况来看［见图 1（a）］，技术硬件与设备、生物医药及大健康、软件与服务、半导体产品与设备这些科技含量较高的行业占比超过 50%，这要求投资银行从业人员主动深度学习客户的技术特征和行业特点，挖掘发行人业务模式，才有能力发现和披露与客户持续经营能力、未来增长动力等投资价值密切相关的重要信息，提升信息披露的针对性和有效性，为投资人判断发行人的“可投性”提供依据。

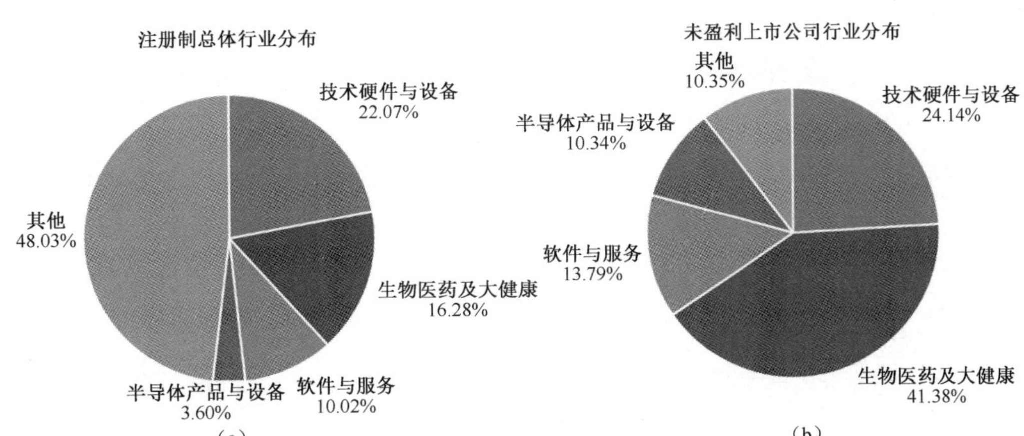

图 1　注册制改革以来上市企业的行业分布情况

允许未盈利企业上市是注册制改革的一个重要特征，完全改变了过去以发行人财务指标作为申报核心条件的格局。从注册制改革以来未盈利上市公司行业分布情况来看［见图 1（b）］，生物医药及大健康行业占比高达 41.38%，该行业的自身特点及尚未盈利的特殊情况，使得过去仅以财务分析和合规性分析为主的信息披露远远无法满足投资人的需求。此类企业的信息披露，要求投资银行将客户的核心技术先进性及来源、在研产品商业化预期等专业性较强的信息，用通俗易懂的语言传递给市场（见表 1）。

表 1　未盈利生物医药企业信息披露要点

披露内容	关键要点
核心技术先进性及来源	使用易于理解的语言及数据，比较核心技术与境内外相关技术的关键指标，分析核心技术形成过程中的合法合规性
合作研发与引进授权	注意合作或授权合同关键条款，包括费用承担方式、彼此 IP 授权或限制、知识产权归属、合作期限等
管线进展与市场竞争情况	在研管线表现出清晰的布局策略，需要通过分析全球同领域通靶点上市/在研项目情况，说明竞争格局
在研产品商业化预期	建立销售团队或和第三方达成商业化合作，并根据市场主要竞品的治疗费用，设计定价策略和市场推广方案

二、强化中介机构责任：不仅是“看门人”更是“伴跑者”

本轮资本市场改革以注册制改革为牵引，统筹推进提高上市公司质量、健全退市机制、进行多层次市场建设、强化中介机构责任、实现投资端改革、完善证券执法司法体制机制等重点改革，持续完善资本市场基础制度。监管体系对中介机构责任的强化，要求我国投资银行业进一步提升自身的执业水平，在服务客户的过程中更加审慎严谨。

同时，注册制改革极大地改变了投资银行服务的客户结构。之前投资银行接触项目的时点，往往是在客户已经具备一定的经济规模和组织规模以后，业务模式趋于成熟，达到规模以上的收入利润水平，内控制度也基本完善。投资银行在发行人的 IPO 过程中主要扮演股票市场“看门人”的角色，对发行人进行审慎的尽职调查，对其缺漏之处进行规范完善。注册制下多元化的发行条件，使得企业上市步伐大幅加快。目前通过注册制上市的企业当中，成立时间不超过 10 年的上市企业占比达到 16.82%，发行前一年净利润不超过 8000 万元人民币的上市企业占比高达 47.6%（见图 2）。现在，投资银行往往在发行人尚处于研发创新期或市场开拓早期时即与其确定合作关系，陪伴发行人成长的时间拉长，需要为发行人的发展壮大提供更多服务，伴随发行人的整体创业过程。

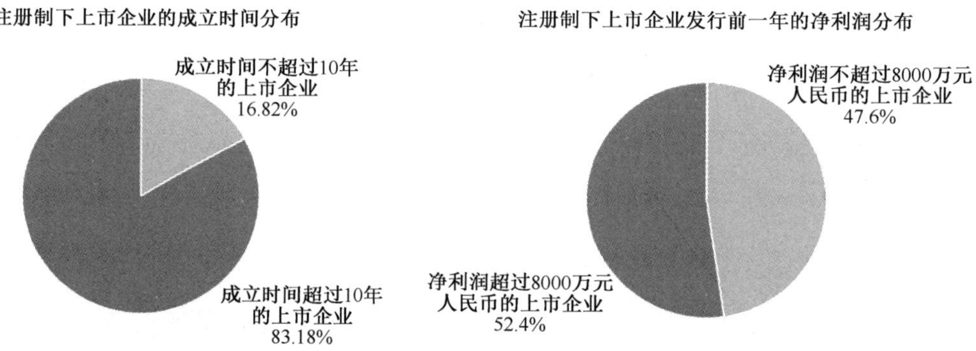

图 2　注册制上市企业利润和成立时间分布情况

此外，如前文所述，新经济企业的创新性和探索性往往导致其技术特征领先于同行业成熟企业，对于资本市场来讲可能是较为陌生的技术领域，且其业务形态与传统企业相比通常存在较大差异，对应的财务指标特征往往较为特殊。此外，由于其所处行业的快速发展，其行业监管体系也通常处于快速变化阶段。这些变化对投资银行从业者提出了更高要求，需要其在服务过程中不断学习，舍弃工作惯性，拒绝生搬硬套，深刻理解新经济企业所处行业，根据实际业务情况提供上市前规范服务，与客户共同成长。以科研服务行业为例，该行业主要面向科研机构，为其提供专业化的技术服务，由于我国科研经费受多方监管，科研服务供应商须统筹研究者所在实验室管理制度、所在机构管理制度和项目经费管理制度，而对于该行业的初创企业来说，建立完善的财务内控体系和合规体系难度较大。投资银行在服务该行业时，如果机械地按照原有经验提出整改建议，就会面临无法推进甚至影响发行人正常业务发展的局面，故能做到持续学习、尊重创新的投资银行才能适应新的发展环境。

完成 IPO 进入股票市场是新经济企业的又一个新起点，其技术、产品、业务形态还会继续进化，距离成熟期往往还有较长时间，行业监管政策也会不断推陈出新。投资银行不仅要持续深度服务新经济企业，协助其满足在业务发展过程中出现的新的募资需求和并购重组的需要，而且要将持续督导做得尽善尽美，继续做好新经济企业的“伴跑者”，保证其在持续创新过程中规范化运营。

三、市场化的发行承销：从“面向监管”到“面向投资者”

注册制改革开启以来，发行机制的演变颇受关注。注册制对新股发行定价不设任何硬性限制，而是以机构投资者为参与主体进行市场化询价，完成定价过程。这一变化完全改变了投资银行对客户的服务内容，从单纯“辅导”发行人面向监管机构，扩展到“辅导”发行人面向投资者，需要投资银行将新经济企业本身的创造、创新、创意，从审核时披露的全面、繁复的信息中准确地提炼出来，通过路演等形式，简明扼要地传递给二级市场投资人，以助其理解发行人的核心竞争力。

在注册制改革之前，我国二级市场投资人普遍认为“打新”是一种无风险套利策略，整个询价发行过程流于形式。因此，投资银行也往往将发行过程视作程序性的工作流程，一直将工作重心放在审核阶段。在发行价格放开后，首发市盈率迅速从平均 23 倍左右增加到平均 50 倍左右，并且体现出极大的差异性（见图 3）。对于发行人特别是利润规模相对较小的创新型企业来说，能否融到更多的资金用于研发，成为其衡量投资银行服务质量的重要指标。此外，注册制配套的“战略配售”“绿鞋机制”等制度，要求投资银行对拟上市公司的投资价值做出准确判断，在保护投资者利益的同时，也对投资银行的综合执业能力提出了更高的要求。

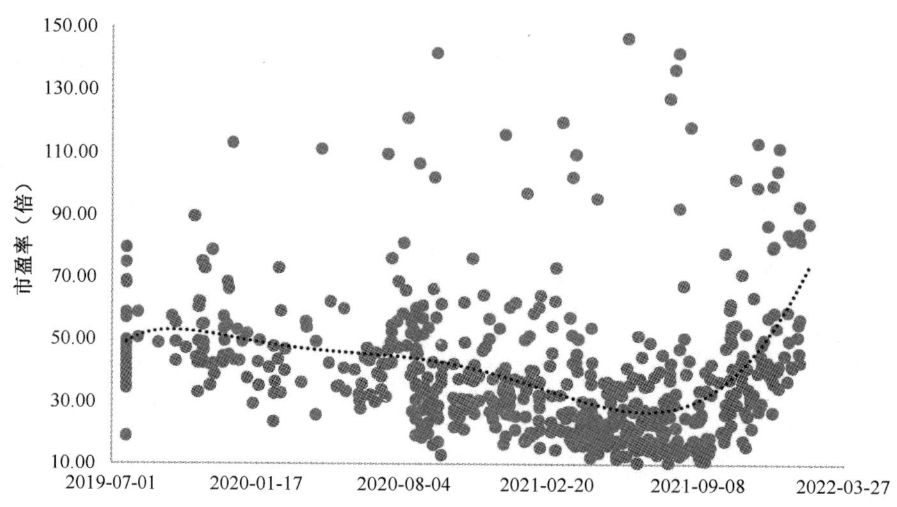

图 3　注册制下上市公司首发市盈率（摊薄）

注册制改革前期，发行价格总体平稳有序，但由于机构投资者与发行制度间的持续博弈，以及二级市场“打新”策略的惯性，开始出现部分网下投资者为博入围“抱团压价”的现象，发行市盈率一路走低（见图 3），“打新”的套利空间越拉越大。发行价格过低一方面导致新经济企业不能募集到足够的资金用于研发创新；另一方面新股上市后股价往往呈现猛涨猛跌的局面，不利于二级市场的稳定。为优化新股发行定价机制、规范询价报价行为，监管层重新修订了《上海证券交易所科创板股票发行与承销业务指引》《上海证券交易所科创板股票发行与承销实施办法》和《深圳证券交易所创业板首次公开发行证券发行与承销业务实施细则》。以科创板为例，其修订的主要内容包括：一是将最高报价剔除比例由原来的“不低于 10%”调整为“不超过 3%”；二是明确在初步询价结束后，如果确定的发行价格超过网下投资者报价平均水平，发行人和主承销商仅需要在申购前发布 1 次投资风险特别公告，无须采取延迟申购措施；三是对于定价不在投价报告估值区间范围内的股票，取消发行人和主承销商出具说明的要求；四是强化报价行为的监管。

注册制下 IPO 询价新规的实施对上市公司、承销商、机构投资者以及散户投资者等各利益主体都会产生不同程度的影响。首先，对于上市公司而言，“抱团压价”现象的缓解能够使真正优秀的企业融到更多的资金用于科技创新。其次，对于承销商而言，IPO 询价新规大力支持发行人和承销商行使自主定价的权利，有利于承销商充分承担起中介机构的责任，提高其研判能力。再次，本次 IPO 询价新规的实施对于参与询价的机构投资者影响最大，最高报价剔除比例的大幅减少有利于缓解“抱团压价”的现象，鼓励机构投资者敢于报高价，提高报价差异度，同时“新股不败”之风的打破使报价难度提高，需要机构投资者认真研究报价，定价能力强的机构未来将受益更多。最后，对于二级市场的散户投资者来说，“打新”也会面临破发现象，需要一定的择股能力，而不是新规前的凭情绪“打新”、从众“打新”。从长期来看，资本市场可能会呈现出“马太效应”，即强者愈强、弱者愈弱，拉开基本面和可持续盈利能力强弱公司的报价差别，有利于加快新股估值回归理性的步伐，IPO 询价新规的实施是迈向发行定价完全市场化的关键一步。

自 IPO 询价新规实施以来，根据公开资料显示，新股发行定价从入围情况来看，有效报价比例明显下滑，报价难度有所上升；从定价情况来看，多只新股定价突破“四数参考价”[1]，提高了新股发行定价中枢的地位；从中签情况来看，由于报价难度上升，有效报价入围数量减少，导致新股中签率有所上升；从上市表现来看，新股发行定价偏高使首日收益率大幅收窄，部分新股甚至出现首日破发。这些变化都意味着在注册制下对投资银行的研究能力及发行定价能力提出了更高的要求。

四、总结与展望

注册制改革为我国新经济企业的发展提供了历史性机遇，发行条件更加包容，上市周期更可预期，市场化定价更易于满足企业的融资需求。同时由于上市步伐的加快，一级市场的投融资活动得以进一步激活，为创业者提供了更友好的成长环境。在改革过程中，投资银行业作为注册制改革的直接参与者之一，其为新经济企业提供服务的内容和方式也面临上述各种新的挑战。

1 “四数参考价”指网下投资者报价的中位数和加权平均数，或超过公募基金、社保基金、养老金、企业年金基金和保险资金报价的中位数和加权平均数孰低值。

未来全面实施注册制后，投资银行差异化竞争格局将进一步明晰。注册制对信息披露的要求更加考验投资银行的专业能力，压实中介机构责任更加考验投资银行的风控能力，市场化发行机制更加考验投资银行的定价能力。预计市场份额将向定价能力突出、销售能力强劲、风控能力扎实的头部券商集中。

目前，国内市场仍缺乏“小而精”的精品投行，但随着注册制下新经济的崛起，部分投资银行已经开始错位竞争，走出特色化发展道路，在注册制大背景下提前布局，聚焦、深耕细分行业，铸就专业优势，在业务全面覆盖的基础上培育重点产业。

注册制对证券公司带来的影响不仅局限于投资银行领域，它将牵一发而动全身，深刻改变券商传统管理模式和经营模式。由于投资银行业务从通道业务向专业化业务转型，为完成一个 IPO 项目，投资银行部门需要与研究所、直投部门、资管部门等合作，共同为客户提供服务。如何做好跨部门协同，将成为投资银行业未来发展的一个重要课题。

作者简介：

冉云先生，国金证券股份有限公司董事长，国金鼎兴投资有限公司董事，国金金融控股（香港）有限公司董事。兼任四川省证券期货业协会会长，四川省上市公司协会副会长，上海证券交易所科创板股票公开发行自律委员会委员代表，深圳证券交易所市场风险委员会委员。

任鹏先生，国金证券股份有限公司总裁助理，国金证券上海证券承销保荐分公司总经理。曾参与起草中国证监会发行上市相关法规和审核备忘录，曾任创业板第三、四届发审委委员。

立足新发展阶段　助力新经济崛起

范　力　姚　佩

一、经济转型关键期，新经济发展与注册制改革的重要意义

（一）新经济是推动中国经济高质量发展的重要驱动力

中国经济已由高速增长阶段转向高质量发展阶段，正处在经济转型的关键阶段。自“十二五”时期以来，我国经济增速已从高速转向中高速，GDP 同比增速已从双位数滑落，近 10 年平均 GDP 增速已不足 7%，人口自然增长率也出现了大幅下滑，人口老龄化问题日益严重。截至 2021 年，16～59 岁劳动年龄人口已较 2011 年年初下滑 12 个百分点至 62.5%，曾经支撑中国经济高速发展的人口红利逐渐消逝。同时，在资本边际报酬递减的作用下，增量资本产出率（ICOR）自 2011 年以来节节攀升。由于两大经济增长红利的消退，经济增速下行在所难免。为顺应新的经济发展形势，我国推进经济增长的方式和动力出现转换，如何促进经济结构优化已成为现阶段经济发展的关键任务。

为跨过刘易斯拐点，实现由要素投入驱动型经济增长阶段向创新驱动型经济发展阶段的转变，新经济、新产业扮演着重要角色。自党的十九大以来，我国多次提出经济已由高速增长阶段转向高质量发展阶段，认识到了创新能力和高端产业发展不充分、实体经济与虚拟经济发展不平衡等多个核心矛盾点，提出了包括深化供给侧结构性改革、加快完善社会主义市场经济体制在内的六大战略任务。“十四五”规划亦对如何进一步推动高质量发展提出了细化目标，创新驱动发展被列为众多目标之首。在信息技术的不断革新下，相继出现了数字经济、智能经济、信息经济、共享经济等多个概念，而这些新经济的出现在促进消费升级的同时也能大大加快经济运行效率。由 5G、工业互联网、大数据、人工智能、云计算等新兴技术构成的新型基础设施建设（新基建），将通过与新

型商业模式的融合提高全要素生产率，有助于提高我国经济增长的内生动能。因此，依托科技创新孕育新经济、新产业，孵化更多经济增长点已成为我国长期发展的核心驱动力。

（二）注册制改革助推多层次资本市场健康发展

十九届五中全会提出，全面实行股票发行注册制，建立常态化退市机制，提高直接融资比重。直接融资有利于加快创新资本形成，促进科技、资本和产业的紧密融合，从而促进我国经济高质量发展；而注册制改革是提高直接融资比重的关键举措，因而是我国资本市场改革的关键一步。

注册制改革主要从四个方面推动并提高直接融资比重：一是以信息披露为核心的注册制使市场定价机制更加有效，支持更多优质企业在资本市场融资发展，从而拓宽直接融资入口；二是注册制改革提升了多层次市场的覆盖面，增强直接融资体系的包容性；三是注册制改革推动上市公司提高质量，夯实直接融资发展基石；四是注册制改革下通过建立常态化退市机制，强化企业优胜劣汰，从而提升直接融资的效率。因此，在注册制改革下，一系列基础制度的完善将推动上市公司改革完善公司治理，提高信息披露透明度，更好地发挥创新领跑者和产业排头兵的示范作用，引领更多企业利用直接融资实现高质量发展。

长期来看，在注册制的全面推行下，A 股的市场化定价将得到进一步体现，市场化进程大幅提升，从而更加充分地发挥资源配置的功能，步入长期健康健全发展的轨道。从发行上市看，注册制改革大大提升了 A 股对成长型创新创业企业的包容度；从技术研发看，注册制改革提升了 A 股企业募集资金的效率，有利于企业持续研发投入，在高精尖和“卡脖子”领域开展重大技术的攻关；从行业带动能力看，注册制改革降低了上市企业的识别成本，通过一大批成长型创新创业企业的上市，带动 A 股传统产业与新技术、新产业、新业态、新模式深度融合。可以期待，以全市场注册制改革为牵引，“十四五”时期一系列制度创新将陆续推出，使得中国科技、资本与实体经济融合将上升到新高度，吸引长线资金的能力与日俱增，真正形成优胜劣汰、适者生存的市场环境。

二、全面推行注册制，促进资本市场拥抱新经济

（一）资本市场改革为新经济发展提供融资支持

过去 30 年，中国经济发展成果巨大，经济体量成长为世界第二，主要是由

间接融资推动的。但随着中国经济转换跑道，从高速发展到高质量发展，未来30年中国经济的发展需要靠直接融资推动。主要有两方面原因：一是间接融资无法解决中国经济杠杆率偏高的问题，银行信贷支撑工业化发展，由此也累积了金融行业的一个突出问题，大量的储蓄通过债权形式转化为投资，抬高了宏观杠杆率，增加了我国金融体系的风险；二是间接融资无法助力伟大的科技企业的诞生，在传统工业经济中，工业企业凭借大量固定资产，可以向银行抵押获得扩大生产规模所需的资金，而高新技术产业的核心资产是知识产权和人力资本，没有太多用来抵押的固定资产，银行体系无法满足这类企业的融资要求。

由于A股市场成立初期上市审核标准较高，包括百度、阿里巴巴、腾讯、京东在内的众多优质科技企业只能远赴海外上市。20世纪90年代以来，随着A股市场的建立，中国内地企业开始开展股票市场融资，但相较于海外市场，国内的上市审核标准较高，根据中国证监会发布的《首次公开发行股票并上市管理办法》，我国主板（含中小板）新股发行要求“发行人在最近3个会计年度净利润均为正数且累计超过人民币3000万元，净利润以扣除非经常性损益前后较低者为计算依据”。而一些海外的成熟市场在这方面更加灵活，即企业只要资产规模较大、质量高且有盈利潜力，即使短期没有产生收入也可以上市。受限于上市标准的高要求，很多成长性很好的企业不能在国内上市，只能选择远赴海外上市，A股也因此损失了众多优质科技企业和互联网龙头。

近年来，国内资本市场改革持续推进，更好地满足了新经济企业进行股权融资的需求，帮助企业进一步发展壮大。2019年科创板开市，截至2022年1月28日，科创板上市公司已达387家；2020年8月，创业板注册制落地，首批上市18家企业，存量股票涨跌幅同步拓宽至20%。注册制推行下直接融资占比提升明显，新增社会融资中非金融企业社会融资占比（非金融企业境内股票融资：累计值）从2019年12月的1.4%提升至2021年12月的3.9%（见图1）。随着2021年北京证券交易所的设立，我国资本市场改革进入新的阶段，北京证券交易所开市成立，释放国家支持“专精特新”企业的积极信号，激励更多的优质中小企业进入资本市场健康发展，也为股权投资开辟出更多投资渠道，激发风险投资活力。

2021年12月召开的中央经济工作会议明确提出，要在A股市场全面实行股票发行注册制。注册制改革的全面铺开，将成为资本市场全面深化改革承前启后的关键环节，有望大幅提升资本市场的资源配置效率和要素配置效率，加大直接融资体系支持新兴产业和实体经济的力度，特别地，对于新一代信息技术产业、生物产业、新材料产业、新能源产业等战略性新兴产业，可以有针对性地设置以成长性为核心的上市标准，以顺应科创企业的发展规律和特点，提升市场包容度和针对性。随着股票发行注册制的全面推行，A股市场将吸引越来越多优质独角兽企业上市，为新时代的中国经济高质量发展提供新动能。从图 2 可以看出，新上市公司中新经济企业占比提升。

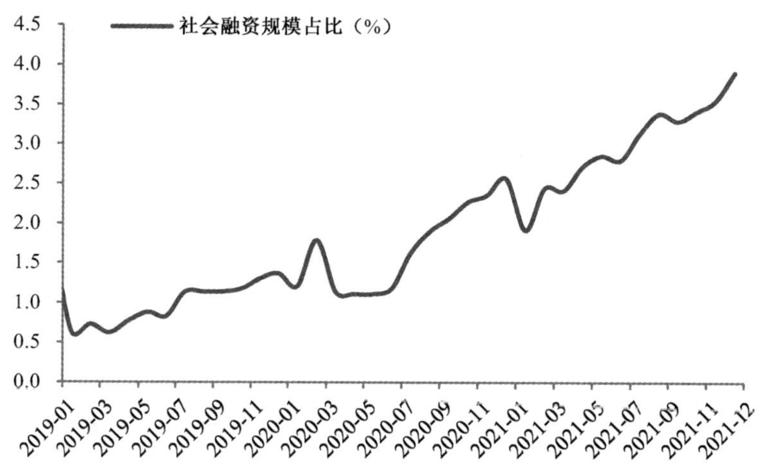

图 1　2019 年以来非金融企业社会融资占比

数据来源：综合 Wind、东吴证券研究所数据整理。

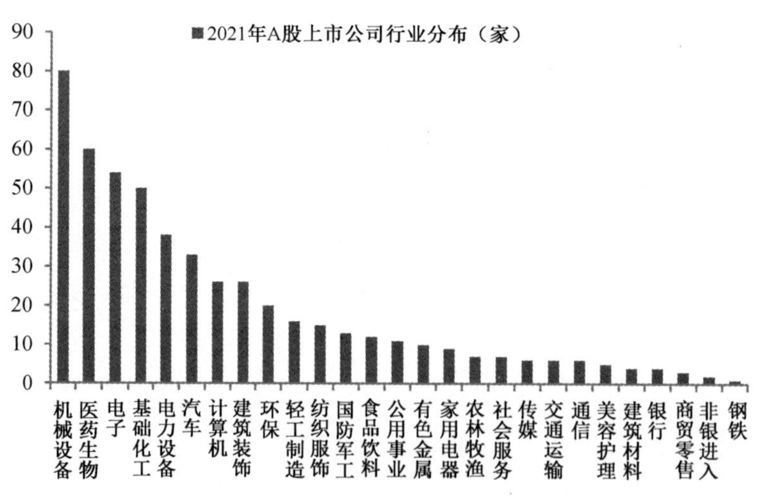

图 2　2021 年 A 股上市公司行业分布

数据来源：综合 Wind、东吴证券研究所数据整理。

注册制改革之下，资本市场为新经济企业提供融资支持的效果显著，市场结构持续优化，新经济企业占比有所提升，当前 A 股市值结构中，电子、计算机、传媒、通信等数字科技板块占比 16%，较 2020 年年初的 14%稳步提升。此外，高端制造业正通过资本市场获得融资支持，2021 年新上市企业中，机械设备、医药生物、电力设备行业占比 34%，产业结构持续优化升级，加速由传统经济向新经济转型。

（二）资本市场改革助力高新技术产业突破“卡脖子”环节

新旧动能转换之下，科技创新正在成为经济发展的重要引擎，是经济转型的重中之重。“十四五”规划中将“创新驱动发展”摆在首位，而“科技自立自强”是其关键部分，是“国家发展的战略支撑”，表明了我国实现核心技术自主可控与国产替代的决心。对于要不来、买不来、讨不来的“卡脖子”技术，需要加大部署、集中攻克。

高新技术产业因其高投入、高风险、高效益等特性，需要大量的资金支持，但是，其又以无形资产为主，价值难以衡量。而资本市场改革的持续推进正是为这些新兴产业的研发、创新环节提供了大力支持，对于新一代信息技术，高端装备、新材料、新能源，以及生物医药等高新技术产业的上市门槛降低，部分科技企业在此前核准制下不能满足 A 股上市标准，但在注册制之下可在科创板或创业板上市以获得融资支持。

泽璟制药就是注册制红利下上市融资的代表企业之一，泽璟制药是 A 股首个未盈利上市公司，其上市以来股价及市值表现如图 3 所示。图 4 说明了泽璟制药净利润与研发投入，可以看出，其在上市前的 2019 年归母净利润为-4.6 亿元人民币，但因其符合科创板上市标准五（“医药行业企业需要取得至少一项一类新药二期临床试验批件，其他符合科创板定位的企业需要具备明显的技术优势并满足相应条件”），才得以在科创板上市。作为多个治疗领域的创新驱动型新药研发企业，泽璟制药长期以来投入了大量研发支出并取得了阶段性成果，这也是其能在持续未能盈利的情况下在科创板上市的原因。上市以来公司发展良好，市值不断提升，利润亏损也有所收窄。由此，科创板上市标准五也一直被认为是给未盈利生物科技类企业量身定做的标准。

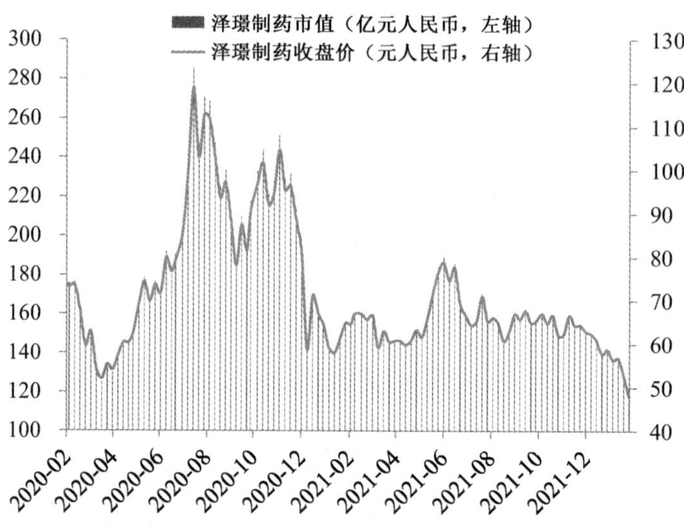

图 3　泽璟制药上市以来股价及市值表现

数据来源：综合 Wind、东吴证券研究所数据整理。

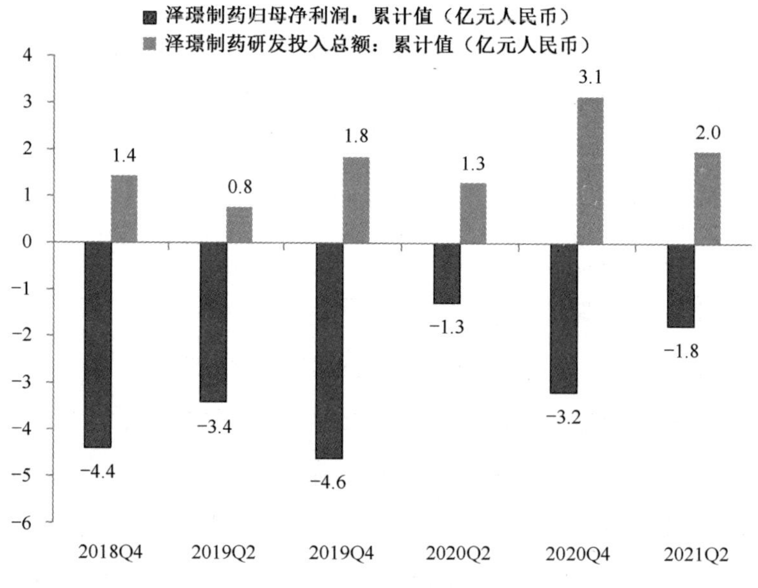

图 4　泽璟制药净利润与研发投入

数据来源：综合 Wind、东吴证券研究所数据整理。

此外，电子设备龙头企业京东方的快速崛起也离不开资本市场的大力支持。京东方于 2001 年上市，主要从事液晶显示屏等电子设备制造，由于平板显示产业技术涉及面广、技术难度高，企业必须拥有大量高综合素质人才作保障。同时作为装备制造业，研发、生产及市场开拓需要大量的资金投入。京东方上市以来完成6次定增，其中2013年定增募集资金457亿元人民币（见图5），资本市场红利推动其迅速成长为行业龙头。2019年液晶显示板出口金额为214亿美元（见图6），超过进口金额，“卡脖子”现象得到缓解。

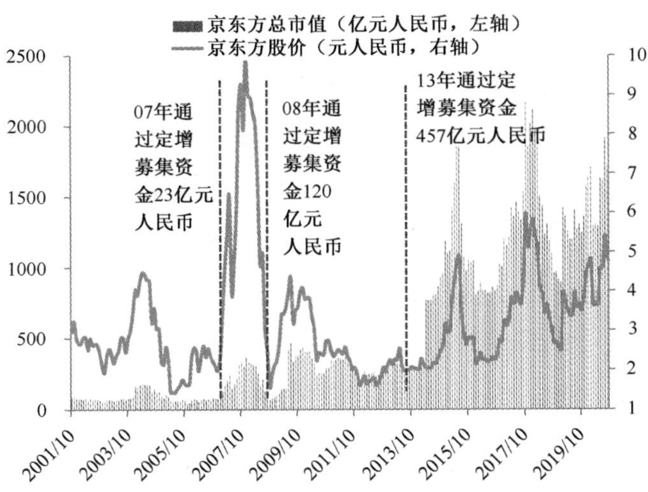

图5　京东方上市后多次定增获得融资支持

数据来源：综合 Wind、东吴证券研究所数据整理。

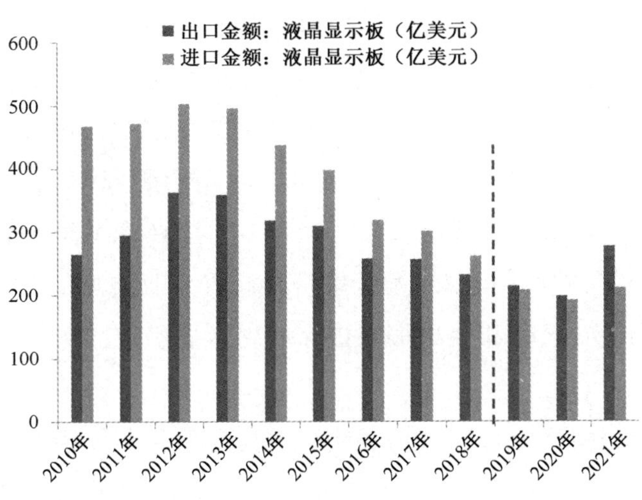

图6　2019年后液晶显示板出口金额超过进口

数据来源：综合 Wind、东吴证券研究所数据整理。

三、把握资本市场新机遇，券商助力经济高质量发展

（一）券商是资本市场服务实体经济的重要一环

我国进入经济发展的关键转折期和资本市场改革的大时代，资本市场和证券公司更应该把握机遇，积极采取行动，理解服务实体经济的本质。证券公司作为资本市场重要的中介机构，在服务新经济发展、推进产业转型升级、促进新旧动能转换等方面发挥着不可替代的作用。

第一，证券公司依托多层次资本市场，服务企业直接融资。近年来，资本市场坚持以人民为中心的发展思想，在全面深化改革中焕发出蓬勃生机，在促进实体经济高水平循环中发挥枢纽作用，同时证券行业也在高质量发展中迈出重要步伐。2021 年证券行业机构服务企业通过 IPO 上市融资 5427 亿元人民币，同比增长 12.92%。2012 年以来，通过综合运用多层次资本市场工具，证券公司为 11 万亿元人民币的股票及近 23 万亿元人民币的交易所债券融资提供承销保荐服务，为逾 5 万亿元人民币的上市公司并购重组交易提供财务顾问服务，打通了产业发展的金融血脉。

第二，证券公司服务中小微企业，助力民营企业纾困。证券行业聚焦解决中小微企业和民营企业“融资难、融资贵”问题，助力提升发展的平衡性、协调性、包容性。截至目前，服务近 7000 家中小企业新三板挂牌，近年来通过股票发行融资近 3000 亿元人民币；服务 2934 家民营企业在沪深证券交易所上市，为壮大民营企业经济实力发挥了重要的金融中介作用。同时，证券公司创新金融工具，助力民营企业纾困，截至 2021 年 6 月末，证券公司管理的支民资管计划及其子计划累计投出超 1000 亿元人民币，切实纾解了民营企业及其股东的流动性困难。证券公司承销发行扶贫公司债和乡村振兴债（含 ABS）超 600 亿元人民币；2020 年通过新三板市场发行融资的涉农企业共 40 家，融资金额 20 亿元人民币，助力脱贫攻坚和乡村振兴国家战略，更好地服务区域经济协调发展全局。

第三，证券公司坚守合规风控底线，更好地服务实体经济。为实体经济提供更高质量、更高效的服务，需要严格防控金融风险。证券行业必须严守底线，强化合规风控意识和实施力度。随着注册制的顺利推出，为适应科创板和创业板交易制度的特殊性，2019 年和 2020 年，中国证券业协会组织委员会分别对

科创板和创业板融资融券业务的潜在风险点及相关风险管理措施进行研究；2021 年，针对个别股票市场波动影响到两融业务担保品管理工作的问题，中国证券业协会组织委员会就两融业务担保品管理方案与思路进行了研究和讨论，形成并向行业发布融资融券业务风控措施及建议通报 3 项。只有通过市场化、法治化手段促进中介机构归位尽责，才能切实增强证券行业服务实体经济的能力，从而助力资本市场发挥枢纽功能。

为实体经济服务是我国证券业发展的一大特色，随着资本市场的发展，我国的证券行业也逐渐成为促进实体经济发展不可或缺的一部分。

（二）券商要为服务新经济发展发挥重要作用

证券公司作为资本市场的重要成员，在新经济背景下任重道远并充满机遇：证券公司将不仅满足于国内资本市场的证券经纪、股票承销、资产管理等传统业务，还将稳步推进以新经济、新金融为目标的科创板、场外股权市场、衍生品市场等创新业务，将充分依托大数据、移动互联网及人工智能技术服务国家资本市场改革发展战略，必将在此重要进程中发挥更大作用，为中国新经济高质量发展提供重要支持。

证券公司积极融入创新驱动发展战略，服务科技、资本与实体经济高水平循环。截至目前，证券公司服务 385 家“硬科技”企业登陆科创板，融资超 6000 亿元人民币；服务 262 家成长型创新创业企业通过注册制登陆创业板，融资超 1900 亿元人民币。2017 年以来，证券公司承销 85 只创新创业公司债，服务科创企业融资近 400 亿元人民币，充分运用融资工具创新，为科技创新企业拓宽融资渠道注入“源头活水”。

此外，证券公司积极打造可持续发展新动能，服务构建绿色低碳循环发展经济体系。在中国证券业协会的引导下，证券行业积极贯彻落实新发展理念，服务构建低碳绿色循环经济体系和开放型经济新体制。近年来，作为绿色债券主承销商或绿色资产证券化产品管理人，证券公司承销发行 235 只产品，服务企业融资超 3000 亿元人民币。2021 年上半年，37 家证券公司作为绿色公司债券主承销商或绿色资产证券化产品管理人共承销发行 43 只产品，融资 671.53 亿元人民币。未来，证券行业将进一步深化对战略性新兴产业企业的全方位服务，帮助优质企业融资发展，形成优势企业群的有效整合与持续壮大。

同时证券公司发挥内外联动的枢纽作用，促进形成对外开放新体制和双循环发展新格局。证券行业在深化资本市场对外开放中，不断提升综合金融服务能力和国际竞争力。截至 2021 年 2 月末，证券公司跨境资本业务规模超 3000 亿元人民币；2020 年度证券公司境外业务收入占比已超过 20%。在“走出去”方面，目前已有 34 家证券公司获准在境外设立子公司，15 家证券公司实现 H 股上市；10 家证券公司取得跨境业务试点资格。近年来，证券公司服务“一带一路”沿线企业等境外机构，在交易所市场成功发行熊猫债券超 500 亿元人民币。在“引进来”方面，外资证券公司展业提速。目前我国共有外资参、控股证券公司 17 家，其中，外资控股证券公司 9 家，在建设更高水平开放型经济新体制进程中发挥着重要的桥梁作用。

利用新技术促进资本市场改革。例如，在市场监管方面，监管与资本市场发展相生相伴，随着上市公司从无到有、从小到大，监管工作在实践中探索、在改革中加强，形成了以辖区监管责任作为基础，证监会机关、派出机构、交易所三点一线的协同配合的监管体系。对于证券行业要持续加强风险防控，坚决守住底线。中国证监会在监测预警和风险处置过程中，探索运用大数据和人工智能等技术，从多维度对上市公司进行画像，尽早发现风险苗头和违规线索，监管的及时性、精准度不断提高。充分发挥大数据、移动互联网及人工智能技术促进资本市场改革的作用，使得证券行业能够更好地促进中国新经济的高质量发展。

作者简介：

范力先生，东吴证券股份有限公司党委书记、董事长，兼任江苏省证券业协会副会长，中国证券业协会固定收益专业委员会副主任委员，上海证券交易所第五届理事会战略发展委员会副主任委员，江苏省人大代表。著有《创新创业公司债券的探索与实践》等多部著作。

姚佩先生，东吴证券股份有限公司研究所策略首席分析师，中国人民大学金融硕士。

资本市场发展新趋势下新经济企业的成长路径

江　禹

一、资本市场在新经济产业发展中的定位与作用

（一）资本市场对新经济企业发展有正向促进作用

本轮资本市场深化改革起始于 2018 年年底，具有市场化改革加速推进以及强化资本市场监管的双重特征。随着科创板、创业板注册制、北京证券交易所相继推出，配套制度相继落地，我国多层次资本市场格局初步形成。2021 年年底，中央经济工作会议再次提出要“抓好要素市场化配置综合改革试点，全面实行股票发行注册制”，标志着 2022 年将是全面注册制元年，也将是资本市场改革进入新阶段的重要一年。本轮资本市场改革推进力度前所未有，其背后原因是希望通过改革更好地助力实体企业高质量发展，推进中国产业升级和经济结构调整，更好地服务国家战略。

研究与历史经验表明，资本市场对于新经济企业成长有正向促进作用。在经济增长的新格局下，我国资本市场的定位也在升级。

1. 为企业科技创新、外延式并购提供资本支持

科技创新企业具有投入大、周期长、风险高等特点，相较于债务融资风险容忍度低，对还款有一定时限要求，且一般需要提供抵押担保物等特性，股权融资能够更好地满足科技创新企业的融资需求。以动力电池巨头公司宁德时代为例，为保持技术研发优势，宁德时代研发投入逐年增长，研发投入金额从 2018 年上市初期的 19.91 亿元人民币增长至 2021 年前三季度的 45.9 亿元人民币，实现翻番；与此同时，为保持全球领先的生产能力，公司近年来不断进行产能扩

建，截至 2021 年年底，已规划和落地的生产基地已达 10 个。产能的持续扩张以及研发资金的加速投入都需要资本市场为其不断供血，为此，宁德时代最近一次宣布的再融资计划预计募集资金高达 450 亿元人民币，创 A 股科技企业再融资规模新高。

2. 作为疏通私募融资退出渠道，更好地激发 PE/VC 培育支持新经济企业的动力

以境外成熟资本市场为例，受到 2021 年全球股市 IPO 融资金额创历史新高的影响，IPO 成为 VC 投资机构退出的最重要渠道，占退出总金额的近 90%。即使剔除了 2021 年 IPO 大年的极端值影响，2017 年以来，历年 VC 通过 IPO 退出的金额也均在 50%以上 [1]。考虑到国内并购市场以及私募股权融资发展的成熟度相较于境外市场仍有差距，中国的私募股权投资对于 IPO 退出的依赖度将更高。因此，资本市场改革进一步疏通退出渠道将有效增强 PE/VC 的投资意愿，进而增强对新经济企业的支持力度。

3. 有效促进企业治理结构和激励机制的建立和优化，以此为企业创新提供更多动力

新经济企业不同于传统企业，其以技术创新驱动的特征对人才资本提出了更高要求。而有效的激励机制可以更好地调动科技人才的积极性和创造性，促进创新人才队伍建设，从而推动企业成长。资本市场改革的关键一环是允许更加灵活的股权激励实施条件与形式，自注册制改革试点以来，科技创新企业实施股权激励的数量显著提升。

（二）资本市场支持新经济企业进行科技创新的新格局

肩负着服务实体经济高质量发展的职责使命，自 2019 年科创板设立并试点注册制改革落地以来，我国资本市场加速发展并已初步形成支持新经济企业发展的新格局。

1. 多层次资本市场已基本建立

随着科创板设立并试点注册制、创业板存量注册制改革、北京证券交易所

1 数据来自 Pitchbook-NVCA Venture Monitor 对美国资本市场情况的统计。

设立并试点注册制改革的相继落地，资本市场注册制改革“四步走”的任务目标已完成了关键的前三步。而自中央经济工作会议指出要全面实行股票发行注册制后，中国证监会也表示，目前来看注册制试点已经达到了预期目标，全面实行注册制的条件已逐步具备。因此预计到 2022 年，注册制改革的“四步走”将最终落地，届时，我国的多层次资本市场体系也将进一步完善。

2. 注册制下审核周期缩短、审核效率提升

截至目前，科创板累计受理 713 家公司的首发上市申请，其中 385 家已完成发行上市，从受理到上市的平均时长为 273 天，较注册制改革前用时大幅缩短。

3. 市场化资源配置进程加速

注册改革的核心内涵之一是将价值发现与价值判断的权力交还市场，进一步发挥市场在资源配置中的作用，促进优胜劣汰。在此背景下，随着包括 IPO 定价新规等配套制度的逐步落地，我国资本市场的市场化进程加速，企业价值发现能力持续增强，一二级市场互相影响，估值和流动性持续分化。2021 年，14 家企业上市首日即破发，IPO 破发将不再是偶发事件。

二、资本市场改革下新经济企业出现分化

在市场化资源配置进程加速的情况下，资本市场对于新经济企业的价值判断开始分化。资本市场逐渐从注册制改革伊始的普遍的证券化红利到头部化红利演进。

（一）注册制下，资本市场资源快速集中

注册制实施以来，市场估值和流动性不断分化，快速经历了普遍性的证券化红利进一步缩窄，到资本市场对投资价值进行甄别和分化性选择的过程。

从全市场情况来看，2021 年 A 股排名前 20%的上市公司占 A 股上市公司总市值的 77%，占全年总成交额的 75%；而单从科创板情况来看，排名前 20%的上市公司占科创板总市值的比例也达 64.5%，占全年总成交额的比例达 61.14%。从行业分布情况来看，新经济企业中基本面较好的龙头企业受到市场

青睐。目前，市场前 20 大市值上市公司中，科技、新能源、医药、消费行业占比达到 30%。从成交量来看，年度成交金额前 10%的公司基本上都来自新经济行业。A 股虽然还没有达到美股前 10 大市值科技企业的市值占比约 30%的集中度，但集中趋势已然形成。

（二）不同行业、不同规模的企业出现明显差异

注册制下，不同行业、不同规模的企业在资本市场的受欢迎度也会出现明显差异。参考香港交易所的生物科技上市公司，自香港交易所推出允许未盈利生物科技公司上市以来，目前，已有 48 家未盈利生物科技公司（含 4 家摘 B 企业[1]）在香港交易所主板挂牌上市，香港交易所已然成为亚洲第一大生物科技企业融资中心。虽然生物科技公司赴港上市热情高涨，但是该类企业上市后的表现却出现显著的“一九分化”情况。从市值情况来看，48 家未盈利生物科技上市公司中百济神州市值约为 1600 亿元人民币，其一家公司占同行业公司总市值的比例超 1/4；前 5 位上市公司市值合计占比过半。从股价表现来看，除少数公司外，港股生物科技公司在上市后一年内股价均呈现震荡下行走势，截至目前，股价跌破 IPO 发行价格的公司占比已达 81%。A 股未盈利生物科技上市公司的数量虽不多，但同样呈现类似分化。从市值情况来看，科创板 14 家生物科技上市公司中，仅百济神州一家市值占比达 41%，前 5 位公司市值合计占比达 78%。从股价表现来看，随着整个生物医药行业自 2021 年下半年在二级市场遇冷以后，目前已有 43%的 A 股未盈利生物科技企业破发。可见，对于这类型公司来说，如何能够通过研发丰富产品管线、加速商业化进程从而吸引投资者关注是上市后需要思考的问题。

除单一行业不同市值公司出现分化外，不同行业的新经济企业在资本市场的表现同样出现差异。近年来，随着科技创新的重要性提升到了前所未有的高度，代表着科技创新前沿技术的半导体和新能源[2]成为 A 股最令人瞩目的两大板块。但如果再细看这两大板块上市公司，可以发现同样作为战略新兴行业，其在资本市场的表现却呈现一定分化。从企业数量来看，半导体行业中共有 85 家

---

1 年收入大于 5 亿港元，市值大于 40 亿港元条件的公司，经香港联合交易所批准可移除“B”标记。

2 选取光伏与锂电池两大板块上市公司。

上市公司（注册制下上市占比 24.7%），而新能源行业上市公司数量已超 150 家（注册制下上市占比 11.3%）；从市值情况来看，A 股新能源行业中有多家上市公司市值超 2000 亿元人民币，其中动力电池龙头企业宁德时代市值更是超过 10000 亿元人民币；而半导体行业龙头企业如韦尔股份、中芯国际市值大约为 2000 亿元人民币；从市值集中度来看，新能源行业头部集中度高于半导体行业，其中动力电池行业 CR1 与 CR5 分别达到 25%与 51%，而半导体行业 CR1 与 CR5 分别为 10%与 36%。形成上述分化的原因之一为我国在两大行业的发展阶段存在一定差异：半导体作为一个技术成熟、技术发展路径长期由欧美国家把控的行业，我国企业更多是追赶者的角色；而在新能源行业，我国企业与国外企业在技术上不存在差距，龙头企业已经能在国际市场竞争上占据一定份额。

三、新经济企业如何布局新趋势下的成长路径

在资本市场加速改革的大背景下，新经济企业如何能够把握机遇期，实现自身快速成长，笔者认为可以从以下三个方面布局。

（一）利用估值上升周期进行融资，为科技创新提供弹药

新经济企业作为在成长期的知识密集型企业，无论是研发投入还是规模生产都需要大量的资金支持，而通过资本市场融资则能够在一定程度上满足这一需求。多项研究表明，企业股权融资具有顺周期性，即资本市场与实体经济形成的动态正反馈机制。投资者对企业未来经营有良好预期，企业股票在资本市场表现良好的情况下，企业更容易进行股权融资。注册制改革以来，以技术创新驱动的新经济企业受到市场更多关注，其融资渠道也得以进一步畅通。自 2019 年科创板试点注册制以来，新经济企业[1]股权融资金额占 A 股融资总金额的比例达 39%，较注册制改革前的 2018 年融资占比提升近十个百分点。与此同时，随着我国资本市场价值发现以及优胜劣汰的功能进一步强化，具备成长性以及符合我国经济转型升级趋势的新经济龙头企业获得了市场更多的认可，一些具备全球竞争力的新经济企业选择回归 A 股搭建自身资本市场平台。目前，已有中芯国际、天合光能、晶科能源、威高骨科等多家龙头企业回归 A 股，相信随着注

1 选取 TMT、消费、医疗健康三大行业融资数据。

册制的进一步深化，未来将会有更多的新经济企业在全面注册制的背景下选择A股进行上市融资，为科技创新提供弹药支持。

（二）通过外延式并购投资不断巩固自身业务和资本市场市值的双护城河

除了通过自身不断的研发投入增强创新能力，新经济企业还可以通过外延式并购投资达到事半功倍的效果。研究表明，对创新型小微企业的收购是大企业创新非常重要的实现途径之一。以国内半导体巨头闻泰科技为例，2019 年闻泰科技通过收购产业链上游企业半导体标准器件供应商安世半导体，进一步打通了产业链的核心环节，实现了主要元器件的自主可控。自收购完成后，双方协同效应进一步发挥，闻泰科技市值从收购前的 200 多亿元人民币增长至目前的约 1300 亿元人民币。除闻泰科技外，国内新能源汽车龙头企业蔚来汽车也积极围绕其主营业务和未来发展方向进行投资布局。自 2017 年以来，蔚来汽车在电池、自动驾驶、汽车芯片等领域累计投资企业达 57 家[1]，其中部分企业已完成上市或已启动证券化工作。通过对产业链上下游以及未来技术的投资布局，蔚来汽车的产业生态体系得以进一步完善，护城河得以进一步巩固。

（三）利用健康的公司治理和股权激励机制守好人力资本，激发人才活力

“创新之道，唯在得人”，作为对科技创新有更高需求的新经济企业，守好人才资本的意义更为重大。因此，如何通过更加积极有效的激励机制，在绑定核心人才利益的同时，更好地调动企业的积极性与创造性，以此服务其长期发展目标已然成为国内新经济企业关注的核心问题之一。从国外经验看，股权激励可以使科技人才与企业风险、利益进一步绑定，从而在有效激励经营管理人员与核心技术人员的同时对他们实施一定的约束机制。随着近年来股权激励制度规则的放宽，越来越多的 A 股新经济企业推出了股权激励方案。以科创板企业为例，截至 2022 年 3 月 7 日，392 家科创板上市企业中有 150 家企业在 IPO 过程中有员工持股平台参与了战略配售，占比达 38%；有 205 家企业在上市后

1 数据来源：鲸准对蔚来资本的投资数据统计。

推出了股权激励方案，占比超过 50%。

我国已进入经济结构调整、产业升级和科技进步驱动的新发展阶段。而我国资本市场随着不断深化以注册制为核心的改革，其以服务科技创新企业为代表的新经济的“杠杆效应”必将不断增强。我国的新经济企业，要抓住经济转型升级的时代机遇，也要规划好自身的资本市场战略路径，通过资本市场提升融资效率、进行产业整合、优化治理结构，并激发内部活力，实现跨越式成长。

作者简介：

江禹先生，华泰联合证券有限责任公司党委书记、董事长，兼任中国证券业协会投资银行委员会副主任委员。曾任华泰联合证券总裁、国务院参事室金融研究中心研究员、中国证监会第六届上市公司并购重组审核委员会委员。具有 20 余年投资银行工作经历。

强化资管机构投资功能 促进科技企业创新发展

熊志钢

我国已步入新发展阶段，以科技创新促进高质量发展是国强民富的基础。但资本市场长期投资和价值投资格局仍未完全形成，资管机构在科技金融、绿色金融、责任投资等领域的投资体系尚不成熟，这在掣肘金融服务实体经济高质量发展的同时，也给居民财富保值增值造成压力。

一、“资产荒”与“融资难”并存，资管机构投资理念难以适应新发展阶段要求

近年来，“资产荒”成为资本市场的关注热点。“资产荒”下，资金蜂拥追逐有限的优质资产，资本市场“抱团”逻辑盛行。债券市场上，机构风险偏好和期限偏好趋同，助推利率债收益率中枢下移，高等级中短久期信用债利差降至历史低位（见图 1）；股票市场上，机构持仓集中于少数板块和热门标的（见图 2）。“抱团”趋势在加剧市场分化的同时，也导致相关标的估值抬升和市场波动加大，一旦“抱团”趋势瓦解，市场就会出现剧烈调整。因此，“资产荒”不仅增加了资管机构平衡资产收益性和安全性的难度，也给居民财富保值增值目标的实现带来挑战。

在资本市场“资产荒”不断加剧的同时，实体经济融资困境却在加深。资本市场上长期资金供给不足，实体经济高质量发展对长期稳定资金的需求无法得到有效满足（见图 3）。顺应社会所需和高质量发展的科技金融、绿色金融、ESG 投资（责任投资）等在资管投资管理领域尚不成熟。

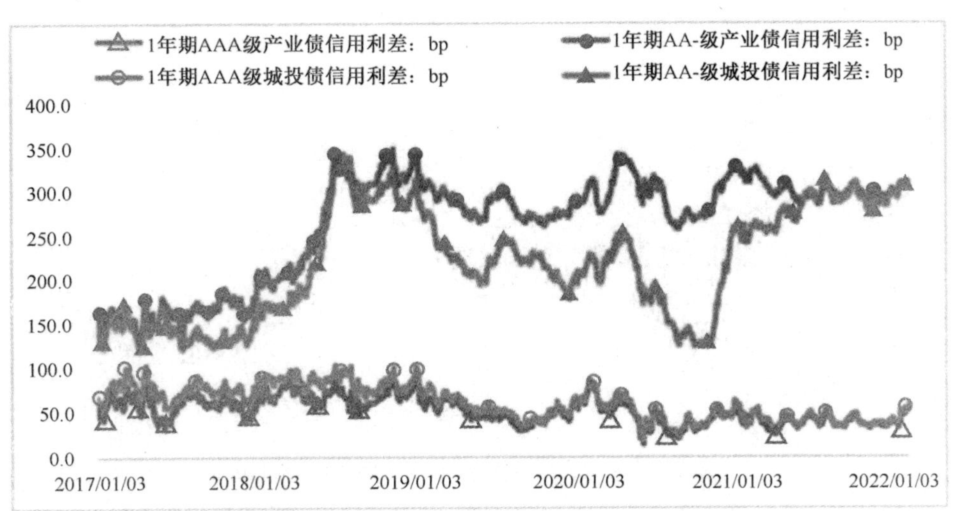

图 1　2019 年以来，信用债市场分化显著加剧

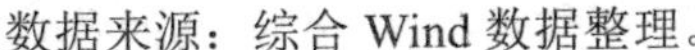
数据来源：综合 Wind 数据整理。

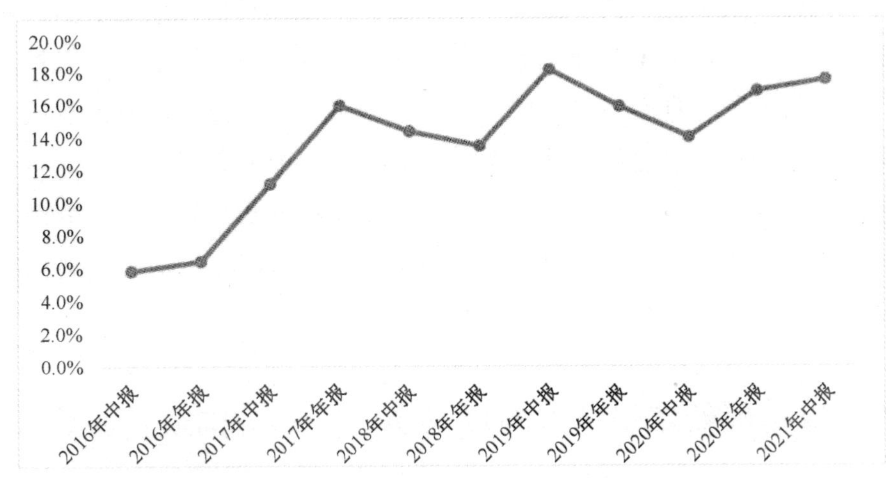

图 2　基金前十大重仓股市值占基金股票投资市值比持续上升

数据来源：综合 Wind 数据整理。

“资产荒”和“融资难”并存的原因在于实体经济的融资缺口难以转化成资本市场上合意的优质安全资产。即“资产荒”的出现，并非由于实体经济缺乏融资需求，而是由于资产供需两端在期限和风险收益等方面不匹配引起的结构性失衡导致的。从宏观视角看，这种结构性失衡导致央行增加的流动性投放无法按照政策导向进入实体经济，只得淤积在金融体系中，助长了资金在金融机构间的“空转套利”，成为货币政策传导机制不畅的关键梗阻，推升了资金的“脱实向虚”风险。

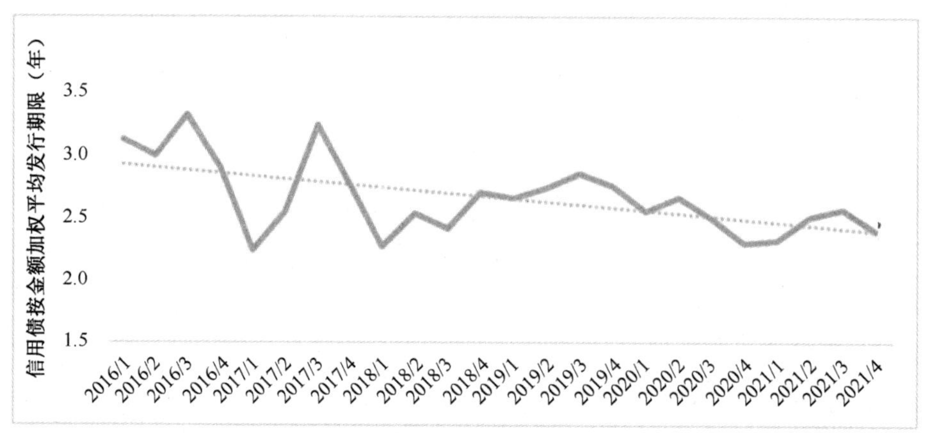

图 3　近年来信用债发行期限短期化特征明显

数据来源：综合 Wind 数据整理。

更深层次的原因在于我国经济发展的结构性调整。目前资管机构风控体系体现为典型的“当铺式”投资思维，即注重资产规模和债务偿还能力，对企业的成长性和未来获利能力关注不足，因而偏好为拥有庞大固定资产和稳定现金流的企业提供低风险资产。在我国工业化及城市化不断提升的发展阶段，这类资产集中在基础设施建设和房地产两大领域。但当前我国经济已进入转型升级新阶段，依赖基础设施建设和房地产投资拉动经济增长的模式难以为继，这两类资产规模不断收缩，而伴随增长新动能涌现的新资产难以获得金融机构的资金支持，从而加深了资产供需的结构性失衡。

二、科技创新牵引经济新增长点，资管机构须发挥更大作用

科技创新有望支撑经济新增长点。高质量发展要求对环境友好，符合社会长远利益，关键点在科技创新。《中华人民共和国国民经济和社会发展第十四个五年规划和 2035 年远景目标纲要》提出，“坚持创新在我国现代化建设全局中的核心地位，把科技自立自强作为国家发展的战略支撑”，强调“强化企业创新主体地位，促进各类创新要素向企业集聚”，鼓励企业加大研发投入。为保障持续的研发投入，需要构建稳定、多元、长期的资金供给体系。但因科技创新型企业具有研发周期长、前期投入高、未来收益不确定性大、资产偏无形而缺有形等特征，在资产规模和偿债能力上处于劣势，导致其对长期稳定资金的需求难以得到商业银行信贷的有力支持，需要更好地发挥资本市场在企业价值发现、

风险分担、创新激励等方面的独特优势，吸引更多长期资本投入科技创新。

我国资本市场自建立以来，规模快速扩张（见图 4），在构建多层次市场、创新融资工具、提供多样化服务等方面不断突破，具备了在更高层次上服务实体经济高质量发展的条件。作为资本市场的重要参与者，资管机构致力于畅通资本市场投融资循环，在服务实体经济股债融资的同时，为居民财富保值增值提供了丰富的金融产品。但我国资管机构发展不平衡、不充分的问题仍较为突出，主要表现在：第一，股权投资机构、创业投资机构存在“多而不精”“大而不强”的问题[1]，同时行业乱象仍存，对高科技企业早期阶段支持不足；第二，公募基金、私募投资基金等资管产品存在着资金供给不稳定、产品创新不足、长期投资与价值投资格局尚未完全形成，以及责任投资占比较低等问题，再加上政策限制下资管产品风险对冲策略选择有限，机构行为表现出明显的同质性，投资行为短期化和交易性强的特征突出；第三，银行理财及其委外投资作为规模最大的资管产品，长期提供短久期预期收益型产品，限制了非银机构的风险偏好和投资期限；第四，在资金充裕的条件下，各类资管机构过度追逐目标收益容易导致无效投资、资金空转和资产泡沫，不利于金融服务科技创新及高质量发展。

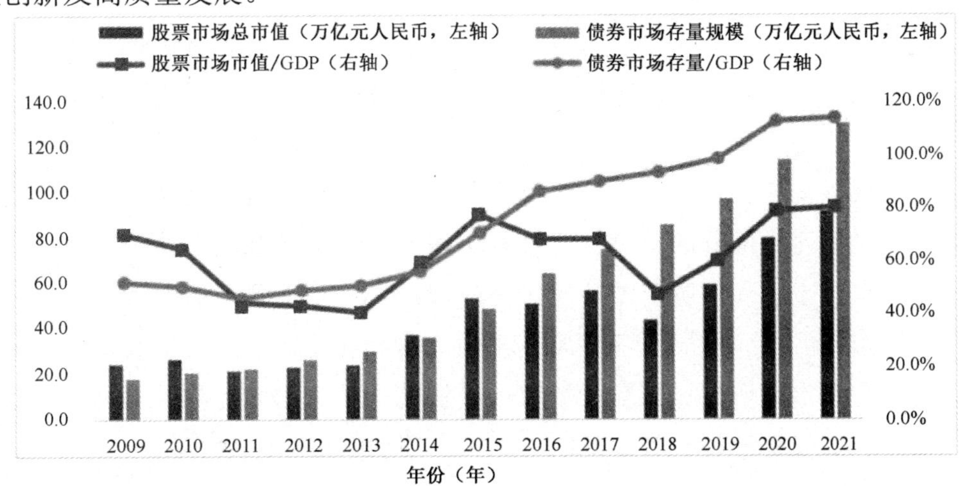

图 4　我国资本市场规模快速扩张

数据来源：综合 Wind 数据整理。

---

1 易会满，《大力发展股权投资基金 为经济高质量发展注入新动能》，中国证监会微信公众号，2019 年 10 月 17 日。

三、资管机构服务科技企业的国际经验借鉴及案例分析

科技企业不同发展阶段所需资金类型不同，对金融机构风险承担能力的要求也不同，由不同阶段介入并起主导作用的金融机构及其投资回报要求也存在巨大差异。科技企业在初创期主要依靠政府产业基金、风险投资基金和创业投资基金等，这些高风险偏好资金通过政策性信贷、私募股权等为企业提供资金；在企业成长期和成熟期，为科技企业提供资金的金融机构类型逐渐增加，如信托公司、融资租赁和担保公司等提供的担保贷款和资产证券化等服务，待公司在交易所上市或发债后，公募/私募基金、券商资管、保险等非银机构可以通过参与首次发行、定向增发等为科技企业提供股权资金，或通过认购企业债券提供债权资金，同时，银行也会加大对企业信用贷款的支持力度。

在机制建设方面，为服务本国科技创新，美国、日本、德国等国家普遍通过健全制度与政策体系、建立发展产业基金、完善信用增信机制、发展多层次资本市场、丰富金融市场参与机构等方式，形成了各具特色的金融服务模式。

（一）通过业务创新平衡风险收益

美国硅谷银行聚焦高科技企业，通过打破股权和债权投资界限、多方位的风险控制以及退出机制创新，在服务科技企业融资的同时获得了优异回报。日本、德国虽以间接融资为主，但银行及其下属的投资公司通过持股与企业紧密绑定，对企业日常经营的有效监督缓解了信息不对称，既为科技企业提供了长期资金支持，也确保了股权及债权投资收益的安全。从我国情况来看，随着多层次资本市场的建立发展，各类风投机构、创投基金、中介机构成长壮大，为资管机构整合市场资源、创新股债组合投资模式、优化风控与退出机制、分享科技企业长期成长价值收益等提供了更大想象空间和运作空间。

（二）政府产业基金、创投机构等各类资管机构强强联合，共担投资风险

为吸引商业资本服务科技企业的融资需求，美国、日本、德国等国通过信用担保及信用保险制度分担商业资本投资风险，以色列以国家创投基金做劣后的形式吸引境内外商业创投资金进入，美国硅谷银行也注重与创投公司合作联

合投资。当前，我国国家及地方产业基金在服务科技企业创新发展中正在发挥更大作用，我国已培养出红杉中国、深创投、哈勃投资等顶级创投机构。资管机构可加强与国家及地方产业基金及创投机构的合作，通过业务模式创新和产品创新介入科技企业发展早期，服务企业融资并分享其成长期收益。

（三）建立服务科技企业、中小公司的证券交易场所或板块，优化资管机构参与和退出的渠道

多层次资本市场建设对于资管机构服务科技企业和中小企业融资至关重要，欧美市场均有较发达的服务于中小型成长类企业的场外市场。例如，美国的OTC市场集团为不能满足纽约证券交易所和纳斯达克上市条件的企业融资提供服务，且内部按照监管严格程度以及信息披露的要求分为三层，以满足不同成长阶段企业的挂牌融资和股份流通需要。英国也有在伦敦交易所框架内为高增长的中小企业融资专门设立的另类投资者市场（AIM）以及在伦敦交易所框架外门槛更低的 OFEX 等场外市场。这些市场通过分层监管、完善转板制度、引进做市商提高市场流动性等手段，为科技企业、中小公司的成长提供了更多的融资选择和顺畅的融资渠道。

从目前的资本市场结构看，我国已经形成了以新三板—北京证券交易所—科创板为主导的多层次中小科创企业股权融资市场，加上全球第二大私募股权管理资产规模，国内中小企业全生命周期融资服务已实现闭环，但资管机构参与和退出机制尚不完善。以新三板为代表的场外股权市场流动性差、交易成本高、挂牌企业融资难、估值不合理等问题，导致资管机构参与意愿不强。虽然引入了提高流动性的做市商制度，但做市机构规模不足导致做市效率低等问题仍待解决。未来可考虑建立专门服务科技企业、中小公司企业的证券和股权交易场所或板块，完善相关制度设计，提高市场流动性和定价效率，优化资管机构参与和退出机制，推动资管机构在服务科技企业及中小企业融资方面发挥更大作用。

四、新发展阶段资管机构须树立长期价值投资理念，投资功能面临三大转型深化

结合国际经验和资管机构现实情况，在新发展阶段，为助力科技创新和高

质量发展，资管机构亟须树立长期价值投资理念，一端为实体经济发展提供长期稳定资金，一端为有长钱的客户提供更加贴合其需求的产品，从而实现社会上分散的长期资金和优质实体企业更好的对接，为我国经济转型升级创造更加稳定的融资环境。为此，资管机构投资功能将面临三大转型调整。

（一）从大类资产配置逻辑转向财富管理逻辑，更加关注负债与资产的匹配

资管新规落地后，资管产品进入“真净值化”管理时代。资管新规落地以前，大量资管产品采用“资金池”方式管理，资产负债不匹配对净值的影响较小——这类产品为投资者提供了净值曲线稳定的短久期产品投资机会，投资体验好，但同时“资金池”中的风险不易暴露，增加了风险累积的可能性。2022年是资管新规落地元年，资管机构的投资功能需要从原来主要关心资产端的配置转向同时关注资产配置与负债属性，使资产端严格匹配负债端的风险偏好和久期偏好。

为解决转型过程中高风险偏好、长久期资金供给不足的问题，一方面，资管机构需要加大投研力度，在提高产品净值稳定性、提升客户投资体验的同时加强投资者教育，引导客户形成正确的价值投资理念，减少短期炒作，为资本市场留住更多的长期资金；另一方面，也需要监管机构继续支持长期资金入市，丰富资本市场风险管理工具，为价值发现和长期投资创造更加良好的市场环境。

（二）盈利驱动与社会责任投资并重，顺应社会需求和高质量发展要求

服务于科技企业融资，要求资管机构对科技行业发展有更为前瞻性的研究和预判。资管机构要做科技企业的战友，让环境友好型科技发展惠及民生，助力经济高质量发展。随着“双碳”和共同富裕等目标的提出，可持续发展的理念受到人们的广泛关注，ESG 投资将成为资管机构投资的重要方向之一。从国际经验看，2021 年 7 月，欧洲央行将气候变化风险纳入货币政策框架，并强调若不及时向低碳经济转型，未来 30 年欧洲银行业将面临更高的贷款违约损失风险[1]；同时，践行 ESG 理念的公司长期业绩更好、可持续发展风险更低，

1 欧洲央行，*Shining a light on climate risks : the ECB's economy-wide climate stress test*。

ESG 投资在提升资管机构业绩的同时还有助于获得更多的客户认可。目前，我国 ESG 投资方兴未艾，未来需要加大投研力度，持续关注绿色低碳、社会治理和可持续发展等领域，更加重视责任投资，顺应社会需求和高质量发展要求。

资管机构应加强对 ESG 投资策略的研究，将环境、社会和治理因素纳入公司基本面分析，构建科学合理的 ESG 评估体系，挖掘践行 ESG 的企业以及能够提供可持续发展解决方案行业的投资价值，促进二级市场价格发现，并为一级市场融资、并购等活动提供定价基准，推动资本的高效循环，服务社会 ESG 融资和发展，同时助力资管产品投资者获取长期优质回报。

2021 年，作为国内高精度定位导航龙头企业，华测导航定向增发融资 8 亿元，投向北斗高精度导航系统以及相应配套技术研发。招商证券资产管理有限公司（以下简称“招商资管”）基于对未来产业发展方向和公司基本面的深度研究，认为基于北斗卫星的高精度导航，在无人驾驶以及汽车智能化等方面具备广阔的应用空间，而该公司有望重点受益。另外，华测导航高精度定位应用于新能源汽车以及地质灾害监测等重点领域，在提升新能源汽车的渗透率以及保障人民群众生命财产安全等方面发挥重要作用，同时公司定期进行股权激励，有效激励员工的创造力并分享公司成长红利，因此该公司在 ESG 方面的评估同样优秀。基于以上考虑，招商资管认真估算公司投资价值，积极参与定增报价，最终中标获配，投资收益良好，在深度投研的基础上兼顾 ESG 价值，实现了资本与产业的共赢。

（三）跨市场多策略联动，利益相关方共同参与投资决策

资管机构投资品种较为传统，主要集中在股权和债权。对于轻资产、高成长性和高不确定性的科技创新企业，可转债、混合资本债等兼具股债属性的产品未来在支持创新类企业融资中起到的作用将会增大。同时，在“资产荒”背景下，固收类资管产品纷纷转向“固收+”策略，转债和新股是重要的收益增厚品种，股债联动对资管机构的投资决策机制提出了新的要求。此外，通过获取股权投资的收益以降低债券信用风险的股债联动模式也被认为是破解中小科创企业融资难问题的有效方法。

未来资管机构可以发挥各业务条线优势，采取股债联动等跨资产多策略联动方式，立足于行业前景和对企业基本面的分析，选择其中核心技术战略性强、

成长性好、政策支持力度较大、公司治理结构合理的科创企业进行投资。在投资过程中，资管机构须主动打破各板块投研壁垒，形成利益相关方共同决策的机制，深化基本面研究和投后管理，全面提升资产管理能力。

借鉴国际经验并结合行业发展情况，资管机构亟待从提高投研能力、加强业务创新、与各类机构加强合作等方面提升服务科技创新企业的能力，并从资产负债匹配管理、收益目标与社会责任投资并重、跨市场多资产多策略联动等方面加快投资功能转型调整，助力科技创新及高质量发展。

作者简介：

熊志钢先生，招商证券资产管理有限公司总经理，兼任中国证券投资基金业协会资产管理委员会委员、深圳市投资基金同业公会理事。长期从事证券业监管、合规管理、资产管理行业相关管理工作，具有丰富的实践经验及理论积累。

加大前沿技术投资　助力中国新经济发展

薛嘉麟

新经济的本质是科技与经济的融合。推动我国实体经济高质量发展、培育壮大新动能的关键是实现科技与经济融合发展，将前沿的类脑算法、光电技术、合成生物技术、材料技术等创新科技，通过成果转化、创业孵化等方式转化为新产品、新业态，形成由大数据、人工智能、智能通信、精准医疗等关键核心技术构成的产业新体系。没有科技创新，新经济就缺失了“新”的含义；科技不转化为产业，新经济则缺失了“经济”的含义。

一、前沿技术创新是新经济发展的唯一源泉

（一）前沿技术创新是具有交叉性的知识创新

前沿技术是指以人工智能、航空航天、生物技术（基因技术、脑科学等）、光电芯片、信息技术（量子科学、区块链、物联网、大数据等）、新材料、新能源、智能制造等为代表的高精尖科技。区别于由互联网模式创新构成的虚拟世界，前沿技术属于由科技创新构成的物理世界，是需要长期研发投入、持续积累才能形成的原创技术，是具有交叉性、先导性的知识创新，具有极高的技术门槛和技术壁垒，难以被复制和模仿。前沿技术均为能够对人类经济社会产生深远而广泛影响的革命性技术，是推动世界进步的动力和源泉。

在全球竞争日益激烈的今天，国家的发展越来越依赖前沿技术创新，而知识创新作为前沿技术创新的基石，不仅是人类科技进步和经济增长的基础，更是人类认识和改造世界的重要途径。知识创新是人类通过科学研究获取基础科学及应用科学新知识的活动，知识创新不仅是人类认识世界、改造世界的前提，而且还决定了技术—产品—产业转化的广度和深度。

前沿技术与其他现代科学技术一样，不仅是由知识创新过程中新发现的基本效应或自然规律推动的，更是由以基本效应或自然规律为核心、集成和融合其他领域的科学技术形成的复合技术或技术集。某一项前沿技术创新实际上是与若干相关领域的知识创新协同演进的结果。例如，人工智能在学科分类上属于信息科学与技术领域，但是人工智能技术进步的动力不仅来自人工智能学科本身，更需要来自数学、逻辑学、控制论和信息论、生物学特别是神经科学多个学科知识与技术的支撑，受到多领域科技发展的启发。这些相关学科理论和技术的集成与融合构成完整的人工智能科学体系，进而产生具有实际应用价值的产品或系统。近年来，人类对于新型疫苗、人工器官及生物材料的需求，也加快了免疫学科与材料学科的交叉和融合。

（二）前沿技术创新是驱动新经济的核心引擎

2021 年 3 月 11 日，十三届全国人大四次会议表决通过了《中华人民共和国国民经济和社会发展第十四个五年规划和 2035 年远景目标纲要》，明确提出深入推进国家战略性新兴产业集群发展工程，健全产业集群组织管理和专业化推进机制，建设创新和公共服务综合体，构建一批各具特色、优势互补、结构合理的战略性新兴产业增长引擎。培育“四新”经济，即培育新技术、新产品、新业态、新模式。“四新”经济是新科技革命驱动的经济和产业变革，是中国经济转型与弯道超车的驱动力。

新经济形态分类目前不尽统一，一般包括数字经济、智能经济、创意经济、生物经济、海洋经济和绿色经济六种。

数字经济是以数字化的知识和信息为关键生产要素，以智能算法、算力平台技术创新为核心驱动力，通过数字技术与实体经济深度融合，不断提高传统产业数字化、智能化水平，加速重构经济发展模式与政府治理模式的新型经济形态。

智能经济是数字经济发展的高级阶段，是由“数据+算力+算法”定义的智能化决策、智能化运行的新经济形态，以具有先导效应的知识创新为技术支撑。对高中速率、低功耗、大连接的无线通信技术，深度学习算法，共识算法，安全多方计算，计算机视觉等技术的研究不断取得重大突破，和高端装备制造、航空航天、智能交通、海洋工程装备、高端新材料等新兴产业的融合也在不断加深。

创意经济是基于智慧性创造，推动文化、科技、经济相互交融与作用所形成的综合经济形态，也是我国文化产业向数字化、网络化、移动化的文化科技一体化升级换代的必然需求，是提升创意产业形态的重要方式与突破口。

生物经济是全球经济中增长最快、技术创新最活跃的产业之一。基因检测、基因编辑技术、微生物组学正在打破“摩尔定律”，以更快的速度发展，细胞和基因疗法技术日益成熟，合成生物产业已成为世界经济中增长最快、技术创新最活跃的产业之一，正在引发农业生产、工业制造、医疗健康等领域的深刻变革。

近年来，海洋科技突飞猛进，海洋观测与探测技术、海洋与地球系统变化预测技术、深海与地球生命起源研究等领域的研究不断取得新的进展，新的可开发利用的海洋资源不断被发现。海洋是支撑未来发展的战略空间，海洋前沿研究也是海洋经济增长的重要引擎。

绿色经济是最具全球性、未来性、可持续发展的经济。但绿色经济的兴起完全是随着资源综合循环利用技术、“熵”处理技术、生态优化技术等绿色科技创新的推广应用应运而生的。绿色科技创新就是不断降低绿色溢价的过程，以激进创新为代际标志，代间通过渐进式创新持续迭代。

整体而言，新经济不仅仅是一种经济现象，也不完全是一种技术现象，而是一种由技术—消费—经济的演进、虚拟经济到实体经济的生成连接、资本与技术深度黏合、科技创新与制度创新相互作用发展而来的经济形态。我国经济增长的决定性力量已逐渐由消费取代出口和投资，消费升级更是我国经济结构优化的中流砥柱。但是目前我国的消费结构，仍旧由房地产、汽车（含能源）和消费电子三大类别组成，其中，2020 年的统计数据显示，我国的消费结构为房地产 17 万亿元、汽车（含能源）6 万亿元、消费电子 4.5 万亿元，其他吃穿日用的消费规模，虽然也不小，但都十分分散。 美国苹果公司前首席执行官乔布斯为企业确立的经营哲学是研发和生产“科技和艺术交汇点”的产品，而苹果公司也一直贯彻乔布斯的理念，在消费者知道自己需要什么之前告诉他们需要什么，勇于变革，不断创新，开发的一代代新产品不仅功能强大，而且外观精致、界面简约，深刻改变了现代通信、人们的娱乐方式乃至生活方式，使苹果品牌成为引领消费潮流的象征。因此，从长期来看，前沿技术创新，是驱动新经济发展的核心引擎，新场景、新模式、新应用的不断涌现将引领消费升级，消费者的新需求随着科技进步不断被满足，产品的颠覆式创新将使得原本已经成熟的品类重新焕发活力，创造新的增量消费市场空间。

（三）前沿技术创新的产业化

从创新驱动发展战略看，在“体制改革—机制创新—科技创新—成果转化一产业发展一经济繁荣一社会进步”的链条中，“成果转化”是科技创新与产业发展的联结枢纽，是科技与经济贯通的关键点。相比于传统方式，新经济更看重具有先导性的关键核心技术，通过创新创业将其转化为新产品、新业态，同时也需要科技创新服务支撑新产业发展。

然而，前沿技术创新的产品化、产业化过程却是艰难的，前沿技术与产品之间存在着巨大的鸿沟，这一鸿沟需要科学家、工程师们无数的汗水、企业家们巨大的投入加以弥合。知识创新和前沿技术研究是新经济产业形成与发展壮大的基础，但技术演进的路线从来都不是直线向前的，在技术产业化前或技术竞争前，前沿技术的基本原理尚不清晰，需要在摸索和试错中不断向自然规律靠近。由于科研机构、科研人员的学术背景和研究基础各有不同，他们会利用各自的经验和优势从不同的角度对自然现象做出解释，对产品原型进行构建，因此就会出现多种不同的技术路线相互竞争的局面。这种技术路线的竞争意味着，一种技术路线在研究开发阶段的失败率要比进入较为成熟的商业开发阶段后要大得多。

另外，国内对研发投入与产出的评判标准存在一定的脱节。以电气设备和发动机为例，中国研发投入强度较低，但二者的专利数量却是美国、德国、日本三个国家的数倍，实际这两个行业的基础短板仍较为突出，从专利到实际应用的转化效果相对有限。同时，前沿技术创新的研发和产品化需要与持续的应用反馈紧密结合，在实际应用场景中不断积累参数或调整生产工艺。国外早期发展的半导体、通信产业就曾面临这样的问题，但在政府的大力支持下，获得了早期应用的土壤，而对比我国前沿技术的产业化，常常会陷入缺乏初期市场培育的尴尬境地。

从更深层次看，在我国改革开放以来的产业发展历程中，出口导向、国际化、融入全球产业链、成为世界工厂，这些对前沿技术创新均有推动作用，但也有抑制作用。在资源可获得性、便利性较强的背景下，我国前沿科技企业稀缺，现有相关企业提升自身研发能力的动力也相对不足，掣肘我国前沿知识创新成果落地。

二、创新金融助力前沿技术创新产业化

前沿技术创新及其产业化具有较强的正外部性，科研机构和产业研发平台

进行内源融资的动力不足，通常需要外部金融的支持。不过金融有能力支持创新，不意味着会自发投向创新，既是因为金融周期的挤压，也是因为前沿技术创新的高失败率和"创新悖论"会抑制其经济吸引力。从现金流折现的角度看，创新活动的高失败率降低了现金流的可预期性，"创新悖论"则降低了创新型企业的预期存续期限。所谓"创新悖论"，是指对于创新驱动的企业，如果企业不创新，需求将萎缩，市场地位将瓦解；如果企业持续创新，市场地位也可能被自己的创新所颠覆。另外，创新虽然需要金融支持，但金融的介入未必会自发、有效地促进创新。金融的本质毕竟是逐利的，它与企业的创新目标未必是完全激励相容的。

因此，我们需要根据前沿技术创新的效果特征，将创新的结构划分为质变创新和量变创新。但是，前沿技术的量变创新和质变创新之间的关系并没有那么泾渭分明，很多时候两者具有高度的内在联系。例如，对于基因的遗传漂变，每一次的量变可能对生物的性状改变不大，但持续的量变累积就很有可能产生新的物种。也就是说量变创新是质变创新的基础，质变创新又会开创出更多的量变创新可能。从社会角度看，在经济发展的不同阶段，资本市场主导的投资方式对于引领阶段的经济体和银行信贷主导的金融方式对于追赶阶段的经济体都具有重要的现实意义。例如，我国在半导体领域还存在着一些技术创新转化的产业链纵向风险，这个领域可能需要通过以银行信贷为主的追赶式金融方式发挥作用；另外，中国已经是全球第二大经济体，客观上也不会止步于追赶者的角色，需要加速发展以资本市场为枢纽的引领式投资方式。

（一）资本市场主导关键技术质变创新

在资本市场主导的引领型创新金融中，股权投资比股票投资在引领质变创新上更加有效，股票市场则在资本市场促进创新中发挥了作为股权投资者的退出渠道的重要作用。虽然中国风险投资募资总额和投资总额已经是全球第二，但是从 2018 年资管新规出台以来，中国风险投资募资额增长乏力，投资额也见顶回落。同时由于中国风险投资的长期 LP（有限合伙人）不足，导致风险投资项目持有期平均只有 3.3 年，因此相对而言，股权投资机构对于创新失败的容忍度并不高。而股票市场中股价的高度波动性，也抑制了企业从事质变创新的意愿，更加严格的信息披露同时降低了质变创新可能为企业带来的回报预期。

要解决上述问题，建议一是在前沿技术创新的股权投资募资环节，鼓励具有长线资金性质的养老金、保险资金进入股权投资市场，同时加快企业年金投资私募股权市场试点；在投资环节，税收等激励措施向前沿技术创新重点倾斜。二是在股票市场方面，以信息披露为核心，进一步优化注册制审核流程，选择在适当时机，推进全市场注册制改革，支持更多符合科创板上市标准五（市值+技术成果）的行业企业在科创板上市；适当放松对科创类企业 IPO 募投项目及募资使用方向的监管措施；改革 IPO 询价中的高价剔除机制，构建更为市场化的报价机制；适当放松减持规定。创建有利于前沿技术创新投资者退出的股票市场，是有利于提升股权投资者获得的超额利润率的金融渠道，有利于将创新正外部性内部化，从而提升资本支持关键技术质变创新的积极性。

（二）金融市场推动产业链量变创新

量变创新是质变创新的基础，质变创新又创造出更多量变创新的可能。从社会角度看，在经济发展的不同阶段，资本市场主导的引领型创新金融和银行信贷主导的追赶式创新金融都有其重要的社会意义。对于追赶阶段而言，创新的主要任务是加速走完先发国家走过的路，此时通过银行信贷主导的创新金融方式，有利于集中力量加速量变创新，尽快赶上全球先进水平，规避产业链纵向风险。但是，银行的偏好与企业是否从事创新活动可能关系不大，主要是与自身的负债经营模式有关。资产靠负债支撑，只有确保资产端有收益，才能覆盖负债成本。因此，银行信贷通常需要企业有稳定足额的抵押物，同时资产端还应有规律的现金流入。

基于银行在追赶式创新金融中扮演的重要角色，建议以改革银行考核制度的方式促进银行对创新活动的信贷投放，加速重点领域的产业链提升。另外，在当前理财产品打破刚兑、普遍净值化的前提下，可以尝试发挥银行理财子公司投资创新的作用，改革理财子公司激励机制，提升理财子公司的投研能力，增强私募理财的吸引力，试点“银行表内投放贷款+银行私募理财持有私募股权”的投贷联动方式。

中国的大型银行享受了存款保险制度带来的政府隐性担保，它们有必要在促进作为新经济核心动力的前沿技术创新以及新产品新业态转化的创新驱动发展战略中承担更多的义务。

（三）政策对前沿技术创新金融的支持

无论是构建银行信贷主导的追赶式创新金融模式，还是发展资本市场主导的引领式创新金融模式，都存在着金融不会自发投向技术创新的问题。要解决这些问题，则需要政策的干预和支持。

从政策理念上来看，平衡好金融稳定、公平发展与创新激励的关系，在资本市场上适当给予一些政策空间，从完善一二级市场联动、创建有利于科创投资者退出的股票市场、容忍适度的估值泡沫等方向入手，有利于将创新正外部性内部化，进一步提升科创投资的回报率，提升创新投资的相对吸引力。通过提供优惠贷款以支持技术创新，以及为支撑技术创新活动的贷款提供担保等方式，为前沿技术创新企业进行信用增进，从而推动创新金融支持技术创新。

从过去 10 年中国风险投资募资情况来看，具有政府背景的资金占到了总募资额的一半以上。而由政府出资的政府引导基金则更多地投向了早期的“天使投资”阶段和 VC 投资阶段，更早期的“天使投资”和 VC 投资更多聚焦于太空探索、量子信息、生物科技等前沿技术创新，意味着政府直接出资能够更好地发挥支持创新的作用。

金融市场为新经济的发展提供了强大的金融支持，只有通过金融市场强大的人力资本配置功能和效率，才可以尽可能缩短前沿技术创新成果的产业化进程，新经济才能得到真正的可持续发展。

作者简介：

薛嘉麟先生，清控资产管理集团总裁、清控金信资本管理（北京）有限公司董事长，中关村并购促进会理事长。在股权投资领域共计主导和参与设立了超过 20 只产业投资基金和 VC、PE 直投基金，拥有多年 TMT 领域企业管理经验，同时兼具丰富的前沿技术产业投资经验。

五、区域发展篇

发挥新经济引领区域产业发展的积极作用，依托资源优势，优化产业链条，调整产业布局，创新产业政策，营造良好的创新发展环境，创建产业集群和智慧城市，培育新经济企业，打造各区域产业转型升级和高质量发展的新引擎。本篇重点介绍若干主要城市和经济技术开发区（经开区）、高新技术产业开发区（高新区）的成功发展经验。

聚合资源 创新驱动 建设世界级电子信息产业集群

上海市经济和信息化委员会

电子信息产业是实现经济和社会高质量发展、数字化转型的关键性基础行业，是新经济、新业态、新模式蓬勃涌现的热点领域，是上海着力打造的六大高端产业集群之一。立足“十四五”，上海将更好地落实国家战略，进一步巩固提升电子信息产业发展能级，增强产业自主创新力、核心竞争力和国际影响力，建设世界级产业集群，助力上海城市数字化转型，加快推进国际经济、金融、贸易、航运、科技创新“五个中心”建设。

一、上海电子信息产业发展基础

“十三五”期间，上海坚持创新驱动、高端引领、融合赋能，着力提升电子信息制造业水平能级和产业链韧性，着力促进软件和信息服务业高端化、智能化、平台化发展，电子信息产业综合实力不断增强。

一是产业规模持续扩大。全面推进电子信息产业统筹布局、项目落地、动能转换，进一步壮大产业规模。电子信息制造业工业产值年均增长 2%，产业投资年均增速达 28.5%，聚焦集成电路、新型显示领域建设了一批百亿级以上重大项目；软件和信息服务业经营收入超过万亿规模，年均增长 12.7%，其中互联网信息服务业经营收入较“十二五”末增长 244.4%。

二是创新能力显著提升。培育产业创新策源能力，集成电路、智能传感器两个国家级制造业创新中心落户上海。集成电路 14 纳米先进工艺实现规模量产，5 纳米刻蚀机、12 英寸大硅片、CPU、5G 芯片等技术产品打破垄断。基础软件产品形成体系，多领域工业软件、行业软件领先全国，钢铁冶金领域占据国内市场份额50%以上，高铁调度指挥系统领域占70%以上，汽车电子领域占30%，打造了一批网络安全创新应用标杆。

三是在线新经济蓬勃发展。把握城市数字化转型要求和新冠肺炎疫情下剧增的线上服务需求，加速新一代信息技术与金融、文化娱乐、生活服务等领域跨界融合，创新业态模式，培育领军企业，全力打响新生代互联网品牌。第三方支付占国内市场份额50%以上，网络文学占90%，网络游戏占30%以上；培育了生鲜电商、直播电商、社群电商、O2O等新业态，形成了线上线下消费融合发展的新模式，占据全国70%的市场份额。

四是产业载体加快布局。通过建设高品质特色产业园区，引导集聚企业发展壮大。在电子信息制造领域，建设张江上海集成电路设计产业园、嘉定上海智能传感器产业园、临港国家级集成电路综合性产业基地，金桥、徐汇滨江、漕河泾、G60科创走廊、金山等区域集聚发展5G、人工智能、云计算、物联网、新型显示等产业；在软件和信息服务领域，建设张江在线、长阳秀带在线新经济生态园，提升品牌软件信息园能级，市级信息服务产业基地扩至35家。

五是产业环境不断优化。制定实施软件和集成电路、超高清视频、5G、在线新经济、人才引育等的产业政策，从税收、投融资、技术研发、应用推广等方面有力地支持中小型及高成长型领军企业成长。实施引领性人才工程，推进技能人才多元评价，高层次人才队伍不断壮大。在企业注册、项目审批、沟通服务等方面开展改革试点、创新工作机制，营造高效率、有温度的营商环境。

二、“十四五”电子信息产业发展目标和重点

“十四五”期间，新一轮科技革命和产业变革已从单点突破向融合突破演进，从单个应用向集成化应用延伸，电子信息产业作为关键环节和引擎，基础性、战略性地位更加凸显，需要更好发挥支撑和赋能作用。要以自主创新、高端引领、规模发展、融合赋能为主线，推动电子信息制造、软件和信息服务融合联动，增强从硬件到软件的全链聚合发展能力。到2025年，初步建成具有全球影响力和竞争力的世界级电子信息产业集群，电子信息产业规模超过2.2万亿元，其中软件和信息服务业营业收入超过1.5万亿元。发展的重点领域如下。

（一）电子信息制造

一是以集成电路为核心先导。推动集成电路自主创新与规模发展，加快关

键核心技术攻关、先进制造工艺研发、生产能力升级，提升芯片设计、制造、封装以及装备材料全产业链能级，形成国际一流、技术先进、产业链完整、配套完备的集成电路产业体系，为电子信息产业的持续创新发展夯实基础。在芯片设计制造领域，加快推进高端处理器芯片、存储器芯片等研发设计，推动电子设计自动化（EDA）平台建设，提升创新产品的市场认可度；加快先进工艺研发，做强特色工艺，力争产能倍增。在封装测试领域，加快先进封测技术布局和产能提升，推动制造封测一体化发展。在装备材料领域，加强装备材料创新发展，突破集成电路核心工艺设备，提升基础材料和工艺材料的产能与技术水平，支持先进封装材料研制，强化本地配套能力。

二是优先发展基础支撑领域。聚焦下一代通信设备、新型显示、汽车电子等基础支撑领域，推动关键技术创新突破和产业链协同发展，形成技术引领性突出、产业化能力显著、多领域齐头并进的发展优势。在下一代通信设备领域，强化在 5G 核心技术和高性能网络通信产品方面的发展优势，拓展 5G 应用，跟踪后续技术演进。在新型显示领域，以中游面板制造企业为龙头，推动上游核心技术瓶颈攻关和下游终端应用发展联动。在汽车电子领域，全面布局芯片、传感器、控制器、系统、测试等环节，加强应用支撑和规范引领，促进研、产、测、用一体化发展。

三是大力推动终端创新。聚焦物联网、智能终端、智能传感、超高清视频、智慧健康养老等领域，加强终端产品创新迭代和应用示范作用，加快布局新赛道。在物联网领域，聚焦应用场景，推动数据与服务、硬件与系统的融合创新，培育平台型企业和核心技术企业。在智能终端领域，推动虚拟现实、可穿戴设备、视听设备、行业终端等产品创新，培育终端品牌和产业生态，推动试点示范应用。在智能传感领域，重点解决先进传感器关键技术的突破和产业化，形成“感存算”一体化技术能力，推进在汽车电子、消费电子等领域的应用示范。在超高清视频领域，夯实超高清视频技术和产业基础，丰富超高清视频内容供给，大幅扩展网络传输承载能力，建成国内领先的 4K 生态体系，不断完善 8K 产业链。在智慧健康养老领域，推进物联网、5G、智能传感等技术赋能，推动医疗影像、医疗救治及医疗检测领域的核心部件性能优化升级，提升配套技术研发水平。

（二）软件和信息服务

一是提升软件产业核心竞争力。聚焦基础软件、工业软件、行业软件、平台软件，突破一批核心关键技术，填补一批国内空白，推出一批打破国际垄断的高端产品，推广一批规模化应用。做优做强基础软件，加大在操作系统等领域的研发力度，提升通用算法簇等新兴基础软件的供给能力。重点发展工业软件，面向工控领域、智能工厂等需求，实现电子设计自动化（EDA）、辅助分析（CAE）等关键技术突破，增强工业软件与工业互联网、人工智能等的融合带动效应。鼓励发展行业软件，强化银行、保险等关键核心系统的可靠性和安全性，推动智慧医疗等行业软件研发。加快发展平台软件，推进云原生、云中台等前沿技术攻关，推动轻量化平台软件融合发展与规模化应用推广。

二是推进信息服务模式创新。深化推动信息技术在经济和社会发展中的融合应用，激发在线新经济，赋能新活力。例如，在协同办公领域，发展无边界协同、全场景协作的云上办公新模式。在数字文娱领域，加速发展各类音视频载体，推进新兴技术助力内容创作。在金融科技领域，支持移动云服务技术、虚拟化技术攻关，加快金融领域信息技术应用创新。在商贸流通领域，支持发展数字商业新模式，推动消费互联网和工业互联网“两网贯通”以及消费力和生产力双向转化。在生活服务方面，推进信息技术在生活服务、交通出行等领域的应用，增强数字家居体验。

三是壮大网络安全产业。坚持关键保障和市场服务两手抓，提升网络安全产业发展能级水平。强化技术创新，从系统、网络、数据等方面加强安全技术和基础软硬件产品的研发、生产和适配，推动网络安全产品创新升级。促进服务创新，倡导“安全即服务”理念，培育发展“大带小组团服务”新模式，推进网络安全专业增值、一体化运营服务等内容创新，构建网络安全保险补偿机制。加快应用创新，培育服务城市数字化转型的规模化网络安全需求，打造重点产业及城市公共基础设施领域的网络安全示范工程，推进电信等重点行业信创应用，聚焦智能网联车等关键场景、金融等重点领域智能产品应用和数据运营需要，推动智能安全防护体系建设、安全风险评估和分级分类管理。

同时，要加快布局电子信息产业前沿新兴领域，包括元宇宙、第三代半导体、6G通信、量子计算、新一代安全技术等。

三、“十四五”电子信息产业发展重点举措

围绕产业协同化创新、高端化提升、数字化转型、特色化布局四个领域，

着力提升电子信息产业能级和规模。

（一）推动产业协同化创新

一是协作推进电子信息制造基础工艺与材料攻关，实施产业基础再造工程，引导企业与科研院所加大研究投入，组织关键制造工艺联合攻关和创新突破；加快基础专用材料研发，以终端产品升级为导向，集中力量攻克一批基础材料领域短板弱项。二是推进核心基础元器件技术攻关与产业链协同，加快高端芯片、电子元器件、智能传感器等基础产品攻关和批量生产，发展高端医学影像设备和医疗器械基础零部件，推动新能源与智能网联汽车中感知及控制等核心部件的持续攻关突破。促进基础元器件在 5G 网络、智能工控、汽车电子、医疗电子等领域的产业链协同创新和示范应用。三是实施网络安全产业创新工程，加强载体建设，打造综合性功能型网络安全产业示范区、国家密码科技创新基地、产学研一体的网络安全协同创新中心；加强政策供给，健全并落实重大项目“一企一策”机制、政府专项资金支持、企业正面清单制度，以及政府信息化项目安全投入制度性安排；协调市区、政社资源，完善产业创新生态，健全安全测评服务体系，引导设立主题投资基金，完善网络安全管理技术和产品标准体系。

（二）促进产业高端化提升

一是加快电子组装业转型升级和产业链延伸，支持电子组装企业向价值链高端环节延伸拓展，稳步提升高技术产业和复杂加工业的比重，支持与加工组装配套的核心部件研发；支持企业实施技术改造，进一步发挥电子组装业稳增长、保生态、促创新、调结构的作用。二是实施创新软件行业应用工程，以应用促创新，以应用促完善，推进金融等重点行业创新软件应用，加速创新芯片、数据库、中间件等基础软硬件迭代升级，通过编制信创知识图谱等方式，加快构建上海信创软硬件生态体系；创新工业软件重点行业、重大客户应用，以解决“不会用、不敢用”问题为导向，组织编制上海市工业软件推荐目录，探索首版次软件保险补偿机制，支持重点行业大型企业优先部署。

（三）加快产业数字化转型

一是实施在线新经济生态汇聚工程，推进在线新经济生态园加快集聚上下游企业，开展新生代互联网企业培育行动，市区联动支持头部、领军企业快速壮大，培育新生代企业家群体；实施信息消费“百千万”行动，固化百种新数字应用场景、培育千种信息消费佳品、赋能万家企业数字化转型，引导信息消费产品和服务提供商加大研发投入、加快产品升级，打造融合示范应用场景，推进新型信息消费体验中心建设。二是推进智能工厂基准建设与服务发展，促进电子信息制造企业实现业务流程、管理系统、人员系统、运营系统等的数字化创新，打通端到端的价值链条；鼓励符合智能工厂建设基准的先进标准研究制订，推进制造业创新中心、规模化测试服务等平台建设。

（四）构建产业特色化布局

在电子信息制造领域，形成“一带两区三园多点”的产业空间布局，大力打造张江—康桥—临港综合性集成电路产业创新带，引领带动全局发展；建设上海智能传感器产业区、上海电子化学品专区两个特色产业区，促进产业链协同发展；加快建设新型显示产业园、G60 电子信息国际创新产业园和金桥 5G 产业生态园，以高品质园区建设支撑高质量产业发展；支持徐汇、杨浦、闵行、青浦、奉贤各区的电子信息制造特色化发展。在软件和信息服务领域，围绕长三角一体化、自贸区对外开放等战略，推动浦东软件园、市西软件信息园等园区升级扩容；依托杨浦、浦东、虹桥商务区等产业集聚优势，发挥在线新经济生态园的引领、赋能和带动作用；普陀、松江等立足区位优势，加快打造网络安全特色产业园区，探索构建新型数字总部经济高地。

作者简介：

上海市经济和信息化委员会，是主管全市产业经济和信息化工作的政府组成部门，主要负责工业、生产性服务业，以及信息化领域规划、政策的研究制定，促进产业空间布局优化调整和转型升级，指导全市行业技术创新和技术进步，统筹招商引资和企业服务，推动新兴产业及产业和信息化发展。

加快数字国企建设　实现高质高效发展

福建省国有资产监督管理委员会　黄　莼

早在 2000 年，习近平总书记在福建工作时亲自擘画并大力推动实施的“数字福建”蓝图，是“数字中国”战略的思想源头和实践起点。20 多年来，福建国资国企始终把推进“数字福建”建设作为企业使命，加快建设“数字国企”，推动数字经济与实体经济深度融合，积极发挥国有企业在新一轮科技革命和产业变革浪潮中的引领作用，在推进“数字福建”建设、打造“数字中国”建设样板中勇当先锋，实现高质高效发展。

一、从“数字福建”到“数字中国”

“数字福建”建设的系列战略思路和顶层设计，开启了福建推进信息化建设的新纪元。这些年来，数字经济发展速度之快、辐射范围之广、影响程度之深前所未有，正在成为重组全球要素资源、重塑全球经济结构、改变全球竞争格局的关键力量。福建先行先试、开拓创新，在电子政务、数字经济、智慧社会等方面取得了长足进展，为地区经济社会高质量发展提供了强大的战略引擎，为“数字中国”建设积累了丰富鲜活的经验。

当前，以信息技术为代表的新一轮科技和产业革命正在萌发，数字经济发展成为全球广泛关注的重大课题。党的十八大以来，我国大力实施信息化发展战略、国家大数据战略、“互联网+”行动计划等，将“数字中国”上升为国家战略，陆续出台《网络强国战略实施纲要》《数字经济发展战略纲要》《“十四五”数字经济发展规划》，从战略部署推动数字经济发展，为数字经济发展提供有力保障。根据全球数字经济大会的数据，我国数字经济规模已经连续多年位居世界第二。

作为“数字中国”建设的实践起点，新一届福建省委高度重视数字经济和数字化转型，把“数字福建”建设作为基础性、先导性工程，持续深化国家数字经济创新发展试验区建设，大力推进数字产业化和产业数字化，推动传统产业全方位、全链条数字化改造升级，培育具有国际竞争力的数字产业集群。当前，福建省已成为我国数字经济的引领者，信息化综合指数、互联网普及率位居全国前列，是健康医疗大数据全国试点省份，相比于2020年，2021年福建数字经济增加值达2.3万亿元，增长15%，占地区生产总值的比重约为47%；政务服务事项全程网办比例超80%，“一趟不用跑”比例超90%；5G基站实现县域地区全覆盖和95%以上乡镇地区覆盖。

二、“数字国企”的福建实践

“数字国企”作为“数字福建”“数字中国”的一部分，同时也是数字经济的重要组成部分，数字化转型正乘势而上、全面加速，影响着经济社会发展的方方面面，在“数字中国”建设中发挥着示范带动作用。近年来，福建国企积极拥抱数字化发展的时代趋势，加快数字化建设步伐，不断推进数字技术与实体经济深度融合，把数字化转型作为企业提质增效的重要引擎，努力探索一条数字化转型和高质高效发展的融合之路。

（一）数字基础设施建设迈出新步伐

统筹整合各方资源组建福建省大数据有限公司，一体化推进“新基建”、数据开发运维、数据存储计算和数字政府建设，为产业链上下游及各行业数字化转型赋能，为政府治理能力的提升提供有力的技术支撑和服务。

福建省大数据有限公司开发的政务服务App统一平台（闽政通App）是国内用户活跃度、便民应用使用率排行前列的省级移动政务服务平台，并在此基础上推出闽政通办公App，已联通13个省级政务部门，接入3个地市级应用、20多个省级政务应用，成为推动指尖办公、构筑政府数字化转型的新引擎。立足数字政府顶层规划设计，打破数字壁垒，整合“三医”（卫健、医保、药监）等部门信息资源，打造“三医一张网”，推动优化医疗服务流程和资源配置，助力福建医改向纵深发展。

围绕“云+公共能力平台+大数据应用服务”发展战略快速布局，建成福建省电子政务云平台，以及“位置服务”“物联网”“视频能力”“多卡融合”“大数据开发”“海丝卫星数据服务中心”六大底层能力公共服务平台，为政府、企业、行业提供云服务和数据服务支撑。建成东南健康医疗大数据中心，是国家卫健委启动的首批健康医疗大数据中心及产业园试点工程，可为福建省和周边省份近 2 亿人口健康医疗数据的汇聚、开发、应用提供基础设施承载环境，提供千万级人群队列的精准医疗数据服务，并为临床科研、基因测序、新药研发、健康管理等新兴产业发展提供海量存储能力及大数据计算分析能力。

（二）新业态新经济培育取得新成效

依托数字基础设施和数字技术，推进产品创新数字化和用户服务敏捷化，促进数字技术与实体经济深度融合，推动新业态新经济蓬勃发展。

福建省汽车工业集团有限公司权属企业厦门金龙汽车集团股份有限公司以电动化、电子化及智能化构建新形态汽车产品，联合百度打造中国首款 L4 级无人驾驶微循环电动巴士（阿波龙），已在全国 31 个地区和 38 个场景实现商业化落地运营，同步推出星辰、深蓝、Robobus 等自动驾驶客车，完成无人驾驶“1+N”产品布局，即 1 个 AICO 自动驾驶线控底盘，N 种基于该线控底盘、结合不同应用场景开发的产品，如自动驾驶巴士、MOSO 自动驾驶售卖车、GOVO 自动驾驶消毒清扫车及 HAPO 智慧校园巴士等。2021 年，金龙汽车的自动驾驶车辆实现销售 331 台，销售额达 1.15 亿元，目前正在积极拓展海外市场。

数字化变革也逐渐走进茶产业。福建省大数据有限公司开发的“福茶网”通过数字赋能，提供交易、质量管控、物流配套等服务，实现茶叶从种植、加工、仓储，到交易、物流信息的全链条溯源。成立 6 个月，“福茶网”已实现全省 76 个产茶区县、15 个重点茶产区、20 家头部茶企、近 5000 家茶企的入驻，累计交易金额突破 10 亿元，有力地推动了福建省茶产业的高质量发展。

福建省旅游发展集团有限公司打造的“全福游”重点突出“全福游、有全福”文旅品牌，围绕“文旅大数据中心”和“产品运营中心”两个中心，突出“智慧景区”“智慧酒店”“智慧购物”三大应用场景，建设“智慧营销”“智慧管理”“智慧服务”“智慧政务”四个平台，打造“全要素、全链条、全行业、全市场”的智慧旅游综合服务平台，全面提升入闽游客的体验感、满意度，实现“一机在手、畅游福建”的目标，有效促进了福建省旅游产业发展，带动游客总量、消费总额分别增长 16.5%、22%。

（三）传统产业赋能实现新进步

基于数字化转型的契机，建设工业互联网平台，融合 5G、物联网和人工智能技术，打造智能产线、智能车间和智能工厂，促进传统制造业转型升级、提质增效。

福建省港口集团有限责任公司所属的海润码头通过自主研发的码头智能生产管理系统，搭建了专用 5G 网络，实现了集装箱作业智能化、堆场作业自动化和平面运输无人化等全智能化改造，整体作业效率提升 10%，码头吞吐量较 2021 年同比提升 28%。

福建石油化工集团有限责任公司大力推进两化深度融合，推进供应链管理、技改技措管理等 20 多个业务的数据大集中、信息大贯通，实现以信息化改造传统业务，提升管理精细化、专业化水平。目前，正在引进世界一流的杜邦安全管理体系，配套实施 HSE 现场管理数字化系统，向数字工厂、智能工厂、安全工厂建设方向迈进。

东南（福建）汽车工业有限公司以奋力打造“智能制造、数字车企”为经营理念，基于物联网技术和大数据架构，通过导入先进的智能装备和对已有设备进行智能化改造，实现执行层机器人、智能制造装备与控制层 PLC、单片机及数字摄像机等的协同，主力车型焊装线的自动化率从 84%上升到 95%以上，产能从 12 万辆/年提升到 20 万辆/年。

金龙客车质量管控系统（QMS 系统）荣获国家级“2021 年度智能制造优秀场景”。该系统以信息技术工具为抓手，通过对订单评审环节、设计变更环节、供应商管理环节、物料管理环节、生产制程环节，以及售后索赔环节的全过程覆盖，系统形成全过程质量数据，强化企业质量数字化管理能力。

（四）数字生态打造达到新水平

通过数字化转型，持续打造产业链数字生态，推动供应链、产业链上下游企业间业务贯通和数据共享，优化市场、技术、知识、资金等资源配置，放大各产业链体的协同分工效应，促进产业全面改造升级。

福建省高速公路集团有限公司依托人工智能、无人机组网遥感、智能识别遥感和数字孪生等先进技术，打造了智能建造、智能管养、智慧出行的高速运营管理生态圈，实现路基路面施工，桥梁建造多机种、多机群、无人化联合协同作业，高边坡、桥下空间、隧道与路面等基础设施的自动化巡查巡检，车路协同、智慧服务区、货车编队以及突发事件的自动识别。

福建闽光云商有限公司通过应用物联网、大数据、云计算等先进技术构建了钢铁产业链生态圈，包括综合电子商务平台、供应链金融服务平台、智慧物流服务平台、智慧仓储服务平台、大数据云计算平台五大子平台，实现钢铁信息采集、供应、销售、支付、融资、物流、加工、配套等一体化服务，推动福建三钢闽光股份有限公司由钢铁生产型企业向制造服务型企业转型。

三、打造“数字国企”，助力数字经济发展

“十四五”时期，我国数字经济转向深化应用、规范发展、普惠共享的新阶段，对各行各业的数字化转型提出了新的要求。国有企业作为发展数字经济和推动数字化转型的重要力量，应抓住先机，抢占制高点，发展数字经济，打造数字国企，在服务和融入新发展格局上展现更大作为。

（一）国有企业要做新型基础设施建设的保障者

以 IDC、大数据、云计算等为代表的新型基础设施（新基建），以及传统基础设施的数字化改造，是“数字中国”建设的重要基础，是新技术、新产业、新业态、新模式全面发展的关键支撑，也是现代国家和社会竞争力的重要体现。推动政务云、政务大数据等基础设施的高效一体化、集约化建设运营，为数字经济发展提供新一代信息化基础设施，助力我国经济全面转型，加速进入创新大时代，需要国有企业继续发挥“集中力量办大事”的制度优势。

首先，要着力增强新型基础设施的支撑能力。充分发挥国有企业在加快建设骨干产业互联网中的主导作用，布局集约智能的数字新基建，打造我国经济社会运行的“神经中枢”，助力智慧社会建设，切实提升对未来经济社会发展的基础保障能力。其次，要着力强化基础共用平台建设。重点在工业、交通、能源、民生等方面开展建设，推动实现跨部门的信息常态化互通共享、业务协同

和平台共建，如打造“三医一张网”，逐步形成网络化、智能化、服务化、协同化的融合基础设施，实现设施和网络的共建共享，切实提升新基建的效率、效能和效益，助力实现区域治理“一网统管”。再次，要着力前瞻布局创新基础设施。超前布局科学研究，加快建设产学研融合创新平台，打造协同、先进、开放、高效的创新基础设施体系，推动关键核心技术攻关，着力解决制约产业发展的行业共性关键技术和涉及社会民生的重大科技问题，实现更多“从 0 到 1”的突破。最后，要着力完善新基建建设标准和规范。以算法治理为抓手，提升数据治理的能力，推动政务信息网技术标准、接入标准的制定和安全体系的建立，构建资源协同的一体化大数据中心体系。

（二）国有企业要做数字驱动发展模式的开拓者

深入践行创新驱动发展战略，加快推进数字化转型，打造一批国资数字化龙头企业，努力做好新基建产业链的建设者、产业数字化的示范者和数字产业化的推动者，形成增长新动力。

一方面，要大力推进产业数字化。把握数字化、网络化、智能化方向，推动传统优势产业的数字化转型和智能化改造，提高全要素生产率，发挥数字技术对经济发展的放大、叠加、倍增作用。另一方面，要大力推进数字产业化。推动互联网、大数据、人工智能同产业深度融合，将数字化的知识和信息转化为生产要素，加快布局新一代信息技术制造业，大力推动数字化、智能化产品的研发及产业化，积极培育应用服务产业，打造一批“专精特新”企业和智能设备制造、软件服务单项冠军企业，构建数字产业链和产业集群。

（三）国有企业要做数字生态建设的引领者

基于政务数据一体化建设，形成统一的大数据和大市场，打造优质招商环境和创新策源地，进一步优化数字技术产业布局和结构调整，共同培育互利共生、融合发展的良好数字产业生态，做大做强数字经济。

第一，要加快自身数字化、智能化转型步伐，全面提升数字资源应用的广度、深度和共享服务水平。积极探索数字化转型的有效路径，发挥国有企业的带头示范效应，驱动管理模式数字化变革，加快数字企业、智慧企业建设。以技术赋能，率先打造数字战斗力样板，引领推动全社会形成数字化转型合力，为经济社会的数字化转型贡献“国资智慧”和“国企方案”。第二，要加快推进高水平数字经济产业链发展，引领建设共建共享的数字生态圈和数字平台。支持龙头企业组建公共服务平台，推动供应链、产业链上下游企业间的数据贯通、资源共享和业务协调，帮助中小企业加快转型升级，提升产业链资源优化配置水平，有效应对国际分工调整和全球产业链重构趋势，为产业链上下游企业赋能添翼，在补链、稳链、强链中发挥主力军作用，促进协同联动，维护产业链稳定、安全。第三，要加快推进大数据互联互通共享，推动数据汇聚治理和共享应用。加快建设运营大数据交易中心，为各类市场主体提供数据交易服务，推进公共数据资源有序开放，推动公共数据与企业数据深度融合发展，培育壮大数据要素市场。建立大数据资源开发运营体系，全力构建数字经济产业生态圈。

（四）国有企业要做数据安全的守护者

国有企业拥有丰富的数据资源，是国家数据安全体系的核心。在数据开发利用和产业发展、数据交易市场培育、数据全生命周期合规管理、数据风险评估机制建立等方面，国有企业都是不可替代的中坚力量。

一要强化数据全生命周期安全制度建设。树立全面数据合规理念，严格落实《中华人民共和国数据安全法》《中华人民共和国网络安全法》及其他相关法规、国家标准，强化数据安全保障能力的建设，建立数据全生命周期合规管理制度与流程，建立数据分级分类目录及重要数据目录，构建相应的制度、流程、操作指引。二要强化国资国企信息安全监管平台建设。按照国家《关于加快构建全国一体化大数据中心协同创新体系的指导意见》的有关部署，依托国资国企一体化网络安全信息大数据平台，建设全要素、多层次的安全防护体系，提供自主可控、安全高效的数字技术服务，整体提升国资国企的数据安全能力水平。三要强化数据要素市场发展。强化数据交易流通服务的技术规则研究，积极参与建立健全数据交易管理制度，规范数据交易行为，培育数据交易市场。积极运用区块链、安全多方计算等隐私计算新技术、新手段，建设数据资产流通管理和运营平台，统筹发展与安全，推动政府数据融合共享和开放应用，健全数据要素的市场规则，完善数据产权保护机制，有效释放数据红利，促进数据要素市场发展。四要强化数据开发利用和产业发展。充分发挥专业优势，积极协助各级政府制定数字经济发展规划，建成“一个门户、一个平台、一组标准、一套规则、一库共享、一网通办”的政务网站新体系和政务网络“一网承载、一网通达、一体管理、一体安全”的统筹新模式。打造“一盘棋”的大市场格局，建立产业生态体系。

数字经济事关国家发展大局。立足新发展阶段、贯彻新发展理念、构建新发展格局，国资国企应提高数字经济思维能力和专业素质，增强发展数字经济的本领，在发展数字经济、加快产业转型升级上下更大功夫，不断做强做优做大国有资本和国有企业，在“数字中国”建设中更好地发挥国有经济的战略支撑作用。

作者简介：

福建省国有资产监督管理委员会，代表省政府履行出资人职责，对所出资企业实施全面监督管理，现有出资企业和权属企业 1800 多家，从业人员 20.6 万人，资产总额 2 万多亿元，涉及金融、冶金、交通、能源、机械、电子、大数据、文旅、海洋等。4 家权属企业进入中国 500 强。

黄莼先生，福建省国有资产监督管理委员会党委书记、主任，曾任省人大常委、省人大财经委委员，中国电动汽车百人会成员，福建省机械工业联合会副会长。曾主持金龙汽车无人驾驶技术的研发和产业布局，相关项目于 2019 年获国家科学技术进步奖二等奖。

打造高质量发展引擎　推动数字经济创新发展

深圳市工业和信息化局

习近平总书记提出，“面向未来，我们要站在统筹中华民族伟大复兴战略全局和世界百年未有之大变局的高度，统筹国内国际两个大局、发展安全两件大事，充分发挥海量数据和丰富应用场景优势，促进数字技术和实体经济深度融合，赋能传统产业转型升级，催生新产业新业态新模式，不断做强做优做大我国数字经济。”深圳市委市政府始终将数字经济发展摆在重要位置，强化创新驱动，培育应用市场，优化空间布局，完善产业生态，加快打造数字经济创新发展试验区，全力推动经济高质量发展。

一、深圳数字经济发展现状

“十三五”期间，深圳数字经济保持快速发展态势，数字经济核心产业占全市 GDP 的比重由 2016 年的 28.3%提升到 2021 年的 30.6%，累计提升 2.3 个百分点，成为支撑深圳市经济平稳运行和提质升级的重要力量。

（一）产业规模稳步扩大

按照国家统计局公布的《数字经济及其核心产业统计分类（2021）》标准，2021 年深圳数字经济核心产业实现增加值 9395.71 亿元人民币，同比增长 6.8%，占全市 GDP 的比重为 30.6%，规模和质量位居全国大中城市前列。目前，深圳数字经济产业形成了以电子信息制造业、软件产业为主导的具有深圳特色的“双轮驱动”产业体系，2021 年深圳电子信息制造业实现营业收入 2.38 万亿元人民币，占全国电子信息制造业营业收入的比重为 16.7%，在通信基站、移动终端、工业机器人、无人机等多个数字产品制造领域拥有很强的竞争力；软件业务收入为7912亿元人民币，占全国软件业务总收入的比重为9.7%，在嵌入式系统软件、基础软件、应用软件等领域位列国内大中城市前列。与此同时，数字技术应用逐步向深圳经济社会各领域渗透，如人工智能在交通、制造、金融和医疗等领域多点开花，深圳福田、南山、坪山等区域开展了自动驾驶汽车应用示范；5G在垂直行业领域的应用逐步铺开，近两年来深圳支持引导各类5G应用项目200多个，深圳招商局“5G智慧港口项目”、深圳燃气“5G+智慧燃气数字赋能超大城市公共安全”、深圳公安“5G智慧警务”等项目形成了一批可复制、可推广的应用经验。

（二）梯次型企业格局基本形成

初步形成了以龙头企业为引领、中小微企业蓬勃发展的格局，培育了华为、腾讯、平安科技等一批具有核心竞争力的数字经济生态主导型企业。同时，积极鼓励企业走“专精特新”发展道路，在人工智能、工业互联网、大数据等领域培育了一批技术扎实、深耕城市治理或垂直行业应用的骨干企业、“单项冠军”，例如，云天励飞的视觉智能芯片和开发平台已部署应用在国内外100多个城市的警务等城市管理系统中，C/D轮融资合计超7亿美元的晶泰科技是目前全球人工智能药物研发领域的代表企业，华龙讯达的数字孪生技术广泛应用于飞机制造、轨道交通、石油化工等多个实体经济领域的数字化转型过程中。2021年华为等21家深圳企业入选中国电子信息竞争力百强企业；腾讯等10家企业入选中国软件和信息技术服务业百强企业。在持续培育本土企业的同时，深圳市加大招商引资力度，先后引进安谋科技、维沃移动、小米信息、中软国际、今日头条、中国电子等一批优秀的数字经济企业，为全市数字经济产业发展增添了新的活力。

（三）产业活力快速增强

创新能力持续提升。深圳数字经济是深圳创新能力建设的主战场，数字经济领域国家高新技术企业的数量占全市高新技术企业总数的比重约为70%。以人工智能为例，2019年10月，深圳市获评全国人工智能创新应用先导区。华为人工智能基础软硬件平台、平安集团普惠金融平台、腾讯医疗影像平台3个平台获评首批国家级人工智能开放创新平台。产业载体不断拓展。积极发挥产业园区资源集聚赋能作用，先后规划建设了深圳市软件园、深圳湾科技生态园、深圳市软件产业基地、新一代信息技术产业园等一批数字经济产业园区，其中深圳湾科技生态园获批国家新型工业化产业示范基地。行业国际交流活跃。深圳市培育引进了一批有影响力的展会论坛等数字经济领域展示交流平台，如中国国际高新技术成果交易会、中国电子信息博览会、第一届中国国际数字经济大会、2020 金砖国家未来网络创新论坛等系列重大产业交流平台。

（四）智慧城市迈上新台阶

紧紧围绕“打造全球新型智慧城市标杆和‘数字中国’城市典范”的目标，深化政务服务“一网通办”，推动政府治理“一网统管”，加快政府运行“一网协同”，突出打造数字化底座，解决数据问题，加强智能化应用。2021 年，出台了《深圳经济特区数据条例》，对个人数据、公共数据、数据要素市场、数据安全等多个方面内容提出了制度设计，初步构建了现阶段培育数据要素市场急需的基础体系。积极打造能感知、会思考、可进化、有温度的智慧城市。2021 年发布的《深圳市人民政府关于加快智慧城市和数字政府建设的若干意见》，提出将融合人工智能、5G、云计算、大数据等新一代信息技术，建设城市数字底座，打造城市智能中枢，推进业务一体化融合，实现全域感知、全网协同和全场景智慧。深圳市在全国重点城市一体化政务服务能力评估中实现三连冠。在第十届全球智慧城市大会上，深圳市凭借在智慧城市领域的创新理念和卓越成就荣获“全球使能技术”大奖。

二、深圳市推进数字经济发展的举措

深圳市高度重视做强做大数字经济，将发展数字经济作为把握新一轮科技和产业变革机遇的战略选择，突出抓好以下三方面工作。

（一）抓好顶层设计，完善产业体系

首先是规划先行，早在 2008 年，深圳市政府就出台了互联网产业发展规划及配套政策；2014 年，印发了《深圳市信息化与工业化融合专项行动计划

（2014－2018 年）》；2018 年，将数字经济产业列入七大战略性新兴产业；2021 年出台了《深圳市数字经济产业创新发展实施方案（2021—2023 年）》，持续做好谋划，为深圳数字经济产业发展奠定了良好基础。其次是集群发展，进入新时期后，深圳市政府进一步谋划健全数字经济产业体系，重点打造的 20 个产业集群中有 9 个围绕数字经济产业方向，包括网络与通信、软件与信息技术服务、智能终端、超高清视频显示、半导体与集成电路、智能传感器、智能机器人、激光与增材制造、数字创意。同时围绕技术、企业、项目、平台、园区等要素，对每个集群制定了行动计划和“六个一”工作体系，形成了完整的集群工作体系。最后是政策丰富，持续构建支持数字经济发展的良好环境，陆续出台了《深圳市推进云计算发展行动计划（2016—2017 年）》《深圳市新一代人工智能发展行动计划（2019—2023 年）》《深圳市推进工业互联网创新发展行动计划（2021—2023 年）》《关于大力促进 5G 创新应用发展的若干措施》等系列政策措施，引导支持企业加快技术研发、成果转化和示范应用。同时，结合深圳市综合改革试点工作，拟出台《深圳经济特区数字经济产业促进条例》，利用好特区立法制度，为数字经济发展营造良好环境。

（二）抓好基础设施，夯实数字化基础

信息基础设施是数字经济时代的“高速公路”，深圳市以 5G 基础设施为引领，超前规划部署信息基础设施。2019 年是 5G 在我国正式商用的元年，深圳市政府印发了《深圳市关于率先实现 5G 基础设施全覆盖及促进 5G 产业高质量发展的若干措施》，组织实施开放公共场所资源、推动管道资源共享、给予运营商电费补贴、搭建 5G 应用试验环境等系列举措，全力推进 5G 基站建设和 5G 应用，2020 年 8 月在全国率先实现 5G 独立组网全覆盖。截至目前，深圳市已建成 5G 基站 5.1 万个，建成多功能智能杆 1.5 万根，5G 基站密度居全国大中城市首位；千兆宽带家庭覆盖率达 99%，城市 10G-PON 端口占比达 26%，入选全国首批“千兆城市”。2021 年 4 月，国家（深圳·前海）新型互联网交换中心开通，将助力粤港澳大湾区信息基础设施互联互通，推动大湾区数字经济融合发展。2022 年年初，深圳市政府常务会通过了《深圳市推进新型信息基础设施建设行动计划（2022—2025 年）》，提出以服务数字经济、数字社会、数字政府建设为导向，加快“双千兆”建设，泛在部署物联网感知设施，协同部署数据和

算力基础设施，适度超前布局卫星互联网、量子通信、区块链等未来网络设施，提升国际信息通信地位的总体建设思路。

（三）强化创新驱动，提升创新能力

着力提升数字经济技术创新水平，初步构建了“基础研究+技术攻关+成果产业化+科技金融+人才支撑”的全过程创新生态链。加强创新平台建设，联合“产学研用资介”等多方力量，高水平规划建设鹏城实验室、人工智能与数字经济广东省实验室（深圳）、粤港澳大湾区数字经济研究院、金砖国家未来网络研究院中国分院等创新载体。其中，鹏城实验室的鹏城云脑Ⅱ项目正在打造中国首个动态进化的 E 级 AI 超算系统。打造信创产业新型创新机制，围绕华为鲲鹏计算体系，着力构建了“深圳湾创新中心+华为研发中心+各区分中心+重点行业信创攻关基地+联合实验室”的鲲鹏源头创新平台体系。加快构建自主开源体系，支持深圳市开放原子开源技术服务中心发展壮大，启动运营华为、腾讯、阿里巴巴等企业捐赠的 11 个重大开源项目。着力攻关“卡脖子”环节，系统梳理各链条关键核心技术的“卡”点，在 EDA、5G 射频器件等关键核心环节支持产业链上下游联动攻关，支持实施一批产业基础再造工程，2021 年 11 月，深圳市获批建设国家 5G 中高频器件创新中心，进一步夯实了数字经济创新支撑体系。

三、深圳数字经济未来发展的思路

深圳市将抢抓数字经济发展战略机遇，聚焦数字产业化和产业数字化两大方向，促进数字技术广泛参与行业领域融合创新，推动数字经济产业持续健康发展。重点做好以下工作。

（一）升级数字经济产业布局

一是培育特色产业链。深入实施“链长制”，推动重点领域形成更加稳固的产业链，加大对“鲲鹏+昇腾”“欧拉+鸿蒙”、PKS 等产业生态的培育力度，支持生态引领型企业孵化生态合作伙伴，并协同生态合作伙伴共同输出数字经济应用解决方案，持续加强产业链薄弱环节招商引资力度。二是建设特色产业园区。以打造“20+8”产业体系为新起点，做大做强数字经济核心产业、培育发

展新兴业态。加快规划建设 20 大先进制造业园区，布局建设“互联网+”未来科技城、坂雪岗科技城、广东省人工智能产业园等数字经济特色产业园区，形成新的增长点。三是加强重大项目培育力度。支持行业优秀企业在全市布局重大项目，加大对重大项目的跟踪、协调、服务力度，加快推进华为数字能源和全屋智能方案、美团粤港澳大湾区基地、宝安新一代智能移动终端总部、前海数字孪生城市等一批重大项目建设。

（二）推动产业数字化转型

以工业互联网为主线推动制造业数字化转型，加快建设深圳工业互联网平台创新应用示范区，推动数字经济新业态新模式快速发展。一是加快建设深圳工业互联网平台创新应用示范区。出台工业互联网创新发展三年行动计划，支持工业企业广泛运用工业互联网技术。培育工业互联网平台，推动工业互联网双跨平台、行业级平台、企业级平台及公共服务平台协同发展；加强工业互联网基础设施建设，探索工业互联网标识解析二级节点应用推广路径；引导工业设计企业通过上云、共享等方式提升数字化应用深度，推动生产性服务业向专业化和价值链高端延伸。二是加快新业态新模式发展。借助 5G、物联网、人工智能、虚拟现实、大数据、区块链等智能交互技术，以多功能智能杆等新型基础设施为载体，大力发展远程办公、在线展览展示、生鲜电商零售、“无接触”配送、新型移动出行、在线教育、在线医疗、在线研发设计等具有“在线、智能、交互”特征的新业态新模式。

（三）提升科技创新引领能力

深入实施“科技创新发展战略”，以光明科学城、西丽湖国际科教城、河套深港科技创新合作区为载体，高水平建设创新载体，加速科技成果转化。一是加强数字经济底座技术创新能力建设。完善“基础研究+技术攻关+成果产业化+科技金融+人才支撑”全过程创新生态链，力争在基础软件、工业软件、人工智能计算框架等领域实现更多“从 0 到 1”式的源头创新。二是建设高水平创新载体。整合创新资源优势，加快鹏城实验室、粤港澳大湾区数字经济研究院等科研平台建设，加快建设中国昇腾产业源头创新中心，打造 AI 产业生态。三是加速科技成果转化。强化企业创新主体地位，支持头部企业组建创新联合体，推进产学研深度融合，积极创建国家级工业互联网制造业创新中心，建设一批具有全球竞争力的中试转化基地。

（四）推动信息技术应用创新

促进信创产业发展，发展华为鲲鹏、中国电子等生态，加快重点行业信创攻关基地建设、重点行业鲲鹏应用项目建设。一是促进信创产业发展。制定出台深圳市推动信创产业发展三年行动计划，加快产业关键核心技术、共性技术攻关，编制信创产品推广目录。二是加快重点行业信创攻关基地建设。加快建设深圳市金融业信创攻关基地、深圳市国资国企信创攻关基地等重点行业鲲鹏攻关基地，打造“需求梳理—技术攻关—解决方案—应用落地”商业闭环。三是加快重点行业鲲鹏应用推广项目建设。全面推进落实重点行业领域鲲鹏应用推广项目清单，打造金融、国资国企、教育、医疗等一批重点行业领域的鲲鹏应用示范标杆项目，并向其他省市复制推广。

（五）优化数字经济产业环境

提升产业公共服务平台能力，做大做强高端展会论坛，完善数字经济公共服务体系。一是完善新型信息基础设施建设。深入实施《深圳市推进新型信息基础设施建设行动计划（2022—2025 年）》，加快出台大数据中心发展规划，加快建设高速泛在、天地一体、云网融合、智能敏捷、绿色低碳、安全可控的智能化综合性数字信息基础设施。二是做大做强高端展会论坛。持续提升中国电子信息博览会、中国国际高新技术成果交易会、中国（深圳）IT 领袖峰会、中国国际数字经济大会等重大展会论坛的国际影响力。三是提升产业公共服务平台能力。充分发挥产业联盟、协会等产业公共服务平台作用，提升技术交流、资源数据共享、产品推广服务、决策咨询、产学研合作、标准制定、认证测试等产业公共服务能力。

作者简介：

深圳市工业和信息化局，主要职能为负责拟订并组织实施工业和信息化领域的发展战略、中长期规划和政策措施，监测分析工业和信息化领域经济运行态势，培育壮大战略性新兴产业，打造先进制造业产业集群，构建高效完备的企业服务体系，推动全市工业和信息业高质量发展。

新型智慧城市建设的探索和实践

南宁市发展和改革委员会　丁　伟

“人民对美好生活的向往，就是我们的奋斗目标。”铿锵有力的承诺，迸发出推动社会变革的巨大能量，这也是智慧城市必须回答的时代命题。

近年来，南宁市致力于建设让人民满意的新型智慧城市，着眼于便民惠企善政的小切口，聚力创新，推动数字技术在城市生产生活中的泛在应用，打造了“智慧人社”“不动产登记”“一码通城”等一批全国首创并示范推广的智慧应用，让城市更加有序、有效、有感知、有温暖，逐步形成了中国新型智慧城市的南宁经验。

一、调查，现实需求及存在问题

智慧城市承载着政府、市民、企业三维需求的叠加，唯有持续迭代升级，才能赋能社会治理、产业升级和城市生活。

政府所关注的社会治理将面对“三个转变”的需求：一是治理理念，正在从单向管理向双向互动、从政府纵向监管向全社会协同治理转变；二是治理方式，逐步从线下转向线上，从终端整治向关口前移、源头治理转变；三是治理手段，从简单粗放式的治理向高效精细化的治理、从基于人的传统治理手段向基于新一代信息技术支持的“智慧治理”转变。

市民所关注的城市生活将面对“民生三感”的需求：一是获得感，如何让市民既能充分享受城市快速发展带来的红利，又能与交通拥堵、看病难、办证难、上学难这些烦心事说再见，感受到城市的有序、有效；二是幸福感，如何让市民在日常生活中产生一系列欣喜与愉悦，感受到城市的温暖、包容；

三是安全感，如何让市民踏踏实实地生活在城市里，感受到有预期、有保障的未来。

企业所关注的产业发展将面对“三条路径”的需求：一是提质升级，传统制造业亟须通过数字技术实现生产能力的提质增效；二是融合创新，亟须通过“互联网+多产业形态”来实现突破时空的全新产业融合；三是新增长点，需要通过“业务驱动转向数据驱动”来实现增长源动力的彻底改变，将数据价值挖掘成为最有价值的竞争优势。

大数据作为支撑智慧城市可持续发展的最基本要素，来源于政府、社会、产业、空间等多领域，但存在量多但质不高的问题，准确性、完整性、融合性等方面远远不足以应对需求端的诸多诉求。究其根本原因，一是推动智慧城市可持续发展的主体依然比较模糊。若主体是政府，往往重建设而轻运营，创新能力不足，对快速变化的社会需求很难快速回应，即使引入了社会力量参与，仍很难形成较好的模式；若主体是社会力量，又缺乏政务数据的全面统筹和多领域融合，则在数据、网络、运行的安全风险防控方面也存在隐患。二是缺乏实现智慧城市可持续发展的内生动力。政府、社会、企业的数据难以实现共享融通，形成推进智慧城市前进的内生动力。三是没有形成智慧城市可持续迭代发展的好机制。有些政府主导建设的智慧城市，基本按照传统的“甲方乙方”模式开展，必然就缺失了对实现迭代发展和可持续运营的长远考虑，时间久了，就逐步堆积存留了大量的“僵尸”系统。四是政务数据共享开放程度低。由于缺乏有效的规范和激励机制，部分政府部门不愿、不想、不会进行数据共享与开放，导致大量数据“深藏闺中”，未能得到更好的开发利用。

二、破局，建设思路及模式创新

全面推进新一代信息技术与新型城镇化发展战略深度融合，助推城市治理体系和治理能力现代化，统筹民生福祉、经济发展和城市安全，实现城市可持续发展，创造并呈现出新空间、新秩序、新治理、新生活、新经济的新型智慧城市。根据国家发展改革委、中央网信办等六部委制定的中国—东盟信息港建设总体规划要求，南宁市要打造面向东盟的新型智慧城市标杆和样板。南宁市从三个层面开展了积极的探索和实践。

（一）大破大立，强化顶层设计

一是从资金来源上治理数据源头。南宁市政府明确，将市直各部门涉及信息化建设的资金全部纳入南宁市发展改革委部门预算，编制年度智慧城市建设专项投资计划，通过统一资金来统筹项目建设。二是从机构机制上强化数据管理。组建了南宁市大数据发展局，归口南宁市发展改革委管理，建立统一的数据开发、归集、利用、共享的标准。三是从决策行动上强力清理存量数据。开展政务数据清理攻坚行动，全面梳理市直部门既有信息系统，进一步拆烟囱、联孤岛。

（二）谋划蓝图，明确技术架构

坚持“聚通用”和“用通聚”双轮驱动，明确“一朵云、五平台、多维应用”的技术架构（见图1）。

“一朵云”，即强化树立共享融合的意识，务必要做到系统上云。南宁市主要领导挂帅出征，以“聚”为任务、以“通”为手段、以“用”为目标，建立统一的数据交换、数据挖掘、数据应用等技术标准体系，坚定不移地将现有碎片化及今后将产生的政务信息都归集到“一朵云”，彻底解决“信息孤岛、数据烟囱”问题。

“五平台”，即以“用”分类，搭建和运营智慧治理、智慧民生、智慧生活、智慧产业、智慧双创五个平台。建立智慧治理平台，目的是持续提升政府治理能力、增强政务信息公开；智慧民生平台，目的是提升政府服务能力和社会公益服务水平；智慧生活平台，目的是方便市民生活，增强市民对城市的归属感；智慧产业平台，目的是促进各产业的融合发展，服务好企业；智慧双创平台，目的是开放数据资源，营造大众创业、万众创新的环境。

“多维应用”，即基于“一朵云、五平台”，持续打造便民、惠企、善政的场景应用。如推出的医疗健康、交通出行、社会保障、城市生活、智慧教育、住房就业、企业服务、政务服务、协同治理等多维应用场景。

（三）实践创新，聚焦迭代运营

南宁市一直在思考和探索如何破解传统的智慧城市建设与运营面对的实施

主体模糊、内生动力缺乏、迭代发展难等问题，积极探索新型智慧城市建设可持续发展道路，逐渐认识到智慧城市是买不来的，只能靠运营而来。

近年来，南宁市坚持“政府主导、共建共享、开放创新、安全可控”的原则，积极开展“智慧南宁”的实践探索。一是“智慧南宁”发展路径是坚持政府主导，实现政务互联网、产业互联网、商业互联网“三网融合”；实现技术融合、业务融合、数据融合；实现跨层级、跨系统、跨地域、跨业务、跨部门的协同管理和服务，提高公共服务的广度和深度；在政府与社会各领域之间形成一种信息共享的协作机制。二是“智慧南宁”建设方式是坚持共建共享，破除“甲方乙方”的传统建设模式，以智慧城市运营为核心业务，以城市数据为核心资产，专注于解决市民生活、城市管理、政务服务存在的问题。三是“智慧南宁”行动理念是坚持开放创新，积极与国际国内智慧城市领域的优秀企业合作，推动本土化运营，构建新型智慧城市协同创新平台。四是“智慧南宁”建设的底线思维是做到安全可控，建立一体化防控体系，确保数据安全、网络稳定。同时，南宁市政府提出了“安全可控、管运分离”的思路，于 2017 年 3 月 28 日在全国率先以数据特许经营、混合所有制、轻资产的方式，组建了专注于智慧城市建设和运营的企业。

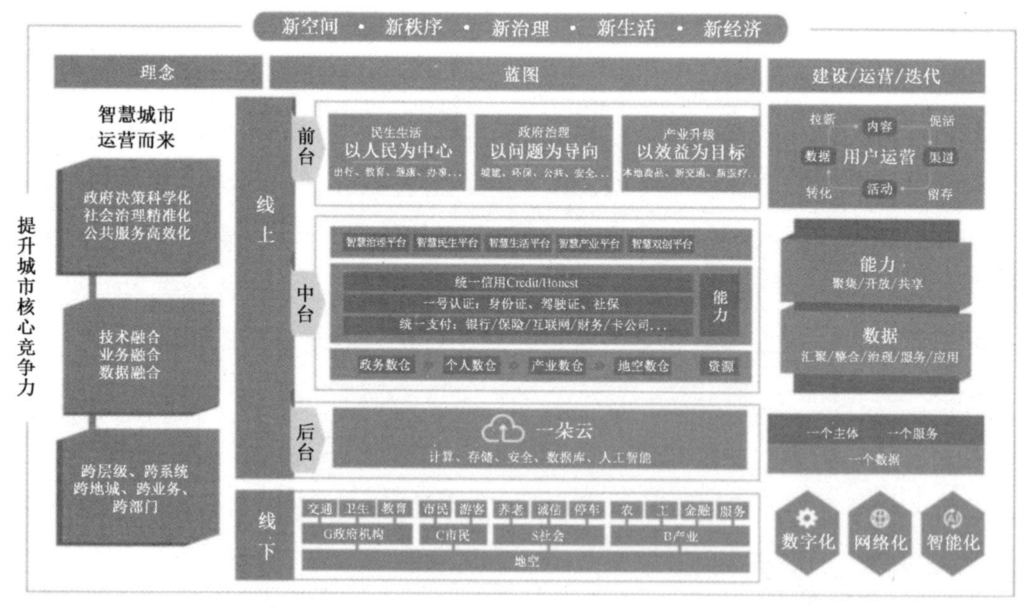

图 1　智慧南宁蓝图

三、实践，智慧南宁经验分享

近年来，南宁市坚持以人民为中心，在新型智慧城市建设和运营上取得了显著成果，形成了南宁模式。南宁市作为中国唯一城市代表赴新加坡参加第13届东亚峰会和第33届东盟峰会智慧城市展览，先后荣获“2018年中国城市治理智慧化优秀城市奖”“2019中欧绿色智慧城市峰会荣誉城市”“2020银川国际智慧城市博览会特殊贡献奖”“2021国际花园城市竞赛金奖”等荣誉。

南宁市按照“一朵云、五平台、多维应用”的总体架构，不断推出智慧应用创新实践，努力为政府、市民、企业提供一体化、一站式智慧应用，建设服务高效化、决策科学化、治理精准化的新型智慧城市。许多示范应用在全国复制推广。

（一）一码通城

利用统一的身份认证中心、信用中心和支付中心，建立统一的数字身份系统，打通政务服务、公共交通、就诊购药、旅游景区、单位食堂就餐，以及门禁通行等应用场景，南宁市民和游客可通过一个手机二维码玩转南宁市。自2018年12月正式推出以来，“一码通城”已累积服务4.7亿人次，累积交易金额超过7.9亿元人民币，获评2021年广西信息化（社会服务类）最佳案例。

（二）智慧人社

南宁市作为全国首批签发电子社保卡的试点地区之一，签发了首张电子社保卡，在全国率先建成覆盖人社全业务流程的服务平台，推出了“免申即办”“打包快办”等100多项全区乃至全国领先应用，实现了从“人找政策”到“政策找人”的转变，新冠肺炎疫情期间通过“政策找人”“补贴找企业”等服务，使得企业在网上一键确认“同意”即可领取补贴补助，创新改革成果获得人社部表扬并在全国推广。

（三）互联网+不动产登记

在全国首创“24小时不打烊”网上全自助登记办证模式，率先推出全业务不动产登记电子证照，实现了跨区域、跨国境的不动产交易，为群众和企业提供了“零跑腿、不见面”“交房即交证”的全新智能办证体验，打造了“互联网+不动产登记”改革的“南宁样本”。改革经验做法获国务院作为典型经验通报表扬，“创新全链条审批服务，开启办事创业‘一事通办’新模式”获中国政府信息化管理创新奖。

（四）爱南宁 App

爱南宁 App 是全国下载率最高的城市级公共服务平台之一。以“一码通城”为基础，整合了 47 个委办局及企事业单位的服务资源及权威信息，汇集一码通城、一号认证、智慧人社、不动产服务、新生报名、网上金融超市等便民惠企应用，为市民提供涵盖数字身份、政务服务、城市生活、交通出行、智慧健康、智慧教育、智慧双创七大板块超 100 项的信息及服务功能。目前，爱南宁 App 的实名注册用户达 745 万人次，覆盖了南宁市 85%以上人口，为市民提供服务累计超过 10 亿次，荣获广西科学技术进步奖二等奖，获评第一批数字广西建设标杆示范项目。

（五）信用体系建设

南宁市建立了基于互联网架构的事前信用承诺制度，在全国首创电子诚信卡守信激励模式，上线使用事前信用承诺监管平台，从基本信息、经营状态、社会贡献、遵纪守法、履约历史等维度对辖区内的自然人、法人进行信用管理，被列入全国创建社会信用体系建设示范区名单，在 36 个省会及副省级以上城市信用监测中获得全国“进步最大城市”称号，南宁市公共信用信息共享平台以全国第三名的成绩荣获全国“示范平台网站”。

除了以上应用，南宁市注重智慧赋能城市功能，助推城市治理能力现代化，持续提升城市宜居宜业水平，增强市民群众的智慧生活体验。南宁市扬尘治理综合管理系统通过闭环高效的联防管控体系，实现对城市空气质量的精细治理，2021 年空气优良率达到 97%。数字城管综合信息平台创新城市管理工作流程，构建城市管理精细化、管理部件内容数字化、管理事件处置精确化的城市管理运行新架构，使城市更干净、更有序、更美丽。河长制信息化管理平台实现河道动态信息的实时监控，为守护清水绿岸发挥效力。智慧环卫信息管理系统满足环卫工作和城市居民信息的互动需求，守护“南宁蓝”。近年来，在推进智慧南宁的建设中，还有力地促进了软件和信息技术服务业的发展，数字经济发展蓬勃向上，2018—2020年的平均增速达到了25.7%，2021年预计增速超过50%。

智慧城市自身就是一个不断演进、迭代、进化的生命体、智能体，承载着市民对美好生活的向往。利民之事，丝发必兴；厉民之事，毫末必去。南宁市坚持以人民为中心，专注于智慧城市的可持续发展，润物无声、风化于成，努力实现数字技术在城市生产生活中的泛在应用，让城市更加有序、有效、有感知、有温暖，持续增强市民的获得感、幸福感和安全感。

作者简介：

南宁市发展和改革委员会，是南宁市人民政府组成部门，组织并实施全市国民经济和社会发展战略，组织全市统一规划体系、投资综合管理、重大项目建设，统筹全面创新改革。

丁伟先生，南宁市人民政府副市长、南宁市发展和改革委员会主任。曾任南宁市五象新区规划建设管理委员会、中国（广西）自由贸易试验区南宁片区管理委员会副主任。先后在广西壮族自治区发展和改革委员会、铁路建设办公室等部门，长期从事发展规划、投融资和政策体系研究等工作。

精准发力加快推进数字经济产业发展

南通市工业和信息化局

随着新一代数字技术的蓬勃发展，数字经济成为全球经济发展的新引擎，并已经上升为国家重要战略。自 2017 年以来，数字经济连续 5 次被写入国务院政府工作报告。2021 年的国务院政府工作报告指出，要“加快数字化发展，打造数字经济新优势”“建设数字中国”。《中华人民共和国国民经济和社会发展第十四个五年规划和 2035 年远景目标纲要》中特别强调要“激活数据要素潜能，推进网络强国建设，加快建设数字经济、数字社会、数字政府，以数字化转型整体驱动生产方式、生活方式和治理方式变革。”为数字经济未来发展指明方向。南通市近年来经济发展态势良好，紧跟国家发展战略，多措并举发展实体经济，经济总量使其成功跻身“万亿元俱乐部”。南通市高度重视数字经济产业发展，围绕制定的发展目标、任务、工程和优先行动深入推进数字经济产业发展。“十三五”规划期间，南通市数字能力建设持续增强、数字鸿沟加速弥合、数字红利加速释放、数字经济快速发展、数字融合持续升级，为全市经济社会发展增添了新的动能。

一、发展基础

2020 年南通全市生产总值超万亿元人民币，位列全国大中城市的第 21 位。2021 年上半年，南通 GDP 累计增速 13.3%，超过江苏省和全国整体增速。南通经济全面复苏，发展质量稳步提升，但与经济体量相当的城市相比，南通数字经济总体发展水平落后于合肥、济南、福州、佛山、西安等城市（见图 1）。南通在数字产业化和产业数字化方面存在较大发展空间。

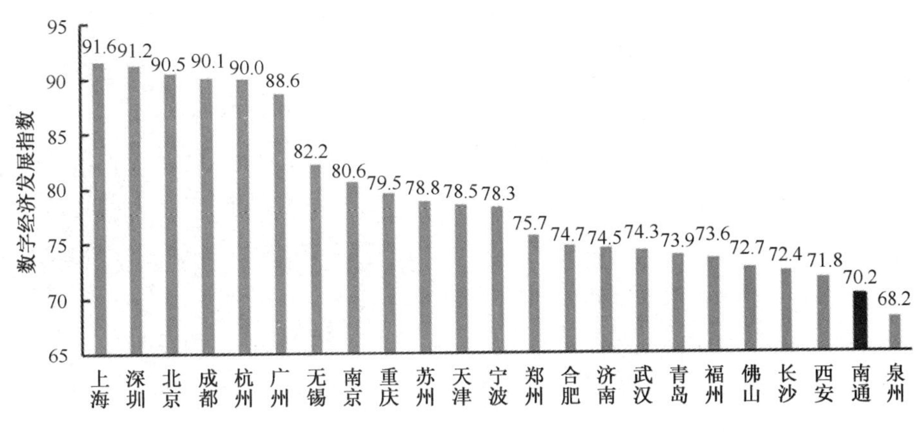

图 1　2020 年超万亿城市数字经济发展指数[1]

（一）数字基础设施有力支撑数字经济发展

第一，推进新型数字基础设施建设，提升 5G 网络全市覆盖率。全面推进 5G 网络部署，实现全市 5G 网络全覆盖。2020 年南通市新建 5G 基站 6540 座，2021 年 1—8 月新建 5G 基站 4790 座，累计达到 11490 座，每万人拥有 5G 基站 15 个，是全国平均水平的两倍；无线宽带网络能级提升，实现了城乡移动网络千兆覆盖和全面覆盖。南通市的 5G 产业链企业现有 37 家，2021 年上半年的销售额达 249 亿元人民币，同比增长超过 25%。

第二，建设重点区域集群基础设施，筑牢区域数字化集群体系。南通国际数据中心产业园获批“国家新型工业化产业示范基地”，目前已引进阿里巴巴、欧域、锋奕、旗云、中兴网信、钛基等项目。其中，阿里巴巴（一期）、中兴网信、旗云等数据中心已建成投运，助力产业集群数字化转型，共建智能化升级新方向与新格局。

第三，搭建科技新型基础设施平台，培育数字化转型发展新动能。南通市实施大中型工业企业和规模以上高新技术企业研发机构全覆盖工程，建成省级以上企业研发机构 592 家，新增省级企业重点实验室 3 家、省级院士企业研究院 2 家、省级制造业创新中心培育单位 3 家，有效激发数字化创新体系的整体效能。

---

1 数据引自新华三集团数字经济研究院与中国信息通信研究院云计算和大数据研究所在城市数字化峰会上发布的《中国城市数字经济指数蓝皮书（2021）》。

第四，聚焦工业互联网平台推广，强化星级上云及两化融合建设。南通市共有 10 家企业入选 2020 年江苏省五星级上云企业名单，106 家企业入选四星级上云企业名单，272 家企业入围三星级上云企业名单，省级占比分别为 10.3%、10.4%及 8.2%。南通市上云企业入围数量在全省位列第 4。2020 年，南通市共有 27 家企业入围“两化融合贯标试点企业”，居江苏省第 5 位。南通市建成工业互联网标识解析电子信息（光电线缆）二级节点，成为国内首个 2.0 版本、并在国家顶级节点注册成功的二级节点；中天互联平台被评为省重点工业互联网平台，已有超过 2400 家企业在该平台注册。

（二）数字产业逐渐释放创新潜能

第一，发展电子信息制造业，构建技术产业新格局。围绕新一代信息技术产业，南通市确定了智能芯片、大数据、下一代通信技术和智能装备四大重点领域，形成“一核两区多片”区域间优势互补、协同发展的良性格局。2021 年，南通市共有电子信息产业规模以上企业 368 家，集聚了通富微电、捷捷微电、越亚半导体、大唐恩智浦、至晟微电子、江苏华存等一批重点企业。

第二，推进数字产业化建设，释放信创产业新动能。按照“一高地、两基地、三园共建”的总体思路统筹信创产业发展，打造南通信创产业园，引进深信服、启明星辰、铵泰克等十多家知名企业正式入驻园区。南通市政府积极与江苏省工业和信息化厅签署战略合作协议，围绕产业发展、园区建设、应用示范等方面开展合作；与中国长城科技集团签署合作协议，建设中国长城（江苏）自主创新基地。

第三，打造数字生态产业园，建设企业创新新高地。南通市政府与京东云签订共建数字经济产业基地项目的协议。依托京东集团在跨境电商、云计算、大数据等方面的强大优势，全力打造南通数字生态产业园，以数字经济主导产业为主要目标，导入并孵化工业互联网、电子商务、软件开发等创新企业，建立企业创新发展新高地。

（三）企业数字化转型稳步推进

通过在全市包括高端纺织、船舶海工、电子信息等 10 余个行业，100 多家企业中开展调研，对南通企业数字化转型现状进行以下分析。

第一，企业具备较高水平的数字化转型认知。全市企业对数字化转型认知程度较高，其中超过 50%的企业已经在业务上初步推广数字化转型并取得一定成效，约 13%的企业已基本完成数字化转型。智能装备、生物医药、船舶海工、电子信息行业企业的数字化程度较高，基本完成转型的企业占比分别为 29%、20%、19%、18%。

第二，企业数字化转型意愿强烈。大多数企业对数字化转型意愿强烈，其中新能源行业意愿最强，占比 78%，其次是电子信息、高端纺织，以及智能装备业，这些行业的占比均超过 70%。各行业中均有超过 60%的企业认为数字化转型能够较大程度解决经营困难问题，其中，生物医药、智能装备、船舶海工和功能材料行业的企业占比超过 80%。大部分企业进行数字化转型的主要驱动因素是提高生产效率和降低风险。

第三，数字技术融入企业生产经营的范围较广。企业目前应用较多的数字技术分别是大数据（39%）、物联网（30%）、云计算（27%），以及电子商务（25%）。船舶海工业重点涉及物联网，电子信息业主要依靠 5G 技术。约 65%的企业已对供应链进行数字化改造，成功使用采购交付数据改进仓储网络和物流网络。

二、面临的挑战

（一）数字技术创新能力有待提高

南通市的科技资源存量相对不足，创新生态环境仍须完善，尚未建立国家级重点实验室，技术创新环境、能力和成果水平有待进一步提高，科学研究与试验发展（R&D）投入强度略低于江苏省平均水平。

（二）高端数字技术人才有待聚集

南通市的数字技术创新人才资源难以匹配产业发展需要，招人难、留人难等问题成为制约产业发展的关键因素。南通市高等教育资源较为薄弱，与上海、南京、杭州等城市在高校资源、高层次人才供给方面均存在差距。

（三）核心技术支撑力度有待加强

南通市制造业上下游的核心数字技术攻关能力不强，缺少企业与创新载体间的对接平台，数字技术对产业的调整优化作用未能充分显现，导致围绕产业链部署创新链的进程较慢，产业链更新升级有待提速。

（四）数字经济消费体系有待健全

在南通市，以数字文化等为代表的数字消费新业态迅猛发展，但数字经济的消费体系存在应用场景和业务需求碎片化、跨界合作困难等共性问题。南通市高品质的数字产品和服务供给不足，数字消费新场景相对偏少，数字消费市场秩序亟须进一步规范。

三、对策措施

为进一步推动数字技术与南通市经济社会发展的深度融合，让数字化、网络化、智能化持续为南通市经济社会发展增添动力，开创数字经济发展新局面，提出以下对策建议。

（一）加快数字创新体系构建

构建核心技术体系，推进关键领域核心技术攻关，建立健全部省市联合、军地协同等创新机制，对“卡脖子”关键核心技术和关键共性技术联合攻关，建设更高水平创新型城市。强化产业科创引领，大力提升产创融合深度，按照“南通沿江科创带 1.0、江苏北沿江科创带 2.0、长三角沿江创新发展带 3.0”，聚力打造标志性特色产业，形成沿江科创带“一区一特色产业”发展格局，培育具有影响力的园区品牌。优化创新创业生态，完善科技创新制度，围绕产业链关键环节建设技术创新平台，打造创新策源地，建立健全创新资源集聚与辐射相得益彰的运行机制。积极参与长三角科技资源共享服务平台建设。导入优质高校资源，引进并建设双一流大学南通分校，提高教学、科研活动与南通市产业发展的契合度，实现“产教才”一体化发展。

（二）统筹数字基础设施建设

提档升级信息基础设施，加快 5G 网络基础设施建设，强化 5G 规划引领，落实以 5G 技术为核心的信息基础设施空间布局规划，做好与国土空间规划及相关专项规划的衔接。推动宽带网络升级改造，提升骨干网络能力，建设高速大容量光通信传输系统，持续提升骨干网传输容量和交换能力级。优化基础设施发展，加快工业互联网建设步伐，建设工业互联网标杆外网，加快工业互联网核心和汇聚节点建设，优化升级骨干网络，部署应用标识解析体系，积极推动家纺、建筑等特色产业工业互联网标识解析二级节点建设。强化功能基础设施建设，优化数据资源共享基础设施，建立公共信息资源目录体系，完善人口、法人单位、自然资源和地理空间、宏观经济、电子证照、社会信用等公共信息资源基础数据库，协调推进市场监管、应急管理、乡村振兴等重点领域主题数据库建设。

（三）激发数字经济发展活力

加快推动数字产业化，发展壮大核心数字产业，巩固夯实通信产品、电子元件和电子器件等电子信息产业优势，提升大数据、云计算、工业互联网、信息安全、开源社区等软件和信息服务产业动能，加快发展人工智能、区块链、未来网络、量子通信等战略性新兴数字产业。推进产业数字化转型，推进智能制造示范和智能化升级，以新一代信息技术和人工智能为基础，大力推进智能制造关键技术装备、核心支撑软件、工业互联网等系统集成应用，推广流程智能制造、离散智能制造、网络化协同制造、远程诊断与运维服务等新型制造模式。大力推动企业“上云上平台”，深入开展企业上云行动，推动企业业务系统向云端迁移，开展研发设计、生产制造、运营管理、供应链协同等应用。推动数据要素价值化，推进数据有序共享开放，鼓励各类主体积极参与制定数字技术国际国内标准，构建市级信息资源共享开放与绩效评价制度，加快全市政务数据和社会数据标准化采集、融合、确权、交易和利用。加快释放数据要素改革红利，推进数据交易试点和数据生产要素统计核算试点，探索建设大数据交易中心，培育数据要素市场，构建政企协同、合作共赢的数据融合体系。

（四）建立信息安全保障体系

完善信息安全综合治理体系，完善信息安全相关管理制度，建立健全信息安全监督检查、风险评估、信息共享和通报、应急处置、数据保护等工作机制和法规制度，强化对工业企业、工业互联网平台企业及相关机构的安全指导，编制重点行业信息安全防护指南，以评估测评为手段，引导企业建立安全管理体系和内部管控制度，在全市建立逐级负责的政府监管模式，实施差异化、精准化管理。强化关键信息基础设施保护，建立关键信息基础设施名录，明确关键信息基础设施安全保护工作职能分工。实施关键信息基础设施网络安全等级保护，加快推进核心设备和技术的国产化进程。制定网络安全审查配套政策文件，提高关键信息基础设施信息技术产品和服务的安全性、可控性。提高工业信息安全防护能力。夯实设备安全和控制安全，贯彻落实《工业控制系统信息安全防护指南》的相关要求，部署针对性防护措施，保障工业生产、主机、智能终端等设备安全接入和边界安全防护，强化控制网络、装置装备、工业软件等安全保障。

（五）优化数字经济发展环境

完善工作机制，健全管理体制，明确相关部门在数字经济发展中承担的责任。深化数字经济领域重大问题会商会办、重大事项协同处置和重大信息通报共享等制度的落实落地，着力提升统一指挥调度能力。强化人才培育，支持数字经济人才发展体制机制改革，研究建立特殊人才培养和激励制度，加大对高端人才、紧缺人才的培养、引进和支持力度。持续激发人才创新创业活力，构筑与高质量发展相适应的人才治理体系。促进交流合作，构筑高水平对外开放新高地，积极主动扩大对外开放，加快融入“国内国际双循环相互促进”的新发展格局，积极参与国家“一带一路”科技创新合作行动计划，推动“一带一路”交汇点重要枢纽城市建设，推进市场采购贸易与跨境电商融合出口模式落地。

作者简介：

南通市工业和信息化局，负责推进南通市工业和信息化领域高质量发展，建设制造强市、网络强市。2017 年主导南通市获评全国首批工业稳增长和转型升级成效明显市，连续 21 年获评南通市级机关考核优秀单位。

以集成创新推动集成电路产业发展

广州高新区高质量发展研究院　　李耀尧

目前，集成电路产业方兴未艾，推动信息技术创新与信息产业发展，构成我国新经济的重大产业系统。集成电路产业发展需要认真审视产业自身发展规律，在追求前沿技术的同时仍需要以系统思维推进该产业发展的集成创新。广州开发区与广州高新区、广州市黄埔区深度融合发展，处于广州地理中心、粤港澳大湾区“湾顶”，以及广深港、广珠澳走廊“A”字形交叉点，已成为广州实体经济主战场、科技创新主引擎、改革开放主阵地、开放型经济新空间。本文基于广州开发区（高新区）发展集成电路产业的有效做法，提炼总结出开发区发展路径，并对集成电路产业集成创新及其政策创新体系提出若干思考。

一、集成电路产业是牵引型重大新兴产业

集成电路（Integrated Circuit，IC）是一种微型电子器件或部件。集成电路采用一定的工艺，把一个电路中所需的晶体管、电阻、电容和电感等元件及布线互连在一起，制作在一小块或几小块半导体晶片或介质基片上，然后封装在一个管壳内，成为具有所需电路功能的微型结构，使电子元件向着微小型化、低功耗、智能化和高可靠性方向发展。集成电路产业是一种半导体产业，包括制造业、设计业、材料业、封装业等各个新兴产业，是与各产业息息相关的基础性、关键性产业，尤其在电子化时代、信息化时代成为引领新一轮科技革命和产业变革的关键力量。作为半导体产业里的关键产品之一，集成电路产业领域的发展趋势备受人们关注，成为世界强国追求的重大引领型新兴产业。我国目前的集成电路产业发展迅速，芯片制造占比约为23%，电路设计占比约为

35%，封装测试占比约为 42%，成为带动性强、产业引领型的行业。

从广州开发区来看，基于发展基础与条件，广州开发区主动践行国家战略，全力打造粤港澳大湾区集成电路产业发展的重要引擎，致力于从空间、链条、场景应用三个方面建设中国华南最大集群区，牵引其他新兴产业发展。一是建成华南地区最大的集成电路产业基地。广州开发区在粤港澳大湾区唯一的国家级双边合作项目——中新广州知识城规划了 13 平方千米的产业园作为集成电路产业集聚园区，布局了晶圆制造、封装测试、设备材料等制造型项目，构建了“芯片设计—晶圆制造—封装测试—终端应用”一体化模式，打造了华南最大湾区半导体产业园。二是建成拥有大湾区最完整的集成电路产业链。广州开发区依托广州市一半左右的工业体量优势，集聚集成电路上下游企业超 120 家，占广州全部集成电路上下游企业的 90%以上，形成了由芯片设计、晶圆制造、芯片封装和集成电路测试四个主要环节及支撑配套产业构成的全产业链发展格局。三是建设国内最全集成电路产品应用场景。国内近 60%的芯片市场在大湾区，芯片消费和应用市场广阔。广州开发区以集成电路产业为嵌入，加快数字产业化、产业数字化步伐，推动创新链、产业链深度融合，有力推动了区内其他产业发展。例如，新一代信息技术产业产值超 2300 亿元人民币，汽车产业产值近 2000 亿元人民币，每年消耗芯片超 50 亿颗，具备良好的产业关联发展效应；区内一些新兴产业业态，如新一代显示、5G、人工智能、医疗检测、智能网联汽车等新兴领域，依靠半导体产业的发展和引领迅速壮大，成为千亿级产业集群。

二、发展集成电路产业需要集成创新模式

集成创新模式中集成创新（Integration Innovation）的思想可以追溯到 1912 年约瑟夫·熊彼特（Joseph Schumpeter）首次提出的创新理论。熊彼特认为创新是“建立一种新的生产函数”，即实现生产要素和生产条件的一种新组合，这种新组合包括五种形式，即引进新产品、引入新技术、开辟新市场、控制原料新的供应来源、实现工业的新组织。整个社会不断地实现这种组合，促使经济向前发展。广州开发区坚持以产业之“芯”构筑中国华南地区集成电路产业发展的“芯空间”“芯集群”“芯科技”“芯环境”，初步打造并形成集成电路产业发展的集成创新模式。

第一，坚持主动对接国家战略，构建北中南相呼应的产业空间集聚格局，打造极具影响力的“芯空间”。承接国家级开发区担负国家使命的本质要求，广州开发区在与广州市黄埔区实行功能区、行政区合署发展之后，利用空间整合与对外开放优势，全力谋划集成电路产业发展空间。目前在全区 484 平方千米的地理板块中，从北至南形成了中新（中国—新加坡）广州知识城、广州科学城、广州黄埔港（含广州国际生物岛）三大产业片区，并形成了良好的错位分工、协同发展格局，北部打造芯片产业制造区，中部打造研发设计集聚区，南部打造应用场景展示区。其中，中新广州知识城打造了 13.2 平方千米（首期 6.6 平方千米）的湾区半导体产业园，按照“万亩芯园、一心三园”（晶圆制造园、材料制造和封测园、产业应用园、设计和服务中心）规划布局，引进制造、材料和设备等领域重大项目，依托晶圆制造产业的辐射作用，向材料与装备上游引导，向产品应用下游延伸，构建集成电路产业生态闭环。2021 年，引进粤芯二期、光掩模、深南电路 FC-BGA、中科飞测、盈骅等重点项目，总投资超 530 亿元人民币，预计达产产值超 350 亿元人民币。广州科学城打造设计研发聚集区，以芯大厦、创新大厦、创艺大厦、总部经济区等多个载体为依托，集聚安凯、昂宝、高云、慧智微、泰斗微、广芯微等芯片设计企业 62 家，建设中国“芯天地”，推动设计企业总部、研发中试、系统测试、EDA 研发及 IP 研发等平台集聚发展。

第二，坚持构筑产业链供应链，建立上下游相匹配的产业集聚集群支柱，打造极具竞争力的“芯集群”。广州开发区大力实施集成电路“链长制”，坚持“链长”推动、“链主”带动，坚持以点带面、串点成链，坚持追求卓越、抢占高地。深入实施“链长制”，聚焦“链长、链主”双向联动，加快推进集成电路产业高质量发展。一是坚持“链长”推动。区主要领导亲自挂帅集成电路产业链“链长”，统筹协调集成电路产业链建设全局性工作，适时组织召开全体会议，研究须综合协调解决的重大事项，当好资源要素的整合者、结构调整的促进者、高质量发展的推动者。二是坚持“链主”带动。全力支持湾区半导体产业集团筹建，以粤芯半导体为“链主”企业，瞄准特色工艺、SOI 材料和 IDM 模式三大方向，支持芯片设计企业做大做强，补齐封装测试等薄弱环节，扩大设备材料等配套产业规模，促进产业链上下游、产供销、大中小企业融通发展。三是坚持上下游链条联动。充分发挥产业生态聚合效应，推动上下游企业优势互补、资源共享、供需对接，打造协同共生的产业链生态。目前已集聚集成电路上下游企业超 120 家，在广州市全部集成电路企业中占比 90%以上，2021 年实现产值约 250 亿元人民币，同比增长超 20%，其中涌现出一批行业领先企业，例如，慧智微的射频芯片荣获 2020 年“中国芯”重大创新突破产品奖，昂宝的电源管理芯片技术全国领先，高云半导体的 FPGA 芯片填补多项国内空白，泰斗微的北斗导航芯片出货量占全国近 40%，汉源新材料的微纳米烧结银材料实现国内首家量产，“设计—制造—封装测试—配套”于一体的全产业链已经初步形成。

第三，坚持与港澳地区协同发展，集聚产学研相结合，一体化的产业要素，打造极具创新力的“芯科技”。广州开发区深度参与粤港澳大湾区国家技术创新中心“1+9+N”技术创新体系构建，强化大院大所的研发支撑，强化科技企业的创新支撑，强化高端人才的智力支撑。聚焦“链长、链主”双向联动，加快推进集成电路产业高质量发展。牢牢抓住创新驱动的本和源，搭建成果转化的桥与梁，有效促进创新链、产业链、人才链对接融合。加速平台建设。瞄准集成电路、新材料等重点领域，引进粤港澳大湾区国家技术创新中心、广东省大湾区集成电路与系统应用研究院、中国科学院长春应用化学研究所黄埔先进材料研究院等一批创新平台，与西安电子科技大学合作共建广州第三代半导体创新中心，形成以国家技术创新中心、重大科技基础设施为引领，高水平创新研究院、一流高校为支撑的科技战略创新集群。加速人才集聚。创新人才培养机制，通过与大院强所和高校合作共建，培养行业战略型人才，目前已集聚 10 余个集成电路及相关领域专家团队。与西安电子科技大学共建研究院、研究生院，已形成 3 年 2000 名专业人才的培养规模。加速成果转化。推进制造业创新成果产业化试点，成功申报第四批产业技术基础公共服务平台，促进北京航空航天大学等 7 所工业和信息化部部属高校的产业化创新成果落地转化，建成大湾区首个设计制造一体化的 5G 滤波器芯片项目，预计 2022 年年底产能可达 50～100 亿颗，基本实现国产替代。

第四，坚持创造特色化营商环境，优化多层次相衔接的产业集群化环境，打造极具吸引力的“芯环境”。广州开发区抓好营商环境改革“头号工程”，助力集成电路产业加速集聚创新发展，以政策吸引产业，以服务助力项目，以金融赋能发展，形成有利于集成电路良好产业化的生态系统。充分发挥政府统筹协调和鼓励引导作用，加快补齐体制机制短板，为集成电路产业营造良好的发展环境。强化顶层设计。编制《黄埔区广州开发区集成电路产业规划》《中新广州知识城集成电路产业园园区规划》《中新广州知识城集成电路产业园精准招商策略规划》等系列产业规划，围绕特色工艺、定制化代工、SOI、第三代半导体、材料设备等方向，引进培育一批集成电路龙头企业，全力打造千亿级集成电路产业集群。加大政策扶持。制定出台 IAB（新一代信息技术、人工智能、生物医药）政策，对区内新一代信息技术产业领域，尤其是集成电路产业给予政策支持，全力支持集成电路领域项目引进、研发创新和平台建设，推动集成电路企业加快成长。全区给企业兑现扶持资金，为企业降本减负 2.78 亿元人民币。同时，打造品牌盛会。充分发挥产业政策推动会、产品技术发布会、企业合作交流会的服务平台作用，成功举办第 23、24 届中国集成电路制造年会，首届、第 2 届中国 IC30 人圆桌会，以及 2021 年广东 SOI 高峰论坛，为集成电路产业发展凝聚各方智慧，全力打造具有国际影响力的集成电路之都。

三、集成创新重在实施有特色的提升工程

在集成电路产业的集成创新中，最关键的是构筑具有指向鲜明、特色明朗的集成电路产业政策体系，实施有特色的提升工程，包括研发政策、产业化政策、人才政策等核心政策支撑。未来，广州开发区将把准集成电路产业变革方向，谋划集成电路产业发展的提升工程。

第一，实施产业提升工程，以集成电路产业促进战略性新兴产业发展。结合广州市黄埔区的“万亿制造”计划，实施全区集成电路千亿级发展目标，引进培育一批智能驾驶、超高清视频、指纹识别等高端芯片设计厂商，推动集成电路与汽车、生物医药、高端装备等跨产业融合，由此带动万亿级的战略性新兴产业集群发展。围绕开发区三大片区（知识城片区、科学城片区、黄埔港片区）和四大战略性平台（两城一港一岛，即知识城、科学城、黄埔港、生物岛），加快推进湾区半导体产业园、中国“芯”天地等产业载体建设，推动湾区半导体产业集团、融信产业集团等主体建设，构筑涵盖设计、制造、封装测试等环节的全产业链协作生态圈。集中资源加快产业发展，要努力实现到 2025 年 55nm 以上 12 英寸晶圆产能超过 12 万片，力争 28nm 产能做大到 4 万片，建成 SOI 12 英寸晶圆线 1 条，集成电路全产业链产值达 1000 亿元人民币。

第二，实施创新提升工程，以集成电路技术促进我国科技创新自立自强。广州开发区坚持以企业和用户为主体牵头组建创新联合体，集中开展关键核心技术攻关，加快关键基础领域创新突破，实现开发区关键核心技术的全新突破。

瞄准集成电路产业技术目标、关键核心技术目标、研发目标及其产业化目标，加速推进技术创新工程实施。在技术创新平台中，广州开发区以企业和用户为主体，牵头组建创新联合体，加快构建广东微技术工研院、张江实验室广州基地等公共平台，集聚西安电子科技大学广州研究院和广东省大湾区集成电路应用与系统研究院等优势力量，集中开展关键核心技术攻关，加快关键基础领域创新突破。把准集成电路产业变革方向，以技术创新、模式创新和体制机制创新为抓手，瞄准集成电路特色工艺、SOI 技术和 IDM 模式三大方向，更加注重芯片设计企业集聚，更加注重第三代半导体前瞻布局，着力补齐芯片制造和先进封装测试关键缺失环节，实现开发区品牌更多的国产化替代。

第三，实施品牌提升工程，以国家级开发区营商环境促进集成电路发展。广州开发区发挥空间区位优、产业环境好、政策组合多的优势作用，继续深化营商环境改革创新，构筑全球一流的法制化、市场化、国际化营商环境，加速形成“引进团队—国资引领—项目落地—股权退出—循环发展”的闭环体系，全力塑造开发区“政策+环境”品牌模式。未来，广州开发区将持续支持办好中国 IC30 人圆桌会、中国集成电路制造年会，争取更多国际性和“国”字头重要会议落户，打造集成电路领域“达沃斯”（知识城）论坛。同时，发挥中国唯一的知识产权综改试验田作用，探索集成电路企业融资新范例，大力强化金融保障作用，全链条打造集成电路产业发展模式。创新集成电路人才培育模式，深化人才服务保障，搭建企业和院所资源的对接与产业化平台，打造集成电路企业与人才离成功最近的地方。

作者简介：

广州高新区高质量发展研究院，成立于 2019 年 4 月，是广州开发区（高新区）管委会事业单位，2020 年入选广州市 10 大新型智库建设序列。

李耀尧先生，广州开发区政策研究室主任、广州高新区高质量发展研究院院长，兼任中国开发区协会智库首席专家。长期从事党委政府决策咨询服务与开发区经济研究，研究领域为开发区运行、区域经济和产业经济。出版《产业集聚与升级——基于中国开发区产业演变的动态考察》等著作，并发表多篇论文。

聚力发展新经济 推动高质量成长

合肥高新区管理委员会

新经济代表新一轮科技革命和产业变革的方向。近年来，合肥高新区旗帜鲜明地提出发展新经济，制定发展新经济、实现高质量发展的实施方案，将发展新经济作为建设世界一流高科技园区、实现“三个高新”美好愿景的核心抓手，持续推动产业结构向中高端升级。

一、高新区新经济产业发展的现状和面临的挑战

（一）新经济产业现状

新产业“增长极”初步形成。“中国声谷”“中国安全谷”等国字号产业发展载体加快打造，孵化培育全国首家量子领域上市公司、量子领域潜在独角兽企业，聚集光伏和新能源、汽车和新能源汽车、节能环保等领域企业150余家，获批国家健康医疗大数据中部中心，建设合肥离子医学中心、合肥大基因中心等高端平台，获批国家知识产权示范园区等国字号品牌，服务业对经济增长的贡献首次超过工业。

新场景“试验场”初步构建。打造经济大脑、智慧城市、未来教育、未来健康、智慧车站、无人驾驶、量子应用和未来智造8大应用场景，为新技术应用、新模式孵化提供试验空间和创新土壤。特别是经济大脑场景，完成了14个部门16个大数据应用项目建设，涉及经济分析、环保监测、规划管理、预算监督、招商服务等，集成科技中介服务、普惠金融、政策通、市场汇等为企服务大数据应用模块。

新平台“牵引力”明显增强。国家实验室、人工智能研究院、中国科学技术大学高新校区等原始创新平台即将建成，中国科学技术大学先进技术研究院、中科院（合肥）技术创新工程院等科研成果转化平台加快创新成果转化，智能语音国家新一代人工智能开放创新平台、类脑智能国家工程实验室、国家高可信软件开发与验证平台等新经济开放平台成效初显。

新主体“爆发点”持续增加。编制量子信息产业专项政策、5G 产业发展及招商规划等新经济招商计划表、路线图，开展延链、补链、强链招商。实施企业“掘金计划”，开展百亿企业、上市企业、高新技术企业、高成长企业等新经济企业培育工程，培育百亿企业 6 家、上市企业 32 家、高成长企业 614 家、国家高新技术企业 1492 家、拥有关键核心技术的“深科技”企业近 150 家、具有爆发式增长潜力的“爆品”企业 20 余家。

新供给“生态圈”基本形成。高标准建设合肥国际人才城、合肥国家海外人才离岸创新创业基地、国家侨梦苑等一批国际人才集聚区和“一站式”服务平台，年均引进各类人才约 3 万人，其中市级以上高层次人才 553 人，80%以上高端人才集聚在新经济产业。在全省率先打造“科技金融示范区”，设立新经济发展基金，整合推出瞪羚贷、雏鹰贷等 11 大科技金融产品。实施营商环境“领跑计划”，获批安徽省首批法治政府建设示范点，发布全国首个开发区层面的营商环境指数。

（二）面临的挑战

一是新经济规模不大，新动能引领带动性不足。新经济尚处于培育期，产业规模与杭州高新区、成都高新区差距较大，产业链带动效应不强，在经济发展中的支撑效用不明显。二是新经济企业发展能级和培育力度有待提升。缺少对区域经济发展有巨大带动效应的千亿级龙头企业，新经济企业培育集中在前端发现环节，“企业挖掘—政策兑现—跟踪服务”全链条的培育机制尚未建立。三是新经济场景建设缺乏深度统筹。场景的开发和挖掘机制需要完善，场景建设体系性不够强，整体开放范围不够广，开放程度不够深。四是新经济要素供给有待加强。支撑新经济加速发展的政策、资金、环境等要素供给不足，园区教育、医疗、住房、文体等公共资源配置尚未能充分满足高层次人才的需求。

二、高新区新经济产业发展的重点

（一）目标定位

合肥高新区重点围绕“3+7+X”加快应用场景建设和制度创新，汇聚新经济创新要素，培育新经济主体，优化新经济空间布局，完善新经济创新生态，提升产业基础能力和产业链现代化水平，聚集人工智能、光伏新能源、量子信息、生物医药等高新技术产业，着力建设具有全球影响力的新能源产业基地、“中国声谷”、量子中心。

（二）发展重点

1. 打造三大核心产业

实施人工智能产业升级工程，推动产业高速发展，培育核心龙头企业，完善产业链配套企业，提升产业核心竞争力、产业规模和品牌效应。重点发展智能语音、机器视觉、人工智能应用芯片、机器人、人工智能垂直产业应用。

实施集成电路设计提升工程，依托国家集成电路战略性新兴产业集群、国家“芯火”双创平台、安徽省集成电路产业集聚发展基地，坚持以集成电路设计为核心，建立国内知名的集成电路设计产业园，着力打造一批设计龙头企业。重点发展第三代半导体、高端芯片设计、高端特色芯片制造、芯片封装测试、集成电路装备制造。

实施大健康特色产业体系提升工程，依托安徽省生物医药和高端医疗器械产业基地，以关键技术攻关和高端产品研制为主线，加速培育壮大一批本土创新型企业，持续引进一批龙头企业，大力支持原创性新药研发，加快建设生物医药创新平台，打造具有全球影响力的生物医药创新城市重要一极。重点发展生物制药、高端医疗器械、智慧医疗。

2. 发展七大重点产业

在新能源汽车暨智能网联汽车方面，围绕新能源汽车、智能网联汽车、关键零部件三大板块，按照“整车提质增效，配套固强补弱，技术创新引领”的发展方向，坚持培育与引进相结合，优化产品结构，构建汽车及配套产业链一体化布局。重点发展汽车电子、智能网联汽车、新型汽车服务。

在光伏新能源方面，在全力实现“碳达峰、碳中和”双碳目标下，打造现代新能源产业发展体系，实施“1+4”发展战略，建设“光伏第一城”核心区。重点发展高效太阳能电池片、高端光伏组件、智能逆变及配套装备、光伏制造核心装备、光伏辅材。

在网络信息安全方面，打造“中国安全谷”，探索网络信息安全教育技术产业融合发展的“合肥经验”，聚焦信息技术应用创新、网络空间安全、区块链等领域，发展安全防护综合服务、区块链创新应用等关键技术。重点发展工业互联网安全、车联网安全、网络信息安全服务。

在新材料方面，顺应新材料高性能化、多功能化、绿色化的发展趋势，重点发展先进基础材料、关键战略材料和前沿新材料。

在高端装备方面，推动先进轨道交通装备、智能制造机器人、高性能医疗设备、高端能源装备等成套装备产业化和工程应用，打造特色鲜明、重点引领、优势突出的高端装备产业体系。重点发展先进轨道交通装备、智能制造装备、高端能源装备。

在节能环保方面，加快节能技术装备升级换代，提升环保技术装备水平，发展资源循环利用技术装备，壮大节能环保服务业，构建要素齐全、重点突出、特色鲜明、核心竞争力强的环保技术研发、制造、产品和服务的全链条体系。重点发展节能服务、节能技术装备、环保装备、环保材料。

在新兴数字产业方面，依托国家数字服务出口基地，加快形成以企业为主体、“产学研用”一体化发展的创新机制，破解产业发展“卡脖子”问题。集中资源与力量，培育新技术、新产品、新业态、新模式，夯实产业基础，壮大产业规模，打造数字产业集群，全面提升数字经济发展能级，推动经济领域数字化转型。重点发展高端软件、文化创意。

3. 布局 X 个先导产业

在量子信息方面，依托中国科学院量子信息与量子科技创新研究院等战略支撑平台，强化原创性技术突破与专利布局，推动量子信息前沿技术产业化，支持量子信息技术在高新区先行先试，持续提升“量子中心”品牌影响力。重点发展量子通信、量子计算、量子测量。

在类脑智能方面，建设类脑智能技术应用研究平台。在智能信息处理、智能机器人、类脑芯片与系统等重点研究方向不断取得关键技术成果并推广应用。重点发展脑认知与神经计算、类脑多模态感知与信息处理、类脑芯片与系统、类脑计算系统，以及类脑智能机器人。

在氢能储能方面，围绕国家“碳达峰、碳中和”的战略部署要求，聚焦制氢、储运、加氢、氢能利用等领域，重点发展氢能产业、储能产业。

在空天信息方面，谋划推进空天信息产业布局，依托园区在卫星载荷、卫星器材配套、卫星数据应用等方向的先发优势，引进龙头企业重点项目，争取深空探索实验室落地，逐渐形成以 SAR 卫星的研发、制造为突破，卫星载荷、卫星运营、空天数据应用等产业链加速发展的产业格局。

在基因科技方面，重点发展基因检测、基因编辑、基因医学、干细胞。在精准医疗方面，发挥合肥离子医学中心等创新平台优势，加速前沿技术产业化，建设国际一流的精准医疗产业集群。重点发展质子重离子治疗、干细胞与再生医学、免疫细胞治疗、基因治疗等。

三、高新区促进新经济产业发展的举措

（一）推动新经济产业集聚

强化双招双引，锁定京津冀、长三角、珠三角等重点区域，构建“顶层设计+科学规划”“深耕细作+精准招商”“专业招商+体系招商”体系，成立 11 个专业招商小组，由管委会领导牵头，选配专职招商人员开展产业研究，实现精准对接，形成全区上下共谋招商工作一盘棋的工作格局。同时，推动人才人事、就业创业、社会保障、劳动关系等提升，实施“领航”企业家培养工程，率先成立高新区企业家大学，实施集聚更大规模、更高素质的人才队伍，建设更具活力和担当的干部队伍。强化产业集群培育，探索“智能语音—人工智能—新一代信息技术”内生发展路径，抢占人工智能等新一代信息技术产业发展先机。建设“区域经济大脑”，支持科技型中小企业，重点培育核心企业，完善产业链配套企业，推动产业核心竞争力、规模水平和品牌效应大幅提升。深化基地建设“五个一”工作机制，面向生物医药、高端装备、新材料等领域，升级出台精准支持政策，持续壮大集成电路、智能语音、生物医药、网络与信息安全等省级重大新兴产业基地。

（二）推动新经济主体培育

聚力专精特新“小巨人”企业培育，动态调整各级“专精特新”培育库内企业，形成良好梯次培育机制。针对上市后备企业、股改后备企业，进行一对一上门辅导，优先推荐认定各级“专精特新”荣誉。推动金融机构提供普惠性、创新性金融产品和服务，促进银企精准对接，支持企业股改上市。依托“链通高新”平台和 10 个产业联盟，支持“专精特新”中小企业与行业龙头企业协同创新。聚力高成长企业培育，构建纵向以“雏鹰—瞪羚培育—瞪羚—潜在独角兽—独角兽—平台型龙头企业”为梯队、横向以“爆品、深科技、双五”为特色的培育生态体系。借助大数据和人工智能，对潜在的高成长企业进行重点挖掘和摸排，实现政策与潜在企业精准匹配。聚力上市企业培育，实施资本市场“破茧工程”，综合考虑企业估值、销售、研发、阶段性成果等上市关键指标，筛选和培育一批多层次资本市场优质企业。深化上市企业包联服务，引导金融资源、专业培训等专业服务分层次推动企业发展，打造覆盖创新型企业全生命周期的上市服务体系。积极引导上市公司通过资本市场开展境内外并购重组，拓展上市后备资源，重点加强对四新企业及基本符合 IPO 条件企业拟上市主体的招引。

（三）推动新经济生态营造

加大领军企业培育，鼓励重点企业与金融机构协作交流，引导银行加大对重点企业的信贷支持，利用好创新贷、转型升级贷等财政金融产品。支持重点企业承担重大创新载体建设，推动协同创新机制，支持龙头企业参与建立专业的产业孵化器，搭建资源共享、互利共赢的孵化服务平台，建立高技术服务业专家库，提高科技服务机构的技术水平。加大产业基础强基，以项目为抓手，聚焦基础零部件/元器件、基础工业软件、基础材料、基础制造工艺和装备、产业标准与基础技术检验检测系统“五基”领域，集中突破一批关键核心技术。围绕产业基础高级化、产业链现代化，开展质量攻关行动，实施“接榜挂帅”，加快创新成果转化，提高产业链自主可控能力。加大创新能力提升，建设新型研发机构、共性技术研发平台，组建创新联合体，共同承担国家、省、市重大科技项目。依托国家“双创”示范基地，完善高端专业产业园区及产业配套，举办“合创汇”等双创品牌活动，丰富拓展众创空间、孵化器、加速器、科技园等平台载体。

（四）推动新经济场景建设

创新工作机制建设，围绕科技创新制定场景创新实施方案，面向科技创新企业开放场景资源，以场景创新促进科技与产业融合应用。联合专业第三方机构成立“场景建设促进专班”，围绕科技创新需求，制定常态化场景挖掘、场景策划、场景发布、场景对接等工作机制，主动谋划高价值场景。探索制定宽容审慎的场景创新供给制度，允许场景创新在可控范围内试错。创新应用试点示范，开展行业试点示范，面向 5G、人工智能、智能网联汽车、大数据、区块链、工业互联网等信息技术领域，建设一批应用示范场景，定期汇总发布优秀场景清单，并进行示范推广。坚持高新区设计、高新区制造、高新区建设、高新区运维“四个高新区”理念，鼓励产业带动作用明显的新技术、新产品、新业态、新模式示范项目在区内落地。为新技术、新产品提供真实的应用测试空间，加速前沿技术突破与商业化应用，在场景创新上打造具有地方特色的地标性场景项目，形成可复制、可推广的解决方案。

作者简介：

合肥高新区，是合肥综合性国家科学中心核心区、滨湖科学城创新引领区、国家自主创新示范区、中国（安徽）自由贸易试验区核心区、首批国家双创示范基地，被科技部纳入世界一流高科技园区建设序列，连续八年稳居全国高新区前十，成功打造“中国声谷 量子中心”品牌。

高新区集成电路产业发展的分析与研究

苏州高新区管理委员会

一、高新区集成电路产业发展现状及成效

苏州高新区是我国集成电路产业起步早、基础好、发展较快的区域之一，也是苏州市集成电路产业重点发展的板块之一。2020 年，全区集成电路产业营收额为 90 亿元，2021 年，产业营收额达 96 亿元，增长 37.1%，产业实现重点突破和整体提升，形成成熟的产业生态体系。

（一）坚持产业发展与科技创新良性互动

苏州高新区围绕集成电路产业布局，加大创新资源集聚力度，完善产学研用创新机制，积极开展与国内外知名院校、科研院所、重点科技企业的深度合作，建设了一系列科研支撑机构，包括 EDA 设计、公共集成电路测试、平台型第三方实验室等系列化专业平台，为打造集成电路产业创新集群提供了很好的创新资源集聚基础。

一是产业创新载体全面升级。苏州高新区已集聚中国移动苏州研发中心、南京大学苏州校区、浙江大学苏州工业技术研究院等一批国内外科研院所和研发机构，为打造集成电路产业创新集群提供了良好的科研基础和人才基础。环南大科创圈由苏州高新区依托太湖科学城建设，结合集成电路产业发展规划，积极布局大科学装置、共性技术创新平台，承载科学机构、研究型大学，开展前沿性、基础性重大科学研究，努力打造承载科研院所、应用性技术研发平台、国际合作平台与金融服务机构的交叉平台集聚区，全面建设促进科研成果集成转化、应用推广，深化产业环链拓展与融合创新的科技成果转化区。成立了南

京大学国家集成电路产教融合创新平台苏州分中心、南京大学苏州开源芯片技术创新研究院等一批科研机构，形成了对集成电路产业各主要环节的有效支撑。南京大学苏州校区设立了集成电路科学与工程学科，为产业的转型升级、创新发展提供人才、智力及技术方面的支持。工业和信息化部电子第五研究所华东分所，即中国赛宝（华东）实验室，是华东地区专业从事制造业质量可靠性技术研究及应用的服务机构，机构建成集成电路产业可靠性分析与工艺验证公共服务平台，致力于开展高端集成电路技术服务，满足智能制造、物联网、汽车电子、工业机器人等新兴产业对集成电路可靠性评价的要求，支撑国产集成电路及相关产业的质量可靠性提升与健康持续发展。

二是产业专业人才加速集聚。苏州高新区面向集成电路企业全生命周期发展需要，提供多元化、全链条服务，对集成电路领域的国内外顶尖人才（团队），一律给予“一事一议”、上不封顶的特殊支持，对入选的领军人才（团队）给予最高5000万元的项目经费和600万元的安家补贴，目前，在作为苏州市集成电路产业领军人才的9人中，苏州高新区有3人。构建完善“1+1+5”人才乐居模式，即建立1个人才乐居工作领导小组，打造1个“苏新乐居　才就舒心”人才乐居品牌，积极推出5项具体举措，包括实施1项人才乐居政策、组建1家专业管理公司（苏州高新乐居管理服务有限公司）、构建1个人才住房信息管理平台（苏新乐居平台）、开展1次住房梳理摸底（目前已将1万多套房源纳入人才住房管理体系）、制定1个住房筹集方案（未来3年筹集2万套人才公寓）。

三是产业园区建设精准高效。苏州高新区围绕“产城融合”“双创社区”概念，重点打造苏州市集成电路创新中心、中国苏州创业园、太湖云谷、枫科创园、苏高新软件园等多家聚焦集成电路相关领域的产业园区，总建筑面积超过140万平方米，为入园企业提供创业孵化、股权投资、公共服务平台等涵盖企业成长周期全产业链的一站式服务。2020年，苏州高新区启动建设苏州市集成电路创新中心，布局“企业孵化+平台建设”双驱动发展模式，陆续建设了苏州市集成电路展示中心、苏州市集成电路产业知识产权运营中心、苏州中科集成电路设计中心、苏州市半导体产业联盟等一系列公共服务资源，为集成电路产业补链、强链、延链发挥基础支撑作用。中国苏州创业园是全国首批国家级留学人员创业园、首批国家级科技企业孵化器和首批国家级国际企业孵化器，自成立以来，聚焦高端人才集聚、科技成果转化、高新技术企业培育，已建立较为完善的科技服务体系，累计引进培育科技企业2300多家，其中集成电路企业包括苏州国芯、苏州超锐微电子、昇显微电子等。苏高新软件园是国家软件产业基地、国家火炬计划软件产业基地苏州软件园的重要组成部分，园区拥有国内首个地方获得CSIP授牌的国家软件与集成电路公共技术服务平台、科技部国际合作司成立的苏州首家“国际科技合作基地”、江苏省首家工程技术文献中心服务站、中科数据应用技术开发中心，以及苏州高新区人力资源科技城分中心等各类优质公共平台，为入驻企业实现“低成本、快速度”的高质量成长提供良好条件。

（二）坚持产业主体与产业生态深度融合

近年来，苏州高新区针对集成电路产业，通过成立苏州高新集成电路产业发展有限公司，着力优化产业生态、招引优质项目，全区拥有集成电路企业71家，产业品牌影响力全面提升。

一是产业支持政策有力有效。近年来，为进一步加大对集成电路产业的扶持力度，苏州高新区从项目落户、发展成长、研发创新、金融扶持、产业人才等方面，相继出台了30余项扶持政策，支持集成电路产业高质量发展。2020年5月，苏州高新区出台《苏州高新区关于加快集成电路产业发展的若干意见的通知》，对集成电路发展领域新认定的国家级、省级、市级企业技术中心，工程技术或研究中心和重点实验室等，分阶段给予最高1000万元、300万元、100万元的奖励，以及对相关集成电路设计企业给予同一企业每年最高600万元的芯片流片补贴。目前，在已落地的苏州市流片补贴申报中，苏州高新区7家集成电路设计企业享受最高达1000万元的补贴，其中，苏州国芯入围产业链关键核心技术攻关项目，最高享受50%的攻关投入补贴。

二是产业服务水平加速提高。苏州高新区设立总规模100亿元的集成电路产业母基金和总规模20亿元的科创天使母基金，结合高新贷、人才贷、科技保险奖补等金融产品，将基金投资与集成电路产业发展深度融合，吸引了众多优秀投资团队和优质项目，形成投资增值、项目招引、产业集聚相互促进、助推发展的良性互动。苏州高新区主导发起设立了苏州市半导体产业联盟，协调优化区内外集成电路产业链企业合作交流机制；专门设立了区属一级产业公司——苏州高新集成电路产业发展有限公司，作为统筹全区集成电路产业发展和规划的专业力量，进一步提升区域集成电路发展能级，着力打造集成电路产业创新集群。

三是重点产业实现错位发展。苏州高新区集成电路企业分布范围广，主要集中在狮山横塘街道、枫桥街道、苏州科技城，以及浒墅关经济技术开发区，各板块均有集成电路产业相关企业分布。狮山横塘街道是苏州高新区集成电路设计企业集聚地区，2021 年集成电路主要企业实现销售收入 20.6 亿元人民币，连续两年增长超过 30%。枫桥街道拥有近 20 家半导体和集成电路相关企业，产业链分布主要集中在中游制造以及下游应用。2021 年集成电路产值突破 30 亿元人民币，由集成电路产业直接带动的相关上下游产业产值超过 100 亿元人民币。苏州科技城重点引进、培育和发展集成电路设计等方向的新一代信息技术产业。截至目前，已聚集集成电路企业近 20 家，2021 年，相关产业营收近 35 亿元人民币，以集成电路设计和制造企业为主，纳入规模以上的企业有 7 家。在浒墅关经济技术开发区，行业领域涉及集成电路封装测试、集成电路配套装备与材料等方面，2021 年，相关产业营收近 10 亿元人民币。

（三）坚持产业细分与特色发展齐头并进

苏州高新区在集成电路设计、制造领域发展优异，在集成电路设计、集成电路制造、集成电路封装测试三大主业以及设备材料等支撑服务业中，已完全具备产业链要素，其他领域紧随其后、争相发展。在集成电路设计方面，苏州高新区引入集成电路设计企业近 30 家，占苏州市企业引入总量的 1/5，拥有多个细分领域高精尖核心技术，在安全芯片、端接口控制芯片、通用处理器芯片等领域的技术水平处于国内领先地位，个别甚至处于国际先进水平，进入了国际主流市场。2021 年集成电路设计业营收达 26 亿元人民币，占全苏州市集成电路设计业营收的 19.8%。例如，苏州国芯重点聚焦国产自主可控嵌入式 CPU 技术研发和产业化应用的芯片设计，是苏州高新区最有代表性的设计公司，该企业自主可控嵌入式 CPU 微架构设计技术性能指标达到了国际领先企业同类产品指标。2021 年 5 月，企业与苏州高新区合作共建研发大楼项目，进一步提升企业在信息安全芯片及模组产品、CPUIP 储备及研发方面的技术实力，实现业务扩展和深化。在显示面板控制器及高速传输芯片研发领域具有全球领导地位的硅谷数模将母公司主体迁至苏州高新区并打造为硅谷数模全球总部，投产当年（2019 年）产值突破 8000 万元人民币，2020 年、2021 年产值均破亿元人民币，硅谷数模新型显示研发中心正在有序推进建设，计划在 2022 年或 2023 年登陆科创板。在集成电路制造方面，2021 年，苏州高新区半导体相关制造业营收达 6 亿元人民币。例如，长光华芯拥有 1 条 3 寸磷化铟和 1 条 6 寸砷化钾化合物半导体生产线，主要产品应用于工业激光器泵浦、激光先进制造装备、生物医药、高速光通信与传感器等。苏州固锝的车用 MEMS 传感器、MEMS 加速度传感器等 MEMS 先进封装已经投入量产并保持国内行业领先水平，并以绿色能源类功率器件为基础，发展碳化硅等高性能 IGBT 产品，走上 MEMS 封装特色道路，2021 年营收 24.76 亿元人民币。在集成电路封装测试方面，苏州高新区拥有多家大体量封装测试企业，2021 年集成电路封装测试业营收达到 36 亿元人民币，该产业细分领域发展潜力巨大。矽兴、华昕作为苏州高新区封装测试的中流砥柱，在带动上下游产业共同发展方面起到积极的引领龙头作用。苏州矽兴在集成电路（圆片、BGA、PGA、FPGA、CSP、MCM 系列）的先进测试上技术领先，新能源汽车产品精度可达 0.5～1.8m，主要客户是各大芯片制造商，投产当年（2020 年）营收近 6000 万元人民币，2021 年营收 1.5 亿元人民币。华昕科技专注于多品类产品封装工艺设计开发，力图建立完全自主的全品类车载 PKG 设计开发能力，2021 年营收达到 1.4 亿元人民币。

二、高新区集成电路产业发展方向与布局

2020 年，习近平总书记在扎实推进长三角一体化发展座谈会上提出“三省一市要集合科技力量，聚焦集成电路、生物医药、人工智能等重点领域和关键环节，尽早取得突破”。2022 年 1 月，苏州市赋予苏州高新区打造高端医疗器械、集成电路、软件和信息技术三大创新集群的光荣使命，这为苏州高新区集成电路产业发展进一步指明了方向。

苏州高新区深入贯彻新发展理念，根据《国家集成电路产业发展推进纲要》《江苏省政府关于加快全省集成电路产业发展的意见》《苏州市人民政府关于推进软件和集成电路产业发展的若干政策》等文件精神，围绕先导发展战略定位，立足现有产业基础，按照“做大设计、做专制造、做强封测、做优配套”的思

路，构建“芯片设计—制造—封装测试—装备与材料—配套及终端应用”的集成电路全产业链，力争到2023年，集成电路产业营收达到140亿元，打造长三角最具代表性的集成电路产业集群和规模效益突出的产业集聚示范区。

（一）培育赋能创新的“最新产业生态”

坚持自主创新与产业升级并举，加速产业链与创新链结合，打造集成电路产业创新集群。一方面，增强产业技术创新能力。整合大院大所优势，按照“研究院+成果转化基地”模式，形成高端科研院所集聚区和成果转化区，推动一批关键核心技术产业化。发挥载体服务作用，建设一批市级以上企业技术中心、工程技术中心、重点实验室，一批集成电路领域公共技术研发平台、检测试验平台、技术转移服务机构等重大产业创新和公共服务平台。推动环南大科创圈建设，建立健全产教融合、产学合作体系，切实提高产业创新和服务能力。注重高端人才引育，坚持自主培养与对外引进并举，通过3～5年的努力，集聚各类科技人才超6000名。另一方面，增强产业发展共性支撑能力。将整机终端及其应用服务与相关集成电路产品有机结合，促进信息安全类芯片、高端装备关键芯片等领域的集成电路企业，与下游应用模块、汽车、高端装备等整机企业搭建对接，形成区域内产业链协同发展效应。实施集成电路产业跨越发展工程，基于电子、汽车等产业优势，完善集涵盖设计、制造、封装测试、应用及产业配套等于一体的集成电路全产业链，大力发展物联网、智能终端、汽车电子等领域专业芯片，提升产业配套服务能力。以产业布局和聚集发展为先导，围绕规模体量大的重点外资企业，做好建链、补链、强链、延链文章，不断放大领军企业的聚集效应、溢出效应。

（二）构建龙头引领的“最全产业链条”

重点聚焦集成电路的设计端和应用端，经过3～5年的时间，汇聚国际和国内高端资源，集聚200家以上集成电路设计及应用领域（如智能制造、人工智能、5G等）领军企业。一是培育一批具有影响力的技术领先型企业，面向创新源头，依托北京航空航天大学苏州创新研究院、中国移动苏州研发中心等大院大所，以技术领先型企业为带动，逐步形成以点带面、多点支撑、由点到圈的企业培育布局。二是打造一批独角兽企业和瞪羚企业，开展潜在独角兽企业摸底定位，加强高新技术企业、瞪羚企业发展情况监测分析，优化瞪羚企业培育与独角兽企业培育的衔接互通，做大做精独角兽企业“种源”，构建递进式的培育机制。三是鼓励现有企业加强科技创新，对新认定的国家、省、市级企业技术中心（工程中心、工程实验室等）平台给予一定支持，鼓励企业引进新产线、开发新产品，提升企业核心竞争力，支持有条件的企业争先创牌，对获得省级以上各类试点、示范企业的，以及被认定为省级技术改造示范项目或省级以上示范智能车间的，给予一定奖励扶持。

（三）形成保障全面的“最优产业服务”

基于产业基础与发展现状，结合重点发展领域与主要任务，从资源集聚、人才培育、资金支持等维度提出保障措施。一是多渠道拓展创新资源。支持企业建立跨境研发合作平台，挖掘全球创新成果，不断强化国际合作。把握长三角一体化的战略机遇，借助长三角区域相关城市的产业配套资源、创新平台等要素，提升创新能力。二是提升产业人才引培强度。做亮“智汇苏高新”人才服务品牌，全面巩固提升教育、医疗、住房等人才服务体系，为高端产业人才引进提供良好的服务支持。加快推进高校院所和企业产研合作，促进科学技术成果与战略性新兴产业培育紧密衔接，形成产学研用的协同创新机制，创新校企合作人才培养模式。三是强化金融支持和服务。建立产融结合支撑机制，建立开放灵活的多层次金融支撑体系，发挥资本优势、产业带动能力和政府产业基金引导作用。鼓励对接多层次资本市场，加紧落实税收优惠支持，结合国家税制改革方向，落实研发费用加计扣除、固定资产加速折旧、高新技术企业引育等优惠政策。

（四）打造优势突出的“最强产业区块”

不断厚植集成电路产业做大做强的“优质土壤”，在空间上逐步形成一核三片区的布局。狮山商务创新功能片区作为核心商务板块，依托地理位置及拥有全区半数以上集成电路设计企业等优势，继续整合聚集集成电路设计企业，以苏州创业园和苏州集成电路创新中心为载体，孵化现有设计企业上市，引入更多有特色、有竞争力的企业入驻，形成百花齐放的设计产业集群，打造集成电路设计研发区。浒墅关先进制造功能片区充分发挥综合保税区优势，着重设备、制造封装测试等劳动技术密集型产业，推动现有矽兴等封装测试企业做大做强，鼓励设备、制造企业入驻并向上下游延伸，打造集成电路支撑服务区。太湖科技生态功能片区与南京大学合力擘画推动环南大科创圈建设，加快形成以南京大学苏州校区为"内核"的科创研发集群，为全区及全市输送人才，专注前沿技术科研，着力创建具有重要影响力的科技创新策源中心、国家技术创新中心和产业成果转化中心，打造集成电路科技创新区。

作者简介：

苏州高新区，是全国首批国家级高新区之一，区域面积达 223 平方千米（不包括太湖水域），常住人口 83 万人。30 年来，苏州高新区始终牢记"发展高科技、实现产业化"的初心使命，以占苏州 2.5%的土地，创造出苏州近 10%的经济总量，在全国高新区中位居前列。

发展集成电路产业的举措和展望

无锡高新区管理委员会

自 1992 年成立以来，无锡高新区始终秉持产业强区的发展理念，立足自身资源禀赋，围绕物联网及数字产业、集成电路、生物医药、智能装备、汽车零部件、新能源 6 大主导产业，持续不断推进产业培育、创新赋能、平台建设，区域综合实力不断提升，2021 年规上工业总产值达到 5554.5 亿元人民币，GDP 突破 2000 亿元人民币，达到 2271 亿元人民币。其中，作为重点发展方向的集成电路产业，经过近 30 年的强链、补链、延链，在 2021 年产业规模达到 1161 亿元人民币，产业聚集效应和规模效应进一步凸显。本文将重点介绍无锡高新区集成电路产业的发展现状、举措和未来展望，以期为其他区域的重点产业培育提供更多借鉴。

一、无锡高新区集成电路产业的发展现状

无锡高新区集成电路产业的发展并非凭空而起的，而是在前期大量探索实践的基础上发展起来的。1960 年，无锡的国营江南无线电器材厂（1963 年该厂被归属到国家四机部，代号“国营七四二厂”，以下简称“742 厂”）成立，开展半导体晶体管（二极管）的生产；1978 年，无锡 742 厂开始承担国家双极型线性集成电路工程项目（简称“六五”工程），从日本引进了我国第一条成套的集成电路生产线，成为当时全国规模最大、引进产业链节点最全的双极集成电路生产线；1983 年，由 742 厂和电子工业部 1424 研究所无锡分所组建无锡微电子科研生产联合体，同时，无锡被确定为国家南方微电子工业基地，基地的重要组成部分——无锡微电子工程落户无锡微电子联合公司（简称“七五”工程）；1987 年，无锡集成电路年产量达 3003 万块，占全国产量近 40%；1989 年，以

无锡微电子联合公司为主体，联合国内 65 家企业、研究所、学校成立了中国华晶电子集团公司，直接吸引来了我国微电子最大的项目“908 工程”，建成中国第一条 6 英寸晶圆生产线；华晶电子被誉为“中国微电子产业的黄埔军校”，相继承担了国家微电子“六五”“七五”“八五”三个五年计划的相关工程，为无锡集成电路产业的发展积累了雄厚的产业基础；20 世纪 90 年代初，无锡已具备年产 1 亿块集成电路的生产能力，研发水平和生产能力位居全国首位。基于在集成电路领域的多年积累，无锡高新区把集成电路作为主导产业精心培育，经过多年的耕耘积累，集成电路产业不断发展壮大，呈现以下四个特点。

（一）产业链条逐渐完善

集聚集成电路企业超 400 家，涵盖设计、制造、封装测试、装备、材料和服务等环节，产业链结构体系完善，产业稳定性、发展韧性逐步增强，是全国集成电路产业链覆盖较为齐全的国家高新区。在设计领域，形成了一批以力芯微、芯朋微、润石科技等为代表的模拟电路企业，以新洁能、中科君芯、紫光微等为代表的功率半导体企业，以芯河半导体、灵汐类脑等为代表的数字电路企业，以拍字节科技、至讯创新等为代表的存储器企业。在制造领域，共有各类晶圆制造产线 11 条，涵盖数字逻辑、模拟射频、功率器件、MEMS 和 DRAM 等工艺平台。其中，SK 海力士无锡基地是全球技术领先、生产规模最大的 DRAM 产品生产基地；华虹半导体（无锡）有限公司拥有全球第一条 12 英寸功率器件代工线；无锡华润上华科技有限公司是国内生产规模最大的 6 英寸纯晶圆代工线；海辰半导体（无锡）有限公司的 8 英寸晶圆代工线即将实现月产能 12.5 万片。在封装测试领域，有日月光、高通、英飞凌等国际公司落子布局，还有国内领先的华进半导体、海太半导体、华润安盛、红光微电子等先进封装企业布局。在装备及核心零部件领域，微导纳米、邑文电子、华瑛微电子、卓海科技、亚电科技等半导体设备企业分别在薄膜设备、湿法设备、检测设备、清洗设备方面形成积累，成为高新区半导体设备领域的重要支撑。在零部件产业方面，目前区内已集聚了盛弈半导体、星微科技、芯导精密、诚承电子等核心零部件厂商。

（二）产业规模不断壮大

2021 年，集成电路产业从业人员达 9.4 万人，销售总收入达到 1161 亿元人民币，增长 26.2%，增速连续 24 个月保持 15%以上。其中，设计、制造、封装测试三业销售收入合计为 904.59 亿元人民币，在无锡市三业销售总规模中占比 74%。“十四五”期间，无锡高新区高起点、高站位、高标准制定产业规划，主动对接国家战略，坚定把集成电路产业作为所有产业的重中之重，依托集成电路产业起步早、基础好、发展快的优势，全力实施两个“1500 亿”工程，打造有完整环节、有核心技术、有规模效应、有竞争优势的世界级集成电路产业链。

（三）骨干企业加速成长

集成电路企业中，华润微、芯朋微、新洁能、力芯微 4 家企业先后鸣锣上市；华润微在 2021 年 6 月 15 日总市值达 1002 亿元人民币，成为江苏省首家科创板市值超千亿元的上市公司；华润华晶、芯朋微、中微爱芯、新洁能、硅动力 5 家企业荣获 2021 年“中国芯”优秀产品称号；飞谱电子、华景传感、芯享信息分别获得哈勃科技、小米长江、红杉资本等投资；硅动力、润石科技、华润微斩获“中国 IC 设计成就奖”等，彰显了无锡高新区推动集成电路产业高质量发展的力度和成效。

（四）发展生态更加良好

依托无锡国家“芯火”双创基地（平台）、国家集成电路特色工艺及封装测试创新中心建设，每次对接服务企业 300 余家。持续推进无锡国家“芯火”双创基地（平台）建设，打造国内领先、业务齐全、技术先进的集成电路设计公共服务平台，平台配备先进的 EDA 软件，涵盖数字电路、模拟电路、数模混合等多个设计流程，为区内集成电路企业提供 EDA 租赁、流片代理、对接产线、人才培训等服务。发挥国家集成电路特色工艺及封装测试创新中心的作用，开展多种晶圆级高密度封装工艺与 SiP 产品应用的研发，为产业界提供从系统封装设计仿真、工艺开发，到快速打样、试产测试、量产转移的全套服务。建立领导挂钩企业、企业服务专员的“一对一”工作机制，呈现“大树能扎根、小树可成长”的良好态势。

但是，随着全球集成电路产业的不断加快发展，国际国内竞争日益加剧，无锡高新区集成电路产业也面临着一些问题和挑战。一是芯片设计规模偏小，就无锡全市来说，产业规模较国内前三城市（北京、上海、深圳）尚有一定差距。二是人才供给存在缺口，高端人才占比偏低，且院校合作仍须加强。三是要素资源逐渐趋紧，产业承载力受到土地、环保等因素限制。四是市场主体仍须培育，缺少整合能力强的终端型、平台型企业，部分环节还没有领军型企业，一些重特大项目虽已竣工投产，但产能尚未完全释放。五是政策体系仍应优化，政策支持准度和力度还不够，对专业性公共服务平台、关键核心技术攻关、装备及材料企业等方面的扶持措施还不到位。

二、无锡高新区发展集成电路产业的主要举措

作为无锡集成电路产业的主要集聚地，近年来，无锡高新区在国家高新区“一区一战略产业”的精准指导下，坚定不移地推动产业链、创新链“两链”融合，走出了一条特色鲜明的发展道路。

（一）系统谋划发展路径

集成电路项目投资大、产业链条长、技术门槛高，为了持续为集成电路这一地标产业的发展赋能，无锡高新区始终坚持规划引领，在前期的发展基础上，制定了《无锡高新区集成电路产业“十四五”规划》《无锡高新区半导体装备及材料产业“十四五”发展规划》《无锡国际集成电路创新园规划》等系列规划，对总体思路、发展目标、重点工作等进行科学谋划；为构建优势产业发展环境，出台《无锡高新区关于进一步加快推进集成电路产业高质量发展的政策意见（试行）》；为加强前沿探索和前瞻布局，先后成立致力于智能传感技术研发的无锡物联网创新中心，致力于物联网、人工智能和5G等领域高端芯片设计的中电海康无锡科技有限公司，聚焦集成电路设计产学研协同创新的江苏集萃智能集成电路设计技术研究所等集成电路新型研发机构，建设了全国首个具备特色工艺的封装测试领域的国家创新中心，推进设计、封装测试等环节整体融合发展。

（二）着力集聚战略项目

坚持“全链培育+龙头引进”的发展战略，围绕“缺什么补什么”开展精准招商，从项目运营团队、产品应用、投资收益、产业链发展等维度予以深入调研、全面论证，确保项目能够落得下、做得成。无锡高新区引进了具有全球影

响力、总投资 200 亿美元的 SK 海力士项目，以及 100 亿美元的华虹（无锡）基地项目等，通过抓住“龙头”加快形成集聚效应，进一步壮大设计、制造、封装测试等实力，驱动产业链条向半导体设备、核心零部件和配套服务等方面延伸。先后有超 100 家产业链相关企业和项目落地无锡高新区，包括有国内首条基本半导体汽车级碳化硅功率模块专用产线、专注于高端存储芯片研发的至讯创新集成电路总部，以及华虹（无锡）一期扩能、华润上华 8 英寸生产线核心能力建设等多个重大项目。

（三）推动企业成长壮大

借助重大项目、龙头企业的拉动辐射，激发上下游中、小企业向强者聚拢的发展内生力，培育出华润微、全讯射频、海太半导体、新洁能等多家全国半导体细分领域十强企业，涌现出力芯微、芯朋微、中微爱芯、润石科技等国家鼓励的重点集成电路设计企业。2020 年，无锡华润上华、芯朋微、新洁能主力参与的“高压智能功率驱动芯片设计及制备的关键技术与应用”项目荣获“国家技术发明奖二等奖”；华进半导体封装先导技术研发中心有限公司主力参与的“高密度高可靠电子封装关键技术及成套工艺”项目荣获“国家科学技术进步奖一等奖”。注重引导和扶持各领域中的骨干企业和高成长性企业深耕主业，走“专精特新”道路，迪思微、华普微、微导纳米、盛景微电子等获评专精特新“小巨人”企业；微导纳米 ALD 设备填补国内空白；吴越半导体 GaN 晶体成功出片，迈出无锡市第三代半导体产业发展的重要一步。通过鼓励兼并重组、组建战略联盟等多种方式，推动企业集聚发展资源，更好地嵌入大企业大集团的供应体系，锡产微芯成功并购 LFoundry，率先走出对外合作探索之路。

（四）坚持专业精细服务

打造“无难事、悉心办”的最优营商环境，建立产业链“链长制”，设立集成电路产业专班、重点项目专项办，为集成电路企业构筑完备的服务体系，仅 2021 年就上门服务超 100 家次，帮助企业对接协调产能、节能等方面的问题。完善专业化市场服务，基本建立了市场牵引、创新驱动的要素市场发展模式。提升专业化基地服务，通过杭州国家集成电路设计产业化基地有限公司和无锡国家“芯火”双创基地（平台），拓展优化芯片设计全流程服务，为中小集成电路企业的发展提供强有力的支撑。强化国际化配套服务，与阿斯麦（ASML）签署战略合作协议，建立 200 人的技术服务团队，为光刻设备及生产运营提供技术服务与更高水准的物流支持；与业界代表性研发机构 IMEC 建立长期合作，实现了将世界级集成电路高端人才培训课程开到无锡的目标。

三、无锡高新区集成电路产业的发展展望

集成电路是高端制造业的“皇冠明珠”，是衡量国家综合实力的重要标志。近年来，全球集成电路产业呈现出持续增长的态势，如何在下一阶段的发展中，实现产业提质、做大做强，也成了无锡高新区亟须解决的课题。结合产业演进态势和自身发展实际，无锡高新区将实施“一个持续、两个重点、三个园区、三只基金、六家以上上市公司”的“12336”产业提升工程，建设形成集芯片设计、晶圆制造、封装测试、支撑配套、系统应用于一体的千亿级别集成电路完整产业链条，力争到 2025 年，集成电路产业总产值突破 1500 亿元人民币，成为国内一流、国际知名的集成电路产业高地。

（一）突出主业抓住发展机遇

未来一段时期，集成电路增量市场逐步扩大，存量市场进入重整，无锡高新区将顺势而为，加快转型升级。

一是布局高端芯片设计。支持鼓励设计企业研发和销售自主创新产品，引进和培育一批具有自主知识产权、行业影响力的设计企业，重点提升高端模拟芯片、射频芯片及车用芯片设计水平。提高无锡国家“芯火”双创基地（平台）服务能力，支持共性技术服务、检测及认证服务等平台建设。

二是做精做强晶圆制造。突出制造引领，完成晶圆制造强链工程，加速推进已落户的芯片制造项目和建设进度。强化芯片制造企业核心竞争力，丰富企业多元化工艺平台建设，加速特色工艺制造能力及拳头产品塑造，稳步提升产品良率及产能利用率。

三是推进封装技术创新。依托华进半导体等重点企业及先进封装技术研发中心，进行封装技术研究、开发、转让、企业孵化等。扩展与本地芯片制造工艺、产能相当的封装形式及封装测试产能，提升封装测试环节占比。

四是重点发力装备材料。依托本地晶圆制造和封装测试企业平台作用，吸引半导体装备相关企业落户，形成产业支撑。依托重点项目引进，加速碳化硅、氮化镓衬底材料及外延的布局。

（二）创新驱动营造发展氛围

一是围绕链条实施招商。围绕正在建设、扩产及逐步推动量产的华虹半导体、海辰半导体、SK 海力士、华润微等重点项目，顺沿产业链实施精准招商工程。把握国际集成电路产业转移大趋势，重点跟踪 10 余家符合无锡高新区发展方向的国内外集成电路企业，力争到 2025 年，实现集聚集成电路的企业及相关企业 500 家。

二是积极布局新型研发机构。深入实施创新驱动发展战略，与中国科学院微电子所、中国科学院上海微系统与信息技术研究所、国家重点支持建设或筹建微电子学院的相关高校等开展产学研合作，积极布局一批市场化导向的集成电路领域新型研发机构，承担一批国家级重大专项。

三是加快建设国家重大平台。协同上海、杭州、南京、合肥等长三角区域国家集成电路设计产业化基地，建立创新要素流动“快车道”，以企业为主体，加快建设省级以上企业技术中心、工程研究中心、技术创新中心、产业技术研究院、制造业创新中心等重大平台。

四是打造自主可控产业链条。依托江苏省信息技术应用创新生态基地，持续推动芯片国产化生态建设，与芯片、整机、操作系统、数据库等产业链主要环节厂商签约，为龙芯、鲲鹏、申威、飞腾、海光及兆芯生产的芯片提供更优的基础硬件适配环境。

五是深度融入全球产业体系。通过努力，争取到商务部、海关总署等部门的同意，在无锡探索建设集成电路国际供应链创新示范区，将开展集成电路全产业链保税试点、保税维修、通关便利化等政策创新，通过参与产业并购、战略合作，进一步融入全球产业体系。

六是集聚培育更多优质人才。升级“飞凤人才计划”，引培集成电路领域高层次人才，以及急需、紧缺和骨干专业技术人才。鼓励支持龙头企业与高校、科研院所共建集成电路实践教学基地，开展产学研合作，支持骨干人才进行在职教育与学历提升，提升企业关键领域、关键技术岗位人员的专业能力，力争到2025年产业从业人员突破10万人。

（三）强化保障提供发展支撑

一是完善组织领导体系。配强集成电路产业专班，由区主要领导担任“链长”，组织协调产业发展，协调全区优势资源，大力发展集成电路产业。加强部门交流互动机制，定期就土地、环保、资金、政策等资源要素配给问题开展交流。发扬传承在全力推动海力士项目落地中产生的“812”精神（8英寸晶圆产线和12英寸晶圆产线），以及在引进华虹半导体项目中跑出的“华虹无锡速度”，针对重大制造型项目在规划、建设、投产、扩产过程中遇到的一切问题，实现短期内协调、推进、解决。

二是优化政策供给体系。进一步加大扶持力度，在政策上、资源上向集成电路产业优势企业倾斜，为集成电路企业构筑完备的政策支持体系。落实财税、投融资、研究开发、进出口、人才、知识产权、市场应用、国际合作等相关产业政策，由主管部门实行一年分两次的政策兑现。

三是拓展服务保障体系。以推动无锡国家“芯火”双创基地（平台）、国家集成电路特色工艺及封装测试创新中心建设为主要抓手，努力提升公共服务能力水平，建立长三角集成电路产业服务联盟，协助代工企业与设计公司资源对接。善用资本力量抓招引，建设“无锡高新金融谷”，运用市场逻辑和资本手段，采用金融、资本、产业基金运作等方式锁定项目、催生合作。加强金融平台服务能力，探索国家级高新区金融机构支持开展的知识产权质押贷款及科技保险机制，为集成电路企业提供更好的金融服务。

作者简介：

无锡高新区，是1992年11月经国务院批准的国家级高新区。经过30年的发展，GDP达到2271亿元人民币，已成为苏南国家自主创新示范区建设的重要组成部分，获批国家传感网创新示范区、国家创新型园区、国家生态工业示范园区、国家知识产权试点园区。

以“五个坚持”发展新经济
打造“千亿级”产业新平台

诸暨经济开发区管理委员会

过去几年来，诸暨经济开发区充分发挥全市经济发展主平台作用，紧紧围绕高质量发展，紧扣“融杭新城、创新产城”的目标定位，坚持推进工业强区战略，不断深化产城融合，在扶持传统优势产业的基础上，积极发展新产业、培育新动能、建设新城市。

一、坚持改革引领发展

以改革促发展，通过坚持深化开发区体制机制改革，浙江省诸暨经济开发区的工作效能、服务职能和干部队伍专业化水平不断提升。

（一）完成整合提升，推动扩容提质

2021 年 4 月，诸暨经济开发区与诸暨高新区完成整合提升，通过科学规划、资源整合，进一步优化运行体制机制，实现扩容提质、进位晋级，诸暨经济开发区最新省级综合考评位列第 7 名，上升 16 位（全省进位最快），受到省先进表彰。在完成整合后，诸暨经济开发区全年规模以上工业总产值达 1042.8 亿元人民币，占全市的 74%，同比增长 27.6%；规模以上工业增加值 230.5 亿元人民币，同比增长 27.9%；财政收入 71.02 亿元人民币，同比增长 8.6%。

（二）理顺体制机制，突出主责主业

理清诸暨经济开发区与属地街道、市级部门职能划分，剥离部分社会管理

职能，使招商引资、项目建设、产城融合、功能配套等经济职能的发挥更加充分有力，将开发区的有效投资、工业增加值、招商引资、人才招引项目与两个街道总量包干、捆绑考核，发挥 1+2>3 的作用，三家单位连续多年蝉联市级岗位目标责任制考核一等奖；同时设立开发区行政服务中心，对项目审批、建设相关的事项实行充分授权，基本实现“企业办事不出区”。

（三）优化机构配置，培养专业队伍

优化调整三定方案，按照产业培育、招商投资、人才科技、营商环境建设等专业化服务导向，设置内设机构和服务中心，从体制上加强队伍的专业化培养，使工作内容相对聚焦，招商服务相对专业，致力形成项目全生命周期服务体系。

二、坚持集聚集群发展

在推动传统产业改造提升的基础上，重点布局发展数智安防、半导体、生命健康、航空航天等战略性新兴产业，努力形成优势企业集聚、特色产业集群发展的格局。

（一）科学构建产业体系

2017 年会同上海德勤会计师事务所，结合诸暨经济开发区的发展现状，科学制定“4+2+1”产业发展体系。所谓“4”就是发展节能环保、智能制造、新汽车、生命科学 4 大主导产业；所谓“2”就是打造军民融合、国际交流合作两大平台；所谓“1”就是发展与上述相配套的生产性服务业。近 3 年来，开发区成功引入新宜中国数字装备智慧供应链产业园、数智安防产业园、赛思倍斯卫星智造基地等多个 10 亿元人民币甚至 50 亿元人民币以上大新项目，在提升和改造传统产业的同时，新汽车、生物医疗、半导体、数智安防、航空航天等产业从无到有、逐步壮大，成为省开发区产业链“链长制”试点单位。

（二）精准开展招大引强

严格按照“4+2+1”产业导向开展招商选资工作，拒绝了一批不符合产业导

向的项目，淘汰了一批区内落后产能。特别是近 3 年来，充分发挥专业招商团队、金融机构等第三方力量，累计引进主导产业项目 170 个以上、省级及以上人才 19 名，带动节能环保、新材料、智能制造、生命科学等产业集聚集群发展，有效推动产业的转型升级。2021 年，开发区紧抓招商引资“一号工程”，在“链长制”的推动下，坚持围绕产业链精准招商，重点聚焦数智安防、新材料、生命健康、航空航天等战略性新兴产业项目招引，实现了垒土夯基、影响深远的蓄势发展，全年新增招商选资签约项目 61 个（其中 50 亿元人民币以上项目 1 个，10 亿元人民币以上项目 10 个），总投资额超 250 亿元人民币。

（三）推动产业集群发展

科学规划产业空间布局，“一核一廊五园”初具雏形。“城西智核”全面启动建设，商务区近 3 年累计盘活闲置空间 30 万立方米以上，建成新金融大厦、2025 创意产业园、大壹网红直播基地等一批公共服务平台，引进宝龙广场、华城运动中心等项目，集聚了金融服务、创意设计、研发孵化、商贸住宅等一批生产性、生活性现代服务业，综合配套服务不断完善。“创新走廊”逐步布局，G60 诸暨创新转化港平台启动建设，重点布局建设总投资 100 亿元人民币、规划用地 1500 亩的数智安防产业园，投资 20 亿元人民币、用地 420 亩的一期项目开工建设，被评为省二季度“红旗”项目，目前已签约引进包括华为公司在内的产业项目 20 余个。“五个特色园中园”（人才创业产业园、半导体产业园、智能制造和节能环保产业园、生命科学产业园、军民融合产业园）齐头并进，累计落户项目近 100 个，培育集聚了帕瓦新能源、全兴精工、艾依诺、宏发五峰、圣翔航空、聚源生物等一批重点产业项目。2021 年新开工亿元以上项目 30 余个，新增县市长项目 4 个、省级笼子项目 4 个，8 个项目参与了全省高质量发展建设共同富裕示范区重大项目并集中开工，开工率达 100%，总投资额达 15 亿美元的新宜中国数字装备智慧产业园当年签约、当年开工。

三、坚持创新驱动发展

坚持突出创新强市、人才强市首位战略导向，培育壮大创新主体，推动开发区做好“平台+人才+项目”文章，助力全市人才工作高质量发展。

（一）加快推进创新平台建设

结合 G60（诸暨）创新转化港的谋划建设，加大“创新走廊”的建设力度，强化众创空间、中试基地、孵化器、产业园、科创飞地等多主体的协同创新。近年来，先后建成投运省级军民融合示范基地、中俄国际技术转移中心、启迪之星、温州医科大学药学院生物医药研究院、南华大学长三角（诸暨）研究院、集成电路产教融合基地等一批高质量、高水平的创新创业公共服务平台。目前区内拥有高新技术企业 319 家、省级小微企业园 6 个、省数字化示范小微企业园 2 个、省级众创空间 10 家、孵化器 2 家、省级高新技术企业研究开发中心 27 家，累计拥有院士 13 名、国家级人才 49 名、外国专家 231 名、省级人才 37 名，为诸暨经济开发区创新创业提供了强大的动力。

（二）全力抓好项目双进工作

坚持牵住“人才创业项目”的“牛鼻子”，以项目质量为关口、人才申报为载体、产业化绩效为落脚点，引导鼓励各大创新平台招引优质人才项目。全年引进、入选并落地第 24 批“绍兴‘名士之乡’英才计划”人才项目 6 个，推荐申报第 25 批“绍兴‘名士之乡’英才计划”人才项目 30 个，申报国家引才计划人才 2 名、省级引才计划人才 10 名，引进落地国家级、省级重点人才计划人才创业项目 15 个。对接洽谈诸暨创业创新大赛获奖项目 17 个，其中 10 个项目已完成签约落地，3 个项目在数智安防产业园购厂房 3300 平方米，9 个项目在诸暨岛设立研发中心 3310 平方米，11 个项目在开发区租赁生产厂房 15500 平方米。

（三）不断健全创新服务体系

探索构建区域创新服务综合体，推动人才、科技、金融形成创新合力，在要素保障、配套服务方面主动下沉，提升城市品质和服务水平，让人才引得进、留得住、能发展。推动成立人才科技处，落实人才科技项目精准招引和服务机制；同时，强化对科创产业、人才项目的政策支持，发挥产业基金的撬动引导作用，助力人才创新创业，截至目前，开发区产业基金计划总规模达 40 亿元人民币，累计完成投资 30 亿元人民币，共投向 50 余家优质企业，其中人才项目 9 个。

四、坚持产城融合发展

全面贯彻新发展理念，强化功能整合，完善设施配套，顺利通过省园区循环化改造示范试点验收，被认定为省美丽园区示范园区，产业结构不断优化，环境质量明显改善。近 3 年新增常住人口 6 万人左右，城市建成区面积扩大近 6 平方千米，发展空间不断拓展激活，区内人气快速持续集聚。

（一）高品位规划建设产城社区

在全面融杭的高度科学规划中心商务区，全面打造开发区产城融合样板。启动交通、教育、商业、文化、医疗、科技、运动七大“城市客厅”建设，在 3 年内实施总投资额超 100 亿元人民币的标杆项目 20 余个，建成投运宝龙广场、温德姆酒店、跨湖幼儿园、明德小学、华夏金石学馆、人力资源服务产业园等一批公共生活配套项目，开工建设五泄江文化广场、NBA 级标准篮球中心等城市地标项目，持续改善区域生态环境，倾力打造高品质宜居宜业环境。

（二）高标准改造升级硬环境

以“数字园区”理念，高标准配置基础设施和提升城市功能。2016 年以来，累计完成基础设施投资 80 亿元人民币以上。建成或改造道路 26 千米，城西新城“四横四纵”八大干路网不断完善；建成绿化面积（包括五泄江生态公园、王家湖公园、友谊渠景观改造等综合性公园）约 25 万平方米；完成五水共治清淤、污水零直排、雨污分流、水环境整治等工程投资 3 亿元人民币；完成其他绿化养护、市政设施维护、交通安全设施、路灯配套等投资 2 亿元人民币。

（三）高水平完善提升软环境

以全市优化营商环境先行区、示范区的定位，深化“最多跑一次”“最多跑一地”“标准地+承诺制”改革理念，提档升级开发区行政服务中心，率先在政务服务标准化、部门协同数字化等方面予以突破；通过协同合作、柔性引进等多项举措着力提升教育、医疗等关键领域环境，深入推进开发区幼儿园、中小学与高校合作办学，加强人民医院与温州医科大学、浙江大学医学院附属第一医院等高校名院的合作交流。

五、坚持开放联动发展

坚定不移扩大对外开放，以融杭接沪为主攻方向，全方位、深层次融入杭州都市圈、对接长三角，加强区域开放合作，争当长三角一体化发展排头兵。

（一）推广布局双向“飞地群岛”

坚持强化区域联动，着力优化创新模式，加强双向互动，巩固提升诸暨岛杭州港创新园综合实力，推动完成杭州、上海、深圳、西安、苏州、北京六地的飞地布局，形成“异地研发孵化—本土转化生产”的产业协同发展模式。2021年以来，飞地模式进一步深化，物理空间增至3.4万平方米，上海、深圳“诸暨岛”成功落地运行，各飞地平台累计新引进人才科技项目26个。2020年“诸暨岛—杭州港”创新园成功创建为省级双创示范基地，2021年申报杭州都市圈共同富裕先行示范创新样本，截至目前，“诸暨岛—杭州港”创新园已汇聚两地企业80多家、省级以上人才22名，带动两地就业1000余人。

（二）做强国际交流合作平台

依托国际技术转移中心、中俄国际技术创新中心等现有平台，以生命科学、精益制造、新材料等领域产业合作为重点，充分摸排梳理本地企业需求，有重点、有步骤地引进具有国际水平、前瞻性、可转化的海外高层次人才资源、技术成果、科技项目，采取多种方式分类推进国际产业交流合作。2021年，诸暨经济开发区建成投运中韩科创中心，中俄科技人才交流国际科技合作基地等2家企业基地被认定为省级国际科技合作载体。

（三）营造扩大开放发展氛围

立足杭州都市区核心区城市定位，发挥“与杭同城”桥头堡区位优势，放眼全国，深度融入长三角，积极举办“暨阳英才”创新创业大赛、“枫桥经验”数智安防产业融合发展高峰论坛、“人才科技创新周”等活动，汇聚国内外人才、信息、科技等高端资源要素，更大程度地开放融合发展。2021年，面向全国举办2021第四届半导体才智大会暨“创芯中国”集成电路创新挑战赛总决赛、首届中国先进复合材料产业及发展论坛等活动，以活动为纽带，建立包括行业协会、重点院校、重要基金、头部企业在内的重点人员信息库 100 余条，储备项目资源 30 余个。

六、下一步重点发展方向

2022 年是诸暨经济开发区设立 30 周年，在长三角一体化发展上升为国家战略、省实施“四大建设”及“重要窗口”的新定位、绍兴推进杭绍甬一体化发展等机遇的背景下，诸暨经济开发区将坚决扛起全市经济发展主战场、融杭接沪“桥头堡”、改革创新试验地的使命担当，紧扣“智造之区、品质之城”的新定位，规划建设省机器视觉“万亩千亿”新产业平台，目标通过 3 年的努力全力争创为国家级经济技术开发区。下一步将重点发展三大新产业，培育新动能。

（一）打造机器视觉产业

规划面积 1000 亩，以打造省机器视觉万亩千亿新产业平台为牵引，梳理产业链制定一链一策，完善对数字安防、集成电路等产业的专项扶持政策，依托数智经济产业园，全力构建以机器视觉为核心、半导体为支撑、终端研发生产应用协同发展的泛机器视觉产业体系，发展一批具备国内外先进水平的关键装备和产品，打造具备国内先进水平的机器视觉创新和产业发展高地。

（二）壮大生命科学产业

规划面积 500 亩，依托现有的生命科学产业园、杭州港生物医疗企业集聚区、ONE 医药产业园等特色产业园区，重点引进孵化生物技术、医疗器械等项目，逐步打造一个年销售额超 50 亿元人民币的生命科学产业园。同时完善中乌生命科学研究院、温州医科大学药学院生物医药研究院、海亮生物实验室（由美国国家科学院院士、诺贝尔奖得主 Randy W.Schekman 院士领衔的专家工作站）、立效研究院（特聘诺贝尔奖得主迈克尔·莱维特教授担任首席科学家）等科研平台建设，加快生命科学产业技术研发及成果转化，促进生命科学产业与高校科研、人才优势全面对接、融合发展。

（三）布局航空航天产业

利用临近的上海大飞机制造基地和萧山国际机场的区位优势，聚焦航空零部件、航空设备、航空新材料等关键领域，发挥诸暨天问磐盈、天问愿景等专业产业发展基金的引导撬动作用，布局发展航空航天产业。重点以浙江星空通用航空基地、赛思倍斯卫星智能制造基地、天链测控国际商业航天飞行控制中心等已落户的大新项目为带动，以区内直升机停机坪、新材料、轴承轴瓦、链条传动、电子器件、弹簧及五金零配件等领域企业为配套，有效打通上下游产业链，让航空航天产业成为诸暨经济开发区发展的新名片。

作者简介：

诸暨经济开发区，成立于 1992 年，是省级十强开发区，现拥有规模以上工业企业 860 家，其中产值超亿元企业 161 家、高新技术企业 319 家、上市公司 11 家，现有产业涵盖机械制造、纺织服装、汽车零部件等传统产业及智能制造、生物医疗、电子信息、新材料、航空航天等新兴产业。

六、政策法规篇

新经济发展需要国家政策支持。近年来，党中央、国务院及国家有关部委出台了一系列政策文件，支持、鼓励和引导新经济产业快速健康发展，为新经济企业发展创造了良好的体制环境和政策环境。本篇节选 2021 年以来的政策文件，供读者研读和比照，为从事新经济实践的企业家和研究者提供参考。

一、2021 年文件节选汇编

（一）中共中央、国务院

中共中央、国务院，《中共中央 国务院关于全面推进乡村振兴加快农业农村现代化的意见》，2021 年 1 月 4 日

实施数字乡村建设发展工程。推动农村千兆光网、第五代移动通信（5G）、移动物联网与城市同步规划建设。完善电信普遍服务补偿机制，支持农村及偏远地区信息通信基础设施建设。加快建设农业农村遥感卫星等天基设施。发展智慧农业，建立农业农村大数据体系，推动新一代信息技术与农业生产经营深度融合。完善农业气象综合监测网络，提升农业气象灾害防范能力。加强乡村公共服务、社会治理等数字化智能化建设。

中共中央、国务院，《中共中央 国务院关于支持浦东新区高水平改革开放打造社会主义现代化建设引领区的意见》，2021 年 4 月 23 日

打造世界级创新产业集群。在总结中国（上海）自由贸易试验区临港新片区实施经验基础上，研究在浦东特定区域对符合条件的从事集成电路、人工智能、生物医药、民用航空等关键领域核心环节生产研发的企业，自设立之日起 5 年内减按 15%的税率征收企业所得税。在浦东特定区域开展公司型创业投资企业所得税优惠政策试点，在试点期内，对符合条件的公司型创业投资企业按照企业年末个人股东持股比例免征企业所得税，鼓励长期投资，个人股东从该企业取得的股息红利按照规定缴纳个人所得税。同长三角地区产业集群加强分工协作，突破一批核心部件、推出一批高端产品、形成一批中国标准。发展更高能级的总部经济，统筹发展在岸业务和离岸业务，成为全球产业链供应链价值链的重要枢纽。依托长三角产业集群优势，建立一批科技成果转化中试孵化基地。

中共中央、国务院，《中共中央 国务院关于新时代推动中部地区高质量发展的意见》，2021 年 4 月 23 日

提高关键领域自主创新能力。主动融入新一轮科技和产业革命，提高关键领域自主创新能力，以科技创新引领产业发展，将长板进一步拉长，不断缩小与东部地区尖端技术差距，加快数字化、网络化、智能化技术在各领域的应用。加快合肥综合性国家科学中心建设，探索国家实验室建设运行模式，推动重大科技基础设施集群化发展，开展关键共性技术、前沿引领技术攻关。选择武汉等有条件城市布局一批重大科技基础设施。加快武汉信息光电子、株洲先进轨道交通装备、洛阳农机装备等国家制造业创新中心建设，新培育一批产业创新中心和制造业创新中心。支持建设一批众创空间、孵化器、加速器等创新创业孵化平台和双创示范基地，鼓励发展创业投资。联合区域创新资源，实施一批重要领域关键核心技术攻关。发挥企业在科技创新中的主体作用，支持领军企业组建创新联合体，带动中小企业创新活动。促进产学研融通创新，布局建设一批综合性中试基地，依托龙头企业建设一批专业中试基地。加强知识产权保护，更多鼓励原创技术创新，依托现有国家和省级技术转移中心、知识产权交易中心等，建设中部地区技术交易市场联盟，推动技术交易市场互联互通。完善科技成果转移转化机制，支持有条件地区创建国家科技成果转移转化示范区。

中共中央、国务院，《中共中央 国务院关于支持浙江高质量发展建设共同富裕示范区的意见》，2021 年 5 月 20 日

大力提升自主创新能力。以创新型省份建设为抓手，把科技自立自强作为战略支撑，加快探索社会主义市场经济条件下新型举国体制开展科技创新的浙江路径。实施好关键核心技术攻关工程，强化国家战略科技力量，为率先实现共同富裕提供强劲内生动力。支持布局重大科技基础设施和平台，建设创新策源地，打造“互联网+”、生命健康、新材料科创高地。高水平建设杭州、宁波温州国家自主创新示范区，深化国家数字经济创新发展试验区建设，强化“云上浙江”和数字强省基础支撑，探索消除数字鸿沟的有效路径，保障不同群体更好共享数字红利。畅通创新要素向企业集聚通道，鼓励企业组建创新联合体和知识产权联盟，建设共性技术平台。加大对科技成果应用和产业化的政策支持力度，打造辐射全国、链接全球的技术交易平台。

中共中央、国务院，《中共中央 国务院印发<横琴粤澳深度合作区建设总体方案>》，2021 年 9 月 5 日

发展科技研发和高端制造产业。布局建设一批发展急需的科技基础设施，组织实施国际大科学计划和大科学工程，高标准建设澳门大学、澳门科技大学等院校的产学研示范基地，构建技术创新与转化中心，推动合作区打造粤港澳大湾区国际科技创新中心的重要支点。大力发展集成电路、电子元器件、新材料、新能源、大数据、人工智能、物联网、生物医药产业。加快构建特色芯片设计、测试和检测的微电子产业链。建设人工智能协同创新生态，打造互联网协议第六版（IPv6）应用示范项目、第五代移动通信（5G）应用示范项目和下一代互联网产业集群。

中共中央、国务院，《中共中央 国务院印发<全面深化前海深港现代服务业合作区改革开放方案>》，2021 年 9 月 6 日

加快科技发展体制机制改革创新。聚焦人工智能、健康医疗、金融科技、智慧城市、物联网、能源新材料等港澳优势领域，大力发展粤港澳合作的新型研发机构，创新科技合作管理体制，促进港澳和内地创新链对接联通，推动科技成果向技术标准转化。建设高端创新人才基地，联动周边区域科技基础设施，完善国际人才服务、创新基金、孵化器、加速器等全链条配套支持措施，推动引领产业创新的基础研究成果转化。积极引进创投机构、科技基金、研发机构。联合港澳探索有利于推进新技术新产业发展的法律规则和国际经贸规则创新，逐步打造审慎包容监管环境，促进依法规范发展，健全数字规则，提升监管能力，坚决反对垄断和不正当竞争行为。集聚国际海洋创新机构，大力发展海洋科技，加快建设现代海洋服务业集聚区，打造以海洋高端智能设备、海洋工程装备、海洋电子信息（大数据）、海洋新能源、海洋生态环保等为主的海洋科技创新高地。构建知识产权创造、保护和运用生态系统，推动知识产权维权援助、金融服务、海外风险防控等体制机制创新，建设国家版权创新发展基地。

中共中央、国务院，《中共中央 国务院印发<知识产权强国建设纲要（2021—2035 年）>》，2021 年 9 月 22 日

构建响应及时、保护合理的新兴领域和特定领域知识产权规则体系。建立健全新技术、新产业、新业态、新模式知识产权保护规则。探索完善互联网领域知识产权保护制度。研究构建数据知识产权保护规则。完善开源知识产权和法律体系。研究完善算法、商业方法、人工智能产出物知识产权保护规则。加强遗传资源、传统知识、民间文艺等获取和惠益分享制度建设，加强非物质文化遗产的搜集整理和转化利用。推动中医药传统知识保护与现代知识产权制度有效衔接，进一步完善中医药知识产权综合保护体系，建立中医药专利特别审查和保护机制，促进中医药传承创新发展。

中共中央、国务院，《中共中央 国务院关于完整准确全面贯彻新发展理念做好碳达峰碳中和工作的意见》，2021 年 9 月 22 日

大力发展绿色低碳产业。加快发展新一代信息技术、生物技术、新能源、新材料、高端装备、新能源汽车、绿色环保以及航空航天、海洋装备等战略性新兴产业。建设绿色制造体系。推动互联网、大数据、人工智能、第五代移动通信（5G）等新兴技术与绿色低碳产业深度融合。

中共中央、国务院，《中共中央 国务院印发<国家标准化发展纲要>》，2021 年 10 月 10 日

引领新产品新业态新模式快速健康发展。实施新产业标准化领航工程，开展新兴产业、未来产业标准化研究，制定一批应用带动的新标准，培育发展新业态新模式。围绕食品、医疗、应急、交通、水利、能源、金融等领域智慧化转型需求，加快完善相关标准。建立数据资源产权、交易流通、跨境传输和安全保护等标准规范，推动平台经济、共享经济标准化建设，支撑数字经济发展。健全依据标准实施科学有效监管机制，鼓励社会组织应用标准化手段加强自律、维护市场秩序。

中共中央、国务院，《中共中央 国务院印发<成渝地区双城经济圈建设规划纲要>》，2021 年 10 月 20 日

健全创新激励政策体系。加大对引进高水平研发机构和先进科技成果的支持力度。综合运用财政、金融等政策手段激励企业加大研发投入力度，引导创业投资机构投资早中期、初创期科技型企业，依法运用技术、能耗、环保等方面的标准促进企业技术改造和新技术应用。支持通过股权与债权相结合等方式，为企业创新活动提供融资服务。支持符合条件的创新型企业上市融资。

国务院，《国务院关于新时代支持革命老区振兴发展的意见》，国发[2021]3 号，2021 年 1 月 24 日

支持有条件的地区建设新材料、能源化工、生物医药、电子信息、新能源汽车等特色优势产业集群，支持符合条件的地区建设承接产业转移示范区。

国务院，《国务院关于加快建立健全绿色低碳循环发展经济体系的指导意见》，国发［2021］4号，2021年2月2日

壮大绿色环保产业。建设一批国家绿色产业示范基地，推动形成开放、协同、高效的创新生态系统。加快培育市场主体，鼓励设立混合所有制公司，打造一批大型绿色产业集团；引导中小企业聚焦主业增强核心竞争力，培育“专精特新”中小企业。推行合同能源管理、合同节水管理、环境污染第三方治理等模式和以环境治理效果为导向的环境托管服务。进一步放开石油、化工、电力、天然气等领域节能环保竞争性业务，鼓励公共机构推行能源托管服务。适时修订绿色产业指导目录，引导产业发展方向。

国务院，《中华人民共和国国民经济和社会发展第十四个五年规划和2035年远景目标纲要》，十三届全国人大四次会议表决通过，2021年3月11日

构筑产业体系新支柱。聚焦新一代信息技术、生物技术、新能源、新材料、高端装备、新能源汽车、绿色环保以及航空航天、海洋装备等战略性新兴产业，加快关键核心技术创新应用，增强要素保障能力，培育壮大产业发展新动能。推动生物技术和信息技术融合创新，加快发展生物医药、生物育种、生物材料、生物能源等产业，做大做强生物经济。深化北斗系统推广应用，推动北斗产业高质量发展。深入推进国家战略性新兴产业集群发展工程，健全产业集群组织管理和专业化推进机制，建设创新和公共服务综合体，构建一批各具特色、优势互补、结构合理的战略性新兴产业增长引擎。鼓励技术创新和企业兼并重组，防止低水平重复建设。发挥产业投资基金引导作用，加大融资担保和风险补偿力度。

前瞻谋划未来产业。在类脑智能、量子信息、基因技术、未来网络、深海空天开发、氢能与储能等前沿科技和产业变革领域，组织实施未来产业孵化与加速计划，谋划布局一批未来产业。在科教资源优势突出、产业基础雄厚的地区，布局一批国家未来产业技术研究院，加强前沿技术多路径探索、交叉融合和颠覆性技术供给。实施产业跨界融合示范工程，打造未来技术应用场景，加速形成若干未来产业。

国务院，《国务院关于印发 2030 年前碳达峰行动方案的通知》，国发［2021］23 号，2021 年 10 月 24 日

完善经济政策。各级人民政府要加大对碳达峰、碳中和工作的支持力度。建立健全有利于绿色低碳发展的税收政策体系，落实和完善节能节水、资源综合利用等税收优惠政策，更好发挥税收对市场主体绿色低碳发展的促进作用。完善绿色电价政策，健全居民阶梯电价制度和分时电价政策，探索建立分时电价动态调整机制完善。绿色金融评价机制，建立健全绿色金融标准体系。大力发展绿色贷款、绿色股权、绿色债券、绿色保险、绿色基金等金融工具，设立碳减排支持工具，引导金融机构为绿色低碳项目提供长期限、低成本资金，鼓励开发性政策性金融机构按照市场化法治化原则为碳达峰行动提供长期稳定融资支持。拓展绿色债券市场的深度和广度，支持符合条件的绿色企业上市融资、挂牌融资和再融资。研究设立国家低碳转型基金，支持传统产业和资源富集地区绿色转型。鼓励社会资本以市场化方式设立绿色低碳产业投资基金。

国务院，《国务院关于开展营商环境创新试点工作的意见》，国发［2021］24 号，2021 年 10 月 31 日

更好支持市场主体创新发展。完善创新资源配置方式和管理机制，探索适应新业态新模式发展需要的准入准营标准，提升市场主体创新力。在确保安全的前提下，探索高精度地图面向智能网联汽车开放使用。推进区块链技术在政务服务、民生服务、物流、会计等领域探索应用。探索对食品自动制售设备等新业态发放经营许可。完善知识产权市场化定价和交易机制，开展知识产权证券化试点。深化科技成果使用权、处置权和收益权改革，赋予科研人员职务科技成果所有权或长期使用权，探索完善科研人员职务发明成果权益分享机制。

国务院，《国务院关于印发“十四五”推进农业农村现代化规划的通知》，国发［2021］25 号，2021 年 11 月 12 日

加快农村电子商务发展。扩大电子商务进农村覆盖面，加快培育农村电子商务主体，引导电商、物流、商贸、金融、供销、邮政、快递等市场主体到乡村布局。深入推进“互联网+”农产品出村进城工程。优化农村电子商务公共服务中心功能，规范引导网络直播带货发展。实施“数商兴农”，推动农村电商基础设施数字化改造、智能化升级，打造农产品网络品牌。

国务院，《国务院关于印发“十四五”数字经济发展规划的通知》，国发〔2021〕29号，2021年12月12日

全面深化重点产业数字化转型。立足不同产业特点和差异化需求，推动传统产业全方位、全链条数字化转型，提高全要素生产率。大力提升农业数字化水平，推进“三农”综合信息服务，创新发展智慧农业，提升农业生产、加工、销售、物流等各环节数字化水平。纵深推进工业数字化转型，加快推动研发设计、生产制造、经营管理、市场服务等全生命周期数字化转型，加快培育一批“专精特新”中小企业和制造业单项冠军企业。深入实施智能制造工程，大力推动装备数字化，开展智能制造试点示范专项行动，完善国家智能制造标准体系。培育推广个性化定制、网络化协同等新模式。大力发展数字商务，全面加快商贸、物流、金融等服务业数字化转型，优化管理体系和服务模式，提高服务业的品质与效益。促进数字技术在全过程工程咨询领域的深度应用，引领咨询服务和工程建设模式转型升级。加快推动智慧能源建设应用，促进能源生产、运输、消费等各环节智能化升级，推动能源行业低碳转型。加快推进国土空间基础信息平台建设应用。推动产业互联网融通应用，培育供应链金融、服务型制造等融通发展模式，以数字技术促进产业融合发展。

国务院，《国务院关于印发“十四五”市场监管现代化规划的通知》，国发〔2021〕30号，2021年12月14日

优化适应新经济发展的监管机制。探索创新符合平台经济、产业数字化、新个体、微经济、共享经济等新经济特点的监管模式，促进新经济健康有序发展。优化完善新产业新业态新模式登记注册服务。加强新经济监管工具创新供给，探索触发式监管机制，完善敏捷治理等新型监管模式。完善网约车、共享单车、汽车分时租赁、网络货运等交通运输新业态监管规则和标准。引导平台企业提升服务水平，吸引更多经营者线上经营创业。

国务院，《国务院关于印发“十四五”旅游业发展规划的通知》，国发〔2021〕32号，2021年12月22日

加快推动大数据、云计算、物联网、区块链及5G、北斗系统、虚拟现实、增强现实等新技术在旅游领域的应用普及，以科技创新提升旅游业发展水平。大力提升旅游服务相关技术，增强旅游产品的体验性和互动性，提高旅游服务的便利度和安全性。鼓励开发面向游客的具备智能推荐、智能决策、智能支付等综合功能的旅游平台和系统工具。推进全息展示、可穿戴设备、服务机器人、智能终端、无人机等技术的综合集成应用。推动智能旅游公共服务、旅游市场治理“智慧大脑”、交互式沉浸式旅游演艺等技术研发与应用示范。

国务院，《国务院关于印发“十四五”国家老龄事业发展和养老服务体系规划的通知》，国发〔2021〕35号，2021年12月30日

培育老年人生活服务新业态。推动“互联网+养老服务”发展，推动互联网平台企业精准对接为老服务需求，支持社区养老服务机构平台化展示，提供“菜单式”就近便捷为老服务，鼓励“子女网上下单、老人体验服务”。培育城市级综合信息平台和行业垂直信息平台。引导有条件的养老服务机构线上线下融合发展，利用互联网、大数据、人工智能等技术创新服务模式。鼓励互联网企业开发面向老年人各种活动场景的监测提醒功能，利用大数据方便老年人的居家出行、健康管理和应急处置。

中共中央办公厅、国务院办公厅，《中共中央办公厅 国务院办公厅印发<建设高标准市场体系行动方案>》，2021年1月31日

加强平台经济、共享经济等新业态领域反垄断和反不正当竞争规制。

中共中央办公厅、国务院办公厅，《中共中央办公厅 国务院办公厅印发<关于推动城乡建设绿色发展的意见>》，中办发〔2021〕37号，2021年10月21日

加大科技创新力度。完善以市场为导向的城乡建设绿色技术创新体系，培育壮大一批绿色低碳技术创新企业，充分发挥国家工程研究中心、国家技术创新中心、国家企业技术中心、国家重点实验室等创新平台对绿色低碳技术的支撑作用。加强国家科技计划研究，系统布局一批支撑城乡建设绿色发展的研发项目，组织开展重大科技攻关，加大科技成果集成创新力度。建立科技项目成果库和公开制度，鼓励科研院所、企业等主体融通创新、利益共享，促进科技成果转化。建设国际化工程建设标准体系，完善相关标准。

国务院办公厅，《国务院办公厅印发关于加快中医药特色发展若干政策措施的通知》，国办发〔2021〕3号，2021年1月22日

优化中药审评审批管理。加快推进中药审评审批机制改革，加强技术支撑能力建设，提升中药注册申请技术指导水平和注册服务能力，强化部门横向联动，建立科技、医疗、中医药等部门推荐符合条件的中药新药进入快速审评审批通道的有效机制。以中医临床需求为导向，加快推进国家重大科技项目成果转化。统筹内外部技术评估力量，探索授予第三方中医药研究平台专业资质、承担国家级中医药技术评估工作。增加第三方中药新药注册检验机构数量。

国务院办公厅，《国务院办公厅关于加快发展外贸新业态新模式的意见》，国办发〔2021〕24号，2021年7月2日

落实财税政策。充分发挥外经贸发展专项资金、服务贸易创新发展引导基金作用，引导社会资本以基金方式支持外贸新业态新模式发展。积极探索实施促进外贸新业态新模式发展的税收征管和服务措施，优化相关税收环境。支持外贸新业态新模式企业适用无纸化方式申报退税。对经认定为高新技术企业的外贸新业态新模式企业，可按规定享受高新技术企业所得税优惠政策。

加大金融支持力度。深化政银企合作，积极推广“信易贷”等模式，鼓励金融机构、非银行支付机构、征信机构、外贸服务平台等加强合作，为具有真实交易背景的外贸新业态新模式企业提供便利化金融服务。鼓励符合条件的外贸新业态新模式企业通过上市、发行债券等方式进行融资。加快贸易金融区块链平台建设。加大出口信用保险对海外仓等外贸新业态新模式的支持力度，积极发挥风险保障和融资促进作用。

国务院办公厅，《国务院办公厅关于改革完善中央财政科研经费管理的若干意见》，国办发〔2021〕32号，2021年8月5日

拓展财政科研经费投入渠道。发挥财政经费的杠杆效应和导向作用，引导企业参与，发挥金融资金作用，吸引民间资本支持科技创新创业。优化科技创新类引导基金使用，推动更多具有重大价值的科技成果转化应用。拓宽基础研究经费投入渠道，促进基础研究与需求导向良性互动。

国务院办公厅，《国务院办公厅关于印发“十四五”冷链物流发展规划的通知》，国办发［2021］46号，2021年11月26日

培育冷链物流产业生态。以国家骨干冷链物流基地、产销冷链集配中心为核心，吸引商贸流通、农产品加工产业集聚发展，深化产业链上下游联动整合，强化农产品全产业链组织功能，打造冷链物流与产业融合发展生态圈。推进冷链物流计量测试中心建设。优化“冷链物流+”产业培育和发展环境，创新“冷链物流+种养殖”、“冷链物流+农产品加工”、“冷链物流+新零售”等新生态、新场景。

国务院办公厅，《国务院办公厅关于印发要素市场化配置综合改革试点总体方案的通知》，国办发［2021］51号，2021年12月21日

拓展规范化数据开发利用场景。发挥领军企业和行业组织作用，推动人工智能、区块链、车联网、物联网等领域数据采集标准化。深入推进人工智能社会实验，开展区块链创新应用试点。在金融、卫生健康、电力、物流等重点领域，探索以数据为核心的产品和服务创新，支持打造统一的技术标准和开放的创新生态，促进商业数据流通、跨区域数据互联、政企数据融合应用。

国务院办公厅，《国务院办公厅关于促进内外贸一体化发展的意见》，国办发［2021］59号，2021年12月30日

创新内外贸融合发展模式。推动内外贸数字化发展，充分利用现代信息技术，加快线上线下融合，促进产销衔接、供需匹配，推动传统产业转型升级，培育内外贸新业态新模式。支持反向定制（C2M）、智能工厂等创新发展，增强企业柔性生产和市场需求适配能力，促进内外贸产业链供应链融合。扎实推进跨境电子商务综合试验区建设，鼓励跨境电商平台完善功能，更好对接国内国际市场。促进跨境电商零售进口规范健康发展，丰富产品供给。复制推广服务贸易创新发展试点经验，提升服务贸易自由化便利化水平。

（二）国务院各部委、各直属机构及最高人民法院

国家发展改革委、教育部、科技部、工业和信息化部、司法部、人力资源社会保障部、自然资源部、生态环境部、交通运输部、商务部、人民银行、市场监管总局、银保监会，《关于加快推动制造服务业高质量发展的意见》，发改产业［2021］372 号，2021 年 3 月 16 日。

提高制造业生产效率。利用 5G、大数据、云计算、人工智能、区块链等新一代信息技术，大力发展智能制造，实现供需精准高效匹配，促进制造业发展模式和企业形态根本性变革。加快发展工业软件、工业互联网，培育共享制造、共享设计和共享数据平台，推动制造业实现资源高效利用和价值共享。发展现代物流服务体系，促进信息资源融合共享，推动实现采购、生产、流通等上下游环节信息实时采集、互联互通，提高生产制造和物流一体化运作水平。

国家发展改革委、中央网信办、教育部、工业和信息化部、财政部、人力资源社会保障部、自然资源部、住房城乡建设部、交通运输部、农业农村部、商务部、文化和旅游部、国家卫生健康委、人民银行、海关总署、税务总局、市场监管总局、广电总局、体育总局、国家统计局、国家医保局、国家版权局、银保监会、证监会、国家邮政局、国家中医药局、国家药监局、国家知识产权局，《关于印发<加快培育新型消费实施方案>的通知》，发改就业［2021］396 号，2021 年 3 月 22 日

培育壮大零售新业态。拓展无接触式消费体验，鼓励办公楼宇、住宅小区、商业街区、旅游景区布局建设智慧超市、智慧商店、智慧餐厅、智慧驿站、智慧书店。开展便利店品牌化连锁化三年行动，鼓励便利店企业应用现代信息技术建立智慧供应链，推动数字化改造。发展直播经济，鼓励政企合作建设直播基地，加强直播人才培养培训。开展“双品网购节”等活动，组织指导各地开展线上线下深度融合的促销活动。推进电子商务公共服务平台建设应用，提升中小电商企业数字化创新运营能力。

国家发展改革委、科技部，《国家发展改革委 科技部关于深入推进全面创新改革工作的通知》，发改高技［2021］484 号，2021 年 4 月 7 日

包容审慎监管新产业新业态。主要包括：探索建立数据资源产权、交易流

通和安全保护等基础制度和标准规范，促进平台经济和共享经济健康发展，鼓励支持自主创新产品迭代应用，加强知识产权司法保护和行政执法，建立新技术新产业新业态新模式统一的市场准入负面清单制度等。

国家发展改革委、国家能源局、中央网信办、工业和信息化部，《关于印发<能源领域 5G 应用实施方案>的通知》，发改能源〔2021〕807 号，2021 年 6 月 7 日

未来 3～5 年，围绕智能电厂、智能电网、智能煤矿、智能油气、综合能源、智能制造与建造等方面拓展一批 5G 典型应用场景，建设一批 5G 行业专网或虚拟专网，探索形成一批可复制、易推广的有竞争力的商业模式。研制一批满足能源领域 5G 应用特定需求的专用技术和配套产品，制定一批重点亟需技术标准，研究建设能源领域 5G 应用相关技术创新平台、公共服务平台和安全防护体系，显著提升能源领域 5G 应用产业基础支撑能力。

国家发展改革委，《国家发展改革委关于印发“十四五”循环经济发展规划的通知》，发改环资〔2021〕969 号，2021 年 7 月 1 日

推行循环型农业发展模式。推行种养结合、农牧结合、养殖场建设与农田建设有机结合，推广畜禽、鱼、粮、菜、果、茶协同发展模式。打造一批生态农场和生态循环农业产业联合体，探索可持续运行机制。推进农村生物质能开发利用，发挥清洁能源供应和农村生态环境治理综合效益。构建林业循环经济产业链，推广林上、林间、林下立体开发产业模式。推进种植、养殖、农产品加工、生物质能、旅游康养等循环链接，鼓励一二三产融合发展。

国家发展改革委、国家能源局，《国家发展改革委 国家能源局关于加快推动新型储能发展的指导意见》，发改能源规〔2021〕1051 号，2021 年 7 月 15 日

积极支持用户侧储能多元化发展。鼓励围绕分布式新能源、微电网、大数据中心、5G 基站、充电设施、工业园区等其他终端用户，探索储能融合发展新场景。鼓励聚合利用不间断电源、电动汽车、用户侧储能等分散式储能设施，依托大数据、云计算、人工智能、区块链等技术，结合体制机制综合创新，探索智慧能源、虚拟电厂等多种商业模式。

国家发展改革委、自然资源部、生态环境部、科技部、工业和信息化部、商务部、文化和旅游部、农业农村部、体育总局、市场监管总局，《关于印发全国特色小镇规范健康发展导则的通知》，发改规划［2021］1383 号，2021 年 9 月 27 日

创新活力。特色小镇应聚焦创新创业，培育新产业新业态新商业模式，“三新”经济增加值占生产总值比重原则上不低于 20%。先进制造、科技创新、创意设计、数字经济类特色小镇研发经费投入强度原则上不低于 2.5%。健全研发设计、成果孵化、金融导入、场景应用相结合的创新创业服务体系。推动公共设施和建筑等物联网应用，公共设施基本实现智能化。

国家发展改革委、工业和信息化部，《国家发展改革委 工业和信息化部关于推动原料药产业高质量发展实施方案的通知》，发改产业［2021］1523 号，2021 年 10 月 29 日

推动产业结构优化调整。密切跟踪临床用药结构变化趋势，大力发展特色原料药和创新原料药，提高新产品、高附加值产品比重。推动原料药生产规模化、集约化发展，鼓励优势企业做大做强，提升产业集中度。引导原料药领域专业化合同研发生产服务等新业态发展。从严执行《产业结构调整指导目录》等政策，严格落实环保、能耗、安全等标准，加快淘汰落后产品、技术和装备。

国家发展改革委、财政部、自然资源部，《国家发展改革委 财政部 自然资源部关于印发<推进资源型地区高质量发展“十四五”实施方案>的通知》，发改振兴［2021］1559 号，2021 年 11 月 5 日

加快新旧动能转换。依托国家和省级实验室、产业创新中心、工程研究中心等，建立特色创新创业平台，进一步提升关键核心技术、重点产品的科技攻关和成果转化能力。加快 5G、云计算、大数据中心等新型基础设施建设，鼓励发展新一代信息技术、人工智能、集成电路、高端装备、新材料、物联网、生物医药等产业，推动新技术与传统产业融合发展。支持传统资源型企业建设智能工厂和智慧园区。

国家发展改革委、科技部、工业和信息化部、自然资源部、国家开发银行，《国家发展改革委等部门关于印发<“十四五”支持老工业城市和资源型城市产业转型升级示范区高质量发展实施方案>的通知》，发改振兴［2021］1618号，2021年11月19日

加快培育经济发展新动能。支持示范区城市深入推进“放管服”改革，优化营商环境，激发市场活力，壮大市场主体，培育一批“专精特新”中小企业。深化信息技术与制造业融合发展，支持有条件的城市培育壮大人工智能、大数据、区块链、云计算、网络安全等数字产业，推动知识、信息、数据等新生产要素合理流动、有效集聚和利用。加快构筑数字社会，支持发展远程办公、远程教育、远程医疗、智慧楼宇、智慧社区和数字家庭。加快智慧城市建设，推进数字技术广泛应用于市域社会治理现代化。推动5G网络规模化部署，争取至2025年覆盖所有示范区城市。促进制造业和服务业融合发展，支持示范区城市建设工业互联网平台和智能制造试点示范项目，支持对产品设计、营销方式、支付结算、售后服务等环节进行创新，因地制宜发展金融、科技、物流、商贸等生产性服务业，创新发展康养、托育、文化、旅游、家政等生活性服务业。推动文化旅游和制造业融合发展，加强示范区城市工业遗产保护利用，大力发展文化创意、工业旅游等现代服务业，支持国家文化出口基地建设。鼓励示范区城市发展救援、防疫等应急物资产业。

国家发展改革委、工业和信息化部，《国家发展改革委 工业和信息化部关于振作工业经济运行 推动工业高质量发展的实施方案的通知》，发改产业［2021］1780号，2021年12月8日

培育新业态新模式。深入推进国家战略性新兴产业集群发展工程，构建一批各具特色、优势互补、结构合理的战略性新兴产业增长引擎。前瞻谋划未来产业，组织实施未来产业孵化与加速计划，推动建设一批国家未来产业先导试验区。支持制造业大型企业为产业链上下游企业提供研发设计、创业孵化、计量测试、检验检测等服务。深化新一代信息技术与制造业融合应用。深入开展科创服务领域标准化建设行动，推动制造服务业标准体系逐步完善。

国家发展改革委、市场监管总局、中央网信办、工业和信息化部、人力资源社会保障部、农业农村部、商务部、人民银行、税务总局，《国家发展改革委等部门关于推动平台经济规范健康持续发展的若干意见》，发改高技［2021］1872 号，2021 年 12 月 24 日

鼓励平台企业开展模式创新。鼓励平台企业在依法依规前提下，充分利用技术、人才、资金、渠道、数据等方面优势，发挥创新引领的关键作用，推动“互联网+”向更大范围、更深层次、更高效率方向发展。鼓励基于平台的要素融合创新，加强行业数据采集、分析挖掘、综合利用，试点推进重点行业数据要素市场化进程，发挥数据要素对土地、劳动、资本等其他生产要素的放大、叠加、倍增作用。试点探索“所有权与使用权分离”的资源共享新模式，盘活云平台、开发工具、车间厂房等方面闲置资源，培育共享经济新业态。鼓励平台企业开展创新业务众包，更多向中小企业开放和共享资源。

科技部，《科技部关于印发<国家高新区绿色发展专项行动实施方案>的通知》，国科发火［2021］28 号，2021 年 1 月 29 日

进一步优化产业结构、完善产业布局。鼓励国家高新区更多采用清洁生产技术，采用环境友好的新工艺、新技术，实现投入少、产出高、污染低，尽可能把污染物排放消除在生产过程。选择若干国家高新区开展“绿色产业补链强链行动”，找准产业链创新链短板与关键风险点、着力点开展科技攻关。推进智能化、信息化、绿色化等有关产业类项目的融通发展，着力培育绿色产业集群，持续引导有条件的国家高新区重点布局国家急需的战略性新兴产业、未来产业和重大前沿性领域，积极稳妥推进落后产能、过剩产能的腾退与升级改造。国家高新区要积极融入所在区域的产业发展重点领域、产业定位及产业链的上下游配套，制定出台产业转移、整合、协作的推进机制和考核机制，推动形成优势互补、协调统筹、高质量发展的绿色发展整体布局。

工业和信息化部，《工业和信息化部关于印发<基础电子元器件产业发展行动计划（2021—2023 年）>的通知》，工信部电子［2021］5 号，2021 年 1 月 15 日

加速创新型产品应用推广。面向人工智能、先进计算、物联网、新能源、新基建等新兴需求，开发重点应用领域急需的小型化、高性能、高效率、高可靠电子元器件，推动整机企业积极应用创新型产品，加速元器件产品迭代升级。

工业和信息化部，《工业和信息化部关于印发<“双千兆”网络协同发展行动计划（2021—2023 年）>的通知》，工信部通信〔2021〕34 号，2021 年 3 月 24 日

大力推进“双千兆”网络应用创新。鼓励基础电信企业、互联网企业和行业单位合作创新，聚焦信息消费新需求、新期待，加快“双千兆”网络在超高清视频、AR/VR 等消费领域的业务应用。聚焦制造业数字化转型，开展面向不同应用场景和生产流程的“双千兆”协同创新，加快形成“双千兆”优势互补的应用模式。面向民生领域人民群众关切，推动“双千兆”网络与教育、医疗等行业深度融合，着力通过互联网手段助力提升农村教育和医疗水平，促进基本公共服务均等化。

工业和信息化部、中央网络安全和信息化委员会办公室，《工业和信息化部中央网信办印发<关于加快推动区块链技术应用和产业发展的指导意见>》，工信部联信发〔2021〕62 号，2021 年 5 月 27 日

推进“区块链+工业互联网”。推动区块链与标识解析融合创新，构建基于标识解析的区块链基础设施，提升“平台+区块链”技术融合应用能力，打造基于区块链技术的工业互联网新模式、新业态。

推进“区块链+大数据”。加快建设基于区块链的认证可溯大数据服务平台，促进数据合规有序的确权、共享和流动，充分释放数据资源价值。发展基于区块链的数据管理、分析应用等，提升大数据管理和应用水平。

推进“区块链+云计算”。基于云计算构建区块链应用开发、测试验证和运行维护环境，为区块链应用提供灵活、易用、可扩展的支撑，降低区块链应用开发门槛。

推进“区块链+人工智能”。发展基于区块链的人工智能训练、算法共享等技术和方法，推动分布式人工智能模式发展。探索利用人工智能技术提升区块链运行效率和节点间协作的智能化水平。

工业和信息化部、科技部、财政部、商务部、国务院国有资产监督管理委员会、中国证券监督管理委员会，《六部门关于加快培育发展制造业优质企业的指导意见》，工信部联政法〔2021〕70 号，2021 年 6 月 1 日

提高优质企业自主创新能力。支持参与制造业创新中心、国家工程技术研究中心等创新平台建设，承担国家重大科技项目、重大技术装备创新发展工程。引导参与信息技术应用创新重大工程，推广经验成果。推动产业数字化发展，大力推动自主可控工业软件推广应用，提高企业软件化水平。依托优质企业组建创新联合体或技术创新战略联盟，开展协同创新，加大基础零部件、基础电子元器件、基础软件、基础材料、基础工艺、高端仪器设备、集成电路、网络安全等领域关键核心技术、产品、装备攻关和示范应用。推动国家重大科研基础设施和大型科研仪器向优质企业开放，建设生产应用示范平台和产业技术基础公共服务平台。

工业和信息化部、中央网络安全和信息化委员会办公室、国家发展和改革委员会、教育部、财政部、住房和城乡建设部、文化和旅游部、国家卫生健康委员会、国务院国有资产监督管理委员会、国家能源局，《工业和信息化部 中央网络安全和信息化委员会办公室 国家发展和改革委员会 教育部 财政部 住房和城乡建设部 文化和旅游部 国家卫生健康委员会 国务院国有资产监督管理委员会 国家能源局关于印发<5G 应用“扬帆”行动计划（2021—2023 年）>的通知》，工信部联通信〔2021〕77 号，2021 年 7 月 5 日

加大政府采购支出向 5G 应用领域倾斜，率先在城市管理、教育、医疗、文化等公共服务领域推广 5G 应用，加大对 5G 应用样板项目、示范标杆的宣传力度。依托产融合作平台打造“5G+金融”发展生态，以产融合作试点为载体开展 5G 应用场景创新的产融对接活动。完善 5G 应用创新企业服务体系，加大对中小企业扶持力度，鼓励更多市场主体进入 5G 应用创新创业领域。有序引导各类社会资本建立 5G 应用投资基金，加大对 5G 重点行业应用和关键产业环节投资。鼓励支持符合条件的 5G 应用创新企业在科创板、创业板上市融资，拓宽企业融资渠道。坚持包容审慎监管原则，加强协同监管，加快自动驾驶、远程医疗等重点领域 5G 应用相关法律法规研究，探索监管新模式。

工业和信息化部、中国人民银行、中国银行保险监督管理委员会、中国证券监督管理委员会，《工业和信息化部 人民银行 银保监会 证监会关于加强产融合作推动工业绿色发展的指导意见》，工信部联财〔2021〕159号，2021年9月3日

发挥金融科技对绿色金融推动作用。鼓励金融机构加快金融科技应用，对工业企业、项目进行绿色数字画像和自动化评估，提升个性化服务能力。根据产业链数字图谱和重点行业碳达峰路线图，创新发展供应链金融，以绿色低碳效益明显的产业链领航企业、制造业单项冠军企业和专精特新“小巨人”企业为核心，加强对上下游小微企业的金融服务。不断探索新技术在金融领域的新场景、新应用，开展碳核算、碳足迹认证业务，提供基于行为数据的保险（UBI）等金融解决方案。

支持绿色金融改革创新试点。推动金融改革创新试验区和产融合作试点城市探索绿色金融发展和改革创新路径，率先开展碳核算和绿色金融标准先行先试工作。适时扩大试验试点范围，将工业绿色发展较好地区优先打造成绿色金融示范区。支持金融改革创新试验区和产融合作试点城市建立工业绿色发展项目库，引导金融机构创新符合工业绿色发展需求的金融产品和服务，实现项目库互联互通。鼓励产融合作试点城市积极申报绿色金融改革创新试验区。

工业和信息化部、中央网络安全和信息化委员会办公室、科学技术部、生态环境部、住房和城乡建设部、农业农村部、国家卫生健康委员会、国家能源局，《关于印发<物联网新型基础设施建设三年行动计划（2021—2023年）>的通知》，工信部联科〔2021〕130号，2021年9月10日

培育多元化市场主体。培育一批技术领先、资源整合能力强的龙头企业，深化产学研联合创新，促进创新链、产业链、资金链高效配置，推动感知终端、平台、网络设施的规模化部署。培育一批物联网领域专精特新“小巨人”企业，面向特定场景和细分领域，成为先进技术产品和适用性解决方案供应方。培育一批物联网运营服务商，开展方案设计、集成实施、网络运维、经营管理、网络信息安全防护等服务。

工业和信息化部，《工业和信息化部关于印发“十四五”信息通信行业发展规划的通知》，工信部规［2021］164号，2021年11月1日

加大光通信、毫米波、5G增强、6G、量子通信等网络技术研发支持力度，跟踪开放无线网络技术研究，加速通信网络芯片、器件和设施的产业化和应用推广。加强网络智能化攻关，推动5G与人工智能技术深度融合，提升网络运维效率，提升服务质量和业务体验。加强云计算中心、物联网、工业互联网、车联网等领域关键核心技术和产品研发，加速人工智能、区块链、数字孪生、虚拟现实等新技术与传统行业深度融合发展。推动建立融合发展的新兴领域标准体系，加快数字基础设施共性标准、关键技术标准制定和推广。充分发挥龙头企业技术外溢和集成整合作用，加强产学研用多方协同攻关，支持开展跨界研发，解决一批“卡脖子”技术问题，构建有核心竞争力的技术体系和创新生态，实现产业链和创新链有效衔接，整体提升产业链基础能力和供应链安全水平。

工业和信息化部，《工业和信息化部关于印发<“十四五”工业绿色发展规划>的通知》，工信部规［2021］178号，2021年11月15日

壮大绿色环保战略性新兴产业。着力打造能源资源消耗低、环境污染少、附加值高、市场需求旺盛的产业发展新引擎，加快发展新能源、新材料、新能源汽车、绿色智能船舶、绿色环保、高端装备、能源电子等战略性新兴产业，带动整个经济社会的绿色低碳发展。推动绿色制造领域战略性新兴产业融合化、集群化、生态化发展，做大做强一批龙头骨干企业，培育一批专精特新“小巨人”企业和制造业单项冠军企业。

工业和信息化部，《工业和信息化部关于印发“十四五”软件和信息技术服务业发展规划的通知》，工信部规［2021］180号，2021年11月15日

前瞻布局新兴平台软件。加快培育云计算、大数据、人工智能、5G、区块链、工业互联网等领域具有国际竞争力的软件技术和产品。支持小程序、快应用等新型轻量化平台发展。加快第六代移动通信（6G）、量子信息、卫星互联网、类脑智能等前沿领域软件技术研发，培育一批标志性产品。

工业和信息化部，《工业和信息化部关于印发“十四五”信息化和工业化深度融合发展规划的通知》，工信部规〔2021〕182号，2021年11月17日

支持制造企业与信息技术企业联合攻关，推动人工智能、5G、先进传感等技术的融合应用，培育工业级智能硬件、智能机器人、智能网联汽车、智能船舶、无人机、智能可穿戴设备、智能家居等新型智能产品。发展基于智能产品的场景化应用，加快智能产品在工业、交通、医疗、教育、国防科工、健康养老等重点行业领域应用推广，服务支撑产业转型升级和居民消费升级。

工业和信息化部、国家发展和改革委员会、科学技术部、财政部、人力资源和社会保障部、农业农村部、商务部、文化和旅游部、中国人民银行、海关总署、国家税务总局、国家市场监督管理总局、国家统计局、中国银行保险监督管理委员会、中国证券监督管理委员会、国家知识产权局、中国国际贸易促进委员会、中华全国工商业联合会、国家开发银行，《关于印发“十四五”促进中小企业发展规划的通知》，工信部联规〔2021〕200号，2021年12月11日

支持新业态新模式发展。推动现代服务业中小企业和先进制造业、现代农业等深度融合，深化业务关联、链条延伸、技术渗透，大力发展服务型制造、现代农业服务业和生产性服务业，探索新模式，催生新服务。推动产业链、创新链和价值链的融合与重塑，鼓励制造业中小企业探索众创、众包、云外包、平台分包等共享制造新模式，发展大数据营销、体验营销等新型营销模式，促进制造业发展模式和企业形态变革。聚焦增强全产业链优势，鼓励大型企业剥离售后服务、呼叫中心等非核心业务外包给中小企业；引导中小企业聚焦产业链上细分环节提供专业化、精细化配套服务。引导中小企业在智慧城市、商贸流通、健康养老、家政服务、文体旅游等方面推进数字化网络化智能化改造和跨界融合，加快生活性服务业品质化发展。引导中小企业围绕能源资源梯级利用、废物循环利用和污染物集中处置，发展循环农业、再制造产业和静脉产业等新业态，推广合同能源管理、合同节水管理、环境污染第三方治理、碳排放交易等新模式。

工业和信息化部、国家发展和改革委员会、科学技术部、公安部、民政部、住房和城乡建设部、农业农村部、国家卫生健康委员会、应急管理部、中国人民银行、国家市场监督管理总局、中国银行保险监督管理委员会、中国证券监督管理委员会、国家国防科技工业局、国家矿山安全监察局，《十五部门关于印发<“十四五”机器人产业发展规划>的通知》，工信部联规〔2021〕206 号，2021 年 12 月 21 日

加强核心技术攻关。聚焦国家战略和产业发展需求，突破机器人系统开发、操作系统等共性技术。把握机器人技术发展趋势，研发仿生感知与认知、生机电融合等前沿技术。推进人工智能、5G、大数据、云计算等新技术融合应用，提高机器人智能化和网络化水平，强化功能安全、网络安全和数据安全。

工业和信息化部、国家发展和改革委员会、教育部、科技部、财政部、人力资源和社会保障部、国家市场监督管理总局、国务院国有资产监督管理委员会，《八部门关于印发<“十四五”智能制造发展规划>的通知》，工信部联规〔2021〕207 号，2021 年 12 月 21 日

拓展智能制造行业应用。针对装备制造、电子信息、原材料、消费品等领域细分行业特点和痛点，制定智能制造实施路线图，分步骤、分阶段推进。支持有条件有基础的企业加大技术改造投入，持续推动工艺革新、装备升级、管理优化和生产过程智能化。建设行业转型促进机构，加快数据、标准和解决方案深化应用。组织开展经验交流、供需对接活动，总结推广智能制造新技术、新装备和新模式。

工业和信息化部、科学技术部、自然资源部，《关于印发“十四五”原材料工业发展规划的通知》，工信部联规〔2021〕212 号，2021 年 12 月 21 日

突破关键材料。坚持材料先行和需求牵引并重，聚焦国防建设、民生短板和制造强国建设重大需求，滚动制定关键材料产品目录，制定发布技术路线图。实施关键短板材料攻关行动，采用“揭榜挂帅”“赛马”等方式，支持材料生产、应用企业联合科研单位，开展宽禁带半导体及显示材料、集成电路关键材料、生物基材料、碳基材料、生物医用材料等协同攻关。实施大宗基础材料巩固提升行动，引导企业在优化生产工艺的基础上，利用工业互联网等新一代信息技术，提升先进制造基础零部件用钢、高强铝合金、稀有稀贵金属材料、特种工程塑料、高性能膜材料、纤维新材料、复合材料等综合竞争力。实施前沿材料前瞻布局行动，支持科研单位联合企业，把握新材料技术与信息技术、纳米技术、智能技术等融合发展趋势，发展超导材料、智能仿生、增材制造材料等，推动新的主干材料体系化发展，强化应用领域的支持和引导。实施材料基因工程计划，探索材料研发新模式的试点应用。实施关键材料应用推广行动，优化重点新材料首批次应用保险补偿机制，通过首台（套）、绿色建材推广等措施促进新材料应用。

工业和信息化部、国家发展和改革委员会、科学技术部、商务部、国家卫生健康委员会、应急管理部、国家医疗保障局、国家药品监督管理局、国家中医药管理局,《工业和信息化部 国家发展和改革委员会 科学技术部 商务部 国家卫生健康委员会 应急管理部 国家医疗保障局 国家药品监督管理局 国家中医药管理局关于印发“十四五”医药工业发展规划的通知》，工信部联规［2021］217号，2021年12月22日

大力推动创新产品研发。推动企业围绕尚未满足的临床需求，加大投入力度，开展创新产品的开发。支持企业立足本土资源和优势，面向全球市场，紧盯新靶点、新机制药物开展研发布局，积极引领创新。推进中药守正创新，开发与中药临床定位相适应、体现其作用特点和优势的中药新药。完善以临床价值为导向的药物临床研发指导原则，强化信息引导，促进企业合理布局研发管线。

商务部、发展改革委、工业和信息化部、农业农村部、海关总署、市场监管总局、中国贸促会,《商务部 发展改革委 工业和信息化部 农业农村部 海关总署 市场监管总局 中国贸促会关于印发<商品市场优化升级专项行动计划（2021—2025）>的通知》，商流通函［2021］159号，2021年5月13日

引导市场业态创新。鼓励农产品市场加强业务流程优化，建立供求信息传导机制，引导按需生产。鼓励工业消费品市场创新营销方式，通过设立消费体验馆、新品发布中心、创意设计坊、电商直播基地等，推动跨界融合发展。鼓励生产资料市场探索交易模式创新，依法合规发展电子交易。

商务部、中央农办、发展改革委、工业和信息化部、公安部、财政部、自然资源部、住房城乡建设部、交通运输部、农业农村部、文化和旅游部、人民银行、市场监管总局、银保监会、邮政局、乡村振兴局、中华全国供销合作总社，《商务部等 17 部门关于加强县域商业体系建设促进农村消费的意见》，商流通发〔2021〕99 号，2021 年 6 月 11 日

支持企业数字化、连锁化转型。培育县域重点商贸流通企业，引导企业通过组织创新、资源整合做强做大。引导供销、邮政、快递和农村传统商贸流通企业运用 5G、大数据、人工智能等技术，强化数据驱动，推动产品创新数字化、运营管理智能化、为农服务精准化，加快转型升级。支持发展直营连锁、加盟连锁等经营模式，鼓励品牌连锁流通企业通过连锁或股权加盟，促进县乡村商业网络连锁化。

商务部，《商务部关于印发<“十四五”商务发展规划>的通知》，2021 年 6 月 30 日

培育以信息技术为手段、以多业态聚合、多场景覆盖为特征的新型消费，打造消费新增长点。发展商品消费新模式，鼓励定制消费、体验消费、智能消费、时尚消费等发展。支持消费领域平台企业加大创新力度，运用新技术打造数字消费新场景，培育更多“小而美”网络品牌。拓展直播电商、社交电商等应用面。推动生活服务智能化，加快促进生活服务业上线上云，引导企业丰富线上服务供给，优化到店与到家双向服务模式体验。加强智能服务终端建设，发展无接触交易服务。营造规范有序的新型消费发展环境，推动完善与新型消费发展相适应的规则制度，加强监管协同，促进新型消费规范健康持续发展。

商务部、发展改革委、财政部、自然资源部、住房城乡建设部、交通运输部、海关总署、市场监管总局、邮政局，《商务部等 9 部门关于印发<商贸物流高质量发展专项行动计划（2021—2025 年）>的通知》，2021 年 8 月 6 日

发展商贸物流新业态新模式。鼓励批发、零售、电商、餐饮、进出口等商贸服务企业与物流企业深化合作，优化业务流程和渠道管理，促进自营物流与第三方物流协调发展。推广共同配送、集中配送、统一配送、分时配送、夜间配送等集约化配送模式，完善前置仓配送、门店配送、即时配送、网订店取、自助提货等末端配送模式。支持家电、医药、汽车、大宗商品、再生资源回收等专业化物流发展。

商务部，《商务部关于茧丝绸行业“十四五”发展的指导意见》，2021 年 9 月 9 日

增强企业自主创新能力。强化企业创新主体地位，促进各类创新要素向企业集聚，充分调动企业自主创新的积极性。实施行业技改专项行动，鼓励企业改造升级落后技术设备，建设一批智能化车间、智慧型工厂。开展创新型企业试点工作，培育一批拥有自主知识产权、持续创新能力强的示范企业，促进企业原始创新、集成创新。推动中小企业提升专业化优势，培育一批专精特新“小巨人”企业和制造业单项冠军企业。

商务部、中央网信办、发展改革委，《商务部 中央网信办 发展改革委关于印发<“十四五”电子商务发展规划>的通知》，商电发〔2021〕191 号，2021 年 10 月 9 日

鼓励模式业态创新。发挥电子商务对价值链重构的引领作用，鼓励电子商务企业挖掘用户需求，推动社交电商、直播电商、内容电商、生鲜电商等新业态健康发展。鼓励电子商务企业积极发展远程办公、云展会、无接触服务、共享员工等数字化运营模式，不断提升电子发票、电子合同、电子档案、电子面单等在商业活动中的应用水平。稳妥推进数字货币研发，探索数字人民币在电子商务领域的支持作用。大力发展数据服务、信息咨询、专业营销、代运营等电子商务服务业。鼓励各类技术服务、知识产权交易、国际合作等专业化支撑平台建设。

商务部，《商务部关于印发<“十四五”利用外资发展规划>的通知》，2021 年 10 月 12 日

完善鼓励外商投资产业目录，支持外资更多投向先进制造业、战略性新兴产业和现代服务业；发展绿色经济、数字经济，引导外资更多投向数字转型、节能环保、生态环境、绿色服务等产业，参与新型基础设施建设。引导外商投资现代农业领域，鼓励发展特色农业、休闲农业、智慧农业、农业精深加工、农产品物流、农产品电商等，提升农业领域利用外资水平。支持外资加大中高端制造、高新技术、传统制造转型升级、现代服务等领域投资，引导汽车、化工、装备制造等制造领域外商投资企业向研发、设计、营销、维修等领域延伸，鼓励有条件的外商投资制造业企业向一体化服务总集成总承包商转变，推动外商投资向高端化、智能化转型。

商务部、中央宣传部、中央网信办、发展改革委、教育部、科技部、工业和信息化部、财政部、人力资源社会保障部、自然资源部、住房城乡建设部、交通运输部、农业农村部、文化和旅游部、人民银行、国资委、海关总署、税务总局、广电总局、统计局、移民局、中医药局、外汇局、知识产权局，《商务部等 24 部门关于印发<“十四五”服务贸易发展规划>的通知》，2021 年 10 月 13 日

完善数字贸易促进政策，加强制度供给和法律保障。积极支持数字产品贸易，为数字产品走出去营造良好环境。持续优化数字服务贸易，进一步促进专业服务、社交媒体、搜索引擎等数字服务贸易业态创新发展。稳步推进数字技术贸易，提升云计算服务、通信技术服务等数字技术贸易业态关键核心技术自主权和创新能力。积极探索数据贸易，建立数据资源产权、交易流通等基础制度和标准规范，逐步形成较为成熟的数据贸易模式。提升数字贸易公共服务能力。建立数字贸易统计监测体系。加强国家数字服务出口基地建设。布局数字贸易示范区。加强数字领域多双边合作。

商务部，《商务部关于“十四五”时期促进药品流通行业高质量发展的指导意见》，2021 年 10 月 21 日

发展新业态新模式。支持药品流通企业与电子商务平台融合发展，发展智慧供应链、智慧物流、智慧药房等新形态，推广“网订店取”“网订店送”等零售新模式，引导线上线下规范发展。

商务部，《商务部关于印发<“十四五”对外贸易高质量发展规划>的通知》，2021 年 11 月 18 日

加快服务外包转型升级。推进服务外包创新发展，培育云外包、众包、平台分包等新模式，积极发展研发、设计、维修、咨询、检验检测等生产性服务外包。鼓励对外发包，助力构建稳定的国际产业链供应链。推动服务外包与制造业融合发展，利用 5G、物联网等新兴技术发展数字制造外包。高标准建设服务外包示范城市，优化示范城市布局，开展综合评价和动态调整。

财政部、工业和信息化部，《关于支持“专精特新”中小企业高质量发展的通知》，财建［2021］2号，2021年1月23日

支持重点“小巨人”企业推进以下工作：一是加大创新投入，加快技术成果产业化应用，推进工业“四基”领域或制造强国战略明确的十大重点产业领域“补短板”和“锻长板”；二是与行业龙头企业协同创新、产业链上下游协作配套，支撑产业链补链延链固链、提升产业链供应链稳定性和竞争力；三是促进数字化网络化智能化改造，业务系统向云端迁移，并通过工业设计促进提品质和创品牌。另外，支持企业加快上市步伐，加强国际合作等，进一步增强发展潜力和国际竞争能力。

财政部，《关于印发<会计改革与发展“十四五”规划纲要>的通知》，财会［2021］27号，2021年11月24日

全面梳理并修订我国企业会计准则体系，明晰体系内各层级准则制度的框架和内容。加强企业会计准则前瞻性研究，主动应对新经济、新业态、新模式的影响，积极谋划会计准则未来发展方向。紧密跟踪国际财务报告准则项目进展和国内实务发展，找准企业会计准则国际趋同和解决我国实际问题之间的平衡点和结合点，更好地促进我国企业创新和经济高质量发展。

财政部、工业和信息化部、科技部、发展改革委，《关于2022年新能源汽车推广应用财政补贴政策的通知》，财建［2021］466号，2021年12月31日

为创造稳定政策环境，2022年保持现行购置补贴技术指标体系框架及门槛要求不变。根据《财政部 工业和信息化部 科技部 发展改革委关于完善新能源汽车推广应用财政补贴政策的通知》（财建〔2020〕86号）要求，2022年，新能源汽车补贴标准在2021年基础上退坡30%；城市公交、道路客运、出租（含网约车）、环卫、城市物流配送、邮政快递、民航机场以及党政机关公务领域符合要求的车辆，补贴标准在2021年基础上退坡20%。

根据《财政部 工业和信息化部 科技部 发展改革委关于完善新能源汽车推广应用财政补贴政策的通知》（财建〔2020〕86号）“综合技术进步、规模效应等因素，将新能源汽车推广应用财政补贴政策实施期限延长至2022年底”要求，为保持新能源汽车产业良好发展势头，综合考虑新能源汽车产业发展规划、市场销售趋势以及企业平稳过渡等因素，2022 年新能源汽车购置补贴政策于 2022 年 12 月 31 日终止，2022 年 12 月 31 日之后上牌的车辆不再给予补贴。同时，继续加大审核力度，做好以前年度推广车辆的清算收尾工作。

文化和旅游部、国家发展改革委、国家体育总局，《文化和旅游部 国家发展改革委 国家体育总局 关于印发<冰雪旅游发展行动计划（2021—2023 年）>的通知》，文旅资源发［2021］12 号，2021 年 2 月 8 日

促进冰雪旅游与科技融合。大力发展“互联网+冰雪旅游”，推动冰雪旅游与大数据、物联网、云计算、5G 等新技术结合，支持电子商务平台建设，优化信息咨询、线路设计、交通集散、赛事订票，创新商业模式，提升管理水平，提高服务质量。

文化和旅游部，《文化和旅游部关于印发<“十四五”文化和旅游科技创新规划>的通知》，文旅科教发［2021］39 号，2021 年 4 月 26 日

围绕实施文化产业数字化战略，以科技创新提升文化生产和内容建设能力，提高文化产业数字化、网络化、智能化发展水平。

——开展云展览、云娱乐、线上演播、数字艺术、沉浸式体验等新兴业态的内容生成、定制消费、智慧服务和共治管理的关键技术研究，支持新形态数字艺术关键技术与工具研制，培育数字文化产业新业态。

——研发新一代动漫、网络音乐、网络表演、网络视听、数字艺术等创作生产、可视化呈现、互动化传播、沉浸式体验、便捷化消费等技术与专用系统工具。

——引导和推动内容制作和传播相关的设备、软件和系统研究，研发线上演播、沉浸式演出视觉内容创作和呈现设计软件工具，研究全息展演、可穿戴表演设备、表演机器人、智能终端、无人机等技术的综合集成应用。

——研究空间声场设计与仿真技术，研发演出模拟与预呈现的工具及系统，研发文化演出音频内容创作软件工具，开展网络直播智能虚拟场景生成技术研究及应用。

——积极推动工业互联网和物联网在智能文化装备生产和消费各环节的关

键技术研究。研发线下文化资源、文娱模式数字化创新、传统产业上线上云的关键技术。

文化和旅游部，《文化和旅游部关于印发<“十四五”文化产业发展规划>的通知》，文旅产业发［2021］42号，2021年5月6日

顺应数字产业化和产业数字化发展趋势，深度应用5G、大数据、云计算、人工智能、超高清、物联网、虚拟现实、增强现实等技术，推动数字文化产业高质量发展，培育壮大线上演播、数字创意、数字艺术、数字娱乐、沉浸式体验等新型文化业态。充分运用数字文化产业形态推动中华优秀传统文化创造性转化、创新性发展，继承革命文化，发展社会主义先进文化，打造更多具有影响力的数字文化品牌。促进数字文化与社交电商、网络直播、短视频等在线新经济结合，支持基于知识传播、经验分享的创新平台发展。促进数字文化产业赋能实体经济。

文化和旅游部、中央宣传部、国家发展改革委、财政部、人力资源社会保障部、市场监管总局、国家文物局、国家知识产权局，《文化和旅游部 中央宣传部 国家发展改革委 财政部 人力资源社会保障部 市场监管总局 国家文物局 国家知识产权局关于印发<关于进一步推动文化文物单位文化创意产品开发的若干措施>的通知》，文旅资源发［2021］85号，2021年8月17日

提升文化创意产品开发科技应用水平。坚持创新驱动，鼓励开发数字文化创意产品。培育一批创新型装备研发和生产服务企业，加强文化创意内容和技术装备协同创新。加强大数据、物联网、人工智能等技术在文化创意产品开发领域的应用，促进创新链和产业链紧密衔接。支持文化文物单位创新利用虚拟现实、增强现实、全息成像、裸眼三维图形显示（裸眼3D）、交互娱乐引擎开发、文化资源数字化处理、互动影视等技术，增强文化创意产品的文化承载力、展现力和传播力。

证监会，《北京证券交易所向不特定合格投资者公开发行股票注册管理办法（试行）》，中国证券监督管理委员会令第187号，2021年10月30日

第三条 北交所充分发挥对全国中小企业股份转让系统（以下简称全国股转

系统）的示范引领作用，深入贯彻创新驱动发展战略，聚焦实体经济，主要服务创新型中小企业，重点支持先进制造业和现代服务业等领域的企业，推动传统产业转型升级，培育经济发展新动能，促进经济高质量发展。

二、2022 年文件节选汇编

（一）中共中央、国务院

中共中央、国务院，《中共中央 国务院关于做好 2022 年全面推进乡村振兴重点工作的意见》，2022 年 1 月 4 日

大力推进种源等农业关键核心技术攻关。全面实施种业振兴行动方案。加快推进农业种质资源普查收集，强化精准鉴定评价。推进种业领域国家重大创新平台建设。启动农业生物育种重大项目。加快实施农业关键核心技术攻关工程，实行“揭榜挂帅”、“部省联动”等制度，开展长周期研发项目试点。强化现代农业产业技术体系建设。开展重大品种研发与推广后补助试点。贯彻落实种子法，实行实质性派生品种制度，强化种业知识产权保护，依法严厉打击套牌侵权等违法犯罪行为。

国务院办公厅，《国务院办公厅转发国家发展改革委等部门关于加快推进城镇环境基础设施建设指导意见的通知》，国办函〔2022〕7 号，2022 年 01 月 12 日

加大财税金融政策支持力度。落实环境治理、环境服务、环保技术与装备有关财政税收优惠政策。对符合条件的城镇环境基础设施项目，通过中央预算内投资等渠道予以支持，将符合条件的项目纳入地方政府专项债券支持范围。引导各类金融机构创新金融服务模式，鼓励开发性、政策性金融机构发挥中长期贷款优势，按照市场化原则加大城镇环境基础设施项目融资支持力度。在不新增地方政府隐性债务的前提下，支持符合条件的企业通过发行企业债券、资产支持证券募集资金用于项目建设，鼓励具备条件的项目稳妥开展基础设施领域不动产投资信托基金（REITs）试点。

（二）国务院各部委、各直属机构及最高人民法院

国家发展改革委，《国家发展改革委关于做好近期促进消费工作的通知》，发改就业〔2022〕77号，2022年1月14日

进一步激发智慧零售新活力。推动实体商场、超市、便利店等数字化改造和线上线下协同，发展仓储会员店、“门店到家”服务等零售新业态，加快培育体验式、沉浸式消费新场景，提升消费智慧化、便利化水平。鼓励办公楼宇、住宅小区、社区商圈等加快布局配套智慧超市、智慧商店、智慧书店、智慧药房，优化自提柜、云柜等新业态服务，发展无接触交易服务，满足“宅经济”、“云生活”等新消费需求。

国家发展改革委、国家能源局，《国家发展改革委 国家能源局关于完善能源绿色低碳转型体制机制和政策措施的意见》，发改能源〔2022〕206号，2022年1月30日

加强新型电力系统顶层设计。推动电力来源清洁化和终端能源消费电气化，适应新能源电力发展需要制定新型电力系统发展战略和总体规划，鼓励各类企业等主体积极参与新型电力系统建设。对现有电力系统进行绿色低碳发展适应性评估，在电网架构、电源结构、源网荷储协调、数字化智能化运行控制等方面提升技术和优化系统。加强新型电力系统基础理论研究，推动关键核心技术突破，研究制定新型电力系统相关标准。推动互联网、数字化、智能化技术与电力系统融合发展，推动新技术、新业态、新模式发展，构建智慧能源体系。加强新型电力系统技术体系建设，开展相关技术试点和区域示范。

国家发展改革委、工业和信息化部、财政部、人力资源社会保障部、自然资源部、生态环境部、交通运输部、商务部、人民银行、税务总局、银保监会、能源局，《国家发展改革委等12部门关于印发促进工业经济平稳增长的若干政策的通知》，发改产业〔2022〕273号，2022年2月18日

加快新型基础设施重大项目建设，引导电信运营商加快5G建设进度，支持工业企业加快数字化改造升级，推进制造业数字化转型；启动实施北斗产业化重大工程，推动重大战略区域北斗规模化应用；加快实施大数据中心建设专项行动，实施“东数西算”工程，加快长三角、京津冀、粤港澳大湾区等8个国

家级数据中心枢纽节点建设。推动基础设施领域不动产投资信托基金（REITs）健康发展，有效盘活存量资产，形成存量资产和新增投资的良性循环。

工业和信息化部、科学技术部、生态环境部，《三部委关于印发环保装备制造业高质量发展行动计划（2022—2025 年）的通知》，工信部联节［2021］237 号，2022 年 1 月 13 日

培育优质企业。推动环保装备制造业加强产业链分工协作，构建大中小企业融通发展新格局，培育壮大产业发展新动能。在大气和水污染防治等集中度较高的领域，支持龙头企业争创产业链领航企业，带动全行业做大做强。引导环保装备企业在各自细分领域精耕细作，不断提高技术工艺水平和市场占有率，打造一批制造业单项冠军企业。充分发挥中小企业专业化创新优势，培育一批专精特新“小巨人”企业。

工业和信息化部、国家发展和改革委员会、生态环境部，《三部委关于促进钢铁工业高质量发展的指导意见》，工信部联原［2022］6 号，2022 年 1 月 20 日

增强创新发展能力。强化企业创新主体地位，营造产学研用一体的协同创新生态。采取“揭榜挂帅”等方式，推动行业公共服务创新平台和创新中心建设。重点围绕低碳冶金、洁净钢冶炼、薄带铸轧、高效轧制、基于大数据的流程管控、节能环保等关键共性技术，以及先进电炉、特种冶炼、高端检测等通用专用装备和零部件，加大创新资源投入。发挥新材料生产应用示范平台作用，建立健全关键领域钢铁新材料上下游合作机制，搭建重点领域产业联盟。鼓励有条件的地区建设钢铁行业创新平台，积极争创国家级创新平台。加强标准技术体系建设，制定发布一批基础通用的国家标准、行业标准，培育发展一批先进适用的高水平团体标准，满足市场和创新需求。

编者简介：

何勇先生，上海证券交易所办公室（党委办）高级经理，副研究员，上海财经大学、上海大学校外兼职硕士生导师，原上海证券交易所科创板筹备工作组和综合保障工作组成员，主要研究领域为科创板与新经济。

后　记

《中国新经济发展报告 2020》《中国新经济发展报告 2021—2022》先后出版后，得到了国家有关部委和地方政府经济管理部门、大专院校、科研单位、市场机构和企业的热烈反响和普遍好评，许多部门和机构将该书作为推动新经济发展的教科书。

呈现在读者面前的《中国新经济发展报告 2022—2023》付梓得到了工业和信息化部、科技部、商务部和中国科学院等国家有关部委的悉心指导，得到了上海市、福建省、深圳市、南宁市、南通市等城市政府有关部门，以及广州市、合肥市、苏州市、无锡市、诸暨市等地产业园区管委会的大力支持。国家部委有关负责同志、国内著名专家学者、两院院士、著名企业家和有关机构负责人在繁忙的工作之余为本书撰文，充分体现了他们对推动我国新经济产业发展的赤诚之心和家国情怀。中国工信出版传媒集团电子工业出版社承担了本书的设计、编辑和出版发行工作，编审人员较高的专业素养和认真负责的工作态度保证了本书的质量。董亚峰、李筱雅、王桂芸、何勇、张远舟、耿源浩等同志为本书的出版付出了辛勤劳动和积极贡献，在此一并表示最诚挚的谢意！

《中国新经济发展报告 2022—2023》编委会

2022 年 3 月 20 日

反侵权盗版声明

举报电话：（010）88254396；（010）88258888

传　　真：（010）88254397

E-mail：　dbqq@phei.com.cn

通信地址：北京市万寿路 173 信箱

　　　　　电子工业出版社总编办公室

邮　　编：100036